EXPERIÊNCIA PEDAGÓGICA ALÉM DAS FRONTEIRAS
MOBILIDADE INTERNACIONAL DE PROFESSORES
E OS EFEITOS NAS CONCEPÇÕES PEDAGÓGICAS

Editora Appris Ltda.
1.ª Edição - Copyright© 2024 da autora
Direitos de Edição Reservados à Editora Appris Ltda.

Nenhuma parte desta obra poderá ser utilizada indevidamente, sem estar de acordo com a Lei nº 9.610/98. Se incorreções forem encontradas, serão de exclusiva responsabilidade de seus organizadores. Foi realizado o Depósito Legal na Fundação Biblioteca Nacional, de acordo com as Leis nos 10.994, de 14/12/2004, e 12.192, de 14/01/2010.

Catalogação na Fonte
Elaborado por: Josefina A. S. Guedes
Bibliotecária CRB 9/870

C514e
2024
	Chediak, Sheylla
	    Experiência pedagógica além das fronteiras: mobilidade internacional de professores e os efeitos nas concepções pedagógicas / Sheylla Chediak. – 1. ed. – Curitiba: Appris, 2024.
	    372 p. ; 23 cm. – (Educação, tecnologias e transdisciplinaridade).
	
	    Inclui referências.
	    ISBN 978-65-250-5841-2
	
	    1. Professores – Formação. 2. Educação permanente. 2. Educação internacional. I. Título. II. Série.
	
	                                                            CDD – 370.71

Livro de acordo com a normalização técnica da ABNT

Appris
editora

Editora e Livraria Appris Ltda.
Av. Manoel Ribas, 2265 – Mercês
Curitiba/PR – CEP: 80810-002
Tel. (41) 3156 - 4731
www.editoraappris.com.br

Printed in Brazil
Impresso no Brasil

Sheylla Chediak

EXPERIÊNCIA PEDAGÓGICA ALÉM DAS FRONTEIRAS
MOBILIDADE INTERNACIONAL DE PROFESSORES E OS EFEITOS NAS CONCEPÇÕES PEDAGÓGICAS

FICHA TÉCNICA

EDITORIAL	Augusto Coelho
	Sara C. de Andrade Coelho
COMITÊ EDITORIAL	Marli Caetano
	Andréa Barbosa Gouveia - UFPR
	Edmeire C. Pereira - UFPR
	Iraneide da Silva - UFC
	Jacques de Lima Ferreira - UP
SUPERVISOR DA PRODUÇÃO	Renata Cristina Lopes Miccelli
PRODUÇÃO EDITORIAL	Sabrina Costa
REVISÃO	Bruna Fernanda Martins
DIAGRAMAÇÃO	Jhonny Alves dos Reis
CAPA	Carlos Pereira
REVISÃO DE PROVA	Raquel Fuchs

COMITÊ CIENTÍFICO DA COLEÇÃO EDUCAÇÃO, TECNOLOGIAS E TRANSDISCIPLINARIDADE

DIREÇÃO CIENTÍFICA	Dr.ª Marilda A. Behrens (PUCPR)	Dr.ª Patrícia L. Torres (PUCPR)
CONSULTORES	Dr.ª Ademilde Silveira Sartori (Udesc)	Dr.ª Iara Cordeiro de Melo Franco (PUC Minas)
	Dr. Ángel H. Facundo (Univ. Externado de Colômbia)	Dr. João Augusto Mattar Neto (PUC-SP)
	Dr.ª Ariana Maria de Almeida Matos Cosme (Universidade do Porto/Portugal)	Dr. José Manuel Moran Costas (Universidade Anhembi Morumbi)
	Dr. Artieres Estevão Romeiro (Universidade Técnica Particular de Loja-Equador)	Dr.ª Lúcia Amante (Univ. Aberta-Portugal)
	Dr. Bento Duarte da Silva (Universidade do Minho/Portugal)	Dr.ª Lucia Maria Martins Giraffa (PUCRS)
	Dr. Claudio Rama (Univ. de la Empresa-Uruguai)	Dr. Marco Antonio da Silva (Uerj)
	Dr.ª Cristiane de Oliveira Busato Smith (Arizona State University /EUA)	Dr.ª Maria Altina da Silva Ramos (Universidade do Minho-Portugal)
	Dr.ª Dulce Márcia Cruz (Ufsc)	Dr.ª Maria Joana Mader Joaquim (HC-UFPR)
	Dr.ª Edméa Santos (Uerj)	Dr. Reginaldo Rodrigues da Costa (PUCPR)
	Dr.ª Eliane Schlemmer (Unisinos)	Dr. Ricardo Antunes de Sá (UFPR)
	Dr.ª Ercilia Maria Angeli Teixeira de Paula (UEM)	Dr.ª Romilda Teodora Ens (PUCPR)
	Dr.ª Evelise Maria Labatut Portilho (PUCPR)	Dr. Rui Trindade (Univ. do Porto-Portugal)
	Dr.ª Evelyn de Almeida Orlando (PUCPR)	Dr.ª Sonia Ana Charchut Leszczynski (UTFPR)
	Dr. Francisco Antonio Pereira Fialho (Ufsc)	Dr.ª Vani Moreira Kenski (USP)
	Dr.ª Fabiane Oliveira (PUCPR)	

À minha mãe, pelo amor incondicional, por ter me dado tudo o que eu precisava.
Aos exploradores da Educação, viajantes pedagógicos em busca de si, do outro, de novas
descobertas, de uma educação melhor, de um mundo melhor.

AGRADECIMENTOS

Agradeço a todos e todas que, de alguma forma, colaboraram ao longo da trajetória de formação e produção desta obra, pelas discussões, compartilhamento de conhecimentos e experiências, palavras de encorajamento. São muitas pessoas e ouso destacar apenas algumas.

Agradeço ao meu esposo, Jorge W. Amorim Jr., que sempre se lança comigo na caminhada para discutir a vida, teorias, conceitos e percepções, tornando tudo mais leve.

Agradeço à Cristiane Amorim, pelo incentivo e por ser luz.

Agradeço a minha mãe, Lucy Chediak, e ao meu pai, Jorge Chediak. Minhas irmãs Sorhaya e Jackeline, por todo o amor que dedicam a mim e à leitura dos meus textos. Meus irmãos Jacobson e Jackson, que sempre me apoiam. Àqueles(as) que chegaram e logo se fizeram família: Lula, Lenivaldo, Paula e Taine. E os presentes de vida que me deram e que trazem alegria e me enchem de esperança: Thalyta Karina, Hagnes Hariele, Davi, Juliana, Isac, Guilherme, Gustavo, Bárbara e Tiago.

Agradeço ao professor Edson do Carmo Inforsato, que me orientou na pesquisa que originou este livro, sempre paciente com minhas mudanças de rumo e sempre disposto a me conduzir para um caminho menos penoso e com mais sentido para mim mesma.

A meus/minhas eternos(as) professores(as) Carla Martins, Neusa dos Santos Tezzari, Miguel Nenevé e Marli Lúcia Tonnatto Zibetti, por serem minha inspiração na pesquisa, na educação e na vida.

Agradeço às minhas amigas e amigos que, de alguma forma, têm feito parte da minha caminhada e me enchem de coragem.

Agradeço aos meus parceiros de viagens pedagógicas, colegas de diversos Institutos Federais, pelas maravilhosas elaborações e compartilhamento de ideias acerca da relação Brasil e Finlândia no âmbito social e educacional.

Agradeço a todos(as) os(as) docentes da Unesp, Campus Araraquara, pela acolhida e oportunidades de aprendizagem, especialmente meus/minhas professores(as) Newton Duarte, Juliana Pasqualine, Lígia Martins, Luiz A. C. Nabuco Lastória, Maria Teresa M. Kerbauy, Carla Boto, José Luís Bizelli, Sebastião de S. Lemes e Cibele Rozenfeld.

Ao Instituto Federal de Rondônia (Ifro) e aos seus gestores, por viabilizarem oportunidades de qualificação e comunicação científica.

O sujeito da experiência, se repassarmos pelos verbos que Heidegger usa neste parágrafo, é um sujeito alcançado, tombado, derrubado. Não um sujeito que permanece sempre em pé, ereto, erguido e seguro de si mesmo; não um sujeito que alcança aquilo que se propõe ou que se apodera daquilo que quer; não um sujeito definido por seus sucessos ou por seus poderes, mas um sujeito que perde seus poderes precisamente porque aquilo de que faz experiência dele se apodera. Em contrapartida, o sujeito da experiência é também um sujeito sofredor, padecente, receptivo, aceitante, interpelado, submetido. Seu contrário, o sujeito incapaz de experiência, seria um sujeito firme, forte, impávido, inatingível, erguido, anestesiado, apático, autodeterminado, definido por seu saber, por seu poder e por sua vontade.

(LARROSA, 2002, p. 25)

PREFÁCIO

É com muita satisfação que prefacio a obra que a Dr.ª Sheylla Chediak entrega à comunidade acadêmica, fruto de seus estudos doutorais, realizados em parte na Finlândia, posto que seu objeto são as aprendizagens que ocorrem via mobilidade internacional de professores.

Com o rigor acadêmico que caracteriza sua trajetória de docente e gestora do Instituto de Educação, Ciência e Tecnologia de Rondônia (IFRO), iluminado pelo seu compromisso com a educação pública, de qualidade e socialmente referenciada, seu trabalho investigativo traz vários aspectos para nossa reflexão acerca da formação de professores mediante programas internacionais, no caso, entre Brasil e Finlândia.

A escolha desse país pelo Programa Professores para o Futuro se justificou pelo sucesso obtido com a democratização da educação pública cuja qualidade foi reconhecida pela classificação no PISA – embora tenhamos discordâncias desse modelo de avaliação – uma vez que tem obtido excelente classificação nos últimos anos, o que fez com que seu sistema educacional fosse modelo para vários países, incluindo o Brasil.

Cumpre destacar dois fatores que devem ser reconhecidos: a garantia de educação pública e gratuita para todas as crianças e adolescentes por 9 anos, com a mesma proposta pedagógica, e o foco na formação de professores, considerada o mais importante fator de sucesso do sistema educacional finlandês. Feitas essas considerações, passo a analisar as principais contribuições trazidas pela obra, com o intuito de estimular a leitura.

Inicialmente, e pela sua relevância, há que tratar da dimensão ontológica, apontada no texto, considerando que os projetos pedagógicos são determinados pelas bases materiais que configuram cada modo de produção, e especificamente por seus regimes de acumulação. No caso estudado, é interessante notar que a proposta pedagógica, que definirá a formação dos professores, data da década de 1960, quando o regime de acumulação rígida ainda era dominante, com o que, como afirma a autora, sua base teórica era o escolanovismo. Só mais recentemente, a sua vinculação ao regime de acumulação flexível tornou-se mais evidente. Assim é que o pragmatismo escolanovista, com seu foco nas atividades práticas, assume a feição de vinculação às necessidades do mercado, bem como, do ponto de vista epistemológico, em atenção às demandas do novo regime de acumulação, são adotadas categorias da aprendizagem flexível, presentes desde o objetivo da formação: *formação do perfil de um professor inovador, multiplicador, solucionador de problemas relacionados à comunidade local/regional e desenvolvedor de pesquisa aplicada que interaja com o setor produtivo*. E, complementarmente, um professor com perfil global, como professam os organismos internacionais formuladores de políticas e responsáveis por financiamentos... na perspectiva da acumulação do capital.

Além do perfil adequado ao regime de acumulação flexível, outras categorias da pedagogia desse regime de acumulação orientam a formação: foco no desenvolvimento de competências, incluindo as socioemocionais, aprendizagem mediada por tecnologias, aprendizagem com os pares, métodos de ensino com foco no protagonismo do aluno, secundarizando a teoria, que será apropriada de forma fragmentada apenas para resolver o problema objeto da atividade. A centralidade no método de Aprendizagem Baseada em Projetos ou Aprendizagem Baseada em Problemas reforça essa preocupação.

Já afirmei, em outro texto, que, com relação à educação, a acumulação flexível se inscreve no âmbito das teorias pós-modernas, em decorrência do que se apropria e ressignifica categorias das teorias modernas, para justificar suas concepções, que, no limite, favorecem o mercado. Assim é com a concepção de protagonismo do aluno no ato de aprender: de espectador, passa a ser sujeito de sua própria aprendizagem, o que exigirá dele iniciativa, autonomia, disciplina e comprometimento. Essa concepção extrapola a liberdade para definir tempos e espaços para os modos de aprender, uma vez que coloca a centralidade no método, e não nos objetos de aprendizagem.

A base teórica do aprender a aprender é a epistemologia da prática, que tem como fundamento a reflexão sobre a prática, o que resulta no ceticismo epistemológico; como, para essa concepção, o conhecimento é uma impossibilidade histórica, construindo-se as explicações pelo confronto de discursos mediados pela cultura, e não a partir da relação entre pensamento e empiria, estabelece-se uma diferença de fundo entre o que se entende por protagonismo do aluno nessa concepção, em relação às teorias modernas, em especial em relação ao materialismo histórico.

Em resumo, na epistemologia da prática, o pensamento debruça-se sobre as práticas não sistematizadas, derivadas das respostas criativas para resolver os problemas do cotidiano do trabalho e das relações sociais, no esforço de compreendê-las e sistematizá-las, mas sempre a partir delas mesmas. Ou seja, à medida que conhecimentos tácitos vão sendo desenvolvidos pela experiência, serão objetos de reflexão em busca de sua sistematização, sem a mediação da teoria; esse processo leva a aprendizagens no próprio processo – o aprender a aprender, a criar soluções pragmáticas que podem ser intercambiadas pela linguagem, uma vez compreendidas pela reflexão sobre a prática. As aprendizagens colaborativas, mediadas pelas tecnologias, serão resultantes desse processo de troca de experiências práticas sem, necessariamente, reflexão sustentada teoricamente.

A questão do recuo da teoria fica evidente em algumas entrevistas, como a reproduzida a seguir: *o que é sucesso e o que é fracasso no alcance dos resultados de aplicação da metodologia de Aprendizagem Baseada em Projetos ou Aprendizagem Baseada em Problemas? O professor deve ser mais facilitador ou conteudista? Ser mais facilitador implica reduzir o conteúdo? Posso suprimir o conteúdo e trabalhar outros aspectos do currículo? A prática deve prevalecer sobre a teoria?*

Como afirma a autora, o currículo é pautado na realidade imediata e com foco na prática, reiterando, do ponto de vista epistemológico, o pragmatismo utilitarista, categoria cara à pedagogia da acumulação flexível.

Em que pese a valorização do trabalho docente, o seu reconhecimento social, suas excelentes condições de trabalho e sua permanente formação, há que se perguntar até que ponto ele não fica reduzido à organização das atividades e ao acompanhamento do aluno, como um tutor, na concepção pedagógica do regime de acumulação flexível, prevalecendo a concepção de professor como facilitador, aluno como construtor do seu próprio conhecimento pela mediação tecnológica e na relação com os pares. A ênfase em uma função gerencialista do professor nas relações pedagógicas, por vezes chamado de *coach*, reforça essa hipótese.

Em se tratando de um projeto de formação vinculado às demandas do mercado e que assume categorias vinculadas à concepção pós-moderna, decorre dessa análise a constatação de que está em jogo a disputa por dois projetos pedagógicos contraditórios, em luta pela hegemonia: o de emancipação humana, que norteia as ações pedagógicas dos Institutos Federais, presente em seus normativos desde a sua criação, orientado para a formação humana integral na perspectiva gramsciana expressa no trabalho como princípio educativo, e o do regime de acumulação flexível, norteado pelas demandas pragmáticas do mercado de trabalho acompanhadas pelo recuo da teoria. Interessante apontar que o Programa encaminha justamente docentes dos Institutos Federais para a formação na Finlândia. E, como bem trata autora, expressiva maioria deles sem formação pedagógica anterior, uma vez que oriundos de bacharelatos de áreas profissionais específicas.

No tocante à categoria formação da identidade, alguns docentes entrevistados perceberam essa contradição; contudo, a maioria, por não ter acesso à formação pedagógica no Brasil, afirmaram que, a partir do Programa, aprenderam a ser professores e passaram a assumir essa identidade. Essa constatação vincula-se a uma falsa percepção de que o país não é capaz de produzir sua própria pedagogia, reafirmando sua condição de colônia no contexto da internacionalização do capital, o que justifica, em especial nos IFs, a defesa da construção do capitalismo transnacionalizado com a finalidade de ampliação da acumulação do capital pela minimização do poder dos estados nacionais.

A falsa percepção pode ser explicada pela ausência de formação pedagógica e política, da maioria dos participantes do Programa, uma vez que há uma teoria brasileira de educação vinculada ao processo de emancipação humana com foco na formação humana integral, com vistas à construção de uma sociedade mais humanizada, justa e inclusiva, vastamente e internacionalmente divulgada, desde os trabalhos de Paulo Freire até a excelência da ampla produção de Saviani, além da produção dos grupos de trabalho da Associação Nacional de Pesquisa em Educação (ANPED), e demais grupos consolidados de pesquisa registrados e disponibilizados no Diretório de Pesquisa do CNPq.

A lacuna de formação teórica dos participantes também não é tratada no Programa, uma vez que as teorias pedagógicas não são seu objeto, dado seu caráter pragmático vinculado às necessidades do mercado; a própria pesquisa, trabalhada no curso, é aplicada. Em consequência, a autora, em suas conclusões, aponta que, antes de participar de programas de formação no exterior, os professores deveriam passar por formação pedagógica no Brasil, em especial nos IFs para seus professores, apresentando o cenário educacional brasileiro diante do global, as boas práticas pedagógicas, as teorias pedagógicas que abordam os problemas no contexto nacional, de modo a desenvolver o espírito crítico, ou, como afirma Gramsci, autonomia intelectual e ética. É necessário solidificar uma formação científica-pedagógica para o professor brasileiro da EBTT para que ele possa participar do processo de internacionalização mais instrumentalizado politicamente.

A ausência dessa formação, afirma a autora, pode levar o professor a adotar o pensamento global hegemônico, ideológico e distorcido, da relação entre o local e o global. Outra discussão que a obra suscita diz respeito à impossibilidade de transposição de um modelo avançado, construído historicamente por um país de pequenas dimensões e com outras condições econômicas e sociais, como é a Finlândia, para o Brasil, país de dimensões continentais, definido como produtor de commodities pelo capitalismo internacional, dependente, atravessado por profundas desigualdades regionais, econômicas e sociais. Principalmente em se tratando de docentes cuja formação é aprofundada em áreas específicas, sem as necessárias categorias de análise. Como resultado, as entrevistas mostram que, no retorno, ora domina o sentimento idealista, de que posso mudar a realidade pelas ações de transferência do conhecimento mediante várias estratégias implementadas individualmente pelo professor, ora o desânimo e o sentimento de solidão, tratado na obra como choque cultural reverso.

No primeiro caso, em face da falta de articulação de Setec/MEC e dos IFs a que pertencem os professores participantes do Programa, estes assumiram a tarefa de transferir conhecimentos mediante cursos, artigos, pesquisas, projetos, individualmente, sem qualquer forma de apoio, o que resultou em sobrecarga de trabalho e, em alguns casos, adoecimento.

Nos casos de choque cultural reverso, o professor, no regresso, mistura sentimento de perda, desânimo, solidão e ansiedade, o que apareceu em entrevistas em que participantes narram situações de frustração, sentimento de rejeição, desânimo, solidão, tristeza e adoecimento. Como aponta a autora, muitas vezes a ausência de uma formação em combate ao imperialismo global ou a incompreensão de como os problemas no contexto da educação nacional são produzidos, pode levar ao aprofundamento do choque cultural reverso.

Fica evidente, nas entrevistas, a desarticulação entre os promotores do Programa, e os professores participantes, o que permite concluir a presença de mais uma das categorias das teorias pós-modernas de educação: a fragmentação, o que nos leva a perguntar: qual a real motivação do Programa? Que o caráter inovador se resumisse em mudar sua prática? Que fossem multiplicadores de uma concepção de educação globalizada na perspectiva do mercado? Para o bem e para o mal, a desarticulação não favoreceu o enraizamento dessas concepções.

Finalmente, há que considerar que experiências de internacionalização sempre trarão vantagens, como relatadas por muitos entrevistados: a experiência intercultural, a formação de redes para intercâmbio de experiências, no caso específico, o conhecimento de uma experiência de efetiva universalização do acesso, uma utopia a ser concretizada pela via das políticas públicas no Brasil, a percepção da necessidade da construção de condições concretas para que tal aconteça, a percepção das condições culturais, econômicas e políticas que permitem a objetivação das políticas públicas, o aprendizado de novas metodologias usando a mediação tecnológica, e assim por diante.

Contudo, para que tal aconteça, como bem apontou a autora, é necessário que os professores tenham formação prévia no Brasil, para que, de posse das categorias de análise adequadas, possam fazer as necessárias leituras da realidade do país a ser visitado, a partir do conhecimento prévio da realidade do seu país, uma vez que encontrará, sempre, projetos políticos em confronto, em luta pela hegemonia.

E, cumpre destacar que vivenciamos, mundialmente, o avanço das políticas conservadoras, que representam a progressiva exclusão dos direitos fundamentais dos que vivem do trabalho, lógica inerente ao regime de acumulação flexível e de sua pedagogia, que cada vez mais investe na precarização do trabalho e da formação dos trabalhadores e de seus professores, buscando subjetividades flexíveis que se submetam e naturalizem os processos de exploração.

Nesse sentido, é louvável o sistema educacional finlandês; sem desconsiderar seus avanços, resta saber das formas de inserção dos alunos no mundo do trabalho, suas formas de organização, bem como a continuidade nos estudos, na perspectiva da inclusão, uma vez que essa é uma questão cara aos IFs, como também a todas as instituições que ofertam Educação Profissional e Tecnológica.

Pela qualidade da obra, a qual gera muitos questionamentos que nos permitem avançar na compreensão das possibilidades e dos limites dos programas de internacionalização voltados para o intercâmbio de professores e pesquisadores, recomendo a sua leitura.

Rio Negro, dezembro de 2023

Acacia Zeneida Kuenzer
Doutora em Educação – IFRN

APRESENTAÇÃO

A mobilidade internacional de professores, uma das práticas da internacionalização, refere-se ao deslocamento de docentes de diferentes instituições de ensino além das fronteiras nacionais. Essa prática proporciona novas aprendizagens por meio da transposição de barreiras culturais, compartilhamento de conhecimentos, práticas pedagógicas, experiências educacionais e distintas percepções de mundo, tanto para os professores que viajam quanto para a instituição que os recebe. Além disso, a mobilidade internacional de professores oportuniza a aprendizagem intercultural, a compreensão da diversidade global de políticas educacionais atreladas ao aspecto histórico e social de diferentes países, a colaboração acadêmica, bem como a transformação pessoal e profissional em alguma medida. Buscar compreender os efeitos nas concepções pedagógicas desses professores viajantes é uma maneira de compreender essa transformação individual e social das práticas pedagógicas.

Dessa maneira, este livro apresenta e discute os efeitos da mobilidade internacional nas concepções pedagógicas de professores que participaram de formação continuada na Finlândia. A investigação, realizada em um programa de doutoramento em Educação Escolar da Unesp[1], abordou especificamente professores da Educação Básica, Técnica e Tecnológica (EBTT) dos Institutos Federais de Educação, Ciência e Tecnologia do Brasil (IFs) que participaram do programa de mobilidade entre os anos de 2014 e 2016.

Ao longo desses anos, tive a oportunidade de estar na Finlândia em três diferentes ocasiões. A primeira fui como participante do programa Professores para o Futuro, no ano de 2015. Na segunda vez, em 2017, quando participei de um programa chamado *Finnish Train the Trainers – FiTT*, cujo objetivo foi desenvolver um currículo de formação continuada de professores nos moldes do programa Professores para o Futuro. Na terceira vez, em 2021, estive como pesquisadora, acompanhando um grupo de 13 professores brasileiros do Instituto Federal de Rondônia, os quais participaram também de uma versão do Programa Professores para o Futuro.

---

[1] Pesquisa realizada no Programa de Pós-Graduação em Educação Escolar da Faculdade de Ciências e Letras (FCL) da Universidade Estadual Paulista (Unesp), Campus de Araraquara, nos anos de 2016 a 2020, sob a orientação do Prof. Dr. Edson do Carmo Inforsato.

Dentre os caminhos da investigação, busquei verificar como o programa Professores para o Futuro foi desenvolvido e os efeitos dessa experiência pedagógica na formação do professor participante, bem como suas percepções acerca dessa experiência.

Diversos instrumentos de pesquisa foram utilizados, dentre eles a análise documental, entrevistas, questionários e o mais importante: viver a experiência junto. O método utilizado para análise de documentos e questionários foi a Análise de Conteúdo. Para a análise das entrevistas, usei o método de Análise de Narrativas. No total, 61 professores colaboraram com a pesquisa. Além disso, em minha terceira experiência como pesquisadora na Finlândia, tive mais 9 professores que também colaboraram.

As categorias centrais de análise apresentadas neste livro estão relacionadas à experiência de mobilidade internacional e são elas: experiência, efeitos, identidade, formação, transferência de conhecimentos, internacionalização e articulação.

Os capítulos foram organizados em teóricos, metodológicos e de análise. Os Capítulos 1, 2 e 3 são teóricos e apresentam discussões teóricas que sustentam a análise. O Capítulo 4 explica os caminhos metodológicos da pesquisa e é extremamente importante para a compreensão da análise e resultados. Os Capítulos 5, 6 e 7 expõem a análise e discussão dos dados.

O primeiro capítulo discorre sobre o trabalho e a formação do professor da EBTT no Instituto Federal de Educação, Ciência e Tecnologia. A partir de um levantamento bibliográfico, o percurso histórico dos IFs, o trabalho e a formação do professor da EBTT são delineados, bem como as políticas de formação inicial e continuada desse(a) profissional.

O segundo capítulo aborda a formação continuada de docentes por meio da mobilidade internacional. Para tanto, os elementos-chave do processo de internacionalização são conceituados, tais como a globalização, a interculturalidade e a própria internacionalização. Além disso, a especificidade da internacionalização na formação continuada do professor por meio da mobilidade internacional é abordada. Dessa forma, a base para a compreensão do processo de internacionalização dos IFs é construída.

O terceiro capítulo enfatiza a singularidade do(a) professor(a), a partir da busca pela compreensão de como acontecem as experiências formativas interculturais e seus efeitos na subjetividade. Nesse sentido, o levantamento teórico buscou aprofundar o debate sobre questões relacionadas a experiência, narrativas, representações das viagens pedagógicas, subjetividade, alteridade e a identidade do(a) docente na agenda global.

O quarto capítulo apresenta os procedimentos metodológicos adotados no percurso da pesquisa, o instrumento de coleta de dados, a abordagem utilizada, os referenciais, o contexto do estudo, o perfil dos participantes e outras questões relacionadas às escolhas procedimentais.

O quinto, o sexto e o sétimo capítulos trazem a análise e discussão dos dados e estão organizadas da seguinte forma: o Capítulo 5 apresenta os resultados, análise e discussão dos dados relativos aos documentos e aos questionários; o Capítulo 6 evidencia a análise e discussão exclusivamente dos dados das entrevistas narrativas, subsidiados pelos levantamentos e construções teóricas; e o Capítulo 7 expõe os resultados gerais, buscando estabelecer um diálogo entre os dados das diversas fontes.

Por fim, as considerações finais tecem algumas afirmações como resultados da investigação e análise, partindo da ideia de que a discussão não se esgota, uma vez que o processo de internacionalização, embora não seja tão novo, adquiriu características novas relacionados ao modo produtivo, ao avanço das tecnologias digitais da informação e comunicação e dos novos comportamentos que tais avanços constroem. Ademais, o processo de internacionalização dos IFs é um assunto que nasce com sua criação e, portanto, novo nesse contexto.

LISTA DE SIGLAS

ABP – Aprendizagem Baseada em Projetos/Problemas
Agee – Agenda Globalmente Estruturada para a Educação
AL – Alagoas
APLs – Arranjos Produtivos Locais
BM – Banco Mundial
BraFF – Brasileiros Formando Formadores
CA – Canadá
Caae – Certificado de Apresentação de Apreciação Ética
CAP – Comunidade de Aprendizagem Profissional
Capes – Coordenação de Aperfeiçoamento de Pessoal de Nível Superior
CCT – Comissão de Ciência, Tecnologia, Inovação, Comunicação e Informática
CEB – Câmara de Educação Básica
Cefet – Centro Federal de Educação Profissional e Tecnológica
Cemc – Cultura Educacional Mundial Comum
CEP – Comitê de Ética em Pesquisa
CLIL – *Content and Language Integrated Learning*
CNE – Conselho Nacional de Educação
CNPq – Conselho Nacional de Desenvolvimento Científico e Tecnológico
Condetuf – Conselho Nacional de Diretores das Escolas Técnicas Vinculadas às Universidades Federais
Conif – Conselho Nacional de Instituições da Rede Federal de Educação Profissional e Tecnológica
CP – Conselho Pleno
CsF – Ciência sem Fronteiras
DE – Dedicação Exclusiva
DEJ – Desenvolvimento Tecnológico e Inovação no Exterior Junior
DF – Distrito Federal
EaD – Educação a Distância
EBTT – Educação Básica, Técnica e Tecnológica

EHEA	–	*European Higher Education Area* (Espaço Comum Europeu do Ensino Superior)
EJA	–	Educação de Jovens e Adultos
Enade	–	Exame Nacional de Desempenho de Estudantes
Enap	–	Escola Nacional de Administração Pública
ENC	–	Exame Nacional dos Cursos
Enem	–	Exame Nacional do Ensino Médio
EPT	–	Educação Profissional e Tecnológica
EUA	–	Estados Unidos da América
Fapesp	–	Fundação de Amparo à Pesquisa do Estado de São Paulo
FIC	–	Formação Inicial e Continuada
FiTT	–	*Finnish Train the Trainers*
Forinter	–	Fórum dos Assessores Internacionais dos Institutos Federais
Fundeb	–	Fundo de Manutenção e Desenvolvimento da Educação Básica e de Valorização dos Profissionais da Educação
Fundef	–	Fundo de manutenção e Desenvolvimento do Ensino Fundamental e de valorização do Magistério
GT	–	Grupos de Trabalho
IBT	–	*Interned Based Test*
ICTs	–	Instituições Científicas e Tecnológicas
IES	–	Instituições de Educação Superior
Iesalc	–	Instituto Internacional para a Educação Superior na América Latina e Caribe
Ifac	–	Instituto Federal de Educação, Ciência e Tecnologia do Acre
Ifam	–	Instituto Federal de Educação, Ciência e Tecnologia do Amazonas
IFB	–	Instituto Federal de Educação, Ciência e Tecnologia de Brasília
IFC	–	Instituto Federal de Educação, Ciência e Tecnologia do Ceará
IFE	–	Instituições Federais de Educação
Ifes	–	Instituto Federal de Educação, Ciência e Tecnologia do Espírito Santo
IFNMG	–	Instituto Federal do Norte de Minas Gerais
IFPR	–	Instituto Federal de Educação, Ciência e Tecnologia do Paraná
Ifro	–	Instituto Federal de Educação, Ciência e Tecnologia de Rondônia

IFRGS	–	Instituto Federal de Educação, Ciência e Tecnologia do Rio Grande do Sul
IFs	–	Institutos Federais
IFSC	–	Instituto Federal de Educação, Ciência e Tecnologia de Santa Catarina
IFSP	–	Instituto Federal de Educação, Ciência e Tecnologia de São Paulo
IFTM	–	Instituto Federal de Educação, Ciência e Tecnologia do Triângulo Mineiro
Inep	–	Instituto Nacional de Estudos e Pesquisas Educacionais Anísio Teixeira
Inpi	–	Instituto Nacional da Propriedade Industrial
IsF	–	Idiomas sem Fronteiras
ITP	–	*Institutional Testing Program*
LDBEN	–	Lei de Diretrizes e Bases da Educação Nacional
Maes	–	Metodologias Ativas para Estudantes do Século XXI
Mercosul	–	Mercado Comum do Sul
MCTI	–	Ministério da Ciência Tecnologia e Inovação
MEC	–	Ministério da Educação e Cultura.
MOU	–	*Memorandas of Understanding* (Memorando de Entendimento)
MT	–	Mato Grosso
Nepi	–	Núcleo Estruturante da Política de Inovação
OCDE	–	Organização para Cooperação e Desenvolvimento Econômico
OECD	–	*Organisation for Economic Cooperation and Development*
OMC	–	Organização Mundial do Comércio
ONU	–	Organização das Nações Unidas
ONGs	–	Organizações Não Governamentais
Parfor	–	Programa Nacional de Formação de Professores da Educação Básica
PB	–	Paraíba
PBL	–	*Problem Based Learning*
PCN	–	Parâmetros Curriculares Nacionais
PDE	–	Plano de Desenvolvimento da Educação
PDIz	–	Plano de Desenvolvimento Institucional
PDPP	–	Programa de Desenvolvimento Profissional para Professores
PGPE	–	Plano Geral de Cargos do Poder Executivo

PISA	–	*Programme for International Student Assessment*
PLC	–	*Professional Learning Community*
PNE	–	Plano Nacional de Educação
PPC	–	Projetos Pedagógicos dos Cursos
ProfEPT	–	Programa de Pós-Graduação em Educação Profissional e Tecnológica
RAD	–	Regulamento da Atividade Docente
RFEPCT	–	Rede Federal de Educação Profissional, Científica e Tecnológica
RSC	–	Reconhecimento de Saberes e Competências
RT	–	Regime de Trabalho
Saeb	–	Sistema de Avaliação da Educação Básica
Serta	–	Serviço de Tecnologia Alternativa
Setec	–	Secretaria de Educação Profissional e Tecnológica
Sinaes	–	Sistema Nacional de Avaliação da Educação Superior
Sisu	–	Sistema de Seleção Unificada
SP	–	São Paulo
Taes	–	Técnicos em Assuntos Educacionais
TALIS	–	*Teaching and Learning International Survey*
TCLE	–	Termo de Consentimento Livre e Esclarecido
TIC	–	Tecnologias da Informação e Comunicação
TOEFL	–	*Test of English as a Foreign Language*
UAS	–	Universidades de Ciências Aplicadas
UF	–	Universidades Federais
Uneds	–	Unidades Descentralizadas de Ensino
Unesco	–	United Nations Educational Cientific and Cultural Organization (Organização das Nações Unidas para a Educação, a Ciência e a Cultura)
Unesp	–	Universidade Estadual Paulista "Júlio de Mesquita Filho"
Unir	–	Universidade Federal de Rondônia
VET	–	*Vocational Education and Training* (Educação e Treinamento Profissional)

SUMÁRIO

CAPÍTULO 1

PROPOSTA POLÍTICO-PEDAGÓGICA, TRABALHO E FORMAÇÃO DO PROFESSOR DA EBTT NOS IFS 29

1.1 OS INSTITUTOS FEDERAIS DE EDUCAÇÃO, CIÊNCIA E TECNOLOGIA 29

1.2 CARREIRA DO PROFESSOR DA EDUCAÇÃO BÁSICA, TÉCNICA E TECNOLÓGICA 35

1.3 O TRABALHO DO PROFESSOR DA EDUCAÇÃO BÁSICA, TÉCNICA E TECNOLÓGICA 38

1.4 FORMAÇÃO DO PROFESSOR DA EDUCAÇÃO BÁSICA, TÉCNICA E TECNOLÓGICA 44

CAPÍTULO 2

FORMAÇÃO CONTINUADA NO EXTERIOR 65

2.1 GLOBALIZAÇÃO, INTERNACIONALIZAÇÃO E EDUCAÇÃO..............66

2.2 POLÍTICAS PARA EDUCAÇÃO E FORMAÇÃO DO PROFESSOR NO BRASIL E AS INFLUÊNCIAS INTERNACIONAIS 77

2.3 INTERNACIONALIZAÇÃO DA FORMAÇÃO CONTINUADA DO PROFESSOR POR MEIO DA MOBILIDADE INTERNACIONAL: FORMAÇÃO DO PROFESSOR GLOBAL...84

2.4 A INTERNACIONALIZAÇÃO DOS INSTITUTOS FEDERAIS 94

CAPÍTULO 3

EXPERIÊNCIAS FORMATIVAS INTERCULTURAIS E A IDENTIDADE DO PROFESSOR 109

3.1 IDENTIDADE DO PROFESSOR DO SÉCULO XXI........................110

3.2 A EXPERIÊNCIA FORMATIVA NO EXTERIOR E AS NARRATIVAS DE VIAGEM PEDAGÓGICA...118

3.3 MOBILIDADE DE PROFESSORES: VIAGENS PEDAGÓGICAS............130

3.4 VIAGEM PEDAGÓGICA PARA A FINLÂNDIA............................133

CAPÍTULO 4

OS CAMINHOS DA PESQUISA 145

4.1 CARACTERÍSTICAS DA PESQUISA 145

4.2 O CONTEXTO DA PESQUISA.......................,......................... 148

4.3 OS INSTRUMENTOS DE COLETA E PRODUÇÃO DE DADOS............ 150

4.3.1 Questionário 151

4.3.2 Entrevista narrativa 151

4.3.3 Documentos 154

4.4 OS PARTICIPANTES DA PESQUISA... 155

4.4.1 Perfil dos participantes... 157

4.5 MÉTODO DE ANÁLISE DOS DADOS... 159

4.5.1 Análise dos materiais... 160

4.6 DESCRIÇÃO DO CURSO DE FORMAÇÃO CONTINUADA
NA FINLÂNDIA 165

CAPÍTULO 5

O QUE DESCOBRIMOS... 169

5.1 PROCESSO DE CRIAÇÃO DAS CATEGORIAS E SUBCATEGORIAS
DE ANÁLISE 170

5.2 ANÁLISE DOCUMENTAL... 179

5.2.1 Análise das Chamadas Públicas... 179

5.2.1.1 Análise das unidades significativas das Chamadas Públicas............ 183

5.2.2 Análise dos Relatórios 187

5.2.2.1 Análise das unidades significativas dos Relatórios 188

5.3 ANÁLISE DOS QUESTIONÁRIOS 202

5.3.1 Perfil dos respondentes... 202

5.3.2 Análise das unidades significativas dos Questionários............ 206

5.3.2.1 Experiência... 208

5.3.2.2 Efeitos... 214

5.3.2.3 Identidade 215

5.3.2.4 Formação 226

5.3.2.5 Transferência de conhecimentos 229

5.3.2.6 Internacionalização 238

5.3.2.7 Articulação... 245

CAPÍTULO 6

**AS NARRATIVAS DE VIAGEM PEDAGÓGICA DOS PROFESSORES
REGRESSANTES** 247

6.1 EXPERIÊNCIA: "UMA COISA É QUANDO EU FALO, OUTRA COISA É QUANDO VOCÊ VIVE"..251

6.2 EFEITOS: "A TRANSFORMAÇÃO É GRANDE!"............................258

6.3 IDENTIDADE: "EXISTEM DOIS PROFESSORES: UM ANTES DO VET E OUTRO APÓS VET"...262

6.4 FORMAÇÃO: "EU ME SENTI MAIS PREPARADO, OBVIAMENTE ME SENTI MAIS VALORIZADO"...272

6.5 TRANSFERÊNCIA DE CONHECIMENTOS: "NÃO É A EDUCAÇÃO BRASILEIRA QUE ESTÁ EM PENÚLTIMO NO PISA, É O PAÍS"...............277

6.6 INTERNACIONALIZAÇÃO: "[...] OLHAR PARA O OUTRO"..............308

6.7 ARTICULAÇÃO: "PRECISAMOS DE ALGUÉM QUE OLHE PARA NOSSAS AÇÕES DE FORMA SISTÊMICA"......................................316

CAPÍTULO 7
TECENDO UM PANORAMA GERAL.....................................319

7.1 EXPERIÊNCIA...319

7.2 EFEITO..322

7.3 IDENTIDADE...324

7.4 FORMAÇÃO..327

7.5 TRANSFERÊNCIA DE CONHECIMENTOS............................330

7.6 INTERNACIONALIZAÇÃO..340

7.7 ARTICULAÇÃO...343

8
CONSIDERAÇÕES FINAIS...345

REFERÊNCIAS..359

CAPÍTULO 1

PROPOSTA POLÍTICO-PEDAGÓGICA, TRABALHO E FORMAÇÃO DO PROFESSOR DA EBTT NOS IFS

A mobilidade internacional para fins de formação continuada no exterior, no contexto que tratamos neste livro, foi realizada com professores da Educação Básica, Técnica e Tecnológica (EBTT), os quais atuam nos Institutos Federais de Educação, Ciência e Tecnologia (IFs) com a Educação Profissional e Tecnológica (EPT). Assim, nosso ponto de partida é conhecer melhor o que são os Institutos Federais (IFs), suas finalidades e objetivos, bem como conhecer o público com o qual a pesquisa foi realizada, ou seja, os(as) professores da EBTT, sua formação, a caracterização de seu trabalho, o público que atendem, as possíveis necessidades formativas, compreendidas a partir da natureza do trabalho educativo que desempenham etc.

1.1 OS INSTITUTOS FEDERAIS DE EDUCAÇÃO, CIÊNCIA E TECNOLOGIA

Os IFs foram criados a partir da Lei n.º 11.892, de 29 de dezembro de 2008, a qual também instituiu a Rede Federal de Educação Profissional, Científica e Tecnológica (RFEPCT). Conforme estabelecido em Lei, os IFs são instituições de educação básica profissionalizante e superior, podendo ofertar a educação profissional e tecnológica em diversas modalidades, abrangendo o Curso Técnico integrado ao Ensino Médio, o curso técnico subsequente ao Ensino Médio ou concomitante a ele, cursos superiores tecnólogos, licenciaturas e cursos de pós-graduação *lato sensu* e *stricto sensu* (BRASIL, 2008), conforme aponta Pacheco (2010, p. 20):

> Como princípio em sua proposta político-pedagógica, os Institutos Federais deverão ofertar educação básica, principalmente em cursos de ensino médio integrado à educação profissional técnica de nível médio; ensino técnico em geral; cursos superiores de tecnologia, licenciatura e bacharelado em áreas em que a ciência e a tecnologia são componentes

> determinantes, em particular as engenharias, bem como programas de pós-graduação *Lato* e *Stricto Sensu*, sem deixar de assegurar a formação inicial e continuada do trabalhador e dos futuros trabalhadores.

Dessa forma, em sua lei de criação, os IFs têm por finalidade a oferta da EPT, em todos os níveis e modalidades, e seu desenvolvimento como processo educativo. Eles devem orientar suas ações buscando fortalecer os arranjos produtivos, sociais e culturais locais, a partir do desenvolvimento de programas de ensino, pesquisa e extensão. Aqui vale ressaltar sua natureza multifacetada e as expectativas lançadas no trabalho educativo nele desenvolvido, por docentes e demais profissionais da educação.

Pacheco (2010) nos explica que os IFs se constituíram como uma "revolução tecnológica" e uma possibilidade de superar a visão dualista de educação pautada puramente na técnica e promover uma educação emancipadora. Seus princípios filosóficos, pautados no conceito de politecnia, visam promover uma educação que de fato emancipe o estudante, que integre os diversos conhecimentos científicos e técnicos para a formação integral do indivíduo, capaz de operar diferentes máquinas e sistemas e de criar, criticar, perceber e compreender os processos em seu entorno. Sendo assim, não se trata somente de uma educação para o exercício da profissão e mundo do trabalho, mas para as práticas sociais nas diversas dimensões que envolvem a vida humana, conforme texto da Lei de Diretrizes e Bases da Educação (LDBEN) n.º 9.394/1996 (BRASIL, 1996, Art. 1, § 2.º).

Para possibilitar a expansão dos IFs, Pacheco, Pereira e Sobrinho (2010) elucidam que foi necessário revogar um aparato legal que impedia sua implantação em todo o país. Como exemplo, os autores citam a Medida Provisória n.º 1.549/97, que em seu artigo 47 transferia a responsabilidade de manutenção e gestão do ensino técnico para os estados, municípios e Distrito Federal, desobrigando a responsabilidade da União. Outro dispositivo refere-se ao Decreto n.º 2.208/97, revogado pelo Decreto n.º 5.154/2004. A partir disso, é possível perceber uma reforma nos anos 1990 e outra nos anos 2000, no Governo Lula, o qual desenvolve diversas medidas para implantar os IFs em seu segundo mandato (2007-2010). Pacheco, Pereira e Sobrinho (2010, p. 73) destacam as ações e metas do governo entre os anos 2005 e 2010.

> Em 2005, o presidente Lula anunciou o Plano de Expansão da Rede Federal de Educação Profissional e Tecnológica, o qual incluía a construção de 65 unidades de ensino. Com o lançamento do Plano de Desenvolvimento da Educação

(PDE) do MEC, em 2007, a expansão passou a fazer parte das ações dele, e o governo anunciou então a construção, até 2009, de mais 150 unidades de ensino, contemplando todos os Estados e o Distrito Federal. Divulgou-se, naquele momento, que seriam investidos R$ 750 milhões para obras e R$ 500 milhões, por ano, para custeio e salários de professores e funcionários a serem contratados por meio de concurso público. Considerando-se a primeira e a segunda fase dessa expansão, seriam acrescidas, às 160 mil vagas hoje ofertadas, mais 274 mil vagas, um incremento, portanto, de 171%. A meta é, no entanto, conforme anunciado, chegar até 2010 com algo em torno de 500 mil vagas em todo o território nacional. Se, de 1909 a 2002, o número de escolas destinadas a essa modalidade da educação não ultrapassou 140 unidades, até 2010 a meta é chegar a 354 unidades.

A lei de criação dos Institutos Federais foi um marco na história da política pública da Educação Profissional no Brasil. Entretanto, enquanto política pública não foi o primeiro esforço. Kuenzer (2007a) explica que é a partir de 1909 que o estado passa a assumi-la, com a criação de 19 escolas de artes e ofícios em cada unidade da federação. A criação das Escolas de Aprendizes e Artífices se deu a partir da publicação do Decreto n.º 7.566/1909 pelo presidente da República Nilo Peçanha, que estabeleceu em seu 1.º parágrafo:

> Art. 1.º Em cada uma das capitaes dos Estados da Republica o Governo Federal manterá, por intermedio do Ministerio da Agricultura, Industria e Commercio uma Escola de Aprendizes Artifices, destinada ao ensino profissional primario e gratuito. (BRASIL, 1909).[2]

Kuenzer (2007a, p. 27) elucida que essas escolas satisfaziam "[...] a finalidade moral de repressão: educar pelo trabalho, os órfãos, pobres, e desvalidos da sorte, retirando-os das ruas." Alinhada a essa ideia, Franco (2008, p. 51) afirma que a formação profissional no Brasil "[...] nasceu primeiro de uma visão moralista do trabalho e assistencialista da educação de órfãos e desamparados." As Escolas de Aprendizes e Artífices tornaram-se as Escolas Técnicas Federais a partir da publicação de leis e alterações por decretos.

Com a Lei n.º 6.545 de junho de 1978, as Escolas Técnicas Federais de Minas Gerais, do Paraná e Celso Suckow da Fonseca no Rio de Janeiro transformaram-se em Centros Federais de Educação Profissional e Tecno-

---

[2] Texto mantido conforme o original.

lógica (Cefet). Esse dispositivo legal estabeleceu em seu Art. 1.º, § 1.º que os Cefets são autarquias de regime especial, sendo assim, possuem autonomia administrativa, financeira, didática e disciplinar, vinculadas ao Ministério da Educação e Cultura (MEC).

Somente com a Lei n.º 8.948 de dezembro de 1994, que dispôs sobre a instituição do Sistema Nacional de Educação Tecnológica, ficou estabelecido que as demais Escolas Técnicas e Agrotécnicas Federais seriam transformadas, gradativamente, em Cefets. Brito e Caldas (2016) explicam que essa transformação foi uma demanda do desenvolvimento econômico no Brasil no final dos anos de 1970 e início de 1980, que exigia mais diversidade e qualidade na formação profissional de trabalhadores para atender ao novo cenário do sistema produtivo, em que novas tecnologias estavam sendo incorporadas a produção e prestação de serviços.

Os Cefets tornaram-se, em sua maioria, um total de 31 unidades, em Institutos Federais de Educação, Ciência e Tecnologia a partir da Lei n.º 11.892/2008. Além deles, 75 Unidades Descentralizadas de Ensino (Uneds), 39 Escolas Agrotécnicas, 7 Escolas Técnicas Federais e 8 escolas vinculadas às Universidades Federais (UF) passaram a compor o grupo de Institutos Federais[3]. Nas palavras de Pacheco (2010, p. 14), então secretário da Educação Profissional e Tecnológica:

> Inicia-se a construção de uma instituição inovadora, ousada, com um futuro em aberto e, articulando-se com as redes públicas de educação básica, capaz de ser um centro irradiador de boas práticas. Os centros federais de educação tecnológica (CEFETs), as escolas agrotécnicas federais e as escolas técnicas vinculadas às universidades que aceitaram o desafio desaparecem enquanto tal para se transformarem nos campi espalhados por todo o país, fiadores de um ensino público, gratuito, democrático e de excelência. Com os Institutos Federais iniciamos uma nova fase, abandonando o hábito de reproduzir modelos externos e ousando a inovar a partir de nossas próprias características, experiências e necessidades.

Como mostramos, as principais políticas públicas para a Educação Profissional que antecederam e subsidiaram a criação dos Institutos Federais podem ser assim resumidas:

---

[3] Dados obtidos no Portal do Ministério da Educação e Cultura (MEC). Disponível em: http://redefederal.mec. gov.br/historico. Acesso em: 12 mar. 2019.

1. criação das Escolas de Aprendizes e Artífices em 1909 – Decreto n.º 7.566/1909;
2. transformação das Escolas de Aprendizes e Artífices em Escolas Técnicas e Agrotécnicas a partir de leis e alterações por decretos;
3. transformação das Escolas Técnicas Federais de Minas Gerais, do Paraná e Celso Suckow da Fonseca no Rio de Janeiro em Centros Federais de Educação Profissional e Tecnológica (Cefets) – Lei n.º 6.545, de junho de 1978;
4. instituição do Sistema Nacional de Educação Tecnológica – ficou estabelecido que as demais Escolas Técnicas e Agrotécnicas Federais seriam transformadas, gradativamente, em Cefets – Lei n.º 8.948, de dezembro de 1994.

Para Pacheco (2010), os Institutos Federais representam um novo tipo de política pública que compreende a educação profissional como um alicerce na construção de uma sociedade soberana e democrática, tendo em vista que em sua essência combate à desigualdade social por meio da oferta de uma educação emancipadora que supere a dualidade entre o ensino propedêutico e o ensino da técnica, entre o ensino técnico e o científico. Para ele, os IFs abrem caminhos para que o Brasil passe de um consumidor para um produtor da tecnologia, capaz de inovar e produzir seus próprios modelos, ao invés de apenas "importar" modelos.

De acordo com dados obtidos no portal do Ministério da Educação ([2019]), de 1909 a 2002 um total de 140 escolas técnicas foram implantadas no Brasil. E entre os anos 2003 e 2016, 500 novas unidades foram estabelecidas a partir do plano de expansão da EPT, totalizando 640 campi, 38 Institutos Federais em todos os estados. Somam-se à Rede Federal de Educação, Ciência e Tecnologia as instituições que não aderiam aos Institutos Federais, sendo elas dois Cefets, 25 escolas vinculadas às universidades, o Colégio Pedro II e a Universidade Tecnológica do Paraná – UTFPR.

No ano de 2022, a Rede Federal já contava com 680 unidades, sendo 38 Institutos Federais, 22 Escolas Técnicas vinculadas às Universidades Federais, 2 Cefets, a UTFPR e o Colégio Pedro II. E no ano de 2023 o Governo Federal anunciou a intenção de expandir e interiorizar os IFs.

As finalidades, características e objetivos dos IFs foram expressos em sua lei de criação, podendo ser resumidos conforme Quadro 1:

Quadro 1 – Finalidades, características e objetivos dos IFs

Finalidades e características dos IFs	Objetivos dos IFs
I – ofertar educação profissional e tecnológica, em todos os seus níveis e modalidades; II – desenvolver a educação profissional e tecnológica como processo educativo e investigativo de geração e adaptação de soluções técnicas e tecnológicas; III – promover a integração e a verticalização da educação básica à educação profissional e à educação superior; IV – orientar sua oferta formativa em benefício da consolidação e fortalecimento dos arranjos produtivos, sociais e culturais locais; V – constituir-se em centro de excelência na oferta do ensino de ciências, em geral, e de ciências aplicadas, em particular; VI – qualificar-se como centro de referência no apoio à oferta do ensino de ciências nas instituições públicas de ensino, oferecendo capacitação técnica e atualização pedagógica aos docentes das redes públicas de ensino; VII – desenvolver programas de extensão e de divulgação científica e tecnológica; VIII – realizar e estimular a pesquisa aplicada, a produção cultural, o empreendedorismo, o cooperativismo e o desenvolvimento científico e tecnológico; e IX – promover a produção, o desenvolvimento e a transferência de tecnologias sociais, notadamente as voltadas à preservação do meio ambiente.	I – ministrar educação profissional técnica de nível médio, prioritariamente na forma de cursos integrados, para os concluintes do ensino fundamental e para o público da educação de jovens e adultos; II – ministrar cursos de formação inicial e continuada de trabalhadores; III – realizar pesquisas aplicadas, estimulando o desenvolvimento de soluções técnicas e tecnológicas; IV – desenvolver atividades de extensão de acordo com os princípios e finalidades da educação profissional e tecnológica, em articulação com o mundo do trabalho e os segmentos sociais; V – estimular e apoiar processos educativos que levem à geração de trabalho e renda e à emancipação do cidadão na perspectiva do desenvolvimento socioeconômico local e regional; e VI – ministrar em nível de educação superior e tecnologia, licenciatura, bacharelado e engenharia, pós-graduação *Lato Sensu* e *Stricto Sensu.*

Fonte: texto adaptado pela autora a partir da Lei n.º 11.892/2008

A partir da leitura das finalidades, características e objetivos estabelecidos para os IFs, podemos perceber que a natureza do trabalho nessa instituição é diversificada, abrange a oferta de cursos em diversas modalidades e níveis de formação continuada ou formação inicial, oferta de cursos ou atividades de extensão, desenvolvimento da ciência geral e aplicada, integração com o setor produtivo, econômico e cultural para desenvolvimento, geração e promoção de soluções, transferência de tecnologias, fomento ao empreendedorismo, cooperativismo e a produção cultural. Resumidamente, a natureza do trabalho dos IFs envolve o tripé que compõe a instituição: ensino, pesquisa e extensão, de maneira alinhada às demandas sociais, produtivas e culturais em que se insere. Também é possível perceber as demandas formativas e de trabalho para o professor da EBTT. Pacheco (2010) explica que a lei de criação dos IFs estabelece uma "nova institucionalidade." Da mesma forma, estabelece um perfil de professor que já vinha sendo engendrado ao longo da história da Educação Profissional, mas que incorpora características específicas também com a ênfase na educação tecnológica, mais conectada com as novas demandas das primeiras décadas do século XXI, com um modelo atravessado pelas novas tecnologias e modos produtivos. A seguir, discorreremos mais sobre a origem da caracterização do professor do Ensino Básico, Técnico e Tecnológico.

1.2 CARREIRA DO PROFESSOR DA EDUCAÇÃO BÁSICA, TÉCNICA E TECNOLÓGICA

A lei de reestruturação do Plano Geral de Cargos do Poder Executivo (PGPE), Lei n.º 11.784, de 22 de setembro de 2008, estabeleceu, dentre várias carreiras, a estrutura do Plano de Carreira e Cargos do Magistério e do Ensino Básico, Técnico e Tecnológico, denominando o professor que atua nesse segmento – o professor da Educação Básica, Técnica e Tecnológica (EBTT), também chamado de professor EBTT. A Lei n.º 12.772, de 28 dezembro de 2012, dispôs sobre a reestruturação do Plano de Cargos do Magistério Federal, abrangendo também o professor da EBTT (BRASIL, 2012a).

Dominik (2017, p. 84) explica que essa lei surge de uma demanda pressionada pela regulamentação da carreira do professor dos Cefets.

> Em suma, os CEFET poderiam oferecer cursos de graduação, especialização, mestrado e doutorado na área tecnológica, além dos já esperados ensino médio e técnico, FIC, EJA e outros. Entretanto, na prática, ocorriam dois problemas. O primeiro: os CEFET, gozando de sua autonomia, começaram a oferecer cursos que não eram exatamente na área tecnológica pretendida pelo Governo. O segundo: apesar de várias instituições federais de ensino profissional passarem a oferecer cursos de nível superior e de pós-graduação, a carreira dos seus docentes ainda era de Magistério de 1.º e

2.º Graus. Estas duas questões foram tema de grandes debates à época – e ainda são –, na medida em que podem afetar a questão previdenciária e a tentativa de isonomia em relação à percepção de vantagens recebidas pela carreira do Magistério Superior até certa época. Esta pressão culminou com a criação da Carreira de Magistério do Ensino Básico, Técnico e Tecnológico (EBTT) e com a quase simultânea criação dos Institutos Federais de Educação, Ciência e Tecnologia (IF).

A Lei n.º 11.784, de 22 de setembro de 2008, criou um novo plano de carreira, incluindo o ensino tecnológico, o Plano de Carreira e Cargos de Magistério do Ensino Básico, Técnico e Tecnológico, além do Plano de Carreiras de Magistério do Ensino Básico Federal.

O professor da EBTT é aquele que atua tanto no Ensino Básico, mais especificamente no Curso Técnico integrado ao Ensino Médio, como nos cursos de nível técnico, em formações iniciais ou continuadas, ou tecnológico – curso superior ou de pós-graduação. A partir da publicação dessa lei, a Educação Profissional e Tecnológica (EPT) passou a incorporar uma nova institucionalização. Sendo assim, os professores que atuavam na EPT em Cefets, Escolas Agrotécnicas ou Escolas Técnicas, e que pouco tempo depois se tornaram IFs, foram enquadrados nas novas regulamentações estabelecidas pela referida lei.

Brito e Caldas (2016) explicam que a carreira de magistério da EBTT foi criada em substituição à anterior, que se tratava do magistério de 1.º e 2.º graus (atual ensino fundamental e ensino médio), instituído nas Escolas Técnicas Federais, Escolas Agrotécnicas Federais, Colégios Militares, Colégio Pedro II e Cefets. Como nem todos os professores aderiram à proposta do governo, as duas carreiras passaram a coexistir. No caso dos Cefets, o magistério da EBTT passou a coexistir com o magistério da Educação Superior, já que essas instituições também o ofertavam. Legalmente, a de magistério da EBTT tem permissão para atuação além do ensino básico, abrangendo o técnico e tecnológico.

Dessa forma, surge essa nova função com demandas específicas para atuação na EPT em sua nova institucionalidade, um profissional apto a exercer seu trabalho em distintas modalidades de ensino – da educação básica aos cursos de pós-graduação, em pesquisa e inovação, em cursos de extensão e em trabalhos administrativos.

A lei de criação dos IFs instituiu a Rede Federal de Educação Profissional, Científica e Tecnológica e dispôs as finalidades, características e objetivos dos IFs, além de sua estrutura organizacional estabelecendo que cada IF deve se organizar em uma estrutura multicampi, com campus e reitoria. Esse dispositivo legal permitiu a expansão da rede e exigiu a contratação intensa de profissionais para compor a nova estrutura, novos campi e a oferta de novos cursos a fim de atender as demandas produtivas do século XXI. Para satisfazer as especificidades da nova institucionalidade da EPT no Brasil os professores EBTT foram contratados, sem uma formação específica para a EPT e, em muitos casos, sem uma licenciatura, embora tivessem que atuar na educação básica, na qual a LDBEN n.º 9.394/1996 estabelece a exigência de tal formação, o que discutiremos no subitem a seguir.

Conforme exposto, a carreira de professor da Educação Profissional nem sempre teve a denominação EBTT, mas era dividida entre o Magistério de 1.º e 2.º graus (Ensino fundamental e Ensino Médio) e Magistério Superior. Sendo assim, o professor da EPT não surge com a criação dos IFs, mas toma uma nova institucionalidade. Os embates travados foram vários desde a primeira década do século XXI, segundo Brito e Caldas (2016), que compreendem as disputas entre governo e sindicatos pela unificação das carreiras do Magistério Federal, as progressões horizontais na carreira, às condições de trabalho peculiares ao profissional que desenvolve ensino, pesquisa e extensão.

Assim se constitui historicamente o professor da EBTT, em meio a uma crise identitária que nem se enquadra no Magistério Superior, carreira mais antiga e regulamentada, nem no Magistério do Ensino Básico.

Dessa forma, a carreira do professor da EBTT foi delineada por diversos dispositivos legais, conforme expomos anteriormente, resumidamente criada pela Lei n.º 11.784/08, reestruturada pela Lei n.º 12.772/2012 e alterada pela Lei n.º 12.863, de 24 de setembro de 2013. A partir disso, o plano de carreiras e cargos do Magistério Federal foi estabelecido. Com a Lei n.º 12.863/2013, as carreiras do professor de Magistério Superior e do professor de Magistério da EBTT foram equiparadas em termos salariais e a Lei n.º 13.325, de 29 de julho de 2016, alterou a remuneração e as regras de promoção e gratificação (BRASIL, 2016c). A unificação não ocorreu devido às particularidades de cada função, que, apesar de muitas semelhanças, permanecem diferentes quanto ao atendimento de público e à formação específica para a EPT.

Conforme a Lei n.º 12.772/2012, a carreira do professor da EBTT é composta por quatro classes, sendo elas DI, DII, DIII e DVI. A Lei n.º

12.863/2013 acrescentou a classe Professor Titular. As classes DI e DII são compostas por dois níveis, já a D III e D IV por quatro níveis. A progressão na carreira pode ocorrer a cada 24 meses, respeitando os critérios, incluindo a avaliação de desempenho.

O ingresso na carreira acontece por meio de concurso público, sendo exigido no mínimo a conclusão de nível superior em nível de graduação, na classe DI, nível 1. Ou seja, mesmo sendo para docência na EPT, inclusive para atuação na última etapa da educação básica, em cursos técnico integrado ao ensino médio, não há exigência de licenciatura, o que pode ser entendido como uma simplificação da formação, que se deixa para resolver posteriormente com cursos de "complementação pedagógica."

Além da progressão por tempo de serviço, há possibilidade da progressão por titulação ou, ainda, por Reconhecimento de Saberes e Competências (RSC), avaliação que reconhece os saberes adquiridos ao longo da vida profissional considerando um período temporal estabelecido em regulamentação, a partir da comprovação documentada apresentada pelo requerente, concedendo a equivalência salarial à de determinada titulação (especialização, mestrado ou doutorado). Os Regimes de Trabalho (RT) podem ser com contratos de 20 horas, 40 horas ou Dedicação Exclusiva (DE).

Até aqui realizamos um breve levantamento sobre a evolução histórica da carreira do professor da EBTT e a estruturação da sua carreira. A seguir, discorreremos sobre o trabalho e a formação.

1.3 O TRABALHO DO PROFESSOR DA EDUCAÇÃO BÁSICA, TÉCNICA E TECNOLÓGICA

O trabalho do professor da EBTT não se restringe ao ensino, conforme vimos na discussão dos tópicos anteriores, mas também na atuação em pesquisa, geral ou aplicada e extensão; além de apoio às atividades administrativas.

É pertinente retomarmos a discussão sobre as finalidades, características e objetivos dos IFs, apresentados no Quadro 1 e sua relação com o trabalho do professor da EBTT. Seu trabalho em diversas modalidades, currículos e níveis de ensino exige conhecimentos e habilidades para atendimento a um público variado, em diferentes faixas-etárias, o que difere de um professor da carreira de Magistério Superior, tendo em vista que abrange também atuação na Educação Básica.

EXPERIÊNCIA PEDAGÓGICA ALÉM DAS FRONTEIRAS

O regime de trabalho do professor da EBTT, conforme estabelecido na Lei n.º 12.772 de 28 de dezembro de 2012, em seu artigo 20, pode ser das seguintes formas:

> Art. 20. O Professor das IFE, ocupante de cargo efetivo do Plano de Carreiras e Cargos de Magistério Federal, será submetido a um dos seguintes regimes de trabalho:
>
> I – 40 (quarenta) horas semanais de trabalho, em tempo integral, com dedicação exclusiva às atividades de ensino, pesquisa, extensão e gestão institucional; ou
>
> II – tempo parcial de 20 (vinte) horas semanais de trabalho.
>
> § 1º Excepcionalmente, a IFE poderá, mediante aprovação de órgão colegiado superior competente, admitir a adoção do regime de 40 (quarenta) horas semanais de trabalho, em tempo integral, observando 2 (dois) turnos diários completos, sem dedicação exclusiva, para áreas com características específicas.

As expectativas de atuação do professor da EBTT estão expressas em diversas leis, assim como em documentos e estudos que explicam a natureza dos IFs. Pacheco (2010, p. 14) elucida a proposta dos IFs de preparação para a formação integral do indivíduo, superando a dualidade entre ensino técnico e científico "[...] articulando trabalho, ciência e cultura na perspectiva da emancipação humana, é um dos objetivos basilares dos Institutos." Além disso, o autor enumera uma série de outras expectativas ligadas ao desenvolvimento do ensino integrado, da pesquisa aplicada, do fomento da inovação tecnológica, da interação entre os IFs e o setor produtivo para o desenvolvimento local, regional e nacional, ou seja, espera-se que o trabalho desenvolvido nos IFs leve a uma verdadeira emancipação e transformação social. É importante partirmos daqui para compreender que a complexidade do trabalho do professor da EBTT não reside somente em sua atuação no Ensino, Pesquisa e/ou Extensão, mas na multiplicidade das particularidades que compõem cada eixo deste.

As atividades do docente da EBTT estão expressas na Lei n.º 12.772, de 28/12/12 da seguinte forma:

> Art. 2º São atividades das Carreiras e Cargos Isolados do Plano de Carreiras e Cargos de Magistério Federal aquelas relacionadas ao ensino, pesquisa e extensão e as inerentes ao exercício de direção, assessoramento, chefia, coordenação e assistência na própria instituição, além daquelas previstas em legislação específica.

[...] § 2º A Carreira de Magistério do Ensino Básico, Técnico e Tecnológico destina-se a profissionais habilitados em atividades acadêmicas próprias do pessoal docente no âmbito da educação básica e da educação profissional e tecnológica, conforme disposto na Lei no 9.394, de 20 de dezembro de 1996, e na Lei n.º 11.892, de 29 de dezembro de 2008.

O dispositivo legal específico se deu por meio da Portaria n.º 17, de 11 de maio de 2016, publicada pela Secretaria de Educação Profissional e Tecnológica (Setec) (BRASIL, 2016b), que estabeleceu diretrizes gerais para a regulamentação das atividades docentes no âmbito da Rede Federal de Educação Profissional, Científica e Tecnológica (RFEPCT). A portaria exigiu que cada instituição deveria elaborar seus regulamentos das atividades do docente em conformidade com tais diretrizes ainda naquele ano. Apresentadas de maneira geral na portaria, as atividades do professor da EBTT podem ser resumidas da seguinte forma:

Quadro 2 – Atividade do docente da EBTT

Tipo de atividade	Descrição
Ensino	Art. 4.º As Atividades de Ensino são aquelas diretamente vinculadas aos cursos e aos programas ofertados pela instituição, em todos os níveis e modalidades de ensino, tais como:
	Aulas em disciplinas de cursos dos diversos níveis e modalidades da educação profissional, científica e tecnológica, presenciais ou a distância, regularmente ofertados pela instituição com efetiva participação de alunos matriculados;
	Atividade de preparação, manutenção e apoio ao ensino;
	Participação em programas e projetos de Ensino;
	IV - Atendimento, acompanhamento, avaliação e orientação de alunos, incluindo atividades de orientação de projetos finais de cursos técnicos, de graduação e de pós-graduação, bem como orientação profissional nas dependências de empresas que promovam o regime dual de curso em parceria com a instituição de ensino;
	V – Participação em reuniões pedagógicas.

Tipo de atividade	Descrição
Pesquisa	Art. 5.º As atividades de Pesquisa Aplicada são aquelas de natureza teórica, metodológica, prática ou empírica a serem desempenhadas em ambientes tecnológicos ou em campo. Parágrafo único. As atividades de Pesquisa Aplicada devem envolver docentes, técnico-administrativos e discentes, visando à produção técnica, científica, tecnológica e inovadora, com ênfase no atendimento das demandas regionais, observando-se aspectos técnicos, políticos, sociais, ambientais e econômicos, incluindo aquelas em parcerias com empresas e outras instituições.
Extensão	Art. 6.º As atividades de Extensão são aquelas relacionadas à transferência mútua de conhecimento produzido, desenvolvido ou instalado no âmbito da instituição e estendido à comunidade externa. Parágrafo único. As atividades de Extensão devem envolver docentes, técnico-administrativos e discentes, por meio de projetos ou programas, prestação de serviços, assessorias, consultorias ou cursos, com ênfase no desenvolvimento regional, observando-se aspectos técnicos, culturais, artísticos, políticos, sociais, ambientais e econômicos.
Gestão e Representação Institucional	Art. 8.º As atividades de Gestão e Representação Institucional são aquelas de caráter continuado ou eventual, gratificadas ou não, providas por ato administrativo da própria instituição ou de órgão do governo federal.

Fonte: elaborado pela autora Chediak (2020), a partir da adaptação do texto da Portaria n.º 17, de 11 de maio de 2016 (artigos 4.º, 5.º, 6.º e 8.º) – Setec/MEC

Cada IF, a partir de sua reitoria, publicou um Regulamento da Atividade Docente (RAD), especificando, detalhadamente, cada atividade. Por meio do RAD, percebemos a natureza multifacetada do trabalho docente da EBTT.

A sociedade tem exigido cada vez mais do docente, em todos os seguimentos da educação. Há uma sobrecarga de tarefas e de expectativas em relação à sua formação e à sua prática pedagógica, incluindo também prática profissional na área de gestão (ESTEVE, 1999). A demanda de um perfil polivalente do docente está ligada ao modelo gerencial na educação.

Araújo e Castro (2011) explicam que o termo "Nova Gestão Pública", do inglês *New Public Management*, também chamado de gerencialismo ou modelo empresarial, surge com a crise econômica decorrente do colapso do Estado de Bem-estar Social, do inglês *Walfare State*, ocorrido no período pós-guerra, o que resultou na necessidade de reestruturar o modelo econômico mediante a reorganização das funções do Estado, que outrora estavam pautadas em políticas que garantiam serviços básicos na área social, ou seja, na educação, saúde, segurança, moradia, previdência etc. Com a crise, o Estado teve que reestruturar a administração pública e transferir muitas de suas responsabilidades para as instituições, inspirando-se no modelo empresarial e em uma lógica de mercado marcada por características neoliberais em defesa do capital, de trazer mais resultados com baixo custo, ou seja, mais produtividade, flexibilidade, descentralização, eficiência, eficácia, agilidade e qualidade na prestação de serviços.

Dessa forma, argumentam Araújo e Castro (2011), essa reorganização influenciou diversos processos e consequentemente os indivíduos, exigindo do trabalhador o alcance de metas e indicadores de desempenho que buscavam "medir" sua eficiência e eficácia. Assim, a partir do colapso do estado de bem-estar social e da demanda global de reorganização do capital, novas políticas públicas na educação, saúde e segurança influenciaram as atividades laborais nessas áreas, exigindo o desenvolvimento de novas habilidades e competências para executar tarefas que outrora aos trabalhadores não eram atribuídas. Se antes a complexidade do trabalho docente relacionava-se diretamente com o ensino, tal complexidade torna-se ainda maior, por demandar desse profissional outras atividades ligadas à gestão escolar.

As políticas públicas para a educação trouxeram mudanças na organização escolar, tanto em processos administrativos quanto para o trabalho do docente, tendo em vista que refletem no currículo, nas metodologias, na forma de ensinar, no cumprimento de processos burocráticos de registro, planejamento, avaliação, organização do tempo escolar etc., que, apesar da flexibilidade do modelo gerencial, não deixaram de ser uma realidade das instituições, conforme Araújo e Castro (2011) argumentam.

É importante destacar que a pressão por mudanças na organização escolar não se limita à demarcação geográfica do país, mas é pressionada pela crise econômica e as novas orientações das macroeconomias para os países latino-americanos. Em relação à educação, por exemplo, destacam-se estudos dos organismos internacionais da Organização das Nações Unidas (ONU) para a "transformação produtiva com equidade", conforme aponta Oliveira (2004).

Nessa direção, Kuenzer (2008, p. 20) também explica sobre as mudanças ocorridas no final do século XX, com a transição de paradigmas taylorista/

fordista para novos padrões que reestruturaram a gestão e organização do trabalho, o que levou a um novo entendimento para a educação profissional e formação de professores, o que abordaremos de maneira específica mais adiante. A autora aponta:

> [...] desejo pontuar pelo menos, duas questões, a partir do que se configuram essas mudanças, às quais, do ponto de vista da economia, se caracterizam pela internacionalização do capital, do ponto de vista da organização do trabalho pela chamada reestruturação produtiva e do ponto de vista do Estado pela concepção de Estado Mínimo, que se materializa na concepção de público não-estatal ou nas parcerias público-privadas, que cada vez mais deslocam para a sociedade civil o financiamento da educação. E do ponto de vista da ideologia, as tendências pós-modernas [...]expansão das lógicas da fragmentação, da pulverização, da individualização, da competitividade, do presentismo, que têm sido o cimento ideológico das três macrocategorias acima citadas.

Além das políticas públicas que reestruturaram a organização do trabalho, não podemos deixar de considerar que a complexificação se dá também com as novas tecnologias e suas influências nos modelos produtivos, o que exige um novo perfil de profissional em todas as áreas e influencia no trabalho escolar em todas as esferas, desde a sala de aula até o cumprimento dos processos burocráticos na escola.

Nesse sentido, Oliveira (2004) argumenta que os processos de desprofissionalização e proletarização do trabalho do professor surgem de maneira mais notória desde o final do século XX. Com a restruturação dos modos produtivos e a reformas educacionais, novas demandas foram apresentadas ao contexto escolar, o que provocou mudanças na organização e gestão escolar, bem como no trabalho docente, gerando a intensificação do trabalho do professor.

A intensificação do trabalho do professor atinge todos os professores de diferentes níveis e modalidades, sendo assim, isso se aplica ao trabalho do professor da EPT, já que as reformas educacionais acorrem para todos os segmentos, o que consiste, conforme apontado anteriormente, na atuação no ensino, pesquisa e extensão, já que esse tripé é compreendido como indissociável e, além disso, espera-se que ele atue em atividades administrativas e em diversos segmentos e níveis de ensino para públicos de diferentes faixas-etária, desde a Educação Básica até a Educação Superior.

É possível observarmos uma lógica perversa na constituição do trabalho do professor da EBTT, pois que para qualquer profissional é demandado que seja competente tecnicamente para fazer algo. No caso do trabalho docente, há demandas diversas para várias funções. Nesse sentido, Amorim Jr., Schlindwein e Matos (2018) realizaram um estudo sobre o regulamento das atividades docentes, considerando a relação entre as demandas do sistema neoliberal, o sistema gerencial de educação e os impactos na subjetividade do professor da EBTT.

> Ao apresentarmos as repercussões do modelo gerencial no trabalho docente e na vida do professor, não estamos ignorando a necessidade do estabelecimento de processos administrativos que envolvam a racionalização e avaliação da aplicação de recursos, considerando a escassez e limitações. No entanto, alertamos para as indicações de colapso que o sistema capitalista tem apresentado, evidenciando uma disparidade entre a exigência do capital e a possibilidade humana (AMORIM JR.; SCHLINDWEIN; MATOS, 2018, p. 1.230).

Dessa forma, os autores argumentam que a intensificação do trabalho do professor, produzida especialmente a partir do modelo gerencial na educação, pode gerar uma tensão entre as demandas do sistema e as possibilidades humanas, ou seja, a lógica perversa que comentamos, na qual o que é exigido não favorece a conservação da saúde mental do trabalhador.

1.4 FORMAÇÃO DO PROFESSOR DA EDUCAÇÃO BÁSICA, TÉCNICA E TECNOLÓGICA

Consideramos importante iniciar este subitem apresentando alguns conceitos e ponderações sobre a Formação de Professores, por se tratar de um ponto central da nossa pesquisa para, em seguida, focar na formação do professor da EBTT.

Garcia (1999) explica que o termo "Formação de Professores" é complexo e que não há muitas concordâncias globais em relação às suas dimensões. O termo nem sempre é preservado em sua carga semântica da mesma maneira que utilizamos na língua portuguesa. Na França, Itália e Espanha, o termo Formação de Professores se assemelha ao utilizado na língua portuguesa, respectivamente *formation des enseignants*, *formazione degli insegnanti* e *formación de profesores*, indicando referência ao ensino, preparação, educação; podendo, ainda, ser compreendido de maneiras diferentes em relação ao objeto, ou seja, referir-se a um processo interno (autoformação) ou externo (heteroformação), o primeiro enquanto estruturação interna, ou de estruturação da formação pelo próprio sujeito, e o segundo enquanto oferta da formação, organizada por outras pessoas/especialistas.

Em alguns países da área anglófona os termos comumente utilizados são *Teacher Education* ou *Teacher training*, o primeiro denotando a formação de professores como um processo educacional e o último como um treinamento. Na Alemanha, o termo *Bildung* significa formação em um sentido mais complexo, referindo-se tanto a formação enquanto "interformação", ou seja, como uma ação educativa ou processo formativo inicial ou continuado entre os professores, quanto "[...] configuração da educação de um sujeito autoconsciente" (GARCIA, 1999, p. 20).

No Brasil utilizamos o termo formação de professores também de maneira ampla. A palavra formação pode se referir tanto a uma estruturação interna quanto externa, e denota um "processo" formativo, podendo apresentar diversas orientações conceituais e bases epistemológicas. Sendo assim, sua oferta poderá restringir-se a um mero "treinamento" de habilidades para o ensino ou de um processo educativo que abrange diferentes enfoques.

Utilizamos no Brasil os termos Formação Inicial – para os professores que ainda ingressarão na profissão – e Formação Continuada para os professores que já são licenciados/graduados e estão desempenhando sua função. Já em países anglófonos os termos nesse caso são *pre-service teacher education* e *in-service teacher education*. Termos como "treinamento" ou "capacitação" também podem ser vistos para referirem-se à oferta de cursos de formação continuada para professores. Já o termo "em serviço" indica que é um curso *in loco*, ou seja, no local de trabalho, diferindo, dessa forma, do significado de "*in-service*" na língua inglesa.

A Formação Continuada de Professores, objeto desta pesquisa, é também aludida por Day (2001) com outros termos, tais como desenvolvimento profissional de professores, desenvolvimento profissional contínuo de professores, formação/desenvolvimento/aprendizagem permanente de professores etc. Day (2001, p. 20-21) define o termo desenvolvimento profissional de professores como:

> O desenvolvimento profissional envolve todas as experiências espontâneas de aprendizagem e as atividades conscientemente planificadas, realizadas para benefício, directo ou indirecto, do indivíduo, do grupo ou da escola e que contribuem, através desses, para a qualidade da educação na sala de aula. É o

> processo através do qual os professores, enquanto agentes de mudança, reveem, renovam e ampliam, individual ou colectivamente, o seu compromisso com os propósitos morais do ensino, adquirem e desenvolvem, de forma crítica, juntamente com as crianças, jovens e colegas, o conhecimento, as destrezas e a inteligência emocional, essenciais para uma reflexão, planificação e prática profissionais eficazes, em cada uma das fases das suas vidas profissionais.

Entendemos que o termo, da maneira que está empregado pelo autor, está mais ligado às experiências práticas e espontâneas do cotidiano escolar, no desempenho da função docente e na relação com os outros, não fazendo referência aos programas estruturados ou ao processo de estruturação interna do indivíduo.

No âmbito dos Institutos Federais de Educação, Ciência e Tecnologia, notamos uma tendência ao uso do termo "capacitação", conforme abordaremos adiante na análise de Chamadas Públicas para formação de professores no exterior. Atribuímos isso às influências do modelo gerencial na Educação. A Secretaria de Educação Profissional e Tecnológica (Setec) e, consequentemente, os IFs fazem parte da Administração Pública Federal e recebem influências dos termos utilizados por ela. A Escola Nacional de Administração Pública (Enap)[4], responsável por desenvolver/formar/qualificar/capacitar agentes públicos federais, utiliza o termo capacitação, por exemplo "Programas de capacitação". A Enap também possui em seu catálogo cursos na área de Educação e Docência.

Entendemos que o termo capacitação restringe a "formação" ao treinamento de técnicas e não apresenta em sua carga semântica a intenção de fornecer subsídios necessários para uma mudança nas estruturas internas do indivíduo ou para sua atuação diante da complexidade em que se desenvolve o trabalho educativo e as práticas pedagógicas e, inclusive, apresenta uma contradição em relação ao termo comumente utilizado na atualidade para tratar tanto da aprendizagem de professores quanto da aprendizagem de estudantes – *lifelong learning* –, presente nos relatórios da Organização das Nações Unidas para a Educação, a Ciência e a Cultura (Unesco), *Programme for Internacional Student Assessment* (*PISA*), *Teaching and Learning International Survey* (*TALIS*), Banco Mundial etc., e apresenta a aprendizagem como uma ação processual, que ocorre ao longo da vida. Entendemos que a escolha lexical fornece pistas sobre as orientações conceituais.

---

[4] Disponível em: www.enap.gov.br. Acesso em: 10 maio 2020.

Garcia (1999) elucida que a formação de professores é uma ação educativa intencional que objetiva profissionalizar os professores, responsáveis pela educação das novas gerações. Para ele, "[...] a formação de professores representa um encontro entre pessoas adultas, uma interacção entre formador e formando, com uma intenção de mudança, desenvolvida num contexto organizado e institucional mais ou menos delimitado" (GARCIA, 1999, p. 22). Concordamos com Garcia (1999) e compreendemos a Formação Continuada de Professores como **um conjunto de ações educativas intencionais, planejadas e estruturadas para promover mudança nos indivíduos e no processo educativo**. Essas ações educativas devem ser planejadas e promovidas constantemente, dentro do contexto educacional ou fora dele, orientadas por conceitos que concebem o professor como um agente de mudança, formador de cidadãos críticos e, portanto, também crítico, reflexivo, engajado politicamente para a melhoria da vida dos indivíduos e da sociedade.

A preocupação com a formação de professores coexiste com a história da educação, ou seja, não é nada novo, conforme aponta Garcia (1999). Entendemos, a partir disso, que as preocupações se alteram conforme as mudanças sociais, orientadas por novos modos produtivos, pois é necessário formar professores que sejam capazes de atender às exigências de prática pedagógica em consonância com as demandas sociais, em especial para atender ao sistema produtivo, e formação de estudantes.

Nesse sentido, Davis, Nunes e Almeida (2011, p. 13) explicam que a preocupação com a melhoria da educação na atualidade é indiscutível, pois ela tem relação direta com o desenvolvimento de uma nação. Assim,

> [...] nada mais compreensível que haja, hoje, independentemente de que lugar os países ocupam no *continuum* nações desenvolvidas/nações em desenvolvimento, a preocupação com a formação contínua dos professores para que possam atuar melhor no instável mundo globalizado. De fato, as escolas atuais requerem, com urgência, a Formação Continuada de seus professores, como condição *sine qua non* para conseguirem fazer frente aos desafios que a profissão lhes coloca. O panorama é tal que não se concebe mais uma oferta educacional pautada apenas pela formação inicial e/ou pela prática acumulada dos docentes. A mudança no sentido esperado exige e apoia-se na formação contínua e, portanto, na atualização dos recursos humanos disponíveis.

Davis, Nunes e Almeida (2011) produziram um relatório sobre a situação da Formação Continuada no Brasil, a partir de um levantamento dos principais modelos e concepções. A investigação ocorreu nas Secretarias de Educação Estaduais e Municipais em todo o Brasil. Para os autores, não há um modelo "puro", ou seja, os modelos são uma combinação de várias propostas. Os modelos são pautados para suprir as lacunas deixadas pela formação inicial ou na ideia de que é necessário promover atualizações constantes, tendo em vista o dinamismo do campo educacional "[...] requerendo que os educadores lidem constantemente com novos conhecimentos a respeito do processo de ensino-aprendizagem" (DAVIS; NUNES; ALMEIDA, 2011, p. 13).

No levantamento bibliográfico realizado por Davis, Nunes e Almeida (2011), os estudos sobre Formação Continuada de Professores apontam para dois grandes grupos:

I. **grupo 01**: centra a atenção no professor. Dentre as suposições que sustentam essa vertente estão: a) formação como meio de desenvolver características éticas e políticas para o exercício profissional; b) formação como meio para suprir as lacunas da formação inicial dos professores; c) formação orientada no ciclo de vida profissional, ou seja, no estágio da carreira profissional, ex. novato ou experiente; necessidades, interesses e necessidades de cada faixa-etária etc.

II. **grupo 02**: centra a atenção nas equipes pedagógicas (direção, coordenação, professores). Dentre as suposições que sustentam essa vertente estão: a) coordenador pedagógico como principal responsável pela formação continuada dos professores; b) a escola como um lócus de formação contínua e permanente para todos nela presentes, possibilitando a criação de uma comunidade colaborativa de aprendizagem.

Nos achados de Davis, Nunes e Almeida (2011) foi constatado que nas modalidades de Formação Continuada ofertadas pelas Secretarias de Educação há mais ênfase em conteúdos e estratégias para o alcance de melhores resultados acadêmicos de estudantes. Os autores destacam que as políticas de formação estão em sua maior parte focadas em práticas "clássicas", estruturadas por especialistas e mostram críticas apontadas por diversos autores a essas políticas/práticas, consideradas instrumentalistas, distantes das demandas da escola, pouco eficazes etc. Por outro lado, os autores também observaram que em algumas secretarias modelos diversos coexistem e que há várias modalidades, tais como: cursos de curta duração ligados à pratica pedagógica e a situações atuais da escola, cursos de curta duração em formato de oficinas, cursos de longa duração propostos pelo Governo Federal, ações pontuais como palestras, seminários, congressos, jornadas, encontros pedagógicos etc., cursos baseados no estágio da carreira docente (ex. ingressantes na carreira, experientes etc.), terceirização da formação continuada. Além disso, também foi observado esforços de formação continuada baseados em perspectivas colaborativas como grupo de estudos, produção coletiva de materiais, planejamento de aulas/projetos de maneira colaborativa e formação de redes virtuais de colaboração.

Garcia (1999) argumenta que os modelos que orientam a formação de professores variam de acordo com a concepção de educação, ensino e aprendizagem, currículo, professor, escola, estudante etc. Cada modelo de formação geralmente se orienta por uma base epistemológica pautada em diferentes teorias da aprendizagem e do currículo. A partir de levantamento bibliográfico, o autor apresenta cinco orientações conceituais: crítica/social, acadêmica, prática, pessoal ou tecnológica. A crítica/social (ou social-reconstrucionista) tem relação com a teoria crítica do currículo, considera o contexto social no entorno dos processos de ensino e de aprendizagem e defende as dimensões sociais, políticas, econômicas e culturais como categorias centrais para a compreensão da escola. Na orientação acadêmica predomina a formação de especialistas em áreas do conhecimento, no domínio de conceitos científicos/teóricos. A orientação prática foca na experiência e na observação. Um exemplo dessa orientação é a abordagem reflexiva sobre a prática. A orientação pessoal (ou personalista), com influências da psicologia humanista, foca na pessoa, em suas potencialidades e limites, e o currículo é baseado em conhecimentos ligados à prática e em informações pessoais do professor. Finalmente, a orientação tecnológica foca a formação no domínio de competências, buscando preparar o sujeito para selecionar a competência apropriada para cada situação.

Os modelos que orientam a formação de professores nem sempre são exclusivos de uma concepção teórica. Acreditamos que os fatores que mais influenciam na determinação de modelos são as demandas dos modos de produção, ou seja, estão intimamente ligados à economia. Como vivemos em uma sociedade em rede, cuja economia também está interconectada (CASTELLS, 1999), as demandas se tornam cada vez mais globais. Sendo assim, os modelos convergem para atender os meios de produção e o avanço tecnológico.

Como os meios de produção e as tecnologias se transformam ao longo da história, cada período traz características diferentes que podem alterar a natureza do trabalho em cada profissão. O final do século XX e o início do século XXI foram marcados pela complexificação dos modos produtivos, que se transformam com o avanço das tecnologias e as demandas de reestruturação do capital, o que tem influenciado fortemente a maneira como as pessoas se relacionam, o modo como aprendem, o surgimento ou fim de profissões, bem como a reconfiguração da natureza e características do trabalho em cada profissão, compreendendo nesse cenário também as mudanças na natureza do trabalho e as demandas formativas para o professor da educação profissional e tecnológica.

Conforme abordamos no assunto sobre o trabalho do professor, subitem anterior, Araújo e Castro (2011) argumentam sobre as influências do gerencialismo na Educação, que apesar de propor uma gestão descentralizada e flexível, não deixou de incorporar o modelo burocrático de gestão e organização do trabalho. Além disso, Kuenzer (2008) elucidou a mudança de paradigma do taylorismo/fordismo para novos paradigmas que reestruturaram a gestão e organização do trabalho, gerando novas demandas de formação do trabalho do professor para atuar na formação desse novo perfil de trabalhador. Tudo isso permeado pelo avanço da tecnologia, que incorporou-se aos novos paradigmas do sistema produtivo e influenciou todos os segmentos sociais. Assim, as mudanças no mundo do trabalho têm exigido um "salto" na formação dos professores para atuação na EPT, conforme aponta Kuenzer (2008, p. 31).

> Ao considerar que a especificidade que as mudanças no mundo do trabalho conferem à educação profissional é a lógica da polarização de competências, ou seja, preparar para atender às demandas dos diferentes pontos da cadeia produtiva, dos mais dinâmicos aos mais precarizados, de fato há de formar um professor de novo tipo que domine esses processos. Este professor deverá estar qualificado para não se subordinar à lógica da inclusão excludente, mas para enfrentá-la de forma politicamente correta e tecnicamente consistente, ampliando as possibilidades de democratização do acesso à formação de qualidade, para além das restrições apresentadas pelo mercado. Essa é a primeira dimensão da formação: conhecer o mundo do trabalho sem ingenuidade, a partir da apreensão do caráter de totalidade das relações sociais e produtivas.

O conceito de competência discutido por Kuenzer (2008, 2010) está além do conceito dos anos 1970, cuja concepção ligava-se ao fazer, à capacidade técnica e conhecimento tácito, mas abrange o saber científico, uma vez que a complexificação do trabalho requer um saber também mais complexificado para a resolução de problemas. Nessa perspectiva, a formação do professor deveria prepará-lo para promover situações de aprendizagem que ensinassem os estudantes a "trabalhar intelectualmente". Para tanto, a formação do professor deveria privilegiar o conhecimento científico sobre a natureza do trabalho e dos processos que o constituem, de modo a compreender as relações de mercado na lógica do sistema capitalista e as relações produtivas para além do aparente, ou seja, aos aspectos relacionados a inclusão concedida x exclusão includente x reinclusão, precarização e o modo, como e por que ocorre, pois somente assim poderia compreender sua função central que, segundo a autora, é buscar melhorar as condições de inclusão e lutar por uma sociedade mais igualitária. Para Kuenzer (2010, p. 499), a formação do professor para a educação profissional deve levá-lo a compreender sua função, que, segundo ela:

> [...] é melhorar as condições dessa inclusão concedida; embora limitada pelas condições concretas do capitalismo no regime de acumulação flexível, é uma contribuição importante para a qualificação das lutas dos que vivem do trabalho no processo de construção de seu projeto político.

Como notamos, Kuenzer (2008, 2010) defende uma formação docente teoricamente fundamentada, ou seja, ela deveria fornecer ao professor a compreensão ontológica da internalização e subjetivação das formas de controle, a partir do trabalho e do modo de produção capitalista. A compreensão ontológica "[...] leva à necessidade de compreensão de como homens e mulheres se relacionam entre si e com a natureza para existirem." (KUENZER, 2007b, p. 1.163). Dessa forma, formação do professor deveria auxiliá-lo a compreender a natureza do trabalho, como se constituiu historicamente e como se apresenta, ou seja, como sua essência é constituída, embora se materialize de diversas formas. Assim, o currículo de formação docente para a EPT deveria ser para além da aprendizagem de aplicação de técnicas e estratégias, ou seja, a formação pragmática, do *learning by doing*, mas uma formação que sustente as ações pedagógicas de maneira consciente, consistente e capaz de transformar. Dessa forma, Kuenzer (2008, p. 34) afirma que "De pouco adianta qualificar tecnicamente o professor se ele não tiver uma ampla compreensão acerca da natureza do trabalho, tal como ele se dá no regime de acumulação flexível [...]." Daí a importância de preparar o professor para além do domínio de técnicas e aplicação de métodos, com a devida compreensão dos fundamentos de métodos e metodologias. Somente a partir da compreensão intelectual dos processos é que o professor estará preparado para enfrentar a complexidade dos tempos atuais e preparar os estudantes para tal. Dessa forma, Kuenzer (2010, p. 500) afirma:

> Este professor deverá estar qualificado não para se subordinar à lógica da inclusão excludente, formando os trabalhadores precariamente para o exercício de trabalhos precarizados, mas sim para enfrentá-la, assegurando a todos, independentemente do ponto da cadeia produtiva onde possam se inserir, conhecimentos científico tecnológicos e sócio-históricos que lhes permitam uma inclusão menos subordinada, a par do conhecimento necessário para organizar-se e enfrentar as condições geradoras de sua subordinação.

Sobre as estratégias de formação de professores para a educação profissional, Araújo (2010) alinha-se às ideias de Kuenzer (2008, 2010), quando defende a inseparabilidade entre teoria e prática, conteúdo e forma. O autor problematiza a maneira dicotômica de pensar teoria e prática, advinda de uma dualidade estrutural histórica de divisão entre trabalho manual e intelectual, e defende uma formação integrada, que para se concretizar não bastaria ser contemplada em currículo de formação, mas deveria ser estabelecida como uma cultura escolar de valorização do professor e promotora de ações integradoras. Araújo (2010, p. 480) defende que "As estratégias formativas que se apresentam como resposta mais provável nesta busca são as referenciadas na ideia da politecnia, tomada por nós como aporte para propor a prática e a formação docentes na educação profissional."

A dualidade estrutural construída historicamente, conforme explicam Oliveira e Nogueira (2016, p. 147), posiciona a educação profissional entre a racionalidade técnica e as demandas do mercado: "[...] da formação precária à desvelada formação balizada pela dualidade estrutural, pelo mercado e pela lógica da necessária construção de subjetividades orgânicas às contradições do estágio atual de acumulação capitalista".

De maneira geral, diversos autores como Oliveira e Nogueira (2016), Kuenzer (2008, 2010), Araújo (2010), dentre outros que veremos na sequência, concordam que o currículo para formação de professores para a EPT deve superar a dicotomia entre teoria e prática, sustentar a formação em conhecimentos teóricos que levem o professor a compreender os processos produzidos pelo modelo social em que vivemos, as relações de trabalho e que se paute em um conceito de competência atual e não aquele dos anos de 1970, que se intensificou nos anos 1990 em legislações que propuseram um aprofundamento da distância entre trabalho intelectual e pragmático.

Na contramão de uma formação que de fato subsidie as práticas educativas de maneira consciente, passada uma década das afirmações de Kuenzer (2008), o que observamos é a predominância de medidas paliativas, sem articulação e de forma aligeirada. Dadas as transformações ocorridas com o avanço da tecnologia e a reestruturação do capital, demandas por novas políticas educacionais, programas e reformas pressionam e aceleram medidas que necessitariam um maior amadurecimento, ocasionando formações aligeiradas, políticas mal implementadas ou descontinuadas, dentre tantos outros problemas enfrentados cotidianamente na educação escolar. Nesse sentido, Oliveira (2004, p. 1.128) afirma que:

> As reformas educacionais iniciadas na última década no Brasil e nos demais países da América Latina têm trazido mudanças significativas para os trabalhadores docentes. São reformas que atuam não só no nível da escola, mas em todo o sistema, repercutindo em mudanças profundas na natureza do trabalho escolar. A literatura sobre o tema não tem oferecido aportes seguros para a análise dos processos mais recentes de mudança, o que justifica a necessidade imperiosa de investigações que procurem contemplar a difícil equação entre a macrorrealidade dos sistemas educacionais e o cotidiano escolar. São necessários esforços que vão além da interpretação do texto das reformas, abarcando o contexto em que se desenvolvem.

Dessa forma, somos impelidos a investigar esse contexto de formação docente para a EPT, que vai além do ensino para um nível ou modalidade, mas abrange a última etapa da educação básica, o ensino técnico concomitante ou subsequente ao Ensino Médio, os cursos de nível superior tecnológicos e licenciaturas, os cursos de pós-graduação *Lato* e *Stricto Sensu*, além da exigência de atuação do professor da EBTT na pesquisa, extensão e atividades administrativas, que são influenciadas pelas tendências na gestão escolar.

Vale deixar claro que estamos tratando aqui dos professores da EBTT que atuam nos Institutos Federais de Educação, Ciência e Tecnologia. Sendo assim, esse grupo possui uma graduação em cursos de licenciatura ou bacharelados, possuindo ou não uma formação pedagógica. No entanto, vale ressaltar também que em nenhum caso esses profissionais possuem uma formação pedagógica específica para atuação na EPT enquanto formação inicial, tendo em vista que essa modalidade é inexistente no Brasil.

Nesse sentido, Pereira (2009, p. 1) critica o fato de no Brasil ser possível a contratação de profissionais de diversas áreas para atuar na educação profissional e tecnológica sem qualificação pedagógica, ou seja, uma concepção de docência como saber-fazer. O que deveria ser uma ação emergencial tornou-se rotineiro e é entendido pelo autor como um fator que contribui para a desvalorização do professor, e acrescenta: "[...] em quase cem anos (referência a 1909 – criação das Escolas de Aprendizes Artífices), esta modalidade de educação, muito caracterizada pelo "fazer" é marcada pela forte ação de professores leigos até os dias atuais."

Pereira (2009, p. 1) argumenta ainda que as ações para mudar esse cenário não se estabelecem como deveriam ser, sem o devido "[...] rigor, intensidade ou sistematização necessária." Atualmente essa problemática se prolonga, em um cenário em que os concursos para ingresso na carreira admitem profissionais de diversas áreas sem a formação pedagógica ou formação específica para a EPT, tampouco condicionam o início do desempenho profissional como professor da EBTT a um curso de formação ofertado pela própria instituição. Pereira (2009) acrescenta que, embora tenha havido manifestações e algumas ações a favor da formação para EPT, ainda não há políticas públicas que garantam a continuidade das iniciativas, aumento de cursos de licenciaturas, revisão das licenciaturas existentes e de desenvolvimento de programas de formação continuada. As ações se apresentam de maneira fragmentada, descontínua e desarticulada, o que muitas vezes as tornam vulneráveis diante de políticas de governo.

Moura (2008, p. 30) afirma que a formação de professores para a EPT deveria ser além da aquisição de técnicas didáticas, mas "[...] privilegiar a formação no âmbito das políticas públicas do país, principalmente as educacionais, numa perspectiva de superação do modelo de desenvolvimento socioeconômico vigente [...]." Nessa perspectiva, a formação desses profissionais deveria centrar-se na formação humana de emancipação, para além das relações mercadológicas e políticas neoliberais. Assim, Moura (2008) nos explica, a partir de uma concepção freiriana, que a formação do professor deve prepará-lo para uma postura crítica, mediadora e problematizadora do processo educativo.

Partindo dessa demanda formativa e da abrangência de atendimento de um público diversificado e de trabalhos com características também diversificadas no ensino, pesquisa, extensão e administração, podemos compreender a complexidade do trabalho docente da EBTT e da importância de sua formação continuada que, muitas vezes, requer uma formação pedagógica ainda inicial.

Isso tem acontecido porque a própria LDBEN n.º 9.394/1996 estabelece que, para docência no Ensino Médio, a formação do professor deve acontecer em licenciaturas. No entanto, para docência no Ensino Médio integrado à educação profissional, há a necessidade de contratação de engenheiros e demais profissionais de áreas técnicas, não atendendo, dessa forma, ao que está estabelecido na legislação. A mesma lei assegura, no entanto, a valorização do professor por meio do aperfeiçoamento profissional continuado, ofertado pelos sistemas de ensino. Sendo assim, a formação continuada é um direito garantido ao professor, assegurado pela legislação (BRASIL, 1996).

Outro dispositivo legal que se destaca na década de 1990 no que tange à formação de professores para docência na educação profissional refere-se à Resolução CNE n.º 02/1997, a qual estabeleceu que a formação docente para a docência na Educação Profissional poderia ser também em "programas especiais de formação pedagógica", estabelecidos pela Resolução (BRASIL, 1997). Tal medida preocupou muitos estudiosos e trabalhadores da EPT, porque trazia em si uma proposta de solução para o problema da formação para EPT, tendo em vista que já na legislação aparece de maneira desarticulada, sem clareza nas diretrizes e de maneira superficial.

Machado (2008) explica que diversos pareceres sobre formação docente foram publicados em respostas às consultas sobre a Resolução n.º 02/1997, com esclarecimentos e orientação de implementação da norma entre os anos de 1999 e 2002.

Em 2004 o documento "Proposta em discussão: políticas públicas para a educação profissional e tecnológica" foi publicado e, segundo esse, considerou as discussões prévias ocorridas no ano de 2003 contidas no documento-base, no relatório final e no Seminário Nacional de Educação Profissional: concepções, experiências, problemas e propostas, promovido pela própria Secretaria de Educação Profissional e Tecnológica (Setec/MEC). Na ocasião, diversos profissionais ligados às diferentes instituições da EPT, representantes do governo e de sindicatos se reuniram para discutir o futuro da EPT. Em relação à formação do professor para EPT o documento (BRASIL, 2004, p. 25) defendeu:

> Há urgência na formulação de uma política global de formação dos profissionais da educação que articule formação inicial e continuada, plano de carreira e salários condignos, ouvidas as entidades destes profissionais. A formação de professores para a educação profissional e tecnológica necessita ser discutida em termos de legislação a ser aplicada e de seu efetivo controle na prática das instituições públicas e privadas.

Esse documento asseverou a urgência de formulação de uma política nacional para a EPT que tratasse da formação dos professores. Também destacou que nesse consenso acerca da necessidade de formulação de políticas entre o governo, os profissionais da modalidade, os sindicatos e os estudiosos da área, ocorreu a contribuição de diversos estudos e discussões desenvolvidos entre as décadas de 1980 e 1990 sobre a relação entre educação e trabalho na perspectiva histórico-crítica, a realidade da educação brasileira e os projetos para o país.

O Parecer n.º 05/2006 – CNE/CP estabeleceu que os cursos de formação para docência na EPT, de nível médio, deveriam ser "[...] organizados em habilitações especializadas por componente curricular ou abrangentes por campo de conhecimento, conforme indicado nas Diretrizes Curriculares pertinentes" (BRASIL, 2006, p. 3). Poderíamos considerar um avanço ao comparar com a Resolução n.º 02/1997, que estabeleceu cursos especiais de formação pedagógica, podendo ser de diversas maneiras, sem articulação com outros saberes. No entanto, ainda não resolveu o problema da formação para EPT de maneira geral ou articulada com outras políticas.

Oliveira e Nogueira (2016) destacam que em 2008 houve uma alteração na LDB atual a partir da Lei n.º 11.741/2008, que considerou explicitamente a Educação Profissional como uma modalidade da educação. A partir disso, ao mencionar "todas as etapas e modalidades" nas legislações vigentes, as normas se estendiam também para a Educação Profissional, sendo assim, para a formação dos professores da modalidade estaria contemplada.

A Lei n.º 11.892/2008, conhecida como lei de criação dos Institutos Federais de Educação, Ciência e Tecnologia, confere à Educação Profissional e Tecnológica no Brasil e à formação de professores para atuarem nela um novo status em decorrência tanto da expansão da Rede Federal de Educação Profissional, Científica e Tecnológica (RFEPCT) quanto da obrigatoriedade de oferta de no mínimo 20% das vagas para as licenciaturas. No entanto, a rápida expansão de certa forma impulsionou e continua a impulsionar a contratação de diversos profissionais sem a formação pedagógica inicial ou complementar. Assim, prioriza-se o domínio na área técnica de formação profissional e o conhecimento pedagógico para o cumprimento das propostas de educação na EPT torna-se irrelevante, o que parece estar na contramão das políticas relacionadas às diretrizes da EPT. Como a Resolução n.º 02/1997 já estabelecia a possibilidade de programas especiais de formação pedagógica para essa modalidade de educação, a promessa de formação existia de maneira respaldada legalmente, no entanto com um papel paliativo.

Em janeiro de 2009 foi publicado o Decreto n.º 6.755/2009, que instituiu a Política Nacional de Formação de Profissionais do Magistério da Educação Básica, atribuiu à Coordenação de Aperfeiçoamento de Pessoal de Nível Superior (Capes) o papel de fomentar programas de formação inicial e continuada, instituindo o Programa Nacional de Formação de Professores da Educação Básica (Parfor) (BRASIL, 2009). Apesar de o decreto tratar da educação básica, que também está contemplada na EPT em se tratando dos cursos técnicos integrados ao Ensino Médio, a particularidade da EPT não foi mencionada no documento, sendo somente mencionada no decreto que posteriormente o revogou.

Em 2012, o Parecer CNE/CEB n.º 11 que tratou das Diretrizes Curriculares Nacionais para a Educação Profissional Técnica de Nível Médio (BRASIL, 2012b) dedicou o título IV para estabelecer as orientações referentes à formação docente para atuação na Educação Profissional Técnica de Nível Médio. O dispositivo mencionou que a formação inicial deveria dar-se em cursos de graduação, licenciatura ou outras formas. Em seu Art. 40, § 2.º, o documento menciona que:

> Aos professores graduados, não licenciados, em efetivo exercício na profissão docente ou aprovados em concurso público, é assegurado o direito de participar ou ter reconhecidos seus saberes profissionais em processos destinados à formação pedagógica ou à certificação da experiência docente, podendo ser considerado equivalente às licenciaturas:
>
> I -excepcionalmente, na forma de pós-graduação *Lato Sensu*, de caráter pedagógico, sendo o trabalho de conclusão de curso, preferencialmente, projeto de intervenção relativo à prática docente; II -excepcionalmente, na forma de reconhecimento total ou parcial dos saberes profissionais de docentes, com mais de 10 (dez) anos de efetivo exercício como professores da Educação Profissional, no âmbito da Rede CERTIFIC;III -na forma de uma segunda licenciatura, diversa da sua graduação original, a qual o habilitará ao exercício docente.

Assim, permanece a possibilidade de realizar cursos de complementação pedagógica, incluindo também o reconhecimento da experiência docente como certificação equivalente à licenciatura. O Parecer CNE/CEB n.º 11/2012, que originou a Resolução n.º 6, de 20 de setembro de 2012, estabeleceu também o prazo até o ano de 2020 para o cumprimento das excepcionalidades previstas para a formação pedagógica (BRASIL, 2012a; BRASIL, 2012b).

No ano de 2015, as Diretrizes Curriculares Nacionais para a Formação Inicial e Continuada para professores da Educação Básica, de todas as etapas e modalidades, incluindo, portanto, o professor da Educação Profissional e Tecnológica, foram estabelecidas por meio da Resolução CNE/CP n.º 2, de 1 de julho de 2015. O documento trouxe algumas mudanças, estabelecendo uma nova regulamentação para as licenciaturas, segunda licenciatura e cursos de formação pedagógica, abrangendo também cursos de desenvolvimento profissional para a docência. Dentre as mudanças, o documento instituiu o acréscimo de 400 horas na carga horária mínima das licenciaturas, o mínimo era de 2.800 e passou a ser 3.200 horas, com tempo total mínimo de 8 semestres.

O Decreto n.º 8.752, de 9 de maio de 2016, revogou o Decreto n.º 6.755/2009, e dispôs sobre a Política de Formação dos Profissionais da Educação Básica (BRASIL, 2016a), com finalidade de compatibilizar suas diretrizes com as metas do Plano Nacional de Educação (PNE) 2014-2024 – Lei n.º 13.005/2014 –, mais especificamente em relação às metas 14 e 15, as quais estabelecem (BRASIL, 2014):

> **Meta 14**: Elevar gradualmente o número de matrículas na pós-graduação de modo a atingir a titulação anual de 60.000 (sessenta mil) mestres e 25.000 (vinte e cinco mil) doutores.
>
> **Meta 15**: Garantir, em regime de colaboração entre a União, os Estados, o Distrito Federal e os Municípios, no prazo de 1 (um) ano de vigência deste PNE, política nacional de formação dos profissionais da educação de que tratam os incisos I, II e III do caput do art. 61 da Lei n 9.394, de 20 de dezembro de 1996, assegurado que todos os professores e as professoras da educação básica possuam formação específica de nível superior, obtida em curso de licenciatura na área de conhecimento em que atuam.

Dentre as estratégias estabelecidas para o alcance da meta 14, a internacionalização, categoria que nos interessa nesta pesquisa, está contemplada da seguinte forma:

> 14.9) consolidar programas, projetos e ações que objetivem a internacionalização da pesquisa e da pós-graduação brasileiras, incentivando a atuação em rede e o fortalecimento de grupos de pesquisa;
>
> 14.10) promover o intercâmbio científico e tecnológico, nacional e internacional, entre as instituições de ensino, pesquisa e extensão;
>
> 14.13) aumentar qualitativa e quantitativamente o desempenho científico e tecnológico do País e a competitividade internacional da pesquisa brasileira, ampliando a cooperação científica com empresas, Instituições de Educação Superior – IES e demais Instituições Científicas e Tecnológicas – ICTs. (BRASIL, 2014).

Dessa forma, os projetos e programas que buscam internacionalizar a pesquisa brasileira e criar redes de cooperação com IES e demais ICTs no âmbito internacional tornam-se estratégias para elevar o nível de formação dos professores pós-graduados para atuação na educação básica de todos os níveis e modalidades, incluindo, dessa forma, os professores da EBTT.

Há duas estratégias delineadas para o alcance da meta 15 que interessam nesta pesquisa. Uma diz respeito à instituição de programas de concessão de bolsas para aperfeiçoamento da língua-alvo para professores de línguas estrangeiras da educação básica. A outra estratégia refere-se à formação do docente para a educação profissional que prevê o desenvolvimento de cursos de complementação didático-pedagógica.

> 15.12) instituir programa de concessão de bolsas de estudos para que os professores de idiomas das escolas públicas de educação básica realizem estudos de imersão e aperfeiçoamento nos países que tenham como idioma nativo as línguas que lecionem;
>
> 15.13) desenvolver modelos de formação docente para a educação profissional que valorizem a experiência prática, por meio da oferta, nas redes federal e estaduais de educação profissional, de cursos voltados à complementação e certificação didático-pedagógica de profissionais experientes.

Oliveira e Nogueira (2016) argumentam que por um lado as regulamentações para o campo superam uma lacuna, mas que por outro reforçam a precarização da formação, colocando-a como "complementar", possibilitando, inclusive, sua ausência ao substituí-la por modelos de formação pautados na prática.

Em seu artigo 12, o Decreto n.º 8.752, de 9 de maio de 2016, prevê o desenvolvimento de programas e ações integradas e completares relacionadas à formação pedagógica para graduados não licenciados, o estímulo ao desenvolvimento de projetos pedagógicos que promovam propostas curriculares de formação de profissionais para atender a EPT, intercâmbio de experiências formativas e de colaboração entre instituições educacionais, dentre outras ações que aprimoram a formação do professor para atuação na educação básica em todas as modalidades e etapas. Apesar de não estar claramente estabelecido o âmbito nacional e internacional no texto, também não está expressa sua inviabilidade (BRASIL, 2016a).

Como podemos observar, as políticas de formação especificamente para atuar na EPT ainda são incipientes. Na maioria dos casos, a EPT é compreendida somente no que se refere à docência nos cursos técnicos integrados ao Ensino Médio, por se tratar da última etapa da Educação Básica. Muitas vezes os discursos apresentam-se de maneira retórica de que a formação pode ocorrer de diversas formas reguladas pelos IFs.

De maneira sintética, desde a promulgação da LDBEN n.º 9.394/1996, podemos traçar um quadro de importantes dispositivos legais atrelados à formação do professor para a EPT da seguinte forma:

Quadro 3 – Dispositivos legais relacionados à formação para docência na EPT entre 1996 e 2016

Documento Legal	Preâmbulo
LDBEN n.º 9.394/1996	Estabelece a formação docente mínima para atuar na Educação Básica, sendo a de licenciatura para atuação em todas as etapas da educação básica e mínima de Magistério Nível médio para atuação na Educação Infantil e séries iniciais do Ensino Fundamental. Dessa forma, fica entendido que a formação para docência nos cursos técnicos integrados ao ensino médio deve ocorrer em cursos de licenciaturas.
Resolução CNE n.º 02/1997	Estabeleceu que a formação docente para a atuação na Educação Profissional poderia ser também em "programas especiais de formação pedagógica". Esse dispositivo gerou diversos pareceres para esclarecer a implantação normativa entre os anos de 1999 e 2002.

Documento Legal	Preâmbulo
Proposta em discussão: políticas públicas para a educação profissional e tecnológica, 2004	Proposta em discussão: políticas públicas para a educação profissional e tecnológica – documento asseverou a urgência de formulação de uma política nacional para EPT que tratasse da formação dos professores. Importante documento, uma vez que foi resultado de discussões de diferentes atores envolvidos na EPT: governo, professores, pesquisadores e sindicatos.
Parecer CNE/CP n.º 05/2006	Estabeleceu que os cursos de formação para docência na EPT, de nível médio, deveriam ser "[...] organizados em habilitações especializadas por componente curricular ou abrangentes por campo de conhecimento, conforme indicado nas Diretrizes Curriculares pertinentes".
Lei n.º 11.892/2008	Criação dos Institutos Federais de Educação, Ciência e Tecnologia, confere à Educação Profissional e Tecnológica no Brasil e à formação de professores para atuarem nela um novo status em decorrência tanto da expansão da RFEPCT quanto da obrigatoriedade de oferta de no mínimo 20% das vagas para as licenciaturas.
Decreto n.º 6.755/2009	Instituiu a Política Nacional de Formação de Profissionais do Magistério da Educação Básica, atribuiu à Coordenação de Aperfeiçoamento de Pessoal de Nível Superior – Capes – o papel de fomentar programas de formação inicial e continuada, instituindo o Programa Nacional de Formação de Professores da Educação Básica (Parfor). Dessa forma, compreende também a formação para docência nos cursos técnicos integrados ao ensino médio, última etapa da Educação Básica.
Parecer CNE/CEB n.º 11/2012 Resolução n.º 6, de 20 de setembro de 2012	Diretrizes Curriculares Nacionais para a Educação Profissional Técnica de Nível Médio – o título IV estabelece as orientações referentes à formação docente para atuação na Educação Profissional Técnica de Nível Médio. O dispositivo mencionou que a formação inicial deveria dar-se em cursos de graduação, licenciatura ou outras formas.
Resolução CNE/CP n.º 2, de 1 de julho de 2015	Diretrizes Curriculares Nacionais para a Formação Inicial e Continuada para professores da Educação básica, de todas as etapas e modalidades, incluindo, portanto, o professor da EPT. O documento trouxe algumas mudanças, estabelecendo uma nova regulamentação para as licenciaturas, segunda licenciatura e cursos de formação pedagógica, abrangendo também cursos de desenvolvimento profissional para a docência.

Documento Legal	Preâmbulo
Decreto n.º 8.752, de 9 de maio de 2016	Decreto n.º 8.752, de 9 de maio de 2016, revogou o Decreto n.º 6.755/2009, e dispôs sobre a Política de Formação dos Profissionais da Educação Básica, com finalidade de compatibilizar suas diretrizes com as metas do Plano Nacional de Educação (PNE) 2014-2024 – Lei n.º 13.005/2014.

Fonte: elaborado pela autora (CHEDIAK, 2019)

Podemos notar, portanto, que os dispositivos legais publicados com orientações para formação de professores pouco auxiliaram na formulação de políticas e ações consistentes e coordenadas no que se refere à docência na Educação Profissional e Tecnológica.

Machado (2008, p. 14) defendeu a licenciatura para docência na EPT, por compreender que a expansão da Rede Federal e a complexificação das demandas produtivas e educacionais do país exigiam "[...] o provimento de quadros de formadores com padrões de qualificação adequados à atual complexidade do mundo do trabalho." Para a autora, a superação da estrutura fragmentada de políticas para formação do professor da EPT pode ocorrer por meio de planejamento e desenvolvimento de uma política nacional consistente, ampla e que assegure continuidade.

O perfil profissional do docente para atuação na modalidade de Educação Básica, Técnica e Tecnológica compreende um conjunto de demandas que, atualmente, nem um curso de licenciatura, tampouco um bacharelado, consegue formar em um só profissional. Nesse sentido, Pereira (2009, p. 2) afirma que

> [...] o trabalho dos professores estará sempre refletindo a formação recebida e hoje, esta formação, de um modo geral conflita com o cenário atual; uma dificuldade que deve e pode ser vencida com esforço, no sentido de um trabalho mais integrado e participativo, que articule a competência técnica, ao saber-fazer pedagógico inerente à atividade da docência.

Como podemos observar, essas preocupações não são tão atuais e, no entanto, ainda necessitamos de políticas educacionais sistematizadas para a formação do perfil docente para atuação na EBTT.

O debate sobre a formação docente para atuação na EPT ainda é um assunto que vai estar bastante presente nos próximos anos, já que ainda não temos políticas e programas sistematizados. Nesse sentido, Costa (2012, p. 20) afirma que os "[...] programas de formação docente para a EPT se consolidam como medidas paliativas de cunho imediatistas, reducionistas e aligeirados."

Não há atualmente nas matrizes das licenciaturas, de forma geral, disciplinas que contemplem todas essas questões. No entanto, há diversas áreas de formação em uma instituição de EPT. As trocas de conhecimentos de diversas áreas, dessa forma, deveriam compor a rotina institucional. Por um lado, um licenciado nem sempre possui uma formação que lhe permita compreender todas as questões ligadas às especificidades da Educação Profissional, ao conceito ontológico do trabalho, aos Arranjos Produtivos locais, às necessidades de inovação tecnológica etc. Por outro, vários profissionais da área técnica carecem da formação pedagógica para atuação na educação. Ambos não possuem uma formação inicial para EPT.

Atualmente, é possível observar uma preocupação e esforços para a fomentação de políticas de incentivo à Formação Pedagógica para a EPT, como exemplo observamos a oferta ou interesse em oferta de cursos de pós-graduação *Lato* ou *Stricto Sensu* que contemplem a área, bem como formação pedagógica, cursos de formação continuada no Brasil ou no exterior.

Kuenzer (2010, p. 497) percebe o desenvolvimento da formação continuada para professores da educação profissional e tecnológica com um espaço privilegiado, tendo em vista que "[...] há planos de carreira e condições de trabalho que viabilizam a qualificação continuada e, assim, o exercício profissional qualificado."; o que difere da educação profissional em outros espaços como Organizações Não Governamentais (ONGs), Sistema S e outras instituições, que muitas vezes ofertam seus cursos de maneira descontínua, não configurando uma relação estável de vínculo trabalhista, condições inadequadas e consequentemente o trabalho precarizado. Nos IFs grande parte das contratações são com regime de 40 horas e dedicação exclusiva, podendo as instituições estruturarem seus programas de formação continuada. O que ocorre, no entanto, é que sem as políticas nacionais, esforços isolados fazem diferenças locais, mas perdem a força no coletivo.

A lei do ensino médio, Lei n.º 13.415/2017, que alterou a LDBEN n.º 9.394/1996, prevê a oferta de itinerários formativos profissionalizantes nas escolas públicas estaduais e municipais.

Dessa forma, mesmo o problema da formação docente para a atuação na educação profissional não tendo sido resolvido, seu público se expande ainda mais, sem políticas estruturadas.

CAPÍTULO 2

FORMAÇÃO CONTINUADA NO EXTERIOR

Conforme abordamos no capítulo anterior, a EPT no Brasil abrange diferentes etapas da educação, desde a educação básica, com os cursos técnicos integrados ao Ensino Médio, cursos técnicos subsequentes ao ensino médio, cursos da Educação Superior, tais como os tecnológicos, graduações e licenciaturas, até os cursos de pós-graduação *Stricto Sensu*, em nível de mestrado e doutorado. Sendo assim, muitas políticas elaboradas para a educação básica, bem como as direcionadas a Educação Superior, abrangem os Institutos Federais, como é o caso das políticas de internacionalização da Educação Superior.

Também vimos no capítulo anterior que ainda não há políticas públicas sistematizadas especificamente para a formação de professores da EPT. Por esse motivo, percebe-se esforços em ofertar cursos de formação de professores em nível de pós-graduação *Lato* e *Stricto Sensu*, como é o caso do curso de pós-graduação *Lato Sensu* em Metodologia do Ensino Profissional, Científico e Tecnológico ofertado por várias unidades dos IFs[5], bem como o Programa de Pós-Graduação em Educação Profissional e Tecnológica (ProfEPT)[6], atualmente ofertando Mestrado Profissional em Rede, coordenado pelo Instituto Federal do Espírito Santo (Ifes).

Além desses, há a oferta e desenvolvimento de cursos de formação continuada no exterior, como é o caso de lançamentos de chamadas públicas específicas para o desenvolvimento profissional do professor da Educação Básica, Técnica e Tecnológica (EBTT) da Rede Federal de Educação Profissional, Científica e Tecnológica (RFEPCT), realizado a partir de cursos de curta duração em diferentes países, tais como Finlândia, Canadá, Estados Unidos e Reino Unido, como veremos adiante.

Dessa forma, pretendemos abordar neste capítulo a formação continuada de professores da EBTT no exterior, mais especificamente

---

[5] O curso é ou já foi ofertado por vários IFs, com nomes semelhantes, porém com o mesmo foco de formar para a docência em EPT. Em levantamento via web realizado em maio de 2019, estão os seguintes IFs: Ifro, Ifam, Ifac Ifes, Ifsc, IF Sudeste de Minas Gerais, IFC, IFPR etc.

[6] Disponível em: https://profept.ifes.edu.br/sobreprofept. Acesso em: 1 jun. 2023.

na Finlândia. Para tanto, precisaremos discorrer sobre alguns assuntos que nos levarão a compreender mais o tema. Assim, buscaremos definir conceitos básicos sobre internacionalização e globalização no âmbito da educação, assim como cultura e interculturalismo. A partir desse tópico introdutório, discorreremos sobre a relação entre esses aspectos e as políticas para educação e formação do professor no Brasil, considerando as influências internacionais. Após essa compreensão, apresentamos então os achados teóricos sobre a internacionalização da formação continuada do professor por meio da mobilidade internacional e a internacionalização dos Institutos Federais.

Vale salientar que ainda não há vasta literatura do assunto proposto para este capítulo voltada especificamente para a EPT. No entanto, buscaremos sempre relacionar os assuntos na perspectiva dos IFs.

2.1 GLOBALIZAÇÃO, INTERNACIONALIZAÇÃO E EDUCAÇÃO

Para compreendermos como se dá o processo de internacionalização na educação, em especial a formação de professores, tema em que esta pesquisa se insere, é importante apresentarmos os conceitos de internacionalização e globalização ou mundialização.

A globalização é um termo que se tornou muito usual no final do século XX, conforme elucida Giddens (2007, p. 18), "Na França, a palavra é *mondialisation*. Na Espanha e na América Latina, *globalización*. Os alemães dizem *Globalisierung*." O autor contesta o fato de que muitos teóricos atribuem aspectos estritamente econômicos ao processo de globalização, o que ele percebe como um erro, tendo em vista que ela é "[...] política, tecnológica e cultural, tanto quanto econômica. Foi influenciada acima de tudo por desenvolvimentos nos sistemas de comunicação que remontam apenas ao final da década de 1960." (GIDDENS, 2007, p. 21).

A globalização aconteceu quando a primeira mensagem foi enviada por telégrafo elétrico, por Samuel Morse, um pintor de retratos de Massachusetts – EUA –, argumenta Giddens (2007). Antes disso, não era possível transportar uma mensagem de maneira instantânea. Posteriormente, a comunicação por satélite marca mais um importante momento na história das comunicações que, por sua vez, continua em pleno desenvolvimento com a comunicação eletrônica, cada vez mais integrada, fator preponderante no processo de globalização.

É importante destacar ainda as reflexões de Giddens (2007, p. 23) quanto ao processo de globalização que, para ele, "[...] não é portanto um processo singular, mas um conjunto complexo de processos. E estes operam de uma maneira contraditória e antagônica." É complexo por afetar diversos aspectos da sociedade como um todo e na estrutura cotidiana de um indivíduo. Como exemplo, o autor cita o fato de a imagem de Nelson Mandela ser mais familiar que o rosto de um vizinho, mudando, dessa forma, a natureza da experiência do indivíduo. Portanto, a globalização não é um fenômeno que afeta unicamente as grandes estruturas, mas atinge a intimidade das pessoas, o próprio indivíduo, sua subjetividade e relação com o mundo em seu entorno. Daí podemos enxergar uma contradição. Ao mesmo tempo que é um fenômeno que tem relação com aspectos externos, também relaciona-se com aspectos internos.

Diversos fenômenos, muitas vezes contraditórios e antagônicos, são citados por Giddens (2007), como movimentos nacionalistas, separatistas, ressurgimento de identidades culturais locais, surgimento de novas zonas culturais dentro ou através das nações etc. Alguns acontecem por razões históricas específicas, outros são impulsionados não somente devido aos fatores econômicos, mas também à difusão cultural proporcionada pelas tecnologias. Algumas culturas não conseguem "evitar" essa difusão cultural na era global, que pode ser entendida como uma "ocidentalização" ou, ainda, uma "americanização", como aponta o autor. Sendo assim, a globalização apresenta seus prós e contras, ela não é totalmente benéfica e não se desenvolve de maneira equitativa, nas palavras de Giddens (2007, p. 25):

> Uma visão pessimista da globalização a consideraria em grande parte um negócio do Norte industrializado, em que as sociedades em desenvolvimento do Sul têm pouco ou nenhum papel ativo. Ela estaria destruindo culturas locais, ampliando desigualdades mundiais e piorando a sorte dos empobrecidos.

Já em uma perspectiva mais otimista, a globalização é um processo que tem se tornado cada vez mais "descentralizado". Para ilustrar tal descentralização, Giddens (2007) exemplifica, dentre alguns casos, latinização de Los Angeles (EUA) e a comercialização de novelas brasileiras para Portugal. Dessa forma, ocorre o que ele chama de "colonização inversa", ou seja, um país em desenvolvimento que influencia um desenvolvido. De qualquer modo, os processos globalizantes são complexos e não podem ser explicados de maneira unilateral. As forças propulsoras da nova ordem global têm mexido não somente nas relações econômicas e políticas entre as nações, mas também no modo como nos relacionamos com nosso cotidiano, com as pessoas em nosso entorno e com nós mesmos.

Sobre as contradições no interior do processo de globalização destacamos os argumentos de Bauman (1999) que em parte se assemelham aos de Giddens (2007) sobre a produção dos antagonismos e a não homogeneização, mas, ao contrário, a produção de polarizações e aprofundamentos das diferenças e de diferentes visões sobre um mesmo assunto. Nessa direção, Bauman (1999, p. 7) afirma que "A globalização tanto divide como une; divide enquanto une – e as causas da divisão são idênticas às que promovem a uniformidade do globo." A globalização para uns indica a localização para outros, o que para uns conota liberdade, para outros é um confinamento que causa sofrimento, afinal, nem todos podem usufruir do ir e vir. A liberdade é para os que têm condições financeiras de sustentá-la. As regras da globalização são ditadas pelos chamados "globais" e para os que não ditam regras lhes restam fixar em suas localidades. Assim, a globalização gera o "efeito polarizador" da experiência humana. Para os que estão em movimento e para os que se fixam em uma localidade, para aqueles que se posicionam no alto e os que estão abaixo a perspectiva é diferente. Nesse sentido, as ideias dos autores se alinham quando afirmam a não homogeneização, mas o processo de globalização como complexo, contraditório, antagônico e confuso.

Morin (2013, p. 105) utiliza o termo "mundialização", para tratar do fenômeno o qual estamos denominando globalização, e o relaciona a educação e complexidade. Para ele, estamos na era planetária, também chamada de "tempos modernos", que foi constituída por diversos eventos históricos determinantes para delineá-la, que aconteceram desde o final do século XV com as navegações de Cristóvão Colombo ou Vasco da Gama e depois com a ideia copernicana de a Terra não se situar no centro do mundo.

> Esta era planetária desenvolveu-se do pior modo com a colonização, a escravidão, a dominação do mundo pelo Ocidente. Marx afirmava que a história progrediu pelo pior lado. Este fenômeno acentuou-se no século XX com a grande crise provocada pelas duas guerras mundiais e, na segunda metade com a multiplicação das comunicações e a expansão do Mercado mundial sob a égide do neoliberalismo. É preciso compreender que a mundialização é apenas a etapa tecnoeconômica de um fenômeno que começou muito antes.

O autor destaca alguns problemas e consequências dessa ordem global, sejam de ordem econômica ou não, tais como a ameaça resultante da dispersão das armas nucleares, a questão da degradação da biosfera e as pandemias. Além disso, Morin (2013, p. 105) levanta a indagação "Como participar simultaneamente da comunicação entre todas estas partes da humanidade sem chegar a uma homogeneização, ou seja, à distribuição e nivelamento das culturas?".

A visão mais recorrente de que a globalização é algo inevitável, um "destino", uma força homogeneizadora da cultura e propulsora de uma política mundial, é criticada por Dale (2004), o qual argumenta que uma visão mais teoricamente confrontadora da natureza, composição e consequências de tais forças e seus efeitos sobre o estado são menos comuns. Para ele, os debates sobre a globalização têm sido confusos e "pouco informados", com uso indiscriminado do termo.

Dale (2004) desenvolveu um estudo sobre a relação entre globalização e educação, a partir da comparação entre duas abordagens, a "Cultura Educacional Mundial Comum" (Cemc), desenvolvida por um grupo de pesquisadores da Universidade de Stanford, e a "Agenda Globalmente Estruturada para a Educação" (Agee), desenvolvida pelo próprio autor. Seus achados apontam para as diferenças entre as abordagens quanto à explicação da relação entre globalização e educação. Enquanto a primeira defende que em uma sociedade uma política internacional é constituída por estados-nação autônomos, a segunda abordagem entende que há forças supranacionais que operam de modo a romper as fronteiras nacionais e, assim, reestruturam as relações entre as nações. Assim sendo, o conceito de globalização é compreendido de maneiras distintas.

> A diferença fundamental entre as duas abordagens reside na compreensão da natureza do fenômeno global. Para a CEMC, trata-se de um reflexo da cultura ocidental, baseada cognitivamente em torno de um conjunto particular de valores que penetram em todas as regiões da vida moderna. Para a AGEE, a globalização é um conjunto de dispositivos político-econômicos para a organização da economia global, conduzido pela necessidade de manter o sistema capitalista, mais do que qualquer outro conjunto de valores. A adesão aos seus princípios é veiculada através da pressão econômica e da percepção do interesse nacional próprio (DALE, 2004, p. 436).

Dessa forma, a Cemc apresenta uma visão da globalização, como um conjunto de ideias, normas e valores que fornecem subsídios para respostas nacionais no tocante a determinadas questões. A Agee apresenta a ideia de que a globalização se constitui a partir de um conjunto de atividades econômicas, políticas e culturais que se relacionam entre si. Ambas as abordagens entendem que a educação não está livre das influências da globalização.

Globalização e internacionalização estão imbricadas e, para alguns autores, como Santos (2001), a globalização também se configura como o auge da internacionalização do capital. Em seu estudo, Santos (2001) apresenta o conceito de globalização como fábula, como perversidade e como possibilidade. No sentido de fábula, o conceito relaciona-se com a ideia de homogeneização do planeta, de criação de uma cidadania universal, enquanto, para ele, na verdade as diferenças estão cada vez mais profundas e o que ocorre é a exaltação ao consumo. Enquanto perversidade o termo corresponde a competitividade, o aumento da pobreza, desemprego, pandemias, fome, desabrigo etc. Sendo assim, a globalização impõe-se como "uma fábrica de perversidades." Nesse sentido, Freire (1996) concorda, afirmando que o discurso ideológico da globalização esconde a lógica da desigualdade, de riqueza para poucos e pobreza e miséria para muitos – "O sistema capitalista alcança no neoliberalismo globalizante o máximo de eficácia de sua malvadez intrínseca" (FREIRE, 1996, p. 128).

Apesar disso tudo, Santos (2001, p. 20) acredita em outras possibilidades para uma globalização, em que as bases materiais, compreendidas como "[...] a unicidade técnica, a convergência dos momentos e o conhecimento do planeta", sejam usadas não como instrumento de perversidade, mas de construção de uma globalização mais humana. Da mesma forma, Freire (1996), acredita na educação como libertadora, podendo essa "desmascarar" os discursos ideológicos a favor do aprofundamento das desigualdades, enquanto ato político.

Em relação ao Brasil e a seu processo histórico de inserção no cenário da globalização, Ianni (2000, p. 51) apresenta afirmações duras e críticas, que mostram a posição nada favorável do Brasil em relação aos outros países.

> Esta é a ironia da história: o Brasil nasce no século XVI como província do colonialismo e ingressa no século XXI como província do globalismo. Depois de uma longa e errática história, através do mercantilismo, colonialismo e imperialismo, ingressa no globalismo como modesto subsistema da economia global. A despeito dos surtos de nacionalismos e das realizações propriamente nacionais, como ocorre principalmente na época do populismo, isto é, do projecto e

> realizações do capitalismo nacional, ingressa no século XXI
> como simples província do capitalismo global; revelando-se
> um caso de dependência perfeita.

É importante abordar as questões históricas, sociais, políticas e econômicas, pois elas refletem na maneira como fazemos a educação em toda sua complexidade. A condição de "província do globalismo", por exemplo, reflete nas relações internacionais do Brasil com outros países e nas representações simbólicas de nação que nossos professores possuem, bem como representações de outros povos e nações sobre o Brasil e o ser brasileiro. Ianni (2000) argumenta que havia um "projeto de capitalismo transnacional" em curso desde a segunda metade do século XX. Tal projeto, segundo ele, aconteceu em etapas, sendo a primeira ocorrida no período entre 1964 e 1985 – em que houve a destruição das lideranças e organizações mais comprometidas com o capitalismo nacional –, a segunda etapa entre 1985 e 1994 – com medidas econômicas neoliberais – e a terceira etapa após 1994 – com o aprofundamento de medidas econômicas para implantar o projeto de capitalismo transnacionalizado nas bases ideológicas do neoliberalismo. Nesse cenário, a classe dominante passa a ser mundial e, para ele, os governantes brasileiros tornam-se meros "funcionários".

Com a reforma do Estado, o fim do capitalismo nacional e implantação do capitalismo trasnacionalizado, a separação entre Estado e Sociedade se intensifica, dessa maneira, as dimensões que compõem esse Estado – orientações econômicas, políticas e culturais – tornam-se cada vez mais alheias à sociedade. Como resultado, há um "[...] crescente enfraquecimento ou mesmo evidente dissolução do tecido social" (IANNI, 2000, p. 53), na qual predomina a indústria cultural como formadora de opiniões, sentimentos e relacionamentos e o mercado, a razão instrumental, a lógica do capital como determinantes da sociabilidade. Assim, a cultura é afetada, a base do Estado-nação é dissolvida, a sociedade civil mantém-se em busca de uma redefinição, a soberania perde o vigor e condição de executar um projeto nacional para a sociedade-nação e se vê em crise.

> Nesse novo mapa da história, nesse novo palco de lutas
> sociais denominado "mundialização", "transnacionaliza-
> ção", "globalização" ou mesmo "planetarização", abrem-se
> espaços para um novo e difícil "internacionalismo" ou, mais
> propriamente, uma globalização desde baixo, na qual estão
> engajados indivíduos e coletividades, classes sociais e grupos

> sociais, partidos políticos e sindicatos, movimentos sociais e correntes de opinião pública, expressando outras e novas formas de hegemonia (IANNI, 2000, p. 58).

Optamos por iniciar a discussão deste tópico com a introdução do conceito de globalização devido à sua relação com a internacionalização, tendo em vista que a última é resultante da primeira, conforme apontam Maués e Bastos (2016). Vale salientar que nesta pesquisa abordaremos a internacionalização no âmbito acadêmico, sem desconsiderar, obviamente, sua relação com os aspectos econômicos, políticos e culturais.

Maués e Bastos (2016) explicam que a internacionalização é resultante do processo de globalização, que, por sua vez, é a produção do capitalismo e de seus interesses na expansão das relações comerciais sem barreiras fronteiriças permitindo a livre circulação de mercadorias, barateamento da mão de obra, disseminação de informações etc. Como podemos perceber, essa perspectiva situa-se no âmbito econômico.

Nesse contexto, Morosini (2006) explica que a intensificação da internacionalização no final do século XX e início do século XXI é resultante da globalização. Para ela, o fato de a educação ter sido categorizada como serviço, a partir da regulamentação da Organização Mundial do Comércio (OMC), apoiou o desenvolvimento de uma visão mercadológica da internacionalização na educação. A autora argumenta que a internacionalização em si já é uma marca do modo como as universidades se relacionam. A novidade, logo, está então justamente na visão mercadológica das políticas de internacionalização para a Educação Superior que precisam ser redimensionadas para garantir a qualidade de ensino, destacando que as universidades estão submetidas às políticas do estado e não têm autonomia para decidir o modelo de prática da internacionalização.

Vale complementar que garantir a qualidade de ensino reside em preservar o papel da educação como humanizadora, como agregadora de valores humanos de respeito, tolerância, solidariedade, responsabilidade consigo, com as pessoas e com o meio ambiente. É possível perceber uma tensão entre duas perspectivas: a internacionalização como estratégia mercadológica para a educação e a internacionalização como interculturalidade, preservando os valores humanos aos quais nos referimos. A primeira perspectiva trata-se de uma visão institucionalista, enquanto a segunda é mais culturalista.

Torna-se mister compreender o conceito de interculturalidade ao qual nos referimos neste estudo, uma vez que se apresenta como elemento da internacionalização. Antes, no entanto, precisamos deixar claro o conceito de cultura, compreendido nesta pesquisa a partir dos pressupostos de Geertz (2008, p. 66), que a define como:

> [...] um padrão de significados transmitido historicamente, incorporado em símbolos, um sistema de concepções herdadas expressas em formas simbólicas por meio das quais os homens comunicam, perpetuam e desenvolvem seu conhecimento e suas atividades em relação à vida.

Como denota o prefixo "inter", a partir da formação da palavra, podemos estabelecer que refere-se à relação entre as culturas, entre os padrões de significados sociais. Uma relação de interação entre iguais no sentido de não haver melhor-pior, superior-inferior, mas seres humanos com padrões distintos que saibam interagir de maneira equitativa, respeitosa, solidária, tolerante. Desse modo, concordamos com a definição estabelecida pela Convenção sobre a proteção e promoção das expressões da diversidade cultural da Organização das Nações Unidas para a Educação, a Ciência e a Cultura (Unesco) (UNITED NATIONS EDUCATIONAL, SCIENTIFIC AND CULTURAL ORGANIZATION, 2005, p. 5), a qual afirma que a "Interculturalidade refere-se à existência de interação igualitária das diversas culturas e a possibilidade de gerar expressões culturais compartilhadas através do diálogo e respeito mútuo[7]."

Pereira e Passos (2015) explicam que a internacionalização na Educação Superior não é algo novo, pois já era uma prática na Idade Média, que se materializava por meio da mobilidade de estudantes europeus para as poucas universidades existentes. A partir dos anos 1980 e 1990 a internacionalização na Educação Superior se intensificou. No século XXI a internacionalização vem sendo amplamente discutida e praticada mediante programas de mobilidade de estudantes, professores e gestores da educação, de cooperação acadêmica para desenvolvimento de pesquisas etc. Nas palavras de Pereira e Passos (2015, p. 51), isso traz o desafio para as universidades de "[...] repensarem o seu papel diante, novamente, do caráter universal do conhecimento." Ao explicarem a relação entre a internacionalização, globalização e europeização, Pereira e Passos (2015, p. 52) elucidam que:

> Enquanto a internacionalização é uma proposta de formação que vai além das ações pedagógicas nacionais, a globalização é um movimento para ultrapassar os limites fronteiriços afe-

---

[7] Tradução da autora, do original: "'Interculturality' refers to the existence and equitable interaction of diverse cultures and the possibility of generating shared cultural expressions through dialogue and mutual respect."

tando cada nação na sua dinâmica própria. A europeização é o movimento que acontece no continente Europeu de forma mais acentuada a partir da década de 1980 principalmente no âmbito da educação superior. As três dinâmicas implicam em mobilidade, integração e convergência. A centralidade da internacionalização da educação superior como tema neste início de milênio é uma realidade para todos os países.

A partir dessa perspectiva, podemos compreender que a internacionalização na educação é o resultado da globalização e que a europeização influencia diversas práticas da internacionalização no mundo, com a disseminação de informações, ideias e práticas possibilitadas pelas tecnologias da informação e comunicação, dadas também as relações políticas, culturais e econômicas entre os países.

Ramos (2015) argumenta que o termo internacionalização se apresenta como polissêmico, já que pode referir-se a diversos contextos e estratégias. No contexto acadêmico, dentre os vários sentidos, ela explica que pode relacionar-se com parcerias e redes de colaboração com instituições de outros países, programas de estudos no exterior, realização de pesquisas ou participação em eventos no exterior etc.

Knight (2004, p. 5-6), uma autora de destaque no assunto sobre internacionalização da educação, argumenta sobre as diferentes perspectivas na definição do termo:

> Para algumas pessoas, significa uma série de atividades internacionais, como mobilidade acadêmica para alunos e professores; vínculos internacionais, parcerias e projetos; novos programas acadêmicos internacionais e iniciativas de pesquisa. Para outros, significa a entrega de educação para outros países através de novos tipos de arranjos, tais como nos campi ou em polos usando uma variedade de técnicas presenciais e à distância. Para muitos, significa a inclusão de uma dimensão internacional, intercultural e/ou global no currículo e no processo de ensino-aprendizagem. Outros ainda vêem projetos de desenvolvimento internacional e, alternativamente, a crescente ênfase no comércio no ensino superior como internacionalização[8].

---

[8] Tradução da autora, do original "For some people, it means a series of international activities such as academic mobility for students and teachers; international linkages, partnerships, and projects; and new, international academic programs and research initiatives. For others, it means the delivery of education to other countries through new types of arrangements such as branch campuses or franchises using a variety of face-to-face and distance techniques. To many, it means the inclusion of an international, intercultural, and/or global dimension

Além das distintas perspectivas dos países, instituições educacionais e empresariais, o que acarreta dificuldade no delineamento de um conceito mais compreensível é o fato de que ainda há muita confusão entre internacionalização e globalização. Knight (2004) defende um modelo conceitual que ofereça mais clareza para que, dessa forma, possa orientar as políticas e práticas na educação.

A autora levanta diversas reflexões relacionadas à internacionalização na educação, questionando se ela é modismo, se é sustentável, se é responsável pelo *brain drain* (pela evasão dos cientistas brasileiros, que deixam o país por melhores oportunidades no exterior), se é promotora da homogeneização ou hibridização cultural, seus propósitos, benefícios, implicações negativas, consequências e resultados, sobre quais valores ela se alicerça, se é resposta ou um estímulo da ou para a globalização etc. Todos esses questionamentos são relevantes para esta pesquisa, tendo em vista que ela trata da formação continuada no exterior dos professores da Rede Federal de Educação, Ciência e Tecnologia. Assim, é importante refletirmos sobre os propósitos aos quais essa formação se vincula. Todas essas indagações se aplicam, em certa maneira, aos programas de mobilidade e formação de professores no exterior e são importantes para a elaboração, implementação e avaliação de políticas de formação dos professores da EBTT.

Sobre a definição do termo, Knight (2004, p. 11) relembra seu estudo anterior em que destaca: "A internacionalização nos níveis nacional/setorial/institucional é definida como o processo de integração das dimensões internacional, intercultural ou global no propósito, funções e oferta do ensino superior"[9]. Ou seja, envolve a integração do ensino, pesquisa e extensão nas dimensões citadas.

A autora explica que cada palavra foi cuidadosamente selecionada para compor o conceito. A escolha da palavra "processo" indica continuidade, desenvolvimento e evolução. As palavras "internacional", "intercultural" e "global" estão juntas para demonstrar a composição da internacionalização, que envolve a relação entre culturas, países e nações, ao mesmo tempo aborda também a relação entre culturas no próprio país de origem – ou seja, intercultura –; além disso, a internacionalização reporta ao global. Sendo assim, resumidamente, está ligada à relação entre países e culturas, à relação intercultural no próprio país de origem e à relação com o mundo.

---

into the curriculum and teaching learning process. Still others see international development projects and, alternatively, the increasing emphasis on trade in higher education as internationalization." (KNIGHT, 2004, p. 5-6).

[9]   Tradução da autora, do original: "Internationalization at the national/sector/institutional levels is defined as the process of integrating an international, intercultural or global dimension into the purpose, functions or delivery of post-secondary education."

A palavra integração, explica Knight (2004), pretende denotar a ideia de unificar as dimensões internacional e intercultural nas políticas e programas de internacionalização. As palavras "propósito, função e oferta" são usadas em conjunto de maneira proposital. O propósito relaciona-se de maneira geral aos objetivos do país para a Educação Superior e de maneira específica à missão da Instituição. A função está ligada aos serviços essenciais do sistema de Educação Superior da instituição, tais como ensino, pesquisa, extensão e demais atividades. A oferta alude aos cursos e aos programas oferecidos nacionalmente e internacionalmente.

Knight (2004) explica a razão pela qual define a internacionalização (da Educação Superior) com o uso dessas palavras, destacando o fato de perceber tal tarefa como desafiadora, uma vez que tenta elaborar uma definição geral que possa ser utilizada em diferentes sistemas educacionais/países. Ao mesmo tempo, ela não aborda as especificidades acerca dos resultados, benefícios, atores envolvidos etc., tendo em vista que há muitas variações entre os países.

Azevedo (2015) apresenta uma definição de internacionalização a partir da ilustração de um diagrama de Venn[10], podendo tornar-se em união ou interseção. No caso da união, a internacionalização é a integração entre os campos da educação superior, considerando o aspecto da interculturalidade. Assim, elementos como o respeito à diversidade cultural, igualdade, equidade, solidariedade e tolerância são preponderantes.

Como desafios para uma internacionalização no sentido de união, Azevedo (2015, p. 30) destaca as pressões exercidas por organismos internacionais.

> Entretanto, as pressões de performance (ditadas pelas agências de avaliação e por organizações internacionais – OCDE, Banco Mundial, Comissão Europeia...), a privatização, a despublicização, a mercadorização (em nível global da educação terciária, as políticas de estímulo à pesquisa e à inovação competitivas, que pragmaticamente objetivam a formação da economia baseada no conhecimento (qual economia não seria baseada no conhecimento?), perturbam sobremaneira, o campo da educação superior, pois afetam o espírito do jogo, a disputa correta, as relações justas, a mutualidade, a cooperação e, também, o respeito às regras.

---

[10] Os diagramas de Venn foram desenvolvidos e formalizados pelo matemático John Venn, a partir de construções anteriores, para demonstrar relações de união, intersecção, diferenças, semelhanças e outras propriedades do conjunto. Azevedo (2015) utiliza a ilustração para demonstrar a união ou intersecção entre os atores.

Desse modo, a internacionalização como interseção ocorre na educação superior. O autor aponta os ditames dos organismos internacionais por índices e performances como impulsionadores da competitividade. Além disso, aponta também o imperialismo cultural como um obstáculo para a concretização da internacionalização como união.

Nesse contexto, podemos retomar a discussão apresentada sobre o gerencialismo na educação, baseada no debate proposto por Araújo e Castro (2011) sobre a reorganização do sistema econômico após a crise do bem-estar social e sua influência na educação. Acreditamos que os processos históricos resultam em modelos sociais e econômicos que estabelecem novos comportamentos e políticas que transformam as culturas globais e institucionais. Sendo assim, atribuímos os impedimentos de uma internacionalização como união, termo usado por Azevedo (2015), a uma complexidade de fatores. Como, por exemplo, a reestruturação do capital e as influências do gerencialismo na educação, refletindo em todos os seguimentos e modalidades, tanto no setor público quanto no privado, exigindo o alcance, a todo custo, de indicadores de eficiência, eficácia e produtividade. Assim, as políticas ditadas por organismos internacionais configuram-se como um aspecto dentre outros vários oriundos do modelo gerencial.

2.2 POLÍTICAS PARA EDUCAÇÃO E FORMAÇÃO DO PROFESSOR NO BRASIL E AS INFLUÊNCIAS INTERNACIONAIS

Compreender como as políticas em nosso país se dispõem no contexto de globalização e internacionalização nos auxilia a tomar consciência sobre o processo histórico de elaboração e implementação de tais políticas em termos de projetos e programas que são lançados para a educação de maneira geral e para a formação de professores de maneira mais pontual. De igual maneira, também é importante compreender a posição do Brasil na teia global, o que é esperado e orientado pelos organismos internacionais e pelas demandas que se configuram como estratégias de expansão do capitalismo moderno.

Acreditamos não ser possível abordar as políticas de formação do professor sem tratar do contexto em que se inserem. As políticas educacionais e as diretrizes para a educação determinam como deve ser a formação do professor, inicial e continuada.

Conforme discutido no capítulo anterior, as transformações sociais ocorridas na segunda metade do século XX e início do século XXI foram resultados da reestruturação do capitalismo, pelo avanço das tecnologias e mudanças no sistema produtivo. Todas as áreas do serviço público foram influenciadas pelo modelo gerencial, as demandas globais configuraram novas estratégias para a educação, atribuindo a ela o papel de resolver todos os problemas sociais relacionados à inclusão, à desigualdade, à fome etc.

Dessa forma, as políticas públicas para a educação vêm sendo tomadas como discussões globais desde o final do século XX, especialmente com as novas demandas e o avanço das novas tecnologias digitais da informação e comunicação. A formação dos professores tem sido cada vez mais vista como fator determinante para o alto desempenho dos alunos. Nesse sentido, Davis, Nunes e Almeida (2011, p. 9) afirmam que:

> A partir da década de 1980 e especialmente na de 1990, algumas proposições relativas à formação inicial e continuada de professores ganharam repercussão internacional e influenciaram as políticas de formação de vários países da Europa e da América. Esse movimento iniciou-se quando vários segmentos da sociedade começaram a manifestar insatisfação e preocupação com a qualidade da educação.

Esse movimento estava associado ao próprio desenvolvimento econômico e tecnológico, os quais geraram novas demandas, tornando urgente e necessária a reforma no ensino. Conforme abordado no capítulo anterior, as mudanças nas políticas públicas para a educação foram impelidas pelas mudanças no cenário econômico mundial e com o advento das tecnologias, que reestruturaram também o modo produtivo, do fordismo/taylorismo, para o modelo de acumulação flexível.

Davis, Nunes e Almeida (2011) explicam que as mudanças ocorridas em 1990, relacionadas às políticas públicas para a educação, foram produzidas tanto pelo cenário nacional quanto pelo internacional. A autora menciona eventos internacionais que foram marco histórico para a educação, como a Conferência Mundial de Educação para Todos, Jomtien/1990, organizada pela Unesco juntamente a outras organizações, e a reunião de Nova Déli/1993, também Conferência Mundial de Educação para Todos, destacando a tendência global na organização da agenda nacional.

Entre os anos de 1990 e 2000, diversos outros eventos retomando os compromissos firmados na Declaração de Jomtien ou criando condições para o alcance deles foram realizados, impulsionando a fomentação de políticas educacionais em todas as instâncias.

No Brasil, durante esse período, tivemos a Lei de Diretrizes e Bases da Educação Nacional (LBDEN) de 1996, que radicou o papel do Governo Federal de formular políticas públicas para garantir a qualidade da Educação no Brasil. O Fundo de manutenção e Desenvolvimento do Ensino Fundamental e de valorização do Magistério (Fundef), regulamentado em 1998, estabeleceu algumas normativas, como a de que estados e municípios deveriam elaborar o plano de carreira dos professores. Além dessas ações, os sistemas de avaliação e de registro de dados que dessem suporte à formulação das políticas públicas foram reestruturados ou criados, tais como a reestruturação do Instituto Nacional de Estudos e Pesquisas Educacionais Anísio Teixeira (Inep) para fornecer dados estatísticos, a implantação do Sistema de Avaliação da Educação Básica (Saeb) e do Exame Nacional do Ensino Médio (Enem), o Exame Nacional dos Cursos (ENC) para avaliar a qualidade da Educação Superior (realizados entre 1996 a 2003), o Sistema Nacional de Avaliação da Educação Superior (Sinaes), criado em 2004, do qual se desdobra o Exame Nacional de Desempenho de Estudantes (Enade) (DAVIS; NUNES; ALMEIDA, 2011).

Diversas outras políticas foram instituídas nesse período entre 1990 a 2000, conforme explicam Davis, Nunes e Almeida (2011), a partir do estabelecimento de normativas pela LDBEN como a criação dos Parâmetros Curriculares Nacionais (PCN), o fornecimento de livros didáticos devidamente avaliados por equipe de especialistas e escolhidos pelo professor das escolas públicas, os programas de aceleração de aprendizagem, programas de qualificação do professor e criação de planos de carreira, a passagem do Fundef para o Fundo de Manutenção e Desenvolvimento da Educação Básica (Fundeb) que sistematizou legalmente o financiamento para a formação continuada do professor, a publicação dos Parâmetros Curriculares em Ação, projeto estabelecido com o propósito de fornecer orientações para o desenvolvimento profissional de professores em consonância com a implementação dos PCNs, bem como outros importantes documentos como os Referenciais Curriculares Nacionais para a Educação Infantil e para a Educação Indígena e da Proposta Curricular para a Educação de Jovens e Adultos (EJA).

Além disso, conforme elucidam Davis, Nunes e Almeida (2011), vários outros programas de formação docente surgiram em diferentes Estados e Municípios como forma de "compensar" o déficit da formação inicial. A partir de regulamentações na LDBEN que estabeleceram a valorização e necessidade do desenvolvimento profissional e aperfeiçoamento contínuo, desdobraram-se políticas como a Rede Nacional de Formação Continuada de Educação Básica – Rede, de 07/2004 –, da qual fizeram parte outros programas de formação continuada. Muitos decretos e portarias foram publicados no período entre 1990 e 2000, orientando as políticas de formação do professor, conforme vimos também no capítulo anterior.

No âmbito da educação profissional, Shiroma e Lima Filho (2011) destacam as orientações do Banco Mundial para a Educação na América Latina e Caribe, bem como as recomendações da Unesco:

> Em 1999, o Banco Mundial apresentou sua estratégia para a Educação na América Latina e Caribe, reforçando a necessidade de expandir a cobertura do ensino médio para atender às demandas da economia globalizada. Recomendou flexibilização dos programas e instituições de ensino médio e educação profissional, bem como a cooperação com o setor privado, entendido como "um beneficiário direto dos resultados das escolas secundárias e profissionalizantes" (Banco Mundial, 1999, p. 58). No mesmo ano, durante o Segundo Congresso Internacional sobre Ensino Técnico e Profissional (ETP), realizado em Seul, a UNESCO recomendou maior apoio financeiro e técnico à ETP [...]. (SHIROMA; LIMA FILHO, 2011, p. 730).

Assim, notamos que as políticas para a educação profissional são fortemente influenciadas pelas recomendações dos organismos internacionais. Como vimos anteriormente, a própria lei de criação dos IFs considera as orientações que Shiroma e Lima Filho (2011) apontam, no que diz respeito à cooperação entre o setor público e o privado e à oferta de cursos técnicos integrados ao ensino médio que estão presentes na lei, dentre outras.

Maués e Bastos (2016, p. 705) realizaram um estudo sobre as políticas da educação superior no Brasil e a relação com a agenda de organismos internacionais como o Banco Mundial, Unesco e a Organização para Cooperação e Desenvolvimento Econômico (OCDE)[11] para a formação de professores no Brasil, considerando o processo de internacionalização.

> No processo de internacionalização da educação, a formação do professor desempenha um papel importante, tanto que vários organismos multilaterais têm elaborado documen-

---

[11] Atualmente, A OCDE conta com 36 países membros (informação disponível em: http://www.oecd.org/about/membersandpartners/. Acesso em: 10 maio 2019). Vale destacar que embora o Brasil tenha solicitado adesão desde 2017, ainda não é membro da organização (informação disponível em: https://www.bbc.com/portuguese/brasil-44361623. Acesso em: 10 maio 2019).

tos com recomendações aos países em desenvolvimento propondo diretrizes políticas sobre como melhor formar o docente.

Os autores explicam que a OCDE vem influenciando a elaboração das políticas para educação no Brasil, na medida em que estabelece indicadores e índices educacionais que vão desde a avaliação dos países membros da organização, denominada *Programme for International Student Assessment (PISA)*[12], ao *Teaching and Learning International Survey (TALIS)*, que envolveu 34 países na edição de 2013. Em seus estudos, Maués e Bastos (2016) identificaram que os Decretos n.º 6.755/09 e n.º 7.415/10, revogados pelo Decreto n.º 8.752/16, todos eles referentes à Política Nacional de Formação de Profissionais da Educação Básica, foram influenciados pelas orientações da OCDE, embora o Brasil não tenha participado da pesquisa publicada em 2016, sob o título *Attracting, Developing and Retaining Effective Teachers – Final Report: Teachers Matter.*

Outro documento mencionado por Maués e Bastos (2016) é o estudo publicado pelo Banco Mundial em 2010, denominado *Achieving World Class Education in Brazil: The Next Agenda*, o qual propõe recomendações para a agenda do Brasil em relação à educação. O documento apresenta os avanços na educação básica nos últimos 15 anos e os desafios, compreendendo a preparação da força de trabalho para o século XXI, a redução da desigualdade e os gastos na educação. O documento afirma que a qualidade da formação do professor é um elemento-chave para a superação dos desafios.

No referido documento, o Banco Mundial (BM) (WORLD BANK, 2010) propõe algumas recomendações para a agenda da Educação Básica brasileira entre os anos de 2010 e 2020. Dentre as principais recomendações estão: a) desenvolver melhores professores; b) fortalecer a educação infantil; c) aprimorar a qualidade do ensino médio e preparar a força de trabalho para o século XXI; e d) maximizar o impacto federal e capitalização dos laboratórios educacionais brasileiros. O que nos interessa nesta pesquisa é a formação do professor, ou seja, o item "a". Para essa recomendação, o BM propõe as seguintes medidas: 1. estabelecer padrões de recrutamento de professores de alta capacidade; 2. melhorar a prática docente mediante reformas de treinamento em serviço; e 3. motivar o desempenho

---

[12] O *PISA* é uma avaliação amostral nas áreas de Ciências, Matemática e Linguagem, aplicada a estudantes a partir do 7.º ano do ensino fundamental na faixa etária de 15 anos, idade na qual a maioria dos estudantes concluem a educação básica obrigatória. No Brasil ela é coordenada pelo Inep (Informação disponível em: http://inep.gov.br/pisa. Acesso em: 10 maio 2019).

do professor por meio de reformas de incentivos (exemplo: bônus). Para a segunda medida, denominada *in-service training* no documento, que tratamos nesta pesquisa como formação continuada em serviço, o BM defende que o professor deve ser motivado por meio de incentivos, mas que somente a motivação não prepara o professor, é preciso promover oportunidades de desenvolvimento profissional.

Dentre os pontos levantados pelo BM no documento sobre a formação continuada de professores estão (WORLD BANK, 2010):

- Críticas à inexistência de avaliações rigorosas de programas de formação continuada de professores;
- Críticas à formação continuada de professores promovidas por universidades com abordagens "ideológicas" que inclui a crença de que a baixa qualidade de professores no Brasil se dá devido à pobreza, bem como os cursos "altamente teóricos" que divergem das novas tendências para o desenvolvimento profissional de professores apresentadas por países da OECD.

Há um consenso dos teóricos mais críticos da EPT, conforme vimos no capítulo anterior, e os organismos internacionais quanto à falta de sistematização da formação de professores. No entanto, os últimos focam em controle, enquanto os estudos críticos de pesquisadores da EPT focam na qualidade da formação do docente. Em relação à crítica do BM sobre as "abordagens ideológicas" ou sobre os cursos "altamente teóricos" na formação do professor no Brasil, compreendemos que é interessante ponderar. Em relação às abordagens ideológicas o BM afirma que há uma crença de que a baixa qualidade de professores se dá devido à pobreza. Concordamos quanto à necessidade de dissociar a crença na baixa qualidade de professores dos aspectos relacionados à pobreza, o que pode ocorrer devido à ideia de que o repertório cultural, linguístico e teórico do professor da classe baixa ou média-baixa impossibilitaria uma formação mais complexa, completa e crítica. Para tanto, os cursos não deveriam se basear na simplificação e redução de conteúdos teóricos, pois esses são fundamentais para a elaboração de conceitos mais complexos. A questão então, em nosso ponto de vista, não está nos cursos altamente teóricos, mas na dualidade estrutural histórica entre teoria e prática.

Outro ponto importante para ponderarmos é: é possível preservar a neutralidade do ato de ensinar? Acreditamos que não. Como afirma Freire

EXPERIÊNCIA PEDAGÓGICA ALÉM DAS FRONTEIRAS

(1996, p. 125): "Ensinar exige reconhecer que a educação é ideológica." Todo ato de ensinar trará uma ideologia embutida nas concepções de ensinar, aprender, ser professor, ser estudante, de sociedade, de humanidade etc. Essa ideologia vai atender a algum propósito, o qual, em nossa visão, deve contribuir para a humanização.

Alinhado ao documento do Banco Mundial, a OECD apresentou o estudo intitulado *Teaching Excellence through Professional Learning and Policy reform: lessons from around the world* (ORGANISATION FOR ECONOMIC COOPERATION AND DEVELOPMENT, 2016, p. 91), que defende a importância de um sistema de seleção, capacitação e compensação de professores e gestores escolares. Para o desenvolvimento profissional do professor, o documento sugere o estabelecimento de ambientes colaborativos de aprendizagem e mentoria.

> A maior parte do desenvolvimento profissional acontece na escola, liderado por desenvolvedores de pessoal que identificam problemas de ensino ou introduzem novas práticas. Isso concede à profissão docente maior autonomia sobre o desenvolvimento e facilita uma cultura de excelência profissional liderada por professores[13].

Como podemos notar, a recomendação está na estruturação de programas de desenvolvimento profissional mais sustentáveis, com baixo custo, conduzidos pela própria equipe de trabalho e professores que devem identificar os problemas e apresentar soluções.

Sobre a Educação Superior a OCDE lançou dois relatórios intitulados *Higher Education to 2030*, o primeiro volume apresenta um estudo demográfico, compreendendo o perfil da população de estudantes e professores (ORGANISATION FOR ECONOMIC COOPERATION AND DEVELOPMENT, 2008), e o segundo volume apresenta as relações da Educação Superior com a globalização, com destaque para a internacionalização (ORGANISATION FOR ECONOMIC COOPERATION AND DEVELOPMENT, 2009).

O documento aborda a Educação Superior na perspectiva da globalização e destaca o papel da internacionalização como tendência para a Educação Superior na economia mundial, que está baseada no conhecimento.

---

[13] Tradução da autora, do original: "Much professional development is now school-based, led by staff developers who identify teaching-based problems or introduce new practices. This accords the teaching profession greater autonomy over professional development and facilitates a teacher-led culture of professional excellence" (OECD, 2016, p. 91).

Sendo assim, a preparação de indivíduos nesse cenário pode contribuir para aumentar a pesquisa, que, por sua vez, potencializa a capacidade de inovação e, consequentemente, a competitividade na economia global e colaboração entre os países (ORGANISATION FOR ECONOMIC COOPERATION AND DEVELOPMENT, 2009).

As políticas estabelecidas pelos organismos internacionais tanto para a educação básica quanto para a educação superior aplicam-se à EPT, uma vez que esta abrange tal modalidade. É possível percebermos a influência de tais políticas na estruturação dos documentos da Rede Federal de Educação Profissional, Científica e Tecnológica (RFEPCT) e implantação de órgãos internos responsáveis pelo fomento da internacionalização, conforme abordaremos na sequência.

2.3 INTERNACIONALIZAÇÃO DA FORMAÇÃO CONTINUADA DO PROFESSOR POR MEIO DA MOBILIDADE INTERNACIONAL: FORMAÇÃO DO PROFESSOR GLOBAL

Existe ou deveria existir um modelo global/internacionalizado de formação de professores? Conforme destacado no capítulo anterior, os modelos de formação de professores nem sempre são exclusivos de determinada concepção pedagógica. Os modelos podem variar em teorias e concepções que possibilitem a elaboração de um currículo que atenda as demandas produtivas. Tais demandas nem sempre se limitam às fronteiras do Estado-nação. Elas são demandas globais. Nesse contexto, Lévy (1996, p. 51) afirma que "A economia contemporânea é uma economia da desterritorialização ou da virtualização." Com a economia desterritorializada, também estão o turismo, comércio e a distribuição, meios de comunicação eletrônicos e digitais, ensino e formação, indústrias da diversão, saúde etc. O autor argumenta que o ensino e a formação "[...] não produzem outra coisa senão o virtual" (LÉVY, 1996, p. 51).

Castells (1999) também argumenta sobre transposição das fronteiras geográficas nesse modelo social em que vivemos desde o final do século XX, dado o avanço das tecnologias digitais. Um fator em um país (guerra, eleição, inflação etc.) é capaz de alterar o mercado financeiro global. Outras dimensões sociais também sentem a influência do mercado financeiro, já que a sociedade está conectada em rede.

Dessa forma, a educação virtualizada ou desterritorializada se torna global e interconectada. Os princípios filosóficos e teorias que fundamentam o modelo dessa "educação global", no entanto não são tão novos. Mizukami (1992) destaca as abordagens do processo de ensino: abordagem tradicional, comportamentalista, humanista, cognitivista e sociocultural. Cada uma apresenta uma concepção diferente no que tange às categorias elencadas pela autora, tais como as de homem, mundo, sociedade-cultura, conhecimento, educação, escola, ensino-aprendizagem, professor-aluno etc. Essas abordagens são históricas e apresentam suas peculiaridades. As abordagens destacadas por Mizukami (1992) correspondem às orientações conceituais destacadas por Garcia (1999) que apresentamos no capítulo anterior, preservando algumas características. De maneira geral, interpretamos a correspondência das orientações conceituais e abordagens do processo da seguinte forma: crítica/social ou social-reconstrucionista equivale à abordagem sociocultural; a orientação acadêmica corresponde à abordagem tradicional; a orientação prática corresponde à comportamentalista; a orientação pessoal ou personalista corresponde à abordagem humanista; a orientação tecnológica corresponde à abordagem cognitivista.

Tais abordagens/concepções orientam a essência do ensino e a elaboração do currículo de formação do professor global, embora características diversas sejam consideradas no perfil desse professor. Pike e Selby (2001) elencam algumas características do "professor global", conforme quadro a seguir:

Quadro 4 – O perfil do professor global

Globalcêntrico	Raciocina em termos de um mundo moderno, considerando as condições de globalidade.
Interessado em cultura	Busca promover a compreensão das culturas e trabalhar o respeito à diversidade.
Orientado para o futuro	Reconhece as condições atuais em um contexto histórico. Oportuniza a reflexão sobre futuros possíveis, prováveis ou desejáveis. Acredita na influência dos seres humanos no futuro e, por isso, busca desenvolver em seus alunos aptidões e capacidades para participar dos processos democrático, social e político para atuação nas mudanças sociais.
Facilitador	Busca facilitar o processo de aprendizagem, acredita na capacidade alheia e procura criar um ambiente positivo e amigável. É receptivo quanto aos sentimentos dos alunos.

Globalcêntrico	Raciocina em termos de um mundo moderno, considerando as condições de globalidade.
Confiante no potencial humano	Respeita os conhecimentos prévios dos alunos e entende que cada um tem sua singularidade e potencialidade.
Interessado no desenvolvimento do indivíduo como um todo	Considera as dimensões da sabedoria humana, o que inclui o abstrato, o concreto, o experiencial, o analítico, o racional, o intuitivo e o emocional.
Aplica diversos métodos de ensino/aprendizado na sala de aula	Combina diversos métodos para promover oportunidades variadas de aprendizagem para os diferentes tipos de aprendizes.
Compreende o aprendizado como um processo permanente	Reconhece que é um aprendiz e que está constantemente aprendendo. O professor global é um aprendiz global.
Procura ser coerente quanto à sua prática pedagógica x discurso e vida profissional x pessoal	Busca ser coerente quanto ao discurso e à prática pedagógica, bem como evita disparidades entre sua vida profissional e pessoal.
Respeitador de direitos/ Igualitário – compartilha poder e decisões na sala de aula	Acredita na escola dos direitos humanos, compartilha na medida em que os alunos desenvolvem autonomia, autoestima, autodisciplina e confiança.
Busca a interdependência funcional ao longo do currículo	Compreende que, na perspectiva da escola global, a sala de aula não é uma ilha e, por isso, busca expandir sua rede de relacionamento com outras escolas.
Pertence à comunidade	Reconhece a importância e valor da comunidade na educação dos estudantes.

Fonte: elaborado pela autora Chediak (2020), a partir de Pike e Selby (2001, p. 21-24)

Como podemos notar, o perfil do professor defendido por Pike e Selby (2001) apresenta características que poderiam ser relacionadas a diferentes teorias da aprendizagem. Por exemplo, no que tange ao interesse pela cultura e pelo futuro, é esperado que o professor global valorize culturas, reconheça os processos históricos para a constituição do presente e participação nos processos democráticos, políticos e sociais para operar mudanças sociais, podemos perceber traços da teoria crítica-social. Em relação ao desenvolvimento do indivíduo, ao professor como facilitador, a diversidade na aplicação de métodos que possam possibilitar o alcance de diferentes formas de aprender, podemos perceber características da abordagem humanista. Assim, a construção do perfil de um professor global implica a variação de diferentes concepções. No entanto, parece predominar a questão do aprender fazendo, do desenvolvimento de competências pessoais e sociais que atendam o dinamismo social e avanço tecnológico, ou seja, da abordagem mais cognitivista.

Silva (1998) explica que no Brasil e em outros países há uma tendência nas reformas curriculares das pedagogias que aparentemente são libertárias e críticas, no entanto, alinham-se às reformas neoliberais na educação. Por um lado, tais tendências parecem transferir o controle e autonomia para o indivíduo. Por outro, tal "autonomia" transfere uma responsabilização para o indivíduo, ignorando as condições de produção dos problemas educacionais produzidos pelo próprio sistema econômico. Tal iniciativa caracteriza uma "manipulação da subjetividade" do indivíduo.

> No Brasil, os projetos educacionais, as reformas curriculares e os programas de treinamento e formação docente de administrações municipais lideradas pelos mais diversos partidos parecem ter sido homogeneizados por uma mesma pedagogia que se poderia chamar de psico-crítica: técnicas psi movidas por impulsos libertários. Em particular, é intrigante observar como as pedagogias construtivistas e as psicopedagogias lacano-piagetianas, supostamente críticas e libertárias, têm-se combinado de forma admirável, no Brasil e em vários outros países, com as reformas neoliberais da educação, do currículo e da profissão docente (SILVA, 1998, p. 7).

Silva (1998, p. 12) argumenta que na pedagogia contemporânea há uma proeminência dos especialistas da psicologia construtivista "[...] na medida em que se tornaram os(as) especialistas privilegiados(as) nas recentes reformas educacionais e curriculares patrocinadas pelas políticas educacionais neoliberais" e questiona "[...] será o construtivismo a última narrativa mestra em educação?" (SILVA, 1998, p. 13).

Giroux (2005) apresenta uma visão "[...] cosmopolita pós-colonial à noção norte-americana de educação cívica democrática" (GIROUX, 2005, p. 131) para o século XXI, momento em que as sociedades passam por diversas mudanças políticas e demográficas. O autor defende uma visão mais crítica de formação do cidadão global. Para Giroux (2005, p. 133), vivemos uma democracia global e a educação deve formar cidadãos "[...] conscientes da natureza interativa de todos os aspectos da vida cultural, espiritual e física." Pautados na perspectiva de Giroux, entendemos que a formação de professores deve considerar as mudanças globais e prever o desenvolvimento de características/competências importantes nos currículos de formação, conforme aponta o autor, os cidadãos cosmopolita devem: a) ter uma cultura multifacetada; b) ser transgressores de fronteiras, aptos a se empenharem, aprenderem, interpretarem e serem tolerantes e responsáveis relativamente a tudo o que envolve diferença e alteridade; c) reconhecer valores da importância mútua, da dignidade e da responsabilidade ética como centrais a qualquer noção viável de cidadania; d) ser expostos à diferença e à alteridade; e) cultivar lealdades que se estendam para além do Estado-nação (GIROUX, 2005, p. 133-134).

Giroux (2005, p. 134, grifo nosso) explica que a cidadania para a democracia global requer um indivíduo global, ou seja, implica formar um cidadão para além das fronteiras do Estado-nação.

> A cidadania, como uma forma de aquisição de poder, implica claramente a aquisição de capacidades que nos permitam examinar criticamente a história e ressuscitar as memórias perigosas através das quais o conhecimento expande as possibilidades de autoconhecimento e de actuação crítica e social. Nem só o conhecimento indígena nos confere poder. Os indivíduos devem também **estabelecer alguma distância relativamente ao conhecimento do seu berço, das suas origens e da especificidade do seu lugar. Isto implica apropriar-se daqueles conhecimentos que emergem da dispersão, das viagens, das transgressões de fronteiras**, da diáspora e através das comunicações globais.

No contexto desta pesquisa, as ponderações de Giroux (2005) são extremamente pertinentes, uma vez que considera as viagens e transgressões de fronteiras como experiências formadoras do cidadão global. É preciso "alguma distância" da própria cultura/origem/país para expandir as possibilidades do cidadão global. Nesse sentido, defendemos a mobilidade internacional de professores como uma experiência significativa e sólida para a formação continuada de professores.

A mobilidade internacional de professores entre instituições de ensino não é algo novo, conforme apontam diversos autores como Morosini (2006) e Pereira e Passos (2015). Isso ocorre porque está intrínseca à natureza das universidades, a qual lida com o conhecimento e sua transferência.

Na Europa, a partir dos anos de 1980, a mobilidade de professores, bem como estudantes, tonou-se mais intensa com o estabelecimento de diversos programas de mobilidade educacional como o Programa Sócrates e Programa de Aprendizagem ao longo da vida e seus subprogramas: Erasmus e Erasmus Mundus, Comenius, Leonardo da Vinci, Gruntivig, Programa Língua, Programa Transversal, Programa Jean Monet, Programa Marie Curie, Programa *Tempus*, Programa Petra, Programa *Force*. Somam-se também os projetos como o Projeto *Tuning*, Alfa *Tuning* América Latina, Projeto *Joing Quality Initiative, Transnational European Evaluation Project, Quality Culture Project*, Nordplus, além do Programa Alβan, um programa de cooperação com a América Latina. Esses programas e projetos de internacionalização, de maneira geral, compreendem ações de ensino, pesquisa e extensão para todos os segmentos e modalidades, ou seja, para Educação Básica, Educação Superior, Educação Profissional e Educação de Jovens e Adultos. As ações são também diversificadas, envolvendo mobilidade estudantil, cooperação acadêmica para avaliação, desenvolvimento de currículo, desenvolvimento de pesquisas etc. (PEREIRA; PASSOS, 2015).

O Brasil não deixou de participar das tendências mundiais. A partir do final do século XXI, influenciado pelas políticas oriundas dos organismos internacionais, conforme vimos no tópico anterior, as regulamentações permitiram a execução de ações voltadas para a internacionalização, com o subsídio de agências de fomento, possibilitando a circulação de pessoas em território nacional e internacional. Como exemplo, podemos citar o programa Ciências sem Fronteiras[14] (CsF), um programa de mobilidade estudantil, bem como a Lei n.º 11.502, de 11 de julho de 2007, que conferiu à Capes a atribuição de fomentar a formação inicial e continuada de professores da Educação Básica.

Com isso, o Brasil coloca-se no cenário da integração global, em termos de produção acadêmica, econômica, política e em todos os âmbitos sociais. Nesse sentido, Mazzo (2009, p. 523) explica que

---

[14] O programa Ciências sem Fronteiras foi instituído pelo Decreto n.º 7.642 de 13 de dezembro de 2011, no governo Dilma Rousseff, e foi implantado entre os anos de 2012 e 2015, coordenado em conjunto pelo Ministério da Ciência Tecnologia e Inovação (MCTI) e do Ministério da Educação e Cultura (MEC), por meio das instituições de fomento CNPq e Capes e das Secretarias de Ensino Superior e Ensino Tecnológico do MEC. Teve como objetivo, dentre outros, de promover a expansão e internacionalização da ciência, tecnologia e inovação por meio de intercâmbio e mobilidade internacional de estudantes de graduação e pós-graduação. O CsF foi avaliado no final de 2015 pela Comissão de Ciência, Tecnologia, Inovação, Comunicação e Informática (CCT), a qual enumerou diversas recomendações, dentre elas a continuidade do programa com prioridade de fomento para a pós-graduação stricto-sensu. Em 7 de maio de 2019 teve alterações (Decreto n.º 7.9784). Informações disponíveis em: http://www.planalto.gov.br/CCIVIL_03/_Ato2011-2014/2011/Decreto/D7642.htm#art4; http://www.planalto.gov.br/CCIVIL_03/_Ato2019-2022/2019/Decreto/D9784.htm#art1; http://www.cienciasemfronteiras.gov.br/web/csf/o-programa;jsessionid=C4337AA8F85C244C1FD174E5B7C16523; http://legis.senado.leg.br/sdleg-getter/documento/download/9f8bccb3-c880-408c-9667-96582f07fa84. Acesso em: 1 maio 2019.

> A tendência contemporânea de intensificação do fluxo internacional de bens, serviços, capitais, informações tem ressonância no campo da mobilidade de pessoas e práticas e das ofertas e demandas educacionais. A experiência internacional vem se apresentando como componente importante para a análise dos sistemas nacionais de educação, as estratégias familiares de diferenciação no mercado de diplomas e a formação de setores profissionais.

O modo como o capital se organiza e a sofisticação da tecnologia moldam essa tendência contemporânea, a velocidade dos acontecimentos e a reconfiguração de tempo e espaço. Aqui também se inserem as diferentes modalidades de processos formativos que surgem ou se intensificam a partir do modelo de organização social. Dada a importância que a internacionalização vem tomando nas últimas décadas, esses processos formativos também são influenciados.

Mazzo (2009) argumenta que para compreender esses processos formativos no âmbito internacional deve-se considerar o estudo desses fluxos e das implicações na trajetória de formação profissional e nas instituições educacionais, a fim de compreender também como se dá a construção de saberes de práticas na modernidade. Isso se torna importante porque influencia a formação de alunos, a constituição da cultura da organização escolar e a constituição de redes de intercâmbios, colaboração etc.

A autora explica que o investimento de recursos para o desenvolvimento de pesquisas e formação de profissionais qualificados partiu de políticas elaboradas no período pós-guerra que entenderam que o conhecimento aplicado "[...] reverteria em riquezas nos processos de desenvolvimento e modernização." (MAZZO, 2009, p. 540). Daí também a importância de compreender as produções globais.

O Ministério da Educação e Cultura (MEC), por meio das agências de fomento, como a Capes e CNPq, tem lançado programas de mobilidade internacional para a formação de professores, associados a ensino, pesquisa e extensão, ou seja, tanto em nível de pós-graduação com fomento à pesquisa quanto para cursos de formação continuada, com fomento de projetos integrando pesquisa, ensino e extensão que busquem trazer propostas de melhorias para educação.

Ao tratar dos efeitos de programas de estudos no exterior na formação de professores, a partir da imersão em experiências culturais diferentes das de origem, He, Lundgren e Pynes (2017) revelam que esse modelo é muito efetivo no que tange à formação de professores multiculturais e globais.

Como características importantes inerentes aos programas internacionais de formação continuada de professores, por meio da mobilidade internacional, esses autores apontam cinco elementos, sendo eles a imersão cultural, as oportunidades de ensino, a aprendizagem da língua (estrangeira), a reflexão e a colaboração.

Segundo He, Lundgren e Pynes (2017), as experiências culturais abrangem a participação nos programas, visitas em cenários culturais e instituições educacionais, interação com as pessoas do país etc., e auxiliam os professores que, na era contemporânea, são constantemente desafiados a criar ambientes culturalmente adequados que atendam às diversificadas demandas dos estudantes. Sendo assim, o primeiro elemento influencia nas novas práticas do professor, já que ele desenvolve um senso global e se instrumentaliza com mais recursos e utiliza práticas mais inovadoras.

Apesar de a aprendizagem ou aperfeiçoamento da língua estrangeira não compor um elemento central do programa, ela está presente, já que é a língua em que o programa é instruído. A reflexão é "[...] um componente chave no design de programas de estudo no exterior." (HE; LUNDGREN; PYNES, 2017, p. 148), em que diários reflexivos são exigidos como parte do acompanhamento do participante. Outro elemento central é a colaboração. Redes de colaboração entre professores de determinada instituição (nacional) e instituições no exterior são formadas.

O estudo realizado por esses autores concluiu que o programa de formação continuada, a partir de um curso de curta duração, em um período de quatro semanas, que professores dos Estados Unidos realizaram na China, influenciou em suas crenças e práticas pedagógicas ou, em alguns casos, reafirmou algumas crenças, renovou pensamentos e trouxe implicações para suas práticas (HE; LUNDGREN; PYNES, 2017).

Nesse sentido, Cushner (2007, p. 27) afirma que

> Dentre as habilidades essenciais requeridas para os futuros solucionadores de problemas está a de aprimorar a interação intercultural – a habilidade de comunicar e colaborar efetivamente com pessoas cujas atitudes, valores, conhecimentos e habilidades podem ser significamente diferentes das suas próprias. A educação, em geral, e a formação do professor em particular, continua a visar a aprendizagem cultural primariamente a partir de uma orientação cognitiva[15].

---

[15] Tradução da autora, do original "Among the essential skills required by future problem-solvers is that of improved intercultural interaction—the ability to communicate and collaborate effectively with people whose attitudes, values,

Ao argumentar sobre professores com formação intercultural a partir de experiências no exterior, referindo-se aos professores dos Estados Unidos, ela afirma os efeitos nas práticas pedagógicas e na vida dos alunos.

A experiência de mobilidade internacional promove o desenvolvimento da interculturalidade no indivíduo, envolvendo aspectos cognitivos e afetivos. Cushner (2007, p. 29) destaca que "[...] essa experiência ocorre duas vezes – uma durante a inserção do indivíduo na cultura anfitriã e depois novamente no regresso a cultura materna[16]."

Cushner (2018) explica que independentemente do tempo fora do país natal, o regresso pode ter uma mistura de sentimentos e emoções, que vão desde alegria até relutância e desânimo. Essa transição é abordada pelo autor como *reentry*, traduzido por nós como "regresso" ou *reverse culture shock*, o que traduzimos como "choque cultural reverso." O autor elucida que por um lado há o entusiasmo da volta para compartilhar as experiências com família e amigos, e, por outro lado, há um receio da volta à rotina, com menor grau de novas aprendizagens na intensidade que ocorriam no país estrangeiro. Esses sentimentos e maneiras de lidar com eles variam entre os indivíduos e o tipo de experiências que tiveram no exterior, o quanto ficaram realmente imersos na cultura do país estrangeiro, se moraram com compatriotas ou não etc.

Um outro fator que deve ser considerado é que, segundo Cushner (2018, p. 71), aquele que está retornando passou por diversas experiências de aprendizagem e muitas mudanças, já os que permaneceram em casa não. Por esse motivo, muitas vezes, há uma incompreensão nas relações. O autor explica que o regresso, ou choque cultural reverso, pode ter diferentes causas.

> Para uns, pode ser um desafio para o autoconceito. Mesmo antes de retornarem a sua cultura materna, os indivíduos podem tornar-se cientes que não são os mesmos que deixaram sua casa e que mudanças significativas aconteceram. O senso de identidade com um país em particular pode ter mudado ou podem ter adquirido novos comportamentos de comunicação verbal e não verbal. Os viajantes podem não se identificarem com os mesmos grupos que se identificavam antes da experiência ou podem não concordar mais com os valores de determinados grupos, incluindo, talvez, os da

---

knowledge and skills may be significantly different from their own. Schooling in general, and teacher education in particular, continues to address culture learning primarily from a cognitive orientation." (CUSHNER, 2007, p. 27).

[16] Tradução nossa: "[...] this experience occurs twice – once during entry into the host culture and then again upon reentry into the home culture." (CUSHNER, 2007, p. 29).

própria família. Até encontrarem seu novo canto em casa, frequentemente um novo grupo, eles podem se sentir fora de ordem[17].

Outros desafios apontados por Cushner (2018, p. 71) estão: expectativas não confirmadas, "[...] começando com a percepção de que podem se sentir um estrangeiro em sua própria casa"; o sentimento de perda – o dizer adeus a pessoas, coisas e situações que passou a apreciar e pode não ver/ter mais, incluindo a eficiência dos serviços públicos –; e talvez o desafio mais crítico, para Cushner (2018, p. 72): encontrar uma maneira adequada para integrar as aprendizagens adquiridas no país estrangeiro a sua realidade cultural.

> Repatriados exitosos trabalham para identificar as mudanças em seus próprios valores e atitudes que valem mais a pena serem integrados a sua vida agora que estão de volta. Ao mesmo tempo, uma linha fina deve frequentemente ser traçada entre o que o indivíduo deseja tentar mudar nos outros e o que deseja manter para si[18].

Cushner (2018) elucida que esse momento de compreender o regresso é a fase mais crítica na integração da experiência internacional, já que os efeitos e as mudanças após a experiência se constituem como o foco da mobilidade internacional, ou seja, apesar de a experiência formativa no exterior ser interessante, o mais importante é o que o indivíduo faz com suas novas aprendizagens ao retornar para seu ambiente, suas práticas e relações de trabalho.

Tendo em vista os escassos estudos no cenário brasileiro sobre a formação continuada de professores no exterior e os efeitos nas concepções e práticas pedagógicas, apesar de muitos programas ocorridos em especial nas primeiras décadas do século XXI, compreendemos a importância dessa pesquisa para inclusive orientar a elaboração de políticas de formação do professor, bem como subsidiar práticas de internacionalização nos Institu-

---

[17] Tradução nossa: "For one, there can be a challenge to one's self-concept. Event before individuals return to their home culture, they may have become aware that they are not the same as they were before they left home and that significant changes may have occurred. Their sense of identity with a particular country may have changed, or they may have acquired new nonverbal as well as verbal communication behaviors. The returnees may not identify with the same groups they did prior to their experience, or they may not agree with the values of a given group any longer, including, perhaps, their own family. Until they find their new niche back home, and often a new peer group, they may feel quite out of sorts." (CUSHNER, 2018, p. 71).

[18] Tradução nossa: "Successful returnees work to identify those changes in their own values and attitudes that are most worth integrating into their life now that they are at home. At the same time, a fine line must often be drawn between what the returnees with to try to change in others and that which they are willing to keep to themselves." (CUSHNER, 2018, p. 72).

tos Federais de Educação, Ciência e Tecnologia. Na sequência, trataremos especificamente sobre o processo de internacionalização dos IFs.

2.4 A INTERNACIONALIZAÇÃO DOS INSTITUTOS FEDERAIS

Os Institutos Federais de Educação, Ciência e Tecnologia não ficaram imunes às tendências de internacionalização na educação, já que abrangem tanto a educação básica quanto a superior. As iniciativas são variadas abrangem as diferentes dimensões: o ensino, a pesquisa e a extensão. Desde o primeiro ano após a lei de criação dos Institutos Federais (IFs) no final de 2008, eles vêm participando e elaborando diversos programas de mobilidade de estudantes e professores, sejam aqueles estabelecidos pelo governo federal, como exemplo o Ciências sem Fronteiras, os lançados pela Secretaria de Educação Profissional e Tecnológica ou, ainda, aqueles programas ou projetos que cada unidade administrativa pode criar.

Santos (2014) explica que o programa Ciências sem Fronteiras (CsF) foi um grande passo do governo federal rumo à internacionalização da Educação Superior no Brasil. Anteriormente a isso, a Capes destinava seus recursos especialmente para programas de pós-graduação, o que permitiu ao Brasil estruturar seus programas de graduação e elevar consideravelmente as publicações de mestres e doutores, colocando o Brasil em destaque no cenário científico.

Os IFs também participaram do Programa CsF, juntamente a universidades federais e Cefets. Para as unidades que só passaram a existir a partir do ano de 2009, com a lei de criação publicada em dezembro de 2008, o início desse processo de internacionalização se deu sem um histórico institucional de práticas de internacionalização, já para os Cefets que se tornaram IFs, as experiências estavam em andamento.

Logo em seu primeiro ano de implantação, o Conselho Nacional de Instituições da Rede Federal de Educação Profissional e Tecnológica – Conif – percebeu a demanda de estruturação das ações da internacionalização. Com isso, em 2009, por meio de sua Assessoria de Relações Internacionais, o Conif, juntamente à Secretaria de Educação Profissional e Tecnológica (Setec/MEC), estabeleceu o Fórum dos Assessores Internacionais dos Institutos Federais (Forinter) (órgão de assessoramento ligado ao Conif, que por sua vez é um órgão colegiado da Setec[19]), e divulgou o primeiro documento para nortear o

---

[19] A estrutura organizacional do Conif está disponível em: http://portal.conif.org.br/br/institucional/conif. Acesso em: 10 maio 2019.

processo de internacionalização dos IFs, o qual refere-se à Política de Relações Internacionais dos Institutos Federais. O documento indicou o Forinter como "[...] interlocutor legítimo para dialogar com as diversas instituições nacionais e internacionais e propor políticas de apoio às atividades de cooperação e intercâmbio internacionais de todos os seus integrantes" (FÓRUM DOS ASSESSORES INTERNACIONAIS DOS INSTITUTOS FEDERAIS, 2009, p. 9). O documento não pretendeu ser definitivo e propôs sua constante atualização, o que posteriormente ocorreu.

Também apresentou as diretrizes sob as quais esse documento fora construído, sendo elas as declarações da Conferência Mundial sobre a Educação Superior da Unesco de 2009 e 1998, a Conferência Regional de Educação Superior – Instituto Internacional para a Educação Superior na América Latina e Caribe (Iesalc/Unesco) –, ocorrida em Cartagena das índias, 2008, pelo Plano do Setor Educativo do Mercado Comum do Sul – Mercosul (2006-2010) – e pela regulamentação da Setec/MEC sobre a concepção e diretrizes dos Institutos Federais. Os achados corroboram o que apresentamos no tópico sobre as políticas públicas para a educação e as influências que os organismos internacionais exercem em sua elaboração.

Vale também destacar que o documento apresenta a preocupação em acompanhar as tendências do contexto global de formação de profissionais dadas as complexidades geradas pelo processo de globalização, percebendo as práticas de internacionalização por meio de mobilidade de estudantes, professores e técnicos administrativos em instituições internacionais parceiras, como grande aliada, tendo em vista que geram diversos benefícios, tais como o estabelecimento de projetos de cooperação internacional para a transferência de conhecimentos, desenvolvimento de tecnologias, criação de sistemas de ensino e formação pedagógica etc. Além disso, gera visibilidade aos Institutos Federais no exterior (FÓRUM DOS ASSESSORES INTERNACIONAIS DOS INSTITUTOS FEDERAIS, 2009).

Dentre os objetivos estabelecidos para o/pelo Forinter no documento de 2009, de maneira resumida e focando em pontos principais, estão o de tornar os IFs mais conhecidos nacionalmente e internacionalmente, ampliar a mobilidade e cooperação internacional por meio de ensino, pesquisa e extensão, disseminar uma visão internacional que inclua também a discussão de currículos, pesquisa, avaliação, certificação profissional, acreditação, extensão e gestão administrativa. Além disso, há uma menção sobre conhecer diferentes práticas de políticas para EPT, de culturas e idiomas.

Quatro apontamentos sobre a importância da internacionalização para os IFs foram defendidos, sendo como: a) intercâmbio de conhecimento, b) estratégia de desenvolvimento, c) promoção da solidariedade entre os países, d) difusão das atividades dos IFs. Desse modo, podemos notar aspectos conceituais de internacionalização como união, aquela defendida por Azevedo (2015), em que há cooperação, solidariedade, compartilhamento e desenvolvimento.

As ações estabelecidas inicialmente abrangiam o relacionamento com instituições da América Latina, em especial as do Mercosul, com as instituições da comunidade dos países de língua portuguesa, com instituições da África e com instituições dos países desenvolvidos. Dentre as estratégias de implementação do processo de internacionalização dos IFs foram estabelecidas dez: 1) criação e estruturação das assessorias de relações internacionais dos IFs, 2) capacitação dos assessores de relações internacionais, 3) acordos com instituições estrangeiras, 4) criação de projetos de cooperação técnica entre os IFs, 5) mobilidade de estudantes, professores e técnicos, 6) intercâmbio no âmbito da pesquisa e extensão, 7) atualização do portal de Ensino Profissional e Tecnológico Internacional, 8) prática de idiomas e intercâmbio cultural em cada IF, 9) consonância com as diretrizes da Setec-MEC em sua atuação e 10) interação com agências e organismos de cooperação nacionais e internacionais.

Assim, a partir do documento do Forinter (2009), são originadas as ações de internacionalização no âmbito dos Institutos Federais. A implantação de Assessorias Internacionais em cada IF constitui-se como uma ação estratégica de fundamental importância para que toda a rede pudesse ser alcançada. Dessa forma, além de programas e projetos do governo federal, cada IF tem autonomia, tendo em vista que é uma autarquia conforme estabelecido em sua lei de criação, possuindo, assim, autonomia administrativa para elaborar e implementar seus programas e projetos de internacionalização.

Em 2017 um Grupo de Trabalho (GT) instituído por portaria interna Setec/MEC realizou um levantamento das ações de internacionalização da RFEPCT para o período de 2015-2017 e foi encarregado de formular uma política de internacionalização para o biênio 2018-2019. O documento apresenta um levantamento realizado nas 41 instituições vinculadas ao Conselho Nacional das Instituições da Rede Federal de Educação Profissional, Científica e Tecnológica (Conif) e 23 ao Conselho Nacional de Diretores das Escolas Técnicas Vinculadas às Universidades Federais (Condetuf).

Apresentaremos na sequência dados sobre as instituições vinculadas ao Conif, sendo elas 38 IFs, dois Cefets e o Colégio Pedro II, tendo em vista que relacionam-se com nosso objeto de pesquisa (SECRETARIA DE EDUCAÇÃO PROFISSIONAL E TECNOLÓGICA, 2017).

A pesquisa realizada pelo GT buscou levantar dados relacionados aos eixos: mobilidade *in/out*, acordos firmados com instituições estrangeiras, projetos de cooperação internacional, idiomas, investimento, estrutura de escritórios, comunicação, indicadores internacionais, participação em eventos ou missões internacionais e normativas/regulamentos da internacionalização. Como parte inicial da pesquisa foi questionado se as 41 instituições apresentavam a concepção de internacionalização documentada. Chegou-se à conclusão de que somente 29% das instituições respondentes a tinham, o que remeteu à imperatividade da estruturação de políticas de internacionalização da rede como um todo (SECRETARIA DE EDUCAÇÃO PROFISSIONAL E TECNOLÓGICA, 2017).

Esse é um dado importante para compreendermos o contexto em que as ações de internacionalização ocorrem nos IFs. Sem estruturação de políticas de internacionalização não há, consequentemente, articulação entre uma ação e outra, possibilidades de monitoramento ou avaliação. Consequentemente, inferimos a partir desse cenário que nem todos os esforços de diferentes esferas – de organismos internacionais, do governo federal ou da própria instituição – são coordenados e bem aproveitados.

A pesquisa utilizou as classificações de mobilidade *in* e mobilidade *out*, sendo a primeira aquela que recebe e a segunda a que envia professores, técnicos administrativos ou discentes para instituições estrangeiras, compreendendo os três públicos. Knight (2004, 2012) utiliza os termos *incoming* e *outgoing mobility*, termos utilizados também pela União Europeia nos documentos sobre mobilidade de pessoas. A autora argumenta que a mobilidade é prioridade da internacionalização e frequentemente confundida com o próprio conceito, que é muito mais amplo, tendo em vista que a mobilidade é apenas uma atividade que pode compor o processo de internacionalização.

A seguir apresentamos um quadro com o resumo do resultado da pesquisa realizada sobre o fluxo de servidores e discentes saindo do país e sobre o fluxo de pessoas entrando no país, recebidas pelas instituições vinculadas ao Conif.

Quadro 5 – Mobilidade in/out de docentes, TAEs e discentes da RFEPCT

Mobilidade In			
	Professores	Técnicos-administrativos	Discentes
Sim	78% (com destaque para França e Portugal)	5% (com destaque para Colômbia e Peru)	64% (com destaque para Portugal e EUA)
Não	22%	88%	29%
Sem respostas	-	7%	7%
Mobilidade Out			
	Professores	Técnicos-administrativos	Discentes
Sim	78% (com destaque para Portugal e EUA)	80% (com destaque para Portugal)	80% (com destaque para Portugal)
Não	22%	-	-
Sem respostas	-	20%	20%

Fonte: elaborado pela autora (CHEDIAK, 2020), a partir do levantamento de ações de internacionalização realizado por Grupo de Trabalho da Setec/MEC (SECRETARIA DE EDUCAÇÃO PROFISSIONAL E TECNOLÓGICA, 2017)

É possível notar que a pesquisa aponta para um equilíbrio entre os tipos de mobilidade de recepção e saída de professores, o que entendemos como um fator positivo já que possibilita diferentes formas de interação, cooperação e convivência em contextos locais e fora do país.

Knight (2004) explica que a mobilidade internacional é uma característica da economia do conhecimento, que tem levado a uma maior ênfase no desenvolvimento e recrutamento de capital humano ou *brain power*, impulsionando tal atividade de internacionalização. Outro fator importante está no fato de que a mobilidade de estudantes e professores, bem como a pesquisa colaborativa entre instituições de ensino, constituem-se como "[...] maneiras produtivas de desenvolver laços políticos e relações econômicas mais próximos." (KNIGHT, 2004, p. 23) com outros países. Também destaca que a mobilidade da força de trabalho e o crescimento da diversidade cultural vêm demandando a compreensão das características interculturais por parte de estudantes e professores e habilidades para lidar com diferentes ambientes culturalmente diversos, daí a importância da mobilidade para ampliar conhecimentos e habilidades. Nesse contexto, cabe tanto a mobilidade *in* quanto a mobilidade *out*, tendo em vista que ambas permitem a convivência, interação, relacionamento e cooperação entre diferentes culturais, apesar de serem muito diferentes quanto à natureza da experiência do indivíduo, já que uma proporciona a imersão cultural em um país diferente, enquanto a outra proporciona uma experiência de recepção de um indivíduo de outra cultura no país de residência.

A internacionalização dos IFs é influenciada pelas tendências de internacionalização da Educação Superior, pela globalização e europeização, conforme apontado por Pereira e Passos (2015) no início deste capítulo.

Ferencz (2015) explica que o Processo de Bolonha se inicia com a Declaração de Sorbonne, que ocorreu um ano antes da assinatura da Declaração de Bolonha, em 1999. O processo de Bolonha refere-se a uma declaração firmada entre os países membros da União Europeia, além de outros países parceiros da Europa, que reconheceu a importância da educação e da criação de um espaço comum que permitisse ações coordenadas entre os países e a mobilidade de estudantes na Europa. Em 2010 passou a chamar de *European Higher Education Area* (*EHEA*), um espaço comum europeu para a Educação Superior. Dessa forma, a mobilidade internacional ganha destaque no documento como principal "medida" da competitividade nos espaços educacionais da Educação Superior; "Na verdade, o ideal de aumentar a mobilidade estudantil – ambas internamente e para fora – tem sido claramente o núcleo do processo de Bolonha desde seu início"[20] (FERENCZ, 2015, p. 27).

Os acordos de cooperação firmados entre instituições educacionais podem compreender diferentes atividades de internacionalização, tais como mobilidade internacional, de entrega de programas educacionais de diferentes níveis – cursos de curta duração, graduação sanduíche, pós-graduação, para diferentes públicos (professores, estudantes, técnicos administrativos), de serviços educacionais como avaliação institucional etc., de elaboração de currículo, de cooperação em pesquisas etc. Todas essas atividades são abordadas por Knight (2004, 2012, 2015, 2016) como parte do

---

[20] Tradução da autora, do original: "In fact, the ideal to increase student mobility—both internally and from the 'outside'—has clearly been at the core of the Bologna Process since the very beginning." (FERENCZ, 2015, p. 27).

processo de internacionalização. Algumas ações antecedem aos acordos de cooperação, partindo das tratativas do acordo, e são negociadas em documento denominado *Memorandas of Understanding (MOUs)*, em português – Memorandos de Entendimento, que podem ou não resultar em acordos de cooperação internacional.

Os acordos de cooperação e MOUs também formaram um eixo da pesquisa realizada pelo GT de levantamento das ações de internacionalização da Rfepct. O GT obteve 33 respostas de 41 para esse eixo, ou seja, 80%. Dessas, foram reportadas 504 MOUs ou acordos assinados, com destaque para acordo firmado com Portugal, estando na lista também Canadá, França, Argentina/Espanha, Alemanha, Colômbia, Peru, Finlândia/Itália, Uruguai, Bolívia/Chile etc. Nem todos os memorandos resultaram em projetos assinados. No caso da Finlândia, por exemplo, a pesquisa descobriu que de 11 MOUs assinados, somente cinco resultaram em projetos. Já no eixo sobre projetos de cooperação internacional, a análise apontou para um número de 165 em execução por 27 instituições respondentes, com países como Portugal, França, Canadá, Alemanha, Espanha, Reino Unido, Argentina/Estados Unidos, Finlândia, Colômbia/Moçambique etc. (SECRETARIA DE EDUCAÇÃO PROFISSIONAL E TECNOLÓGICA, 2017).

Um dado interessante apontado na pesquisa mostra que os IFs não possuem uma sistematização de registro de dados para avaliar o quadro de internacionalização da instituição ou mesmo subsidiar novas ações. Da questão sobre o número de participantes dos editais promovidos pela Setec/MEC de mobilidade *out* de professores para a Finlândia (*VET Teachers for the Future*), Canadá (Edital ACC/Capes/Setec), Estados Unidos (Nova) e Reino Unido (Conif-AL – 02/2016), 76% das instituições que responderam apresentaram dados divergentes dos da Setec. A divergência pode ter ocorrido pelas respostas ausentes, já que 24% das instituições não responderam, somado ao fato de que muitas instituições não apresentam uma organização sistemática da internacionalização, conforme aponta o documento (SECRETARIA DE EDUCAÇÃO PROFISSIONAL E TECNOLÓGICA, 2017).

Quadro 6 – Número de participantes de editais de mobilidade internacional de docentes promovidos pela Setec-MEC

Editais	N.º real de participantes	Respostas	Observações
Finlândia (VET Teachers for the Future)	107	82	Chamada Pública CNPq – Setec/MEC N.º 015/2014 – Programa Professores para o Futuro (Finlândia) Chamada Pública CNPq – Setec/MEC N.º 041/2014 – Programa Professores para o Futuro (Finlândia) II Chamada Pública CNPq – Setec/MEC N.º 026/2015 – Programa Professores para o Futuro (Finlândia) III
Canadá (ACC/Capes/Setec)	43	19	Programa de Intercâmbio Profissional e Tecnológico Brasil-Canadá (lançado em 2013 – seleção interna/não localizamos o Edital/Chamada Pública)
Estados Unidos (Nova)	152	110	Chamada Pública Setec/MEC n.º 01/2015, de 22 de setembro de 2015. Programa SETEC-Capes/Nova DE capacitação para professores da Rede Federal de Educação Profissional, Científica e Tecnológica
Reino Unido (Conif-AL – 02/2016)	15	11	Chamada Pública Conif/AL n.º 2/2016 – Programa Brasil-Reino Unido para Formação de Professores da Rede Federal de Educação Profissional, Científica e Tecnológica. A Chamada é uma iniciativa do Conselho Nacional das Instituições da Rede Federal de Educação Profissional, Científica e Tecnológica (Conif), da *Association of Colleges* do Reino Unido (AoC), da Secretaria de Educação Profissional e Tecnológica (Setec) do Ministério da Educação (MEC) e do *Prosperity Fund* do Governo Britânico (FCO)

Fonte: elaborado pela autora (CHEDIAK, 2020), a partir do levantamento de ações de internacionalização realizada por Grupo de Trabalho da Setec/MEC (SECRETARIA DE EDUCAÇÃO PROFISSIONAL E TECNOLÓGICA, 2017) e de consulta às páginas oficiais de órgãos de fomento – Capes e CNPq

Um fator interessante a ser destacado é que há ações que foram iniciadas antes do ano de 2015, período estabelecido como recorte para o levantamento realizado pelo GT da Setec/MEC. Atribuímos isso ao fato de que as ações são contínuas, incluindo a realização de programas que compreenderam três edições e, por esse motivo, de difícil recorte temporal.

A Setec/MEC, auxiliada pelo CNPq, lançou Chamada Pública para os professores da EBTT da Rede Federal de Educação Profissional, Científica e Tecnológica (RFEPCT) intitulada *Vocational Education and Training (VET) Teachers for the Future* – Finlândia –, nos anos de 2014, 2015 e 2016. Nessas três edições, um total de 107 professores foram para Finlândia por período de cinco meses, sendo os dois primeiros grupos, ou por um período de três meses, o último grupo[21]. Nessas edições a seleção foi realizada por meio de análise de projetos de pesquisa aplicada ou projetos de desenvolvimento, no qual os professores deveriam empregar o que haviam aprendido ou vivenciado na Finlândia em seus locais de trabalho.

Além desses programas, a Setec/MEC também realizou outros programas de internacionalização na formação dos professores da EBTT da RFEPCT entre os anos de 2014 e 2016. O programa Brasil e Canadá para 43 servidores com foco na construção de conteúdos curriculares articulados às demandas regionais, no processo de mobilização de empresas, no estudo dos papéis entre os atores do desenvolvimento de pesquisa básica, aplicação de pesquisas e os espaços para financiamento, tanto do governo quanto da iniciativa privada. A seleção foi realizada a partir de critérios internos e indicados pelos reitores do Institutos Federais, sem a publicação de chamadas ou editais em âmbito nacional.

O programa Brasil-Reino Unido formou 15 professores nas áreas de Educação Profissional e Tecnológica (EPT) e empregabilidade, com vistas ao incremento de competências e desenvolvimento de ações que estabelecessem a efetiva articulação com o setor produtivo e que contribuíssem para a integração do ensino e atividade profissional dos estudantes[22].

---

[21] Dados extraídos das Chamadas Públicas, disponíveis nas páginas: Chamada 1: http://portal.mec.gov.br/index.php?option=com_docman&view=download&alias=15641-chamada-publica-finlandia-setec-pdf&category_slug=maio-2014-pdf&Itemid=30192; Chamada 2: http://www.cnpq.br/web/guest/chamadas-publicas?p_p_id=resultadosportlet_WAR_resultadoscnpqportlet_INSTANCE_0ZaM&idDivulgacao=5402&filtro=abertas&detalha=chamadaDetalhada&id=47-456-3077; Chamada 3: http://www.cnpq.br/web/guest/chamadas-publicas?p_p_id=resultadosportlet_WAR_resultadoscnpqportlet_INSTANCE_0ZaM&doAsUserId=7pzZgJSGPc8%3D%2F-%2Fblogs&idDivulgacao=6502&filtro=encerradas&detalha=chamadaDetalhada&id=47-694-3906. Acesso em: 1 maio 2023.

[22] Dados extraídos da Chamada Pública Conif/AL N.º 2/2016, disponível em: http://portal.conif.org.br/en/component/content/article/100-comunicacao/613-publicado-edital-para-formacao-de-professores-no-reino-

EXPERIÊNCIA PEDAGÓGICA ALÉM DAS FRONTEIRAS

Vale destacar que esta pesquisa abrange o público atendido nos editais do Programa Professores para o Futuro – Finlândia –, professores da Educação Básica, Técnica e Tecnológica da Rede Federal de Educação, Ciência e Tecnologia que participaram de programas de formação continuada na Finlândia.

No que se refere ao eixo sobre idiomas, a pesquisa obteve 100% de respostas, ou seja, das 41 instituições. Dessas, apenas 4 ofertam disciplinas em uma língua estrangeira, 61% possuem centros de idiomas em pelo menos 1 campus de cada IF (ou seja, não significa que 61% de todos os campi do Brasil possuem um centro de idiomas). Sobre os testes de proficiências aplicados no âmbito do programa Idiomas sem Fronteiras[23] (IsF), 100% das instituições responderam às questões, elucidando que 28.879 exames foram aplicados no período entre 2015 e 2017. Só dos testes *TOEFL ITP* e *TOEIC Bridge*, disponibilizados por meio do programa IsF, foram aplicados 28.695 exames, sendo aplicados 38% na Região Sudeste, 23% Sul, 15% Centro-Oeste, 15% Nordeste e 9% Norte. A pesquisa atribuiu os bons índices sobre a implementação de centro de idiomas para oferta de cursos de línguas e de testes de proficiência ao trabalho desenvolvido pelo Forinter/Conif de incentivo, ações e orientações para internacionalização, bem como o programa IsF (SECRETARIA DE EDUCAÇÃO PROFISSIONAL E TECNOLÓGICA, 2017).

Altbach e Knight (2007) destacam a aprendizagem da língua como uma motivação para internacionalização, o que leva às iniciativas de estabelecer programas ministrados em língua inglesa como parte do processo, bem como iniciativas relacionadas ao fortalecimento do ensino de línguas estrangeiras. O uso da língua inglesa como língua franca para a comunicação no meio científico é visto pelos autores como um dos resultados da globalização, juntamente a outros, tais como a internacionalização acadêmica, o avanço das tecnologias da informação e comunicação, incluindo as tecnologias para publicações, o que "[...] permite armazenamento eficiente, seleção e disseminação do conhecimento, e permite provedores oferecerem programas acadêmicos por meio do *e-learning*" (ALTBACH; KNIGHT, 2007, p. 291)[24].

---

unido?Itemid=620. Acesso em: 15 dez. 2018.

[23] O objetivo do programa Idiomas sem Fronteira é de "[...] promover ações em prol de uma política linguística para a internacionalização do Ensino Superior Brasileiro, valorizando a formação especializada de professores de línguas estrangeiras." Disponível em: http://isf.mec.gov.br/programa-isf/entenda-o-isf. Acesso em: 10 maio 2019.

[24] Tradução da autora, do original "[...] permits efficient storage, selection, and dissemination of knowledge; and allows providers to offer academic programs through e-learning." (p. 291).

Nesse contexto, Vieira, Finardi e Piccin (2018) afirmam que o conhecimento de línguas estrangeiras, em particular o inglês, desempenha um papel crucial na superação dos desafios para que as universidades federais e institutos federais do Brasil possam participar do processo de internacionalização. O fato de reconhecer na língua inglesa a potencialidade de superação não exclui o reconhecimento dela como uma língua "imperialista". Pennycook (1994) reconhece que a língua inglesa é a língua internacional do capitalismo, ao mesmo tempo que enfatiza o poder dos indivíduos em redirecionar uso da língua de diversas formas, como é o caso de Achebe, autor africano que inaugurou a literatura nigeriana em língua inglesa, como uma forma de superação e denúncia, para descrever e criticar imposições colonialistas sobre a cultura local. Nesse sentido, Pennycook (1994, p. 262), em relação à língua inglesa, afirma que "[...] torna-se importante reconhecer que ela não é meramente a língua do imperialismo, mas também como língua da oposição"[25]. Dessa forma, podemos compreender que o domínio da língua inglesa permite a participação no processo de internacionalização e, embora possa parecer contraditório, também permite a superação das relações de poder, de defesa da cultura nacional, de participação mais justa e igualitária nas relações interculturais internacionais.

Da mesma forma, acreditamos que há contradições na mobilidade do tipo *out*. Ao mesmo tempo que ocorre em uma relação passiva e de consumo, pode levar o professor a desenvolver a interculturalidade, buscando estabelecer relações mais igualitárias entre os países e combatendo a visão imperialista de nações superiores x inferiores.

Memmi (1977) afirma que o retrato do colonizador só existe porque o colonizado autoriza sua existência. Isso ocorre porque o colonizado é aquele que aceita e reproduz sua condição de passividade, reforçando o retrato do colonizador – superior e ativo. Nesse contexto, o Brasil já não seria colônia de um país, mas como vimos em Ianni (2000), uma colônia do imperialismo global. Dessa maneira, os brasileiros, quando corroboram sua condição de inferioridade, estão legitimando sua posição de "província do globalismo."

Em relação ao eixo investimento/financiamento, a pesquisa sobre o levantamento das ações de internacionalização identificou que 27 respondentes dessa questão, das 41 instituições que compõem a RFEPCT, vinculadas ao Conif, estipulam recursos para a internacionalização, sendo que os

---

[25] Tradução da autora, do original: "[...] it becomes important to acknowledge... not merely as a language of imperialism, but also as a language of opposition." (PENNYCOOK, 1994, p. 262).

Cefets destinam maior volume financeiro que os IFs, o que o GT atribuiu a um período mais longo do histórico de internacionalização, bem como à existência de programas de pós-graduação *Stricto Sensu*. Além disso, ainda em relação ao eixo, a pesquisa buscou identificar o número de instituições que captou recursos externos. Para essa questão, obteve 100% de resposta, apontando para o número de apenas 15% das instituições que conseguiram captar recursos externos entre os períodos de 2015 e 2017 (SECRETARIA DE EDUCAÇÃO PROFISSIONAL E TECNOLÓGICA, 2017).

Esse dado também se mostra como um importante elemento da internacionalização, as relações de investimento e financiamento. Os IFs demonstram ser muito mais consumidores do processo de internacionalização do que exportadores de conhecimentos, ideias, recursos etc.

Sobre isso, Altbach e Knight (2007, p. 291) abordam a relação entre países do norte e países do sul. O processo de internacionalização favorece mais os sistemas e instituições educacionais bem desenvolvidos. Os países do norte controlam o processo e se apresentam como provedores nessa relação comercial, enquanto os países do sul são mais consumidores, dessa forma, aprofundando as desigualdades existentes.

> Iniciativas e programas, vindos maciçamente do norte, são focados no sul. Instituições e corporações do norte possuem a maior parte do conhecimento, conhecimento de produtos, infraestrutura de TI, embora atividades sul-para-sul estejam aumentando, especialmente na Ásia e África. A internacionalização é uma via de mão dupla – estudantes se movimentam do sul para o norte, por exemplo – e servem a importantes necessidades no mundo em desenvolvimento. Mas o norte controla o processo amplamente. Focamos no movimento além das fronteiras de estudantes de programas e instituições de nível superior – grande negócio para universidades e outros provedores – o crescente mercado internacional de recursos humanos acadêmico e científico, internacionalização do currículo e comercialização da educação superior internacional, especialmente a crescente influência do setor lucrativo do ensino superior (ALTBACH; KNIGHT, 2007, p. 291)[26].

---

[26] Tradução da autora, do original: "Initiatives and programs, coming largely from the north, are focused on the south. Northern institutions and corporations own most knowledge, knowledge products, and IT infrastructure, though south-to-south activities are increasing, especially in Asia and Africa. Internationalization is a two-way street—students move largely from south to north, for example—and serves important needs in the developing world. But the north largely controls the process. We focus on the cross-border movement of students and of higher education programs and institutions—big business for universities and other providers—the growing international market for academic and scientific personnel, curricular internationalization, and the commer-

Assim, é possível perceber que o Brasil se situa ainda na relação de consumo e os investimentos e financiamentos se destinam especialmente a pagar para internacionalizar-se, ou seja, uma relação passiva, conforme apontada por Vieira, Finardi e Piccin (2018), as quais desenvolveram uma pesquisa sobre os desafios de internacionalização das universidades e institutos federais do Brasil. A pesquisa das autoras sugeriu que a internacionalização passiva dos IFs é dependente de programas que são focados mais na mobilidade acadêmica do tipo *out*, como, por exemplo, o Ciência sem Fronteiras.

No que tange à estruturação física dos escritórios de internacionalização das 41 instituições da RFEPCT vinculadas ao Conif, a pesquisa apontou que dois terços das instituições possuem salas próprias para uso dos trabalhos de relações internacionais, chegando à conclusão de que a maioria dos gestores vem dando importância para a implantação e estruturação de setores de internacionalização da RFEPCT. Sendo assim, recursos físicos como equipamentos e materiais, bem como recursos pessoais, são destinados para esse fim. Sobre a comunicação com a comunidade externa, a pesquisa destacou que a língua utilizada como meio é a língua portuguesa, conclusão extraída a partir do monitoramento das páginas virtuais institucionais, em 85%, ou seja 35 de 41 instituições, só existem informações em língua portuguesa (SECRETARIA DE EDUCAÇÃO PROFISSIONAL E TECNOLÓGICA, 2017), confirmando que o processo se dá de maneira passiva, para os próprios servidores e comunidade local.

Sobre as missões e eventos internacionais, o levantamento apontou que 34 de 41 instituições já haviam participado, sendo que dessas 34 a maior parte participou de até cinco missões ou eventos no exterior. O principal destino foi a Europa, seguida pela América do Norte e América Latina (SECRETARIA DE EDUCAÇÃO PROFISSIONAL E TECNOLÓGICA, 2017). Daí podemos inferir os diferentes tipos de influências do processo de internacionalização dos IFs e a tendência em acompanhar o fenômeno da europeização.

Em relação às normativas e aos regulamentos de internacionalização, o levantamento apontou que eles se referem às diferentes ações, dentre elas a de aproveitamento de créditos, afastamento para estudos/missões/eventos no exterior, matrícula temporária para estrangeiros, dupla diplomação,

---

cialization of international higher education, especially the growing influence of the for-profit higher education sector." (ALTBACH; KNIGHT, 2007, p. 291).

centros de idiomas, revalidação de diplomas, programas de bolsas internacionais, mobilidade estudantil, núcleo de internacionalização, mobilidade acadêmica, assessoria de relações internacionais, programa de acolhimento ao visitante, estágios no exterior etc. De 41 instituições, 66% apresentam algum tipo de regulamentação e 34% nenhuma. Sobre a articulação entre as ações de internacionalização e o Plano de Desenvolvimento Institucional (PDI), 83%, das 41 instituições afirmam que acontece (SECRETARIA DE EDUCAÇÃO PROFISSIONAL E TECNOLÓGICA, 2017).

Knight (2004) argumenta que a educação constitui-se como um campo estratégico para o processo de internacionalização. Esse campo estratégico tem sido afetado no Brasil pelo contexto de crise política e financeira, conforme apontam Vieira, Finardi e Piccin (2018), tornando um problema complicado. As autoras exemplificam com o caso do Campus Serra/Ifes que pretendia dobrar as ações de internacionalização até 2019, mas os cortes de verba para o setor ocasionaram desafios ainda maiores dos que já existiam. Vieira, Finardi e Piccin (2018) destacam a importância de desenvolver programas sustentáveis como uma possibilidade para a agenda de internacionalização dos IFs.

CAPÍTULO 3

EXPERIÊNCIAS FORMATIVAS INTERCULTURAIS E A IDENTIDADE DO PROFESSOR

Neste capítulo me proponho a debater sobre a formação do professor enquanto ser individual e social, focando em sua singularidade. Partimos do entendimento que há diversos elementos que influenciam a constituição do ser-professor. A interação desses elementos ocorre na complexa relação social – local ou/e global. Por esse motivo, nas seções anteriores a essa, focamos em um levantamento teórico mais contextual, no entorno do indivíduo, apresentando a instituição, no caso desta pesquisa o Instituto Federal e, em seguida, a sociedade na relação com outras sociedades e a sociedade global, com foco nos processos pelos quais a educação atravessa, como o de internacionalização. Neste capítulo posiciono minhas lentes no professor enquanto ser singular que subjetiva esses processos sociais e os transpõe para sua prática pedagógica, em outras palavras questões relacionadas ao "[...] ser-professor que podem nortear o fazer-se professor" (GATTI, 1996, p. 86).

Desse modo, o movimento que fiz até este capítulo se organiza da seguinte forma:

Figura 1 – Relação entre instituição, sociedade e indivíduo

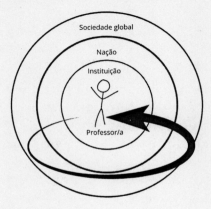

Fonte: elaborada pela autora Chediak (2019)

Compreendemos a relação entre a formação, identidade, subjetividade, narrativa e experiência a partir das ideias de Josso (2004), a qual explica o lugar que a experiência de aprendizagem ocupa no processo de formação e de transformação das identidades e subjetividades, bem como evidencia a relevância das narrativas de formação para a compreensão e tomada de consciência do próprio indivíduo sobre seu percurso intelectual e suas transformações.

Inicialmente trago o debate sobre identidade e subjetividade, em seguida aprofundo no conceito de experiência com o intuito de compreender como as representações construídas a partir da formação continuada na Finlândia interagem na formação e nas concepções e práticas pedagógicas do professor do Instituto Federal. Na sequência, abordo os conceitos e a importância da narrativa para a compreensão da experiência e construção da subjetividade.

3.1 IDENTIDADE DO PROFESSOR DO SÉCULO XXI

Preciso ser um outro
Para ser eu mesmo

Sou grão de rocha
Sou o vento que a desgasta

Sou pólen sem insecto

Sou areia sustentando
O sexo das árvores

Existo onde me desconheço
Aguardando pelo meu passado
Ansiando a esperança do futuro

No mundo que combato morro
No mundo por que luto nasço
(Mia Couto, Raiz de Orvalho e Outros Poemas)

A discussão teórica sobre identidade não é nova, mas contraditoriamente parece ser sempre nova. Isso ocorre porque as identidades não são estáticas, assim como os processos históricos e sociais não são. Nesse sentido, Santos (1999, p. 119) argumenta que "Sabemos hoje que as identidades culturais não são rígidas nem, muito menos, imutáveis. São resultados sempre transitórios e fugazes de processos de identificação.", de maneira resumida, ele afirma "Identidades, são, pois, identificações em curso."

Santos (1999) afirma que a preocupação com a identidade não é nova, mas nasce da/com a modernidade. Essa preocupação com as identificações parte de uma obstinação pelas distinções e pela hierarquia. Geralmente, quem está mais preocupado em identificar-se posiciona-se numa relação de subordinação. Sobre isso, ele exemplifica que raramente os artistas europeus tiveram que questionar sua identidade, diferentemente dos africanos e latino-americanos que foram trabalhar na Europa, apontando para a importância de saber quem pergunta sobre a identidade, com que propósitos. O autor afirma também que a subjetividade é o primeiro nome moderno da identidade e que esse paradigma surge com o colapso do teocentrismo e início do humanismo renascentista, a individualidade manifesta-se, assim, como subjetividade.

Santos (1999) destaca que a questão da identidade tem passado por um processo de polarização e de descontextualização. Sobre isso, o autor assinala as tensões que configuram o contexto de polarização. A primeira tensão está entre a subjetividade individual *versus* a subjetividade coletiva, que reside na produção humana da realidade e a comunidade em que tal produção acontece. A segunda tensão refere-se à subjetividade concreta *versus* subjetividade abstrata, ou seja, subjetividade contextual *versus* subjetividade universal. Nessa tensão, predomina a força da subjetividade individual sobre a coletiva e da subjetividade universal sobre a abstrata, tratam-se, pois, de "propostas hegemônicas" que, segundo Santos (1999, p. 121), são marcadas pelo princípio do mercado e da propriedade individual:

> O triunfo da subjetividade individual propulsionado pelo princípio do mercado e da propriedade individual, que se afirma de Locke a Adam Smith, acarreta consigo, pelas antinomias próprias do princípio do mercado, a exigência de um super-sujeito que regule e autorize a autoria social dos indivíduos.

Nesse caso, esse sujeito é o próprio Estado liberal, conforme explica Santos (1999).

Nesse contexto político, social e econômico, Giddens (2007) aponta as mudanças nas circunstâncias de vida e no modo de viver das pessoas como consequências da globalização, o que por sua vez altera a individualidade humana, conforme vimos no capítulo anterior sobre os efeitos da globalização. Nesse sentido, Bauman (2005) explica que estamos vivendo em uma era "líquido-moderna", em que o mundo está em constante transformação e os efeitos da globalização são diversos, propiciando aos indivíduos muitas informações a serem absorvidas, o que, muitas vezes, dificulta uma formação pessoal e profissional.

Bauman (2005) observa que o estudo sobre a identidade se restringia ao campo da filosofia e que a discussão toma destaque com a sociedade "líquido-moderna", o que vai ao encontro do que Santos (1999) aponta, ou seja, a preocupação com a identidade nasce com a modernidade, pois

> [...] há apenas algumas décadas, a "identidade" não estava nem perto do centro do nosso debate, permanecendo unicamente um objeto de meditação filosófica. Atualmente, no entanto, a "identidade" é o "papo do momento", um assunto de extrema importância e em evidência. Esse súbito fascínio pela identidade, e não ela mesma, é que atrairia a atenção dos clássicos da sociologia, caso tivessem vivido o suficiente para confrontá-lo (BAUMAN, 2005, p. 22-23).

Neste estudo nos interessa discutir a identidade do professor na atualidade, por considerarmos as influências do cenário social local e global como formadoras de subjetividades, já que exercem influências sobre as representações das concepções e práticas pedagógicas.

Hall (2011) afirma que as identidades relacionam-se com o período histórico vivenciado pela humanidade. O autor destaca três importantes momentos históricos constitutivos da identidade do indivíduo, sendo eles: o sujeito do Iluminismo, o sujeito sociológico e o sujeito pós-moderno. O Iluminismo produziu um indivíduo que concebia a identidade como seu núcleo formador, nesse caso, ela nasce com o indivíduo e permanece consigo durante sua vida; era um sujeito "[...] totalmente centrado, unificado, dotado das capacidades da razão, de consciência e de ação, cujo "centro" consistia num núcleo interior [...]" (HALL, 2011, p. 10).

A idade moderna produziu a identidade do sujeito sociológico, que concebia a identidade como seu núcleo interior, mas também constituída na sua relação com a sociedade, sendo assim, ela é transformada na interação indivíduo x sociedade. Já a chamada "pós-modernidade", momento histórico atual, produz a identidade pós-moderna ou modernidade tardia, que é fragmentada, provisória, variável, o que ele percebe como algo problemático.

Alinhado às ideias de Giddens (2007), Hall (2011) explica que essa fragmentação da identidade pode ocorrer sob a influência do processo de globalização. As identidades estão sendo "deslocadas" dos espaços. Hall

(2011, p. 47) destaca sua preocupação com as identidades culturais, mais especificamente com a identidade nacional em tempos de deslocamentos com o processo de globalização.

> No mundo moderno, as culturas nacionais em que nascemos se constituem em uma das principais fontes de identidade cultural. Ao nos definirmos, algumas vezes dizemos que somos ingleses ou galeses ou indianos ou jamaicanos. Obviamente, ao fazer isso estamos falando de forma metafórica. Essas identidades não estão literalmente impressas em nossos genes. Entretanto, nós efetivamente pensamos nelas como se fossem parte de nossa natureza essencial.

Hall (2011) defende que a identidade nacional é formada e transformada "no interior das representações", ou seja, só sabemos o que significa ser de determinada nacionalidade devido à maneira como cada uma é representada por aquela cultura nacional. Sendo assim, uma nação não é somente uma entidade política, mas é produtora de sentidos, "um sistema de representação cultural", "uma comunidade simbólica" (HALL, 2011, p. 49), e as pessoas de uma determinada nação participam da produção desses significados e sistema simbólico.

Para explicar o conceito de identidade, Woodward (2000) esclarece a relação entre representação e identidade, o que por sua vez requer também o esclarecimento entre cultura e significado. De acordo com a autora, para compreendermos os significados que produzem as posições de sujeitos e como nós, enquanto sujeitos, podemos ser posicionados no interior da cultura.

> A representação inclui as práticas de significação e os sistemas simbólicos por meio dos quais os significados são produzidos, posicionando-nos como sujeito. É por meio dos significados produzidos pelas representações que damos sentido à nossa experiência e àquilo que somos. Podemos inclusive sugerir que esses sistemas simbólicos tornam possível aquilo que somos e aquilo no qual podemos nos tornar. A representação, compreendida como um processo cultural, estabelece identidades individuais e coletivas e os sistemas simbólicos nos quais ela se baseia fornecem possíveis respostas às questões: Quem eu sou? O que eu poderia ser? Quem eu quero ser? Os discursos e os sistemas de representação constroem os lugares a partir dos quais os indivíduos podem se posicionar e a partir dos quais podem falar (WOODWARD, 2000, p. 17).

Dessa forma, entendemos que as representações se dão a partir das significações produzidas pelos sistemas simbólicos no interior da cultura. Os sujeitos posicionam-se e reconhecem sua identidade por meio das representações, que também significam suas experiências. A partir disso, podemos introduzir a relação entre sujeito e cultura, representação e sistema simbólico, representação e experiência e a relação de todos esses elementos com a identidade.

Além das perspectivas sociológicas apresentadas, é importante abordarmos a identidade sob o ponto de vista da Psicologia. Para esta pesquisa, interessa-nos destacar os estudos de Ciampa (1984, p. 58), da Psicologia Social, o qual apresenta o conceito de identidade como relacional, ou seja, construída na relação com o outro: "[...] a identidade do outro reflete na minha e a minha na dele". Ainda sob a perspectiva da natureza relacional do conceito de identidade, destaca-se a relação entre diferença e igualdade, como exemplo, o autor cita a questão do nome, que diferencia um indivíduo, enquanto o sobrenome iguala os indivíduos.

Outra questão apontada por Ciampa (1984, p. 74) é o fato de que a identidade está em constante movimento: "Identidade é movimento, é desenvolvimento concreto. Identidade é metamorfose. É sermos o Um e um Outro para que cheguemos a ser Um, numa infindável transformação", afirmação que se alinha aos estudos de Bauman (2005) sobre a liquidez da identidade.

O autor também destaca as várias identidades vividas pelo indivíduo, experimentadas em situações diferentes e que, no entanto, compõem sua totalidade. Dessa forma, quando vivemos uma parte da nossa totalidade, estamos sendo representantes de nós mesmos.

Se a discussão teórica sobre identidade é antiga, por que permanecemos trazendo o mesmo assunto na atualidade? Ora, considerando que a identidade é uma "metamorfose" como concebida por Ciampa (1984), que a individualidade de um sujeito é influenciada pelas transformações sociais (que são constantes), conforme aponta Giddens (2007), se ela é líquida e fluída como afirma Bauman (2005), logo, precisamos investigar esses efeitos sobre o indivíduo, como ele se percebe e percebe seu entorno, uma vez que tal percepção influencia nas suas concepções e práticas. Nesse sentido, Gatti (1996, p. 86) afirma que

> A identidade não é somente constructo de origem idiossincrática, mas fruto das interações sociais complexas nas sociedades contemporâneas e expressão sociopsicológica que interage nas aprendizagens, nas formas cognitivas, nas ações

> dos seres humanos. Ela define um modo de ser no mundo, num dado momento, numa dada cultura, numa história. Há, portanto, de ser levada em conta nos processos de formação e profissionalização dos docentes.

Sendo assim, ela deve ser considerada nos estudos sobre formação do professor, tendo em vista que os significados e aprendizagens construídas no processo se dão a partir de questões singulares do professor. Gatti (1996, p. 86) levanta diversos questionamentos pertinentes ao nosso objetivo de pesquisa, dentre eles "Quem é esse professor em relação ao qual tantas e tantas pesquisas fazem?" Ou seja, as pesquisas muitas vezes focam nos processos, currículo, resultados, políticas etc., os quais são extremamente importantes, mas não mais importantes do que a busca pela compreensão de como esses elementos interagem na subjetividade do professor, como esses elementos atravessam e influenciam sua formação, seja ela inicial ou continuada. Outros questionamentos levantados pela autora, como "Que representações tem de si, como pessoa e profissional? Como essas representações interagem atuando na própria formação e nas ações pedagógicas que desenvolve?" (GATTI, 1996, p. 86).

Nesse sentido, Nóvoa (2000) explica que a investigação pedagógica na segunda metade do século XX concentrou-se mais em modelos racionalistas, o que foi importante no processo histórico, mas não o suficiente. No trajeto evolutivo, três grandes fases foram elencadas: a investigação sobre o ser bom professor, a investigação sobre o melhor método de ensino e o contexto real de sala de aula – a partir do paradigma processo-produto. O autor recorre a estudos que afirmam que nos anos 1960 os professores foram ignorados, nos anos 1970 foram acusados de reproduzir as desigualdades sociais e nos anos 1980 aumentam investigações sobre o controle do trabalho do professor com as práticas de avaliações institucionais. Como um marco para as pesquisas sobre o ser professor, Nóvoa (2000) cita a publicação do livro *L'enseignant est une personne* (*O professor é uma pessoa*) por Ada Abraham, em 1984, após uma reunião internacional.

> Desde então, a literatura pedagógica foi invadida por obras e estudos sobre a vida dos professores, as carreiras e os percursos profissionais, as biografias e autobiografias docentes ou o desenvolvimento pessoal dos professores trata-se de uma produção heterogênea, de qualidade desigual, mas que teve um mérito indiscutível: recolocar os professores no centro dos debates educativos e das problemáticas de investigação (NÓVOA, 2000, p. 15).

Nóvoa (2000) afirma que o processo identitário dos professores é sustentado pelo que ele chama de três AAA: adesão, ação e autoconsciência. A adesão refere-se à aderência a princípios e valores e adoção de projetos; a ação refere-se a maneira de agir em sala de aula, a escolha de métodos e técnicas utilizadas pelo professor, e a autoconsciência refere-se à tomada de consciência sobre sua própria ação, o que é fundamental para que a mudança pedagógica ocorra.

Adesão, ação e autoconsciência ocorrem num processo complexo e lento, ao longo da história do professor. O processo de construção identitária do ser professor é um campo de luta repleto de conflitos, um campo de construção do ser e estar na profissão docente, conforme explica Nóvoa (2000). Esse processo é complexo, pois cada um tem uma maneira de se apropriar das significações sociais e construir sentido pessoal, o que demanda tempo para acomodar as mudanças. O autor considera que há um campo de rigidez e plasticidade, ao mesmo tempo que há dificuldades para incorporar novas práticas e abandonar algumas, há também a plasticidade em que muitos professores aderem aos modismos na educação, em especial aqueles mais voltados para a tecnologia. Essa adesão à moda é criticada por ele no sentido quando não há tomada de consciência, por esse motivo, defende que é essencial que os professores se apropriem dos saberes do ponto de vista teórico.

Tais questões são importantes em nossa pesquisa, já que nos conduzem na investigação das representações que os professores dos Institutos Federais construíram e como os elementos resultantes da complexidade social interagiram na formação continuada que receberam na Finlândia. Nesse sentido, Gatti (1996, p. 88) defende que os docentes "[...] têm sua identidade pessoal e social que precisa ser compreendida e respeitada: com elas é que se estará interagindo em qualquer processo de formação, de base ou continuada, e nos processos de inovação educacional."

Nesse sentido, vale trazer para discussão os estudos de Heller (2004) sobre a individualidade – singularidade – e a coletividade – genericidade. A autora explica que a humanidade está inserida na cotidianidade e é nela que expressamos nossa individualidade. O cotidiano se constitui a partir de um conjunto de atividades necessárias à reprodução do indivíduo. Isso permite a continuidade da existência. Ao mesmo tempo que somos constituídos da genericidade da espécie humana, temos nossa particularidade, ou seja,

> O indivíduo é sempre, simultaneamente, ser particular e ser genérico. Considerado em sentido naturalista, isso não o distingue de nenhum outro ser vivo. Mas, no caso do homem,

> a particularidade expressa não apenas seu ser "isolado", mas também seu ser "individual". Basta uma folha de árvore para lermos nela as propriedades essenciais de todas as folhas pertencentes ao mesmo gênero; mas um homem não pode jamais representar ou expressar a essência da humanidade (HELLER, 2004, p. 20).

Sendo assim, existe o particular/individual e o genérico/coletivo, conforme explica a autora. O indivíduo é único (particular) e é membro do gênero humano/da sociedade (genérico). As atividades da vida cotidiana reproduzem o indivíduo de maneira direta, ao mesmo tempo que ele reproduz indiretamente a sociedade, tendo em vista que ao realizar uma atividade cotidiana, como exemplo, ir ao supermercado, ir à igreja, ir à escola, lecionar etc., o indivíduo está perpetuando as atividades realizadas pela sociedade e, dessa forma, reproduzindo indiretamente. Por outro lado, as atividades não cotidianas reproduzem diretamente a sociedade e indiretamente o indivíduo (HELLER, 2004).

Como exemplo de atividade cotidiana que reproduz indiretamente a sociedade e diretamente o indivíduo mencionamos "lecionar". A atividade do professor se constitui como uma atividade de reprodução da sociedade, ao mesmo tempo que reproduz o próprio professor.

Heller (2004) elucida que a vida cotidiana é heterogênea e hierárquica. É heterogênea porque para existirmos como indivíduo desempenhamos atividades diversificadas, e é hierárquica porque existem coisas mais importantes que outras, por exemplo, questões relacionadas à sobrevivência, às razões éticas e morais. A maneira como essa atividade é realizada, de maneira mais consciente, crítica ou alienada, reproduz um indivíduo consciente, crítico ou alienado. Em condições de alienação o indivíduo está fragmentado em papéis sociais, sem tomar consciência de sua individualidade. A alienação é produzida na cotidianidade quando não nos damos conta da totalidade de nossa condição particular e genérica. Daí a importância de uma formação para a compreensão de si, de sua singularidade/particularidade e, no contexto da nossa discussão, elemento da nossa identidade individual/ identidade coletiva.

Trazer o assunto da cotidianidade justifica-se pelo fato de que nossa expressão enquanto indivíduos ocorre nas atividades do dia a dia. A prática profissional do docente reproduz a sociedade, ao mesmo tempo reproduz o indivíduo professor(a). Nesse contexto Gatti (1996, p. 88) afirma que "Os professores ao agirem de determinadas maneiras revelam/escondem uma identidade complexa em que representações de conhecimentos, crenças, valores e atitudes se compõem integrando as vivências nas salas de aula e fora delas."

Dessa maneira, esta pesquisa tenta revelar/discutir os elementos que interagem na formação continuada do professor no exterior. Assim, aponta Gatti (1996), podemos buscar a compreensão de como os elementos da identidade pessoal/social interagem na base da inovação educacional, o que se constitui como um dos objetivos do curso Professores para o Futuro, ocorrido na Finlândia.

3.2 A EXPERIÊNCIA FORMATIVA NO EXTERIOR E AS NARRATIVAS DE VIAGEM PEDAGÓGICA

> *A experiência e o saber que dela deriva são o que nos permite apropriar-nos de nossa própria vida.*
> *(LARROSA, 2002, p. 27)*

> *Quem viaja tem muito o que contar", diz o povo, e com isso imagina o narrador como alguém que vem de longe.*
> *(BENJAMIN, 1987, p. 188)*

Para tratarmos da experiência formativa no exterior, é preciso antes conceituar de qual perspectiva tratamos o conceito de experiência e elucidar sua importância e relação com a formação. Valemo-nos do argumento de Larrosa (2002, p. 21), que afirma:

> Nomear o que fazemos, em educação ou em qualquer outro lugar, como técnica aplicada, como práxis reflexiva ou como experiência dotada de sentido, não é somente uma questão terminológica. As palavras com que nomeamos o que somos, o que fazemos, o que pensamos, o que percebemos ou o que sentimos são mais do que simplesmente palavras. E, por isso, as lutas pelas palavras, pelo significado e pelo controle das palavras, pela imposição de certas palavras e pelo silenciamento ou desativação de outras palavras são lutas em que se joga algo mais do que simplesmente palavras, algo mais que somente palavras.

Dessa forma, tratar da experiência e seu conceito nesta pesquisa sobre a formação continuada no exterior é buscar compreender o sentido da experiência para o professor, como ela se distingue das demais experiências formativas no interior de sua própria cultura, que o constitui e o direciona a conceber algo de determinada forma ou adotar determinadas concepções/ práticas pedagógicas.

Larrosa (2002) trata da experiência a partir dos estudos de Benjamin (1987), o qual argumenta que o sentido da experiência tem se transformado ao longo dos tempos com os acontecimentos sociais e com a sobreposição da técnica sobre o homem, o que tem levado ao seu empobrecimento. Benjamin (1987, p. 198) destaca o caso dos soldados que após a guerra retornavam aos seus lares em silêncio, sem narrar suas experiências, voltavam "[...] mais pobres em experiência comunicável". A experiência de narrar torna-se extinta, destaca o autor.

Benjamin (1987) fala de uma época específica de seu tempo (primeira metade do século XX), no entanto, podemos comparar ao momento atual, em que a técnica é mais ostensiva, devido ao avanço das tecnologias digitais, o que muda a relação do homem com o tempo e o espaço, de certa forma, dificultando a aproximação com experiências.

Nesse sentido, Larrosa (2002) argumenta sobre a relação entre a falta de tempo e excesso de trabalho e a experiência, reafirmando o empobrecimento da experiência defendido por Benjamin, o que a torna cada vez mais rara. O autor busca conceituá-la e distingui-la do que pode ser mera informação ou simples reação a ela. Para Larrosa (2002, p. 24), a experiência é algo que acontece conosco e pela qual somos tocados.

> A experiência, a possibilidade de que algo nos aconteça ou nos toque, requer um gesto de interrupção, um gesto que é quase impossível nos tempos que correm: requer parar para pensar, parar para olhar, parar para escutar, pensar mais devagar, olhar mais devagar, e escutar mais devagar; parar para sentir, sentir mais devagar, demorar-se nos detalhes, suspender a opinião, suspender o juízo, suspender a vontade, suspender o automatismo da ação, cultivar a atenção e a delicadeza, abrir os olhos e os ouvidos, falar sobre o que nos acontece, aprender a lentidão, escutar aos outros, cultivar a arte do encontro, calar muito, ter paciência e dar-se tempo e espaço (LARROSA, 2002, p. 24).

É pertinente trazer esse conceito para discussão a fim de clarear nossa compreensão sobre a experiência em um processo de imersão cultural, no qual o professor é afastado de sua rotina escolar, de seus deveres diários e de sua própria cultura e representações dos sistemas simbólicos de seu país, para então adentrar-se na cultura do outro, ou seja, "um gesto de interrupção" e "suspensão dos automatismos", que lhe permite "parar para pensar, olhar, escutar" em outra relação com o tempo e o espaço. Também buscamos investigar a experiência comunicável e compreender o que toca o professor nesse contexto de formação, o que "se passa" com ele.

Conforme aponta Larrosa (2002, p. 21): "A cada dia se passam muitas coisas, porém, ao mesmo tempo, quase nada nos acontece. Dir-se-ia que tudo o que se passa está organizado para que nada nos aconteça." Em um tempo de abundância de informações, técnicas e acontecimentos, pouca coisa de fato "acontece" ou "passa" dentro de um indivíduo. Sendo assim, torna-se relevante investigar os efeitos de uma experiência de imersão em um país estrangeiro, em um cenário de "interrupção" e "suspensão dos automatismos", partindo da hipótese que, nessa configuração, há possibilidades de o indivíduo ser tocado, de muitas coisas passarem e acontecerem em seu entorno e no próprio indivíduo, com possibilidades de reestruturação das concepções e práticas.

Sobre a dificuldade ou impossibilidade da experiência, Larrosa (2002) elenca algumas situações, estando elas associadas ao excesso de informação, excesso de opinião, a falta de tempo e o excesso de trabalho.

O autor distingue e separa a informação da experiência, deixando claro que a primeira não se assemelha à segunda e que inclusive não deixa espaço para a experiência, sendo assim, ela é, segundo o autor, quase uma "antiexperiência". A ênfase da modernidade no consumo da informação impede as possibilidades de o indivíduo estabelecer uma experiência. Saber muito sobre as coisas, dessa forma, não significa saber de experiência, que algo acontece no indivíduo.

Outro impedimento para a experiência apontado pelo autor é o fato de todos estarem tão cheios de opiniões para tudo, já que acumulam informações diversas, o que anula as possibilidades da experiência. Esse par informação-opinião é tratado por Larrosa (2002, p. 22), a partir dos estudos de Benjamin (1987), como periodismo, que se trata da "[...] fabricação da informação e a fabricação da opinião", ou seja, o sujeito torna-se incapacitado de experiência, mas é controlado pelos sistemas que fabricam tais informações e opiniões. Assim, na conformação das consciências, o sujeito individual torna-se "suporte informado da opinião individual" e o sujeito público torna-se "suporte informado da opinião pública".

Sobre a falta de tempo, Larrosa (2002, p. 23) argumenta que até pelo excesso de informações e opiniões nos vemos pressionados a consumir em uma velocidade voraz as novidades, sem estabelecer uma experiência.

EXPERIÊNCIA PEDAGÓGICA ALÉM DAS FRONTEIRAS

> Cada vez estamos mais tempo na escola (e a universidade e os cursos de formação do professorado são parte da escola), mas cada vez temos menos tempo. Esse sujeito da formação permanente e acelerada, da constante atualização, da reciclagem sem fim, é um sujeito que usa o tempo como um valor ou como uma mercadoria, um sujeito que não pode perder tempo, que tem sempre de aproveitar o tempo, que não pode protelar qualquer coisa, que tem de seguir o passo veloz do que se passa, que não pode ficar para trás, por isso mesmo, por essa obsessão por seguir o curso acelerado do tempo, este sujeito já não tem tempo.

Por fim, Larrosa (2002) trata do excesso de trabalho de maneira contrária ao que ele aponta como usual, conceber que a experiência é adquirida no trabalho ou como o próprio trabalho. Para ele, o trabalho também pode anular a experiência, justamente pelo excesso de trabalho. No entanto, não é dessa experiência que ele trata, mas da experiência que toca, transformadora e formadora da subjetividade. A demanda pelo constante movimento e atividade, ou seja, pelo excesso de informação, opinião e trabalho, não nos permite tempo para suspender os automatismos e estabelecer uma relação mais profunda com nós mesmos, ou seja, a experiência. Muita coisa acontece, ao mesmo tempo que nada nos acontece, como aponta o autor.

Para que a experiência aconteça é necessária uma abertura, disponibilidade, passividade e receptividade. Por esse motivo, o excesso de informações e opiniões, o constante e veloz movimento que ocupa a mente, os corpos e espaços a todo momento são, dessa forma, inimigos da experiência. A experiência relaciona-se com a própria existência do indivíduo.

Em consonância com Larrosa (2002), Olesen (2011) afirma que a experiência é uma forma de apropriação da realidade da vida e conscientização da maneira como nos relacionamos com essa experiência. Para ele, há três níveis de experiência: a experiência de vida, a de aprendizagem e de saber. Ao longo da vida temos experiência, cada uma condiciona as experiências que ainda virão. No entanto, a consciência integra e incorpora todas as significações produzidas pelos sujeitos sobre si e sobre as situações. A apropriação da realidade e tomada de consciência sobre a experiência ocorre por meio da narrativa.

Benjamin (1987) defende que a figura do narrador só se torna plena quando consideramos os dois grupos: aquele que viaja e vem de longe e aquele que trabalha honestamente sem ter saído do seu país e conhece sua história e tradição, representadas por ele pelas figuras do camponês sedentário e o marinheiro comerciante. Para compreender a narrativa e sua historicidade é necessário considerar a interpenetração desses dois tipos de narradores, que foi possibilitada pelo sistema corporativo medieval, argumenta Benjamin (1987, p. 199):

> O mestre sedentário e os aprendizes migrantes trabalhavam juntos na mesma oficina; cada mestre tinha sido um aprendiz ambulante antes de se fixar em sua pátria ou no estrangeiro. Se os camponeses e os marujos foram os primeiros mestres da arte de narrar, foram os artífices que a aperfeiçoaram. No sistema corporativo associava-se o saber das terras distantes, trazidos para casa pelos migrantes, com o saber do passado, recolhido pelo trabalhador sedentário.

Nesta pesquisa interessa a intersecção dessas figuras, a do camponês, que representa para nós o professor sedentário, como ideia de fixo em seu ambiente de trabalho, seu país e sua cultura; e a do marinheiro, o professor viajante que realiza as viagens pedagógicas, constrói suas representações, retorna ao seu ambiente fixo transformado e continua se transformando a partir da narrativa de sua experiência.

A figura do narrador e a arte de narrar estão definhando, aponta Benjamin (1987). Isso acontece pelo excesso de informações, pela mudança da relação da humanidade com o tempo, a complexificação da técnica e a consequente necessidade de abreviação, como vimos no capítulo anterior. Benjamin (1987, p. 206) destaca que "O homem de hoje não cultiva o que não pode ser abreviado. Com efeito, o homem conseguiu abreviar até a narrativa."

Entendemos que o narrador do qual tratamos nesta pesquisa é uma figura atravessada pelo seu tempo, uma sociedade em que a tecnologia complexificou e transformou a relação da humanidade com o tempo, espaço e entre as pessoas. A narrativa está morta por conter nela muitas informações? Opiniões? Talvez. Não pretendemos encerrar esta discussão, mas buscar na narrativa ou nos espectros narrativos contidos nela o que pode significar a experiência e o que pode construir as representações desses professores viajantes, que por sua vez, de alguma forma, refletem em suas concepções e, possivelmente, em suas práticas pedagógicas.

Olesen (2011) explica o porquê de a narrativa estar tão "na moda", bem como as biografias e histórias de vida. Segundo ele, elas fornecem

EXPERIÊNCIA PEDAGÓGICA ALÉM DAS FRONTEIRAS

elementos para a compreensão de como ocorre a aprendizagem ao longo da vida, tradução do termo *lifelong learning*, elemento essencial nos novos tempos, em que é exigido de todo trabalhador a aprendizagem permanente para adequarem-se aos processos produtivos em constantes mudanças, dado o avanço tecnológico.

> A aprendizagem ao longo da vida toda torna-se, atualmente, um quadro de pensamento político estabelecido que não só é posto em ação na vida profissional e na opinião dos burocratas de elite sobre a aprendizagem na vida profissional, mas que procura converter-se em quadro para os modelos pedagógicos, para a concretização do espaço de aprendizagem em outras relações educacionais, etc. por uma reforma fundamental da estrutura e da função do sistema escolar (OLESEN, 2011, p. 138).

Outro aspecto levantado pelo autor é que as narrativas colaboram para uma compreensão de como a aprendizagem dos adultos ocorre, fornecendo subsídios para a criação de uma "ciência da educação do adulto." Além disso, elas auxiliam na conscientização da experiência. Desse modo, "[...] a narrativa é vista como um paradigma em si, visto que ela em si mesma, ou a narratividade, obtém um caráter de essência humana, de antropologia, sem estar ligada a uma relação concreta de história de vida ou de biografia." (OLESEN, 2011, p. 139). Assim, a narrativa fornece elementos para a pesquisa em educação, indicando uma interpretação cultural e histórica a partir das representações individuais que os indivíduos exprimem sobre a experiência. Essa individualidade, argumenta Josso (2004), deve ser considerada tendo em vista que o narrador descreve sua experiência de formação a partir da maneira como se objetiva, ou seja, como compreende sua humanidade.

Larrosa (1998) afirma que a narrativa é um meio de compreensão de si mesmo e dos outros e se relaciona com a identidade pessoal e a autoconsciência, incluindo também compreensão das práticas educativas. Assim, "[...] o sentido de quem somos, depende das histórias que contamos e que nos contam e, em particular, das construções narrativas em que cada um de nós é, ao mesmo tempo, o narrador e o personagem principal" (LARROSA, 1998, p. 462). Além disso, as narrativas que produzimos podem nos afetar no momento em que são narradas, podendo gerar uma nova forma de sentido em relação ao acontecimento ou, ainda, provocar uma mudança. Assim, "Minha história é, às vezes, distinta da minha voz no momento em que ela é anunciada" (LARROSA, 1998, p. 477). Isso ocorre porque, ao narrar, o narrador toma consciência de sua experiência. Além disso, ao narrar uma experiência, o narrador organiza seus pensamentos, seleciona acontecimentos, pondera, revive, ressignifica. Nesse sentido, Josso (2004, p. 45) elucida que "[...] a narrativa de formação obriga também a um balanço contábil do que é que se fez nos dias, meses e anos relatados, ela nos permite tomar consciência da fragilidade das intencionalidades e da inconstância dos nossos desejos."

É pertinente diferenciar a **experiência** das **vivências**. Josso (2004, p. 48) explica que as vivências referem-se a inúmeras situações, mas só podem ser consideradas experiências "[...] a partir do momento que fazemos um certo trabalho reflexivo sobre o que se passou e sobre o que foi observado, percebido, sentido." Para exemplificar a autora levanta o questionamento "[...] se cada um de nós faz a "experiência", no sentido comum do termo, do sono e do sonho, quantos dentre nós efetua um trabalho sobre a sua atividade onírica e o papel do sono na sua vida de ser humano?"

Para a autora, a experiência só pode ser considerada formadora se a concebermos a partir de uma perspectiva da aprendizagem, quando envolve elementos que relacionados a comportamento, pensamento e sentimentos que, segundo ela, são elementos atrelados a identidade/subjetividade.

> O conceito de experiência formadora implica uma articulação conscientemente elaborada entre atividade, sensibilidade, afetividade e ideação. Articulação que se objetiva numa representação e numa competência. É neste ponto que convém ficarmos atentos à importância da escala com a qual está relacionada a experiência em questão. Parece-me útil fazer uma distinção entre *experiências existenciais* – que agitam as coerências de uma vida, e até mesmo os critérios destas coerências –, e a *aprendizagem pela experiência*, que transforma complexos comportamentais, afetivos ou psíquicos sem pôr em questão valorizações que orientam os compromissos da vida. Assim, por definição, a formação é experiencial ou então não é formação, mas a sua incidência nas transformações da nossa subjetividade e das nossas identidades pode ser mais ou menos significativa (JOSSO, 2004, p. 48, grifos da autora).

Josso (2004) evidencia **características e distinções dos tipos de experiência** para então focar na aprendizagem pela experiência, também chamada de experiência formadora. A autora distingue ainda as experiências partilhadas, que são as coletivas, das experiências individuais e explica que ela envolve o ser "psicossomático e sociocultural", sendo assim, apresenta as dimensões sensível, afetiva e consciencial. Sem desconsiderar a heterogeneidade fenomenológica da experiência, a autora agrupa em três gêneros de aprendizagem e conhecimento: existenciais, instrumentais/pragmáticos e compreensivos/explicativos, cada qual relacionado ao autoconhecimento.

Quadro 7 – Gêneros de Aprendizagem e Conhecimento

	Existenciais	Como é que eu me conheço como ser psicossomático?
Aprendizagens/ Conhecimentos	Instrumentais e pragmáticos	Como é que eu me conheço como ser capaz de interagir com as coisas, a natureza e os homens?
	Compreensivos e explicativos	Como é que eu me conheço como ser capaz de representações?

Fonte: elaborado pela autora Chediak (2020), a partir de Josso (2004)

Josso (2004) evidencia a dialética presente na experiência. As **unidades dialéticas**: saberes/conhecimento, interioridade/exterioridade, individual/ coletivo – estão sempre presentes na experiência formadora, que é mediada pela linguagem. A autora exemplifica essa dialética argumentando que os conhecimentos socialmente valorizados são construídos segundo "modalidades socioculturais concretas", como exemplo ela cita os centros de pesquisa. Ao mesmo tempo, entendemos que nossos conhecimentos são decorrentes de nossas experiências, daí a dialética presente nela. Entendemos que não há uma polarização entre o conhecimento formal, estruturado e organizado a partir de pressupostos teóricos, e o conhecimento da experiência cotidiana, que chamaremos aqui de "saberes", tendo em vista que uma experiência formadora é constituída de todas as unidades dialéticas.

Para explicar como ocorre a construção da experiência, Josso (2004) elenca **três modalidades** denominadas por ela de: "ter experiências", "fazer experiências" e "pensar sobre as experiências". A primeira refere-se a viver situações significativas durante a vida sem tê-las procurado. A segunda modalidade de experiência, o "fazer experiências", está ligada às vivências que foram criadas por nós mesmos. A terceira modalidade, o "pensar sobre as experiências", pode acontecer nas duas modalidades, tanto sobre as experiências que provocamos quanto aquelas que tivemos sem que tenhamos procurado.

As experiências são vividas em **contextos**. Enquanto o "ter" e o "fazer" experiências ocorrem em contextos de interação com outras pessoas, ambientes e coisas e "pensar sobre as experiências" ocorrem em contextos que Josso (2004, p. 51) denomina de "contextos dos referenciais sociocul-turais formalizados", ou seja, campos menos localizados, mais gerais, tais como as ciências, artes e mitologia, as quais servem de indicações para a interpretação. Nesse processo de elaboração das vivências em experiências há **implicações** que se relacionam com a aprendizagem, o conhecimento e a formação, dentre elas estão a tomada de consciência sobre o que foi vivido, sobre a criatividade, a responsabilização, mudança e autonomiza-ção. Ademais, para que essa elaboração da vivência em experiência ocorra, é necessário que o indivíduo apresente algumas **atitudes**, enumeradas por Josso (2004) como: abertura para si e para os outros; espírito explorador e procura por sabedoria de vida. A primeira atitude desencadeia a segunda e a terceira, pois quando há uma abertura, há também uma disponibilidade, um espírito explorador e uma procura por sabedoria.

Ainda sobre a elaboração da experiência na modalidade de "**ter experiências**", Josso (2004) elenca algumas **etapas**, que podem ser assim resumidas:

1.ª etapa: suspensão dos automatismos, espanto, surpresa;

2.ª etapa: início de uma análise interior do que se passa, o que foi observado e sentido;

3.ª etapa: simbolização – quando nomeamos o que passou e o que aprendemos para outros – com mediação da linguagem, interpreta-mos a experiência;

4.ª etapa: transferência da experiência para outros contextos – para que serve a experiência? Ela pode ser colocada na posição de apenas uma variante ou ser potencializada para determinadas ocasiões.

Na modalidade de "fazer experiências" essas etapas estão presentes em algum grau, em especial a partir da segunda etapa, embora boa parte dos elementos de uma experiência provocada pelo indivíduo estejam sim-bolizados, ou seja, nomeados, formalizados. Josso (2004) argumenta que as experiências científicas e de formação estão nessa modalidade. A grande diferença da experiência de formação (fazer experiências) das experiências que não foram planejadas, provocadas, ocasionadas é justamente a simboli-zação. Ela começa pelo que foi formalizado previamente. No entanto, como seres dinâmicos que vivem e interagem de maneira dinâmica em uma socie-dade em constante movimento, devemos nos atentar para o desconhecido nesse processo. No desconhecido é que ocorre o entrelaçamento das etapas de elaboração da experiência. Ou seja, há uma análise do que se passa e há elementos que precisam ser nomeados.

No caso da experiência formativa no exterior, em um contexto de viagem pedagógica e imersão cultural, há também um entrelaçamento de características da primeira etapa, quando ocorrem a suspensão dos automatismos, o espanto/surpresa com o novo contexto cultural que se difere do dia a dia do indivíduo: sua casa, sua cultura, seu local de trabalho, sua rotina etc. Dessa maneira, é indispensável considerarmos todos os elementos presentes nas etapas de elaboração da experiência.

> Ainda que tudo tenha sido imaginado para ser dominado, parece-me importante que estejamos atentos para o fato de o desconhecido ter lugar neste processo, e que há, portanto, um cruzamento entre a experiência construída a priori e a experiência construída a posteriori. Somos levados, como pessoas que vivem tais experiências, a trabalhar sobre esta nova vivência que vem, de qualquer modo, perturbar o quadro conceitual e/ou o cenário envolvido. De novo é necessário o trabalho interior para dizermos para nós mesmos: mas no fundo o que é que se passou? O que coloquei em jogo aconteceu mesmo? Ou então, o que se passou foi outra coisa? Fiz uma coisa diferente do que julgava fazer de início? Este trabalho de explicitação para si mesmo do que se passou, começa progressivamente na procura de uma formalização, de uma simbolização, que será negociada com os outros (JOSSO, 2004, p. 53).

A quarta etapa, relacionada ao uso da experiência, ocorre em ambas as situações, a do "ter" ou "fazer" experiências. Quanto mais a experiência for objeto de discussão coletiva, maior será o grau de envolvimento das pessoas. É o caso do nosso objeto de estudo.

A modalidade de "pensar sobre a experiência" remete a uma série de vivências, as quais são trabalhadas para que então possam se tornar experiências, conforme aponta Josso (2004). Dessa modalidade, o principal questionamento é o uso dessa experiência, os conhecimentos que se transformam no "saber-fazer". Esse pensar ocorre a partir de um movimento dialético de autointerpretação e cointerpretação. A autointerpretação envolve todas as implicações que mencionamos de criatividade, responsabilização, mudança etc. No entanto, enquanto seres individuais e coletivos, buscamos a cointerpretação para exercer nossa humanidade, de pertencer a uma comunidade.

Nesse contexto vale destacar a importância dos pares – entendo esses como outros professores parceiros de viagem –, pois esses auxiliam a cointerpretação, são "testemunhas das memórias" (BOSI, 1994) de viagem e fazem parte da rede de expertise distribuída.

Edwards (2011) destaca a importância do conhecimento comum compartilhado para mediar a colaboração entre os profissionais. Em nossa pesquisa destacamos a importância desse conhecimento comum construído no contexto da mobilidade internacional, resultando na formação de redes de colaboração e fortalecimento das novas aprendizagens. Esse conhecimento comum é chamado pela autora de "agência relacional", que é a "[...] capacidade de trabalhar com outros para fortalecer respostas significativas para problemas complexos" (EDWARDS, 2011, p. 34), expandindo, dessa forma, as possibilidades de respostas e soluções para os desafios das práticas docentes. Esses desafios, em nosso contexto, referem-se às mudanças nas práticas pedagógicas e às transferências de conhecimentos na instituição ao regressarem do curso de formação continuada no exterior para seus contextos de trabalho no Brasil.

Em estudo realizado por Ryymin *et al.* (2016), a rede de relacionamento construída entre professores brasileiros durante o curso de formação continuada na Finlândia foi apontada como um elemento fortalecedor do desenvolvimento profissional e das mudanças nas práticas pedagógicas dos professores:

> A construção da comunidade de aprendizagem foi considerada importante para o crescimento profissional e, com uma nova mentalidade em rede, os professores começaram a se ver como *networkers* e colaboradores, ansiosos por construir redes parceiras[27] (RYYMIN *et al.*, 2016, p. 2.759).

Dentre as competências que possibilitam essa mentalidade em rede, os autores apontam a capacidade de: dialogar, compartilhar conhecimentos e trabalhar em equipe.

Ryymin *et al.* (2016) destacam que tornar uma mudança pedagógica em sustentável é necessário gerenciamento e suporte das instituições, apontando para a necessidade de pesquisa sobre a implementação de práticas pedagógicas nos ambientes brasileiros e os desafios e sucesso no processo de implantação de mudanças.

---

[27] Tradução nossa: "Learning community building was considered important for the professional growth and with a new, networked mindset teachers started to see themselves as networkers and collaborators, and eager to build collegial networks." (RYYMIN *et al.*, 2016, p. 2.759).

Para nossa investigação sobre experiência formativa de professores brasileiros no exterior, ainda é pertinente trazermos a distinção entre experiência existencial e aprendizagem pela experiência. Josso (2004) explica que a experiência existencial se refere "ao todo" da pessoa, sua vida, sua identidade. Já a experiência pela aprendizagem, ou a aprendizagem a partir da experiência, refere-se a um campo menor, um campo que pode englobar algumas mudanças, mas que não estão profundamente ligadas à transformação da identidade ou de um todo na vida da pessoa. Ou seja, essa aprendizagem pela experiência não provoca uma profunda metamorfose, mas uma contribuição. Ao mesmo tempo, quase que contradizendo o que foi dito sobre os efeitos da aprendizagem pela experiência, Josso (2004, p. 56) explica que

> Certas aprendizagens podem pôr em questão a coerência das valorizações orientadoras de uma vida, revolucionando assim referenciais socioculturais e determinando uma transformação profunda da subjetividade, das atividades e das identidades de uma pessoa.

Josso (2004) argumenta que a formação experiencial implica uma atividade consciente sobre as competências existenciais, sejam elas mais pragmáticas ou compreensivas, colocando o indivíduo em interação consigo mesmo e com os outros, com o ambiente e com as coisas.

> O domínio dessas competências implica não apenas uma integração de saber-fazer e de ter conhecimentos, mas também de subordiná-las a uma significação e a uma orientação no contexto de uma história de vida. Esta integração efetua-se segundo uma dinâmica de transformações psíquicas e comportamentais que colocam em jogo a dialética entre o individual e o coletivo, transformações ao longo das quais as desaprendizagens, acompanhadas de sentimentos de indecisão, de absurdo, fragilidade ou de perda, são contrabalançadas pela emergência de uma sensibilidade nova, pela descoberta de um ou vários níveis de conhecimento, de capacidades insuspeitas (JOSSO, 2004, p. 56).

Dessa forma, a formação experiencial, ou experiência formativa, tem potencialidades de criar novas atitudes no indivíduo, ou para o que interessa nossa pesquisa, de trazer novas concepções, pensamentos e práticas pedagógicas, a partir do que a autora denominou de "sensibilidade nova". Assim, entendemos que embora uma experiência de formação possa não

ter efeitos profundos na identidade de uma pessoa, ela apresenta potencialidades de produzir efeitos nas práticas e concepções, nas atitudes e na
elaboração de novas vivências que podem vir a se tornar novas experiências
e, consequentemente, ressignificar experiências futuras.

Todos os elementos abordados por Josso (2004) sobre experiências
nos permitem realizar uma análise mais cuidadosa acerca da experiência
formativa no exterior, seus efeitos, suas potencialidades e seus desdobramentos. Isso pode auxiliar na elaboração de modelos pedagógicos de formação no exterior, de políticas de internacionalização e na compreensão
dos processos formativos do docente.

3.3 MOBILIDADE DE PROFESSORES: VIAGENS PEDAGÓGICAS

Não vês que somos viajantes?
E tu me perguntas:
Que é viajar?
Eu respondo com uma palavra: é avançar!
Experimentais isto em ti
Que nunca te satisfaças com aquilo que és
Para que sejas um dia aquilo que ainda não és.
Avança sempre! Não fiques parado no caminho.

(Santo Agostinho)

As viagens pedagógicas não se constituem como novos acontecimentos
do século XXI. Isso porque elas possuem natureza investigativa, algo que
é inerente à humanidade e às instituições educacionais. O homem sempre
buscou conhecimento, sempre se interessou por descobertas ao longo de
sua construção histórica, o que se corrobora nas descobertas das sociedades
primitivas até a sociedade moderna.

Como uma prática ao longo da história do Brasil, podemos destacar
as viagens em que professores e pesquisadores eram enviados para missões
no exterior, com o objetivo de observar diferentes sistemas de ensino e
trazer para o sistema educacional brasileiro novidades que "modelariam"
a educação brasileira. Nesse sentido, Mignot e Gondra (2007) asseveram
que as viagens de educadores do Brasil remetem ao período colonial. Isso se
deu na constituição do próprio país, o que, de fato, é possível observar até a
atualidade em documentos que regulam a educação, mesmo com algumas
diferenças ou "desvios".

> No movimento de constituição do Estado Nacional é possível evidenciar empréstimos e diálogos com modelos internacionais nos mais diversos domínios. No campo da instrução, este fenômeno também é observável na produção das instituições educativas, na legislação educacional, nos livros estrangeiros, nas traduções, no modelo de imprensa, materiais pedagógicos, métodos de ensino e até no vocabulário empregado. A questão que se coloca é saber como os modelos viajaram. Que estratégias foram adotadas? Quem participou desse jogo de empréstimos e desvios? Em que termos esse diálogo transnacional pode ser percebido? Que tipo de efeito produziu e vem produzindo na definição de um modelo de educação escolar no Brasil? (MIGNOT; GONDRA, 2007, p. 7).

Já no período republicano, em especial nos anos de 1920 a 1930, os autores destacam as reformas na educação influenciadas por ideias estrangeiras da Escola Nova. Outro exemplo comentado pelos autores é o da Associação Brasileira de Educação, fundada em 1924, que deu visibilidade à circulação de ideias e modelos educacionais internacionais, mediante publicação de pesquisas e promoção de palestras, conferências etc., mantendo contato com educadores de diversas nacionalidades.

Mignot e Gondra (2007) afirmam que a educação no Brasil era (ou ainda é) tida como "atrasada" e isso se constituía como a motivação pela busca por conhecimentos estrangeiros para realizar as reformas na educação. Assim, a busca pelo conhecimento além das fronteiras era estimulada pelos reformistas, abrindo espaço para publicação de obras publicadas no exterior e viagens de professores em missões pedagógicas para observar sistemas de ensino. Munidos de novidades, os educadores puderam criar editoras, publicar livros e ministrar cursos. Muitos também se tornaram colunistas de jornais em que podiam disseminar suas opiniões e críticas. Dessa forma, "O discurso produzido acerca dos descaminhos da educação brasileira procurou realçar o que vinha sendo discutido e realizado, internacionalmente e, em particular, a escolarização das novas gerações" (MIGNOT; GONDRA, 2007, p. 8).

As viagens pedagógicas não foram cessadas. Elas ocorreram historicamente e continuam acontecendo, com ou sem fomento de recursos públicos, as instituições de ensino são pressionadas por demandas globais e ideias pedagógicas que se tornam, cada vez mais, globais.

Chamon e Faria Filho (2007) destacam que os sentidos atribuídos a uma viagem mudam historicamente e essas diferenças não se dão somente devido às questões materiais, de logística do transporte, bagagens, gastos, permanência etc., mas também as motivações e seus significados. Para eles:

> A percepção dessas diferenças nos permite definir o ato de viajar, ainda que de maneira precária, como algo que comporta não só a ideia de um deslocamento geográfico, às vezes imaginário, mas também um deslocamento no tempo, o qual não pode ser medido única e simplesmente pelo calendário, mas, principalmente, pelo fazer social dos homens. Nesse sentido, a viagem, assim como a história, é a busca da alteridade. Ao atravessar fronteiras, o viajante, como o historiador, não experimenta apenas distância – geográfica ou cronológica – mas também a diferença, a alteridade constitutiva do outro, num movimento, como diria Octavio Ianni (1996), de "invenção do outro" e de "recriação do eu" (CHAMON; FARIA FILHO, 2007, p. 40).

Dessa forma, viagens constituem os sujeitos, a história, a sociedade e seus sistemas, já que delas muitos desdobramentos podem surgir, dependendo de sua natureza. Como exemplo, podemos afirmar que elas são constitutivas do sistema educacional, regulamentado por legislações que são fortemente influenciadas pelo cenário internacional.

Gondra (2007, p. 65) afirma que viajar é um exercício de comparação e que as viagens desempenham um papel relevante na formação de um bom professor. Para ele, "[...] a viagem comparece como recomendação metodológica, como complemento do esforço de se compreender o estrangeiro e, de modo particular, as soluções encontradas no campo da educação."

Em tempos atuais, que vivemos o "estar em toda parte a todo momento", o estar deslocado do tempo e espaço por meio das tecnologias digitais, o deslocamento físico, para além do simplesmente virtual, a situação de vivenciar a língua estrangeira e residir em um país no exterior é apontada por Gondra (2007, p. 65) como relevante, que, inspirado na ideia de Bereday (1972 *apud* GONDRA, 2007), afirma que "[...] surpreender uma cultura no contato diário e nas mil situações imprevistas é adquirir o senso de seu teor de vida, que de outro modo é difícil de se conseguir." Por meio das viagens, os viajantes apreendem as particularidades culturais. Nesse sentido, o trabalho de campo, o "estar lá" é imprescindível.

O autor ainda afirma que em muitos casos a viagem pode desempenhar um papel para além do estudo acadêmico, pois ela pode auxiliar na experiência de vivenciar uma cultura estrangeira e formar uma opinião por si,

EXPERIÊNCIA PEDAGÓGICA ALÉM DAS FRONTEIRAS

o que pode inclusive levar a transformações de imagens mentais adquiridas mediante leitura sobre impressões de outros autores/escritores, como, por exemplo, em literatura de viagens, gênero que se popularizou no século XIX.

Com base em seu entendimento de que "viajar é comparar", Gondra (2007) analisa a viagem e experiência internacional formativa de um professor da Escola Normal da Corte, Antonio Herculano de Souza Bandeira Filho, ao velho continente, defendendo a ideia de que as viagens possuem capacidade de formar um bom professor. Na leitura de seu capítulo, é possível extrairmos alguns pontos que podem ser relevantes na análise dos dados desta pesquisa, dentre eles podemos destacar:

a. as viagens podem ser compreendidas a partir de alguns vetores: motivações, itinerário, duração, produtos e efeitos;

b. quando as narrativas de viagens estão sob análise, deve-se considerar a posição social de quem redige e de seus destinatários, bem como as mediações entre eles;

c. ao analisar relatórios de viagens é importante considerar que: as narrativas representam um fato pequeno, sob um olhar, uma perspectiva, um julgamento. Sendo assim, não podem ser tomadas como verdades, mas precisam ser analisadas sob diversos aspectos.

Daí a importância da fundamentação teórica na análise dos dados. Tanto as estruturas dos informantes (ou seja, nesta pesquisa, dos professores entrevistados e dos que responderam ao questionário ou disponibilizaram algum material) quanto as estruturas do pesquisador (alicerçadas na teoria e na sua formação enquanto pesquisador) são importantes no processo.

3.4 VIAGEM PEDAGÓGICA PARA A FINLÂNDIA

O interesse de educadores e reformadores educacionais, bem como comissões de avaliações internacionais, nas viagens pedagógicas para a Finlândia surgiu em especial no início do século XXI, com a divulgação do resultado do *Programme for International Student Assessment* (*PISA*) de 2001, que posicionou a Finlândia em primeiro lugar no *ranking* mundial (entre os países avaliados). Conforme explicamos no capítulo anterior, o *PISA* refere-se a uma avaliação internacional de estudantes na faixa-etária média de 15 anos de idade, nas áreas de Ciências, Matemática e Linguagem. Simola[28] (2005) explica que o

---

[28] Todas as traduções de citações de Simola (2005) foram realizadas por nós.

"milagre finlandês do *PISA*" foi decorrente de processos históricos, sociais e culturais. Ou seja, em nossa interpretação, não se constitui como um milagre *per se*, mas como um processo que integrou diversas esferas da sociedade e culminou em um resultado de excelência.

Sahlberg[29] (2018, p. 37) explica que "Nos anos 1990, a educação na Finlândia não era nada especial em termos internacionais." Apesar de o sistema educacional finlandês, nessa época, já ser acessível a todos os finlandeses, o desempenho dos estudantes de maneira geral era próximo à média internacional, excetuando a avaliação em leitura, em que os estudantes obtinham resultados acima da média. A recessão dos anos de 1990 levou a Finlândia à beira de um colapso econômico, o comércio exterior desapareceu com o colapso da União Soviética e, assim como vários países atingidos pela desaceleração econômica global, o sistema educacional como um todo foi atingido e a Finlândia teve que tomar medidas imediatas para controlar os desiquilíbrios fiscais e reviver o comércio exterior. O elemento mais importante dessa mudança foi a educação.

Apesar de o famoso termo "o milagre finlandês" denotar que as mudanças foram operadas de maneira rápida, as reformas educacionais desde a década de 1950 foram gradativas e consistentes. Mesmo assim, historicamente, cinco décadas se constituem como um curto período para mudanças significativas. Também jovem é a independência declarada do país, com apenas 103 anos, desde 1907 (que antes fora colônia da Suécia e União Soviética). Nos primeiros anos após a independência da Finlândia, o ensino era mais focado no desenvolvimento moral (em vez do cognitivo), mais centralizado no professor, apesar de que ideias pedagógicas mais centradas na formação política do estudante eram conhecidas desde 1930 (SAHLBERG, 2018). Não pretendemos nos aprofundar na história da Finlândia, mas abordar aqui alguns pontos que, após período pós-guerra, desde 1945, levaram a Finlândia aos resultados na educação que atualmente são prestigiados mundialmente.

Após a Segunda Guerra Mundial muitos países sofreram diversas consequências nas diferentes esferas sociais. A recessão econômica, a crise do comércio exterior e o estado crítico da saúde, educação e demais setores sociais exigiram dos países mudanças rápidas e políticas de restabelecimento da sociedade. Na Finlândia isso não foi diferente. Sahlberg (2018) argumenta que em 1960 o país começou a apresentar mudanças mais decisivas nos setores públicos e, a partir de 1970, o sistema educacional finlandês começou a passar por diversas transformações significativas.

---

[29] Todas as traduções de citações de Sahlberg (2018) foram realizadas por nós.

EXPERIÊNCIA PEDAGÓGICA ALÉM DAS FRONTEIRAS

Quadro 8 – Principais mudanças no Sistema Educacional Finlandês entre 1945 e 2017

Ano	Mudanças
1945	• O governo estabeleceu o Comitê Curricular dos Anos Iniciais do Ensino Fundamental. • Modernização do currículo finlandês de acordo com as políticas internacionais – criação de ementas, objetivos educacionais e processo de avaliação.
1946	• Comitê do Sistema Educacional – estabelecer regulamentos para a educação obrigatória. Por volta de 1948, o Comitê propôs o ensino fundamental de oito anos como obrigatório. Apesar de não ter sido aprovado, as discussões sobre justiça social e igualdade tiveram seus efeitos após cerca de duas décadas.
1950	• Oportunidades educacionais desiguais. Somente aqueles que moravam nas cidades ou municípios tinham acesso aos anos finais do ensino fundamental. • Três ideias passam a ser dominantes após a Segunda Guerra Mundial, sendo eles: o acesso à educação, a educação holística e a formação de professores. • Atividades econômicas eram transferidas da agricultura e das pequenas empresas para a produção industrial e tecnológica. • As discussões sobre políticas educacionais envolvendo o acesso às escolas de ensino fundamental básica com currículo unificado, proposto pela primeira vez em 1920, foram retomadas. • Explosão demográfica.
1952	• Publicação do Memorando Final do Comitê Curricular dos Anos Iniciais do Ensino Fundamental: formulação dos objetivos educacionais, foco no aluno, modernização do conteúdo educacional e ênfase na coesão social.
1956	• Comitê de Programas Educacionais – unificação do sistema educacional finlandês: análise das políticas internacionais de educação. • Apesar do período de recessão econômica global, conflitos políticos complexos nacionalmente e com a União Soviética entre os anos de 1956 e 1959, o comitê propôs: nove anos da educação básica – sendo os anos iniciais do ensino fundamental igual para todos e os anos finais divididos em dois anos com foco em disciplinas práticas ou idiomas estrangeiros e três anos com orientação profissional e prática, um idioma estrangeiro em um caminho intermediário e dois idiomas estrangeiros mais avançados. • Diminuição das escolas particulares.
1960	• A proposta do Comitê de Programas Educacionais foi mais desenvolvida pelo Conselho Nacional de Educação Geral.
1963	• Aprovação da proposta de Reforma do ensino básico de nove anos.

1966	• Nova legislação para Educação.
1970	• Reforma Curricular Nacional.
1972 – 1979	• Implantação do currículo nacional: foco na igualdade (todos os alunos juntos); orientação e aconselhamento de carreira para os alunos das séries finais do ensino fundamental (política de permanência e êxito); formação de professores.
1985	• Banimento de agrupamento por habilidades em todas as escolas. • Introdução do Novo Ensino Médio – currículo modular. • Adaptações no Ensino Técnico de Nível Médio – para atender as demandas econômicas baseadas em conhecimentos.
1990	• Melhoria da rede de contatos e mudança autorregulamentada – Implementação de Projetos de Comunidade de Aprendizagem Profissional (Projeto Aquário).
1994	• Reforma Curricular Nacional, marcada por características de colaboração, autorregulação.
2000	• Marcado pelo foco na eficiência das estruturas e administração. • Começam as revisões da Estrutura Curricular para o Ensino Fundamental e Médio.
2013	• Educação Infantil passa a fazer parte do sistema educacional (antes era parte da Administração Social e da Saúde).
2016 – 2017	• Entra em vigor a nova Estrutura Curricular para o Ensino Fundamental e Médio.

Fonte: elaborado pela autora Chediak (2020), a partir de Sahlberg (2018)

Esse quadro mostra alguns pontos que queremos destacar para mostrar a evolução das ideias pedagógicas e seus efeitos nas legislações para a organização do sistema educacional finlandês, o currículo e as práticas pedagógicas. De maneira resumida, Sahlberg (2018) explica que ao longo do processo das reformas curriculares, alguns pontos foram prioritários, sendo eles: igualdade de oportunidades para todos os estudantes, independentemente de sua classe social; formação dos professores e orientação e aconselhamento de carreira.

A priorização da igualdade de oportunidades para todos os estudantes é decorrente de diversos fatores históricos, mas destacamos aqui o senso do coletivo herdado das várias guerras que o país enfrentou, o que tornou a povo finlandês mais unido (SAHLBERG, 2018). Essa característica foi e tem sido preservada ao longo dos períodos de desenvolvimento da educação, desde o final da Segunda Guerra Mundial.

Sahlberg (2018, p. 55) elucida o período pós-guerra, entre 1945 e 1970, como um momento de "[...] aperfeiçoamento da igualdade de oportunidades de educação por meio da transição de uma nação agrícola nórdica para uma sociedade industrializada." Nesse período, observa-se uma diminuição drástica de escolas particulares, tendo em vista que a educação pública passa a ser ofertada com qualidade e equidade, independentemente da classe social. Nesse período também podemos observar que importantes Comitês foram formados e tiveram um papel de extrema importância nas reformas curriculares.

A segunda fase de desenvolvimento da educação finlandesa apontada por Sahlberg (2018) refere-se ao período entre 1965 e 1990, com a elaboração e estabelecimento da *comprehensive school*, ou seja, para o ensino fundamental como currículo nacional e as políticas de bem-estar social nórdico, os quais ampliaram os serviços públicos e uso de altas tecnologias e inovação. O foco na igualdade de acesso à educação e aos conteúdos escolares foi preservado, sendo assim, filhos de ricos ou pobres, operários ou empresários, com diferentes habilidades e dificuldades/facilidades de aprendizagem estudam todos juntos, recebendo os mesmos serviços educacionais, incluindo a mesma alimentação escolar (gratuita). A reforma de 1970 focou também na orientação e aconselhamento de carreira para alunos dos anos finais do ensino fundamental, ofertados duas horas por semana durante os três últimos anos finais do ensino fundamental. Isso se constituiu como uma política de permanência e êxito, tendo em vista que foi um "[...] fator importante na justificativa das baixas taxas de repetição e evasão dos alunos na Finlândia" (SAHLBERG, 2018, p. 68). Além disso, a reforma fortaleceu a formação de professores, preservando o prestígio, profissionalização e dignidade do trabalho docente, conquista histórica dos professores finlandeses.

A terceira fase de desenvolvimento da educação apontada por Sahlberg (2018, p. 55) compreende o período de 1985 até o presente. Para ele, esse período é de "[...] melhoria da qualidade da educação básica e expansão do ensino superior, mantendo a nova identidade finlandesa como uma economia de alta tecnologia baseada no conhecimento."

Para exemplificarmos a preservação da característica de igualdade de acesso à educação e conteúdos escolares até os dias atuais, vale destacar a reforma do Ensino Médio na Finlândia ocorrida em 1985, que transformou o Ensino Médio em modular, em que fora preservada a obrigatoriedade dos alunos, independentemente da classe social, cursarem o mesmo número de disciplinas obrigatórias ou seletivas, independentemente da área em que residem.

> Embora os estudantes agora tenham mais liberdade para planejar e escolher seus estudos, todos ainda devem estudar as 18 disciplinas básicas obrigatórias. Estudantes têm que completar com êxito pelo menos 75 cursos com 38 aulas cada. Cerca de dois terços deles são obrigatórios e o restante é escolhido livremente pelos estudantes para obterem seus diplomas do ensino médio. Normalmente, os estudantes excedem esse limite mínimo e estudam mais, tipicamente fazendo de 80 a 90 cursos (SAHLBERG, 2018, p. 69).

Observamos que a lei preserva a igualdade de oportunidades ao estabelecer a obrigatoriedade dos conteúdos escolares mínimos, que abrangem o mínimo de 18 disciplinas e 75 cursos, preservando, dessa forma, a igualdade por meio da promoção dos conteúdos escolares.

Da mesma forma, a igualdade está presente para os que quiserem cursar o ensino técnico de nível médio e, mesmo assim, ter acesso às universidades. A flexibilização curricular está tanto na maneira como o currículo do Ensino Médio está organizado, em formato modular, quanto na opção que o estudante pode fazer em cursar as disciplinas obrigatórias do Ensino Médio regular e realizar o Exame de Matrícula, equivalente ao Enem no Brasil.

Diferentemente do Brasil, a Finlândia não possui os cursos técnicos integrados ao Ensino Médio. Os alunos que optarem em fazer os dois devem realizar de maneira concomitante, realizando matrícula em diferentes módulos/disciplinas e diferentes instituições, uma vez que as escolas técnicas não ofertam o ensino médio regular e vice-versa.

Sobre as mudanças educacionais entre os anos 1980 e 2000, Sahlberg (2018) enumera três fases. A primeira fase, nos anos 1980, foi marcada pela reconsideração das bases teórica e metodológica. A segunda fase na década de 1990 pela melhoria por meio da rede de contatos e mudança autorregulamentada, e a terceira fase, nos anos 2000 até a atualidade, marcada pela melhoria da eficiência das estruturas e da administração. O autor destaca que, nessa primeira fase, muitas ideias educacionais foram trazidas dos Estados Unidos, do Canadá, do Reino Unido e de outros países nórdicos, baseadas em pesquisas realizadas por pesquisadores de diferentes universidades desses países.

> O segredo da influência bem-sucedida dessas ideias educacionais dos Estados Unidos, do Reino Unido e do Canadá é que havia um solo fértil nas escolas finlandesas para tais modelos pragmáticos de mudança. Curiosamente, os próprios finlandeses desenvolveram poucas práticas pedagógicas novas que teriam tido mais importância internacional (SAHLBERG, 2018, p. 84).

A década de 1990 foi marcada pela Reforma Curricular Nacional de 1994, permeada pelo papel ativo e colaborativo das escolas. Essa segunda fase, destacada por Sahlberg (2018), de "[...] melhoria por meio de rede de contatos e autorregulamentação", foi marcada pelo papel ativo e colaborativo entre professores e escolas, com características de compartilhamento de ideias, responsabilidade social, descentralização das decisões, resolução de problemas, igualdade de oportunidade, autonomia e foco na aprendizagem dos estudantes. As Comunidades de Aprendizagem ganharam destaque, o que se aproximou muito de ideias de projetos financiados pelo governo em Alberta, no Canadá.

A terceira fase, no início dos anos 2000, foi marcada pela divulgação dos resultados do *PISA*, em que colocava a Finlândia em primeiro lugar no *ranking* da educação de países avaliados.

> Dentro dos primeiros 18 meses seguintes à publicação dos resultados do Pisa, centenas de delegações oficiais estrangeiras visitaram a Finlândia para saber como as escolas finlandesas funcionavam e como seus professores ensinavam. Perguntas dos visitantes estrangeiros a respeito do "milagre finlandês" eram tais que mesmo os finlandeses não estavam preparados para oferecer respostas confiáveis (SALHBERG, 2018, p. 87).

Essa fase perdura até os dias atuais, mesmo a Finlândia tendo "perdido" a primeira posição no *ranking* nas avaliações posteriores do *PISA*. Atualmente, Sahlberg (2018) explica que a Finlândia tem continuado com as reformas curriculares, como a que foi implementada nos anos de 2016-2017, preservando características importantes no que diz respeito à igualdade de acesso à educação, um sólido sistema de formação dos professores e políticas de permanência e êxito (pautadas na igualdade).

> [...] diferentemente de muitos outros sistemas de educação contemporâneos, o sistema finlandês não foi infectado pelos modelos de reforma educacionais baseados no mercado, tais como maior concorrência entre escolas quanto a matrículas,

> padronização de ensino e aprendizagem nas escolas e políticas de testes definitivos. [...]
>
> A Educação na Finlândia é vista como um bem público e, por isso, tem grande função no desenvolvimento da nação (SAHLBERG, 2018, p. 89).

Além da igualdade de oportunidades enquanto uma característica essencial do sistema educacional finlandês, apontada por Sahlberg (2018), está a da posição do professor como um profissional no centro da mudança, a valorização social do professor que, além do respeito da sociedade, tem a dignidade de trabalhar em ambientes educacionais excelentes e de receberem uma formação de excelente qualidade. A autoimagem é um fator também importante nesse contexto. Ou seja, a profissionalização docente na Finlândia é algo que não se pode comparar com países da América.

Vale destacar que, embora o Sahlberg (2018) afirme que o sistema finlandês não tenha sido "infectado" por modelos baseados no mercado, compreendemos que há muitas características do gerencialismo na educação, que se coloca como uma reconfiguração dos modos produtivos, reestruturando também as demandas da gestão escolar, influenciadas pelo mercado, com características voltadas para responsabilização, autonomia e flexibilidade. Até mesmo a colaboração, se entendida no sentido de criar ambientes sustentáveis, pode ser vista como uma demanda de mercado: otimizar tempo, espaço, trabalho humano. No entanto, o projeto de nação associado às políticas para a educação, preservando a qualidade da educação pública para todos independentemente de classe social, e as políticas de valorização do professor geram um ambiente menos competitivo, com distribuição de renda mais igualitária. Dessa maneira, em nossa compreensão, embora as características de gestão escolar estejam baseadas no mercado, há também fortes características do bem-estar social finlandês.

A mola propulsora do desenvolvimento econômico e social na Finlândia foi a educação. Por suas conquistas, ela ainda tem uma posição privilegiada no país, um bem comum, permeada por políticas de bem-estar social que garantem aos seus cidadãos uma educação pública de alta qualidade, igual para todos, pobres e ricos, com oportunidades que se estendem anteriormente ao nascimento da criança (caixa da maternidade, licença maternidade), da fase de creche à educação básica de nove anos e para os que desejarem avançar seus estudos no ensino técnico de nível médio, ensino médio ou estudos mais avançados nas universidades acadêmicas ou de ciências aplicadas.

Simola (2005, p. 455) afirma que "Ao explicar o sucesso na educação, tendemos a olhar para indivíduos, suas psicologias e pedagogias, ao invés de olhar para os fenômenos caracterizados como sociais, culturais, institucionais e históricos." Isso explica muito o interesse nas metodologias e pedagogias utilizadas na Finlândia, muitas vezes, transpostas para outros países, ignorando fatores culturais, econômicos, políticos e sociais totalmente distintos. O autor questiona se as avaliações internacionais como o *PISA* realmente possibilitam a compreensão do quadro da educação em diferentes países ou se fazem parte de um "espetáculo internacional."

Há características muito específicas da Finlândia, construídas ao longo de sua história e cultura, que possibilitaram a adoção de métodos e metodologias de maneira peculiar, explica Simola (2005). Dentre as principais características estão a mentalidade pautada na coletividade, na autoridade e obediência, herdada de uma história de guerras, de domínios de governos da Suécia ou da Rússia, de confrontos e conflitos de diferentes governos. O bem-estar social finlandês, por exemplo, é uma herança desse processo histórico conflituoso. De um lado uma sociedade industrial e individualista e, por outro, uma sociedade agrária e coletivista. Ou seja, algumas características se constituem como paradoxos.

Para elucidar a importância desses processos no desenvolvimento do sistema educacional finlandês, Simola (2005) aponta alguns fatos interessantes. Apesar de a Finlândia ter sido um dos últimos países da Europa a estabelecer a educação obrigatória somente em 1921 e ter estabelecido o sistema escolar da educação básica somente em 1970, a implantação das reformas foi rápida e "[...] até mesmo de uma maneira totalitária" (SIMOLA, 2005, p. 458). O autor justifica a maneira como as reformas educacionais e o sistema se estabeleceram em um período relativamente curto: "[...] há algo de arcaico, algo de autoritário, possivelmente até algo oriental na cultura e mentalidade finlandesas. Há também algo de coletivo que, de maneira distinta, permeia a cultura escolar finlandesa." (SIMOLA, 2005, p. 458). Além disso, vale acrescentar que o tamanho do país favorece a implantação de reformas educacionais.

Outra importante característica que, de certa forma, explica o desenvolvimento do sistema educacional na Finlândia é o alto status do professor, o que também é destacado por Sahlberg (2018).

> Um elemento essencial no movimento ascendente dos professores finlandeses foi o esforço excepcionalmente persistente por profissionalismo. Já em 1890, os professores das escolas

primárias estavam reivindicando que seu treinamento de extensão deveria ser organizado em nível universitário. Segundo um historiador da Escola Finlandesa (Halila, 1950, p. 296), antes da Segunda Guerra Mundial havia mais professores do ensino fundamental com um certificado de ensino médio (o exame de matrícula) na Finlândia do que em qualquer outro país. Um avanço significativo na elevação do status e do prestígio do ensino foi o estabelecimento da Faculdade de Educação da Universidade de Jyväskylä na década de 1930, seguida após a guerra pelo estabelecimento de três faculdades de formação de professores em cidades maiores. Essas foram as primeiras instituições que ofereceram treinamento de pós-graduação para professores do ensino fundamental, e isso ficou claramente acima dos seminários de treinamento de professores na hierarquia educacional. A partir do final da década de 1950, o sindicato dos professores exigia ativamente que a formação de professores da escola primária fosse no mesmo nível que a dos professores da escola secundária, ou seja, o nível universitário (SIMOLA, 2005, p. 459).

Dessa forma, o prestígio e a valorização social dos professores, bem como sua profissionalização, foram construídos ao longo da história. Além dos fatores **já mencionados, constitutivos da cultura finlandesa e seus reflexos na educação,** Simola (2005) também destaca a questão da homogeneidade cultural entre a maioria dos alunos finlandeses, o que foi demonstrado no resultado do *PISA* de 2000, com a proporção de aluno não nativos de um quinto da média da OCDE. Esse dado vem mudando, no entanto ainda é bastante diferente dos outros países membros. Todas essas questões tornam-se importantes elementos de análise em nossa pesquisa, por serem questões da constituição histórica e cultural, que atravessam as políticas para todas as esferas sociais.

Apesar de parecer não ser mais um "milagre finlandês", quando desvelados os fatores que levam a Finlândia a obter um bom ranqueamento nas avaliações internacionais de educação, ainda assim o país desperta o interesse dos viajantes pedagógicos, que buscam compreender os elementos que conduzem o país a uma educação exitosa e os levar para seus países, seja em forma de proposição de mudanças de práticas pedagógicas, seja na elaboração de políticas públicas para o currículo, estrutura ou formação de professores.

Conforme vimos, não há impossibilidade de aplicação das ideias pedagógicas de um país para outro. O que se deve considerar são os aspectos sociais, culturais e políticos que alteram de um lugar para outro. A Finlândia se inspirou nas ideias pedagógicas do Canadá, Estados Unidos, Reino Unido e outros países nórdicos. Não há atualmente uma ideia pedagógica com influência internacional que tenha sido criada por finlandeses, conforme apontou Sahlberg (2018), no entanto a aplicação das ideias internacionais na Finlândia teve um resultado melhor, diferente dos países nos quais o país se inspirou.

CAPÍTULO 4

OS CAMINHOS DA PESQUISA

Neste capítulo evidencio os caminhos metodológicos adotados para a realização deste estudo de abordagem predominantemente qualitativa, com a exploração de alguns dados quantitativos apenas para auxiliar no levantamento do perfil dos participantes. Esta investigação caracteriza-se como estudo de caso, tendo em vista que busca analisar questionários e entrevistas narrativas de professores dos Institutos Federais de Educação, Ciência e Tecnologia de diferentes regiões do país sobre uma formação continuada no exterior, a partir de um contexto específico de participação em um programa chamado Professores para o Futuro, ocorrido em três edições nos anos de 2014, 2015 e 2016, além de documentos como relatórios e chamadas públicas do mesmo programa.

Esta pesquisa foi submetida à apreciação do Comitê de Ética em Pesquisa – CEP/Faculdade de Ciências e Letras, Unesp, Campus Araraquara –, por meio da Plataforma Brasil e aprovada sob o número do Certificado de Apresentação de Apreciação Ética (Caae): 01603218.9.0000.5400, número do Parecer: 3.001.664.

4.1 CARACTERÍSTICAS DA PESQUISA

A partir de estudos de Rosenthal (2014), consideremos esta pesquisa, de maneira geral, como uma pesquisa social qualitativa e interpretativa, tendo em vista que busca investigar uma realidade social e dela aproximar-se a partir da utilização de diversos procedimentos, contando, nesse caso, com o procedimento aberto de entrevista narrativa.

> Todos esses procedimentos têm por objetivo investigar práticas de ação social na complexidade do dia a dia e apreender o mundo a partir da perspectiva dos agentes no cotidiano, não do ponto de vista do cientista social. Os métodos de levantamento e também de análise devem permitir descobrir o modo como o indivíduo interpreta e produz seu mundo em processos interativos. Nesse contexto, não se trata apenas de

> chegar às perspectivas e aos estoques de conhecimento dos atores que lhe são conscientemente acessíveis, mas também de analisar o conhecimento implícito, a produção interativa de significados para além das intenções dos agentes (ROSEN-THAL, 2014, p. 22).

Embora lancemos nosso olhar também para alguns dados quantitativos, que desempenham uma função auxiliar, entendemos que isso não descaracteriza a abordagem qualitativa como central. Nesse sentido, Rosenthal (2014, p. 26) explica que muitos investigadores optam por adotar alguns procedimentos de pesquisa quantitativa para então abordar o problema da pesquisa sob uma perspectiva qualitativa, tendo em vista que a pesquisa social quantitativa atende aos objetivos de identificar tendências, fenômenos etc. Já os métodos interpretativos "[...] possibilitam lançar outro olhar sobre esses fenômenos, reconstruir as correlações e os sentidos latentes de casos concretos particulares." Sendo assim, buscamos identificar alguns dados numéricos para então nos debruçarmos na análise qualitativa e interpretativa desses dados.

O método interpretativo nos permite descortinar os significados atribuídos pelos "agentes do cotidiano" além da própria interpretação conferida por eles mesmos com o fornecimento do conteúdo manifesto. Cabe ao pesquisador investigar o conteúdo latente considerando os significados produzidos socialmente, na relação com a cultura e história. Conforme aponta Rosenthal (2014, p. 26):

> Por sentido subjetivamente visado não se deve compreender processos privados ou psíquicos internos; pelo contrário, os atores do cotidiano atribuem significados a suas ações e à realidade social a partir da apropriação de estoques de conhecimento social ao longo da socialização. Além da reconstrução desses estoques de saber – formados e constantemente modificados na socialização – e do significado conscientemente intencionado de uma ação (como também de um ato de fala), a interpretação de um texto visa à reconstrução de seu significado social geral.

O conceito de texto para a autora pode referir-se a trechos de entrevista, artigos, registros audiovisuais, protocolos de observação etc. No caso desta pesquisa, o método interpretativo aplica-se em especial na análise das entrevistas narrativas, bem como excertos de respostas obtidas nas perguntas abertas do questionário eletrônico.

Josso (2004, p. 40) argumenta que "[...] escutar as narrativas e o trabalho co-interpretativo sobre os processos de formação exigem capacidades de compreensão e de uso de referenciais de interpretação." Dessa forma, entendemos que o método interpretativo exige referenciais de interpretação. Para tanto, utilizamos nosso levantamento teórico como ponto de partida, bem como os objetivos da pesquisa, os problemas e as hipóteses para estabelecer algumas referências para a pré-análise, tais como categorias, que foram alteradas conforme a leitura do material.

Considerando que nossa pesquisa incide em diferentes formas de coleta de dados e em diversos aspectos da formação e trabalho educativo do professor, identificamos nesta proposta de pesquisa uma abordagem qualitativa ao relacionar suas características com aquelas apontadas por Bogdan e Biklen (1994), os quais destacam cinco delas:

1. a pesquisa qualitativa ocorre em ambiente natural em que o observador está inserido;
2. os dados coletados são predominantemente descritivos;
3. o processo, não o produto, é foco;
4. a análise dos dados geralmente segue um processo indutivo; e
5. o significado é essencial.

No entanto, as pesquisas qualitativas não necessariamente apresentam todas as características de forma linear, mas "Nem todos os estudos que consideraríamos qualitativos patenteiam estas características com igual eloquência. Alguns deles são, inclusive, totalmente desprovidos de uma ou mais das características." (BOGDAN; BIKLEN, 1994, p. 47).

A partir disso, entendemos que o estudo de caso atende aos nossos objetivos, tendo em vista que possuem características da pesquisa qualitativa, conforme apontam Ludke e André (2014, p. 21): "[...] características ou princípios frequentemente associados ao estudo de caso "naturalístico" se superpõem às características gerais da pesquisa qualitativa [...]."

Optamos pelo estudo de caso por entender que buscamos analisar fatores específicos de um contexto específico. Além disso, nossa proposta também atende às características elencadas por Ludke e André (2014), em especial em relação ao que pretendemos apresentar: um estudo profundo que permite ao pesquisador ir além das aparências com pontos de vistas distintos e conflitantes de uma situação social e a utilização de uma variedade de fontes de informação para então compreendermos melhor os fenômenos.

4.2 O CONTEXTO DA PESQUISA

O contexto de pesquisa não se encontra localizado em determinado espaço, mas compreende uma situação de mobilidade internacional de professores brasileiros de diferentes regiões/cidades do Brasil para a Finlândia, com o objetivo de realização de curso de formação continuada e desenvolvimento de pesquisa aplicada na área de educação, como integrante do curso de formação.

Entre os anos de 2014 e 2016, três Chamadas Públicas foram lançadas pela Secretaria de Educação Profissional e Tecnológica (Setec/MEC-CNPq), sendo elas as chamadas n.º 15/2014, n.º 41/2014 e n.º 26/2015. Um total de 107 professores foram selecionados a partir de seus projetos de pesquisa aplicada submetidos para seleção.

Todas as chamadas foram financiadas com recursos procedentes do orçamento da Setec/MEC, subscritos na ação de Fomento ao Desenvolvimento da Educação Profissional e Tecnológica e liberados pelo Conselho Nacional de Pesquisa (CNPq). As bolsas foram concedidas aos projetos aprovados na modalidade Desenvolvimento Tecnológico e Inovação no Exterior – Junior (DEJ).

Quadro 9 – Chamadas Públicas Professores para o Futuro – número de participantes, ano e duração

Chamada Pública Setec-MEC/ CNPq	N.º de professores selecionados	Participantes por região do Brasil	Semestre de realização	Tempo de Curso na Finlândia
N.º 15/2014	27	Norte: 03 Nordeste: 05 Centro-Oeste: 04 Sudeste: 11 Sul: 04	2014/02	5 meses
N.º 41/2014	34	Norte: 03 Nordeste: 09 Centro-Oeste: 03 Sudeste: 13 Sul: 06	2015/01	5 meses

Chamada Pública Setec-MEC/CNPq	N.º de professores selecionados	Participantes por região do Brasil	Semestre de realização	Tempo de Curso na Finlândia
N.º 26/2015	46	Norte: 04 Nordeste: 09 Centro-Oeste: 09 Sudeste: 20 Sul: 04	2016/01	3 meses

Fonte: elaborado pela autora Chediak (2020), a partir de consulta das referidas Chamadas Públicas e Resultados publicados no site do CNPq[30] e consulta à Setec

Como podemos notar, o maior número de participantes foi da Região Sudeste do Brasil, seguida pela Região Nordeste, Centro-Oeste, Sul e, por fim, Norte. Dessa forma, podemos apresentar um gráfico para ilustrar o número de participantes por região do Brasil das três edições do Programa Professores para o Futuro ocorridas entre os anos de 2014 e 2016.

Gráfico 1 – Participantes por região do Brasil

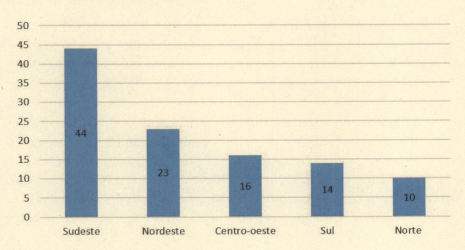

Fonte: elaborado pela autora Chediak (2019)

---

[30] Disponível em: http://www.cnpq.br/web/guest/chamadas-publicas?p_p_id=resultadosportlet_WAR_resultadoscnpqportlet_INSTANCE_0ZaM&filtro=resultados. Acesso em: 1 jun. 2023.

Duas Universidades de Ciências Aplicadas foram as responsáveis pela aplicação do curso, sendo elas situadas em Hämeenlinna (*HAMK*) *University of Applied Science* – e em Tampere (*TAMK*) *University of Applied Science*, ambas Universidades que ofertam cursos profissionalizantes. Para atender às demandas específicas da Setec, o curso foi ofertado pelo departamento de formação de professores das Universidades.

Nas três edições, o grupo foi dividido, uma metade para a Universidade *HAMK* e a outra metade para *TAMK*. Sendo assim, os grupos ficaram separados e, dessa forma, tiveram um curso com algumas distinções e professores diferentes. Além disso, os professores que ficaram em Hämeenlinna moraram em dormitórios da universidade e os que ficaram em Tampere dividiram apartamentos em pequenos grupos.

Nos resultados e análise dos dados observaremos as diferentes experiências e as semelhanças dos membros de cada grupo.

4.3 OS INSTRUMENTOS DE COLETA E PRODUÇÃO DE DADOS

Foram realizadas pesquisas teórica, documental e de campo, a partir da aplicação de questionário on-line e entrevistas narrativas realizadas com 13 participantes do curso Professores para o Futuro, na Finlândia, em uma das duas universidades.

A pesquisa teórica abordou questões como a) o trabalho e a formação do Professor da EBTT nos Institutos Federais de Educação, Ciência e Tecnologia; b) formação continuada no exterior; c) interculturalismo e formação de concepções; d) internacionalização e globalização na educação; e e) a experiência formativa.

A pesquisa documental considerou relatórios e chamadas públicas publicados pela Setec/MEC-CNPq sobre os resultados dos programas específicos abordados por esta pesquisa acerca da formação dos professores no exterior. Para consultas e checagens de informações sobre os sujeitos da pesquisa, recorremos a Plataforma Lattes, sites disponibilizados pelos próprios participantes referentes às publicações em periódicos, *blogs* – diários reflexivos ou registros de trabalhos realizados com alunos ou com os pares.

4.3.1 Questionário

O questionário com perguntas fechadas e abertas foi enviado via *Google Forms* a todos os 107 participantes das Chamadas Públicas Setec/MEC-CNPq Professores para o Futuro – Finlândia n.º 15/2014, n.º 41/2014 ou n.º 26/2015. Desses, obtivemos 59 respostas.

O questionário permite ao pesquisador coletar dados para o levantamento do perfil dos participantes e obter dados quantitativos que possam fornecer subsídios para a análise qualitativa. Além das questões fechadas para a obtenção de dados quantitativos, o questionário possibilita a proposição de questões abertas que, confrontadas com os demais instrumentos de coleta de dados, podem auxiliar na interpretação dos significados.

Para explorar as ferramentas digitais mais contemporâneas que estão disponíveis gratuitamente e facilitar o meio de coleta, utilizamos o questionário eletrônico fornecido como ferramenta pelo *Google*, o chamado *Google Forms* ou, em português, Google Formulários. O aplicativo coleta os dados e fornece os resultados em gráficos ou em tabelas do Excel.

Outra possibilidade fornecida pelo aplicativo é de estruturar as perguntas de modo a permitir a mobilidade entre uma seção e outra. Dessa forma, foi possível vincular o Termo de Consentimento Livre e Esclarecido (TCLE) logo no início, possibilitando o direcionamento do leitor, em caso de não concordância com o termo, para o final do questionário, sem necessariamente passar pelas questões.

4.3.2 Entrevista narrativa

Rosenthal (2014, p. 169) destaca que a entrevista aberta "[...] é o instrumento de levantamento de dados mais utilizado nas diversas disciplinas das ciências sociais." Um dos motivos apontados pela autora como vantajoso é o fato de a entrevista tomar menos tempo do pesquisador do que uma pesquisa de campo em que há observação. Rosenthal (2014, p. 170) explica que na Alemanha o interesse pela utilização da entrevista aberta em pesquisas qualitativas tomou força nos anos 1970.

> A época, além dos estudos empíricos e metodológicos desenvolvidos pelo Grupo de Trabalho dos Sociólogos de Bielefeld a comunidade sociológica assistiu a importantes debates e grandes discussões – como mostram, por exemplo, os estudos de Christel Hopf (1978) e de Martin Kohli (1976; 1978) -,

> além de argumentações a favor da entrevista aberta e de uma aplicação sistemática do princípio da abertura. Também em meados dos anos 1970, Fritz Schütze – também membro do grupo de trabalho dos Sociólogos de Bielefeld – trouxe com a entrevista narrativa uma técnica segura e bem elaborada para a realização de entrevistas abertas, aplicadas, hoje, não apenas pelos assistentes de Schütze, mas no mundo todo, como instrumento da pesquisa social interpretativa e em especial da pesquisa sociológica biográfica. É nela que vemos o "princípio da abertura" a ser aplicado da maneira mais sistemática, tanto na realização da entrevista quanto nas diversas formas de análise de dados.

Historicamente, a entrevista narrativa vem sendo realizada com mais frequência há décadas. Dessa forma, ela adquire seu espaço na pesquisa social. Ela permite a apreensão de sentidos a partir da centralidade do entrevistado, pois possibilita que ele desenvolva sua expressão de maneira mais flexível e aberta.

Optamos por adotar a entrevista narrativa como instrumento para compreender a experiência formativa vivida pelos professores no exterior e as significações a ela atribuídas por eles. Assim como Clandinin e Connelly (2015, p. 51), acreditamos que:

> [...] a pesquisa narrativa é uma forma de compreender a experiência. É um tipo de colaboração entre pesquisador e participantes, ao longo de um tempo, em um lugar ou série de lugares, e em interação com *milieus* [o meio social]. Um pesquisador entra nessa matriz no durante e progride no mesmo espírito, concluindo a pesquisa ainda no meio do viver e do contar, do reviver e recontar, as histórias de experiências que compuseram as vidas das pessoas, em ambas perspectivas: individual e social.

Nesta pesquisa importa saber como o professor compreende sua experiência pedagógica intercultural, ou seja, há um interesse em investigar as percepções e sentidos atribuídos por ele a essa experiência e como ela incide em suas concepções pedagógicas, ou seja, as dimensões cognitiva e afetiva da experiência, elucidadas por Josso (2004). Nesse sentido, Abrahão (2003, p. 85) afirma que "Trabalhar com narrativas não é simplesmente recolher objetos ou condutas diferentes, em contextos narrativos diversos, mas, sim, participar na elaboração de uma memória que quer transmitir-se a partir da demanda de um investigador." Espera-se que o pesquisador tenha

EXPERIÊNCIA PEDAGÓGICA ALÉM DAS FRONTEIRAS

consciência de que os fatos narrados são representações selecionadas, ou seja, memórias selecionadas pelo narrador. Ao contar uma história o sujeito ressignifica suas experiências e se ressignifica.

> Ao trabalhar com a metodologia e fontes dessa natureza o pesquisador conscientemente adota uma tradição em pesquisa que reconhece ser a realidade social multifacetária, socialmente construída por seres humanos que vivenciam a experiência de modo holístico e integrado, em que as pessoas estão em constante processo de autoconhecimento. Por esta razão, sabe-se, desde o início, trabalhando antes com emoções e intuições do que com dados exatos e acabados; com subjetividades, portanto, antes do que com o objetivo. Nesta tradição de pesquisa, o pesquisador não pretende estabelecer generalizações estatísticas, mas, sim, compreender o fenômeno em estudo, o que lhe pode até permitir uma generalização analítica (ABRAHÃO, 2003, p. 80).

As narrativas de formação expressam o processo das experiências formativas e seus elementos. Considerar a perspectiva do aprendente nos permite identificar os elementos embutidos na própria experiência e seus efeitos. Nesse contexto, Josso (2004, p. 38) explica que:

> [...] a formação, encarada do ponto de vista do aprendente, torna-se um conceito gerador em torno do qual vem agrupar-se, progressivamente, conceitos descritivos: processos, temporalidade, experiência, aprendizagem, conhecimento e saber-fazer, temática, tensão dialética, consciência, subjetividade, identidade. Pensar a formação do ponto de vista do aprendente é, evidentemente, não ignorar o que dizem as disciplinas das ciências do humano. Contudo, é, também, virar do avesso a sua perspectiva ao interrogarmo-nos sobre os processos de formação psicológica, psicossociológica, sociológica, econômica, política e cultural, que tais histórias de vida, tão singulares, nos contam. Em outras palavras, procurar ouvir o lugar desses processos e sua articulação na dinâmica dessas vidas.

Dessa forma, compreendemos que a pesquisa narrativa se adequa a essa proposta, tendo em vista que é, nas palavras de Clandinin e Conelly (2015, p. 51), "[...] uma forma de compreender a experiência."

Barthes e Duisit (1975, p. 237) já afirmavam que a narrativa está em toda parte, em todas as sociedades, desde o início da história da humanidade.

> Há incontáveis formas de narrativas no mundo. Primeiramente, há uma variedade prodigiosa de gêneros, cada um dos quais surgem uma variedade de meios, como se todas as substâncias pudessem se apoiar para acomodar as histórias do homem. Dentre os veículos das narrativas estão a linguagem articulada, seja oral ou escrita, quadros, imóveis ou em movimento, gestos e uma mistura ordenada de todas essas substâncias; a narrativa está presente em mitos, lendas, fábulas, contos, histórias curtas, épicos, história, tragédia, drama [drama-suspense], comédia, pantomima, pinturas (em Santa Ursula de Carpaccio, por exemplo), vitrais, filmes, notícias locais, conversas. Além disso, nessa variedade infinita de formas, ela está presente em todos os momentos, em todos os lugares, em todas as sociedades; de fato, a narrativa começa com a própria história da humanidade [...].[31]

Dessa forma, a narrativa está presente na conversa, no diálogo. Narrar é relembrar a experiência, é reconstruir significados. A entrevista narrativa é um instrumento de coleta que permite registrar esses significados para, então, confrontarmos as estruturas dos informantes às estruturas do pesquisador, a partir das teorias escolhidas como caminho para análise.

4.3.3 Documentos

Os documentos compreenderam as chamadas públicas e os relatórios publicados pela Setec/MEC-CNPq. Outros registros foram consultados para confirmar e verificar informações, sendo eles currículo lattes, diários reflexivos eletrônicos, *podcast*, vídeos, blogs etc.

A combinação de instrumentos de coleta de dados de diferentes fontes permite ao pesquisador triangular os dados e buscar maior fidedignidade aos sentidos produzidos pelos participantes.

---

[31] Tradução da autora, do original: "There are countless forms of narrative in the world. First of all, there is a prodigious variety of genres, each of which branches out into a variety of media, as if all substances could be relied upon to accommodate man's stories. Among the vehicles of narrative are articulated language, whether oral or written, pictures, still or moving, gestures, and an ordered mixture of all those substances; narrative is present in myth, legend, fables, tales, short stories, epics, history, tragedy, drame [suspense drama], comedy, pantomime, paintings (in Santa Ursula by Carpaccio, for instance), stained-glass Windows, movies, local News, conversation. Moreover, in this infinite variety of forms, it is present at all times, in all places, in all societies; indeed narrative starts with the very history of mankind [...]."

4.4 OS PARTICIPANTES DA PESQUISA

Os participantes da pesquisa foram os professores da Educação Básica, Técnica e Tecnológica dos Institutos Federais de Educação, Ciência e Tecnologia de diferentes regiões do Brasil que participaram do programa Professores para o Futuro (*Vocational Education and Training [VET] Teachers for the Future*), realizado em cooperação entre a Secretaria de Educação Profissional e Tecnológica (Setec), com o auxílio do Conselho Nacional de Pesquisa (CNPq) e duas Universidades de Ciências Aplicadas da Finlândia. O número total de 107 professores participou de diferentes edições realizadas nos anos de 2014, 2015 e 2016.

A participação desses professores no programa ocorreu mediante submissão e seleção de projetos de pesquisa aplicada na área da educação profissional às Chamadas Públicas Setec/MEC-CNPq Professores para o Futuro – Finlândia n.º 15/2014, n.º 41/2014, n.º 26/2015.

Em relação aos critérios de inclusão de participantes na pesquisa, estabelecemos que o público deveria ser professor da EBTT que tivesse participado de uma das chamadas descritas supra. Os participantes foram voluntários que se disponibilizarem a fornecer dados para pesquisa, sem qualquer remuneração, de livre e espontânea vontade.

O contato foi realizado inicialmente via correio eletrônico. A princípio, a Setec foi contatada para fornecer a lista de e-mail de todos os participantes. Após isso, um e-mail com o *link* para responder ao questionário eletrônico foi enviado. Nele constava também a consulta se o participante gostaria de se voluntariar para conceder a entrevista. A partir disso, aqueles que responderam que sim foram contatados.

Devido à importância da interação e contato visual sem interrupções, optamos por realizar todas as entrevistas narrativas pessoalmente. Tendo em vista que os participantes residem em diferentes regiões do país, algumas viagens foram necessárias para que pudéssemos garantir a qualidade da coleta desses dados. Uma situação que facilitou a coleta foi o fato de que vários participantes estiveram em Brasília (DF) entre o período de 11 a 15 de fevereiro de 2019 para participar do curso Brasileiros Formando Formadores (BraFF), promovido pela Setec, por meio da Chamada Pública n.º 02/2018. Na ocasião, a pesquisadora fez o contato com a Setec e solicitou a permissão para observar presencialmente a semana do curso e coletar dados, o que prontamente foi autorizado.

O número de participantes para concessão de entrevista narrativa foi definido após a consulta de interesse para participação, que aconteceu via e-mail, telefone ou pessoalmente. A princípio, tínhamos estabelecido no máximo 10 participantes para entrevista. No entanto, realizamos 13. Desse número, quatro entrevistas foram realizadas anteriormente à viagem para Brasília, sendo duas em Rondônia, uma em Mato Grosso do Sul e uma em São Paulo. As demais foram realizadas em Brasília na ocasião de oferta do curso BraFF.

O questionário on-line formatado via Google formulários foi enviado para todos os participantes do programa. Obtivemos resposta de 59 dos 107 participantes.

Quadro 10 – Número de participantes das entrevistas narrativas

Nome	Turma	Região
Participante 1	2015	Nordeste
Participante 2	2015	Sudeste
Participante 3	2015	Centro-Oeste
Participante 4	2015	Centro-Oeste
Participante 5	2016	Centro-Oeste
Participante 6	2016	Norte
Participante 7	2016	Nordeste
Participante 8	2016	Nordeste
Participante 9	2016	Sul
Participante 10	2016	Sudeste
Participante 11	2014	Centro-Oeste
Participante 12	2014	Sudeste
Participante 13	2016	Sul

Fonte: elaborado pela autora Chediak (2020)

Buscamos um equilíbrio de número de homens/mulheres, participantes por edição, participantes por Universidade Finlandesa e participantes por região. Nem sempre esse equilíbrio foi possível, tendo em vista que dependemos de participação voluntária. Em alguns casos, o convite direto foi realizado para que houvesse a participação de professores de todas as regiões. Não identificamos o sexo dos participantes no quadro supra e nem a Universidade para a qual foi direcionado para preservar o anonimato na pesquisa.

Do total de participantes que concederam a entrevista narrativa, dois foram da edição de 2014, quatro de 2015 e sete de 2016. Dos entrevistados, seis são do sexo feminino e sete do sexo masculino. Desse grupo, oito realizaram seu curso de formação continuada e pesquisa aplicada na Universidade *HAMK* em Hämeenlinna e cinco na Universidade *TAMK* em Tampere. Em relação à participação por região do país, quatro residem na Região Centro-Oeste, um na Região Norte, dois na Região Sul, três na Região Sudeste e três na Região Nordeste.

Em relação ao questionário on-line, obtivemos 59 respostas de 107, ou seja, 55,1% dos participantes do programa Professores para o Futuro responderam ao questionário.

Vale salientar que vinculamos o Termo de Consentimento Livre e Esclarecido (TCLE) ao questionário eletrônico. O prosseguimento da leitura e resposta estava condicionado ao aceite do termo. Caso contrário, o participante era direcionado para a página final, sem ter respondido.

4.4.1 Perfil dos participantes

Para traçar um perfil dos sujeitos desta pesquisa que participaram do programa, buscamos investigar a idade, o sexo, a área de atuação e o tempo de serviço no Instituto Federal. Quanto à idade, notamos que a predominância da faixa-etária está entre 30 e 40 anos, ou seja, 45,8% dos participantes do programa de mobilidade de professores. Participantes entre 40-50 anos corresponderam a 35,6 % dos respondentes, entre 50-60 foram 16,9% e apenas 1,7%, ou seja, um respondente do total de 59, com faixa etária entre 20-30 anos.

Gráfico 2 – Idade dos participantes

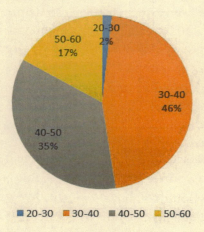

Fonte: dados gerados via Excel, a partir de respostas do questionário enviado pelo Google *Forms*

A maioria dos respondentes foi do sexo masculino, correspondendo a 64,4% dos respondentes e apenas 35,6% do sexo feminino.

Gráfico 3 – Sexo dos participantes

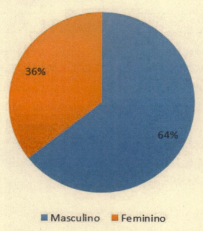

Fonte: dados gerados via Excel, a partir de respostas do questionário enviado pelo Google *Forms*

Sobre a área de atuação, vale retomar que todos são professores da Educação Básica, Técnica e Tecnológica, atuando em diferentes áreas do conhecimento, tanto em eixo profissionalizante (lecionando as disciplinas técnicas) quanto em eixo da base nacional comum curricular. Dentre as áreas dos respondentes, destacam-se: Engenharias (eletrônica, elétrica, ambiental, alimentos, civil, mecânica, segurança do trabalho), Ciência da computação, Zootecnia, Agrária, Agronomia, Administração e Licenciaturas (Letras, Química, Biologia, Física, Educação Física, Geografia e Pedagogia).

O tempo de serviço no IF mostrou-se muito variado, com predominância entre 7-9 anos, o que corresponde mais aproximadamente ao período desde a lei de criação dos Institutos Federais, Lei n.º 11.892/2008.

Gráfico 4 – Tempo de serviço no IF dos participantes

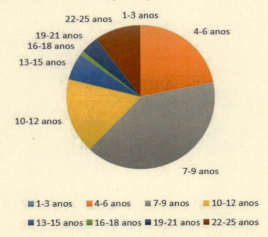

Fonte: dados gerados via Excel, a partir de respostas do questionário enviado pelo Google *Forms*

4.5 MÉTODO DE ANÁLISE DOS DADOS

Por tratar-se de uma pesquisa qualitativa interpretativa, o método interpretativo foi utilizado para possibilitar a busca pela "reconstrução do significado" do texto, conforme aponta Rosenthal (2014, p. 26) quando define o papel da pesquisa interpretativa: "[...] a interpretação de um texto procura reconstruir o significado social do texto." Vale relembrar que, conforme mencionamos no início deste capítulo, o texto é compreendido, nesta pesquisa, como trechos das entrevistas, registros audiovisuais (sejam dos blogs e materiais fornecidos pelos participantes das entrevistas) ou de trechos escritos nos questionários eletrônicos, para as questões abertas, enviados pelos participantes.

Os textos produzidos pelos participantes da pesquisa se dão na relação com a realidade social, a partir do conhecimento social por ele adquirido nas relações estabelecidas, nos conhecimentos adquiridos ao longo de sua existência. Ao pesquisador, cabe apreender os sentidos implícitos e latentes para reconstruir o sentido geral, compreendendo que sempre haverá limitações, uma vez que a interpretação é realizada a partir do conhecimento disponível ao pesquisador.

> Mesmo que a pesquisa social interpretativa, com seus métodos de produção e de interpretação textual, seja especialmente útil para a tarefa de reconstruir o sentido latente, ela ainda está sujeita a certas limitações. A diferença entre o conscientemente intencionado e o significado objetivo vale também para a ação e o conhecimento disponíveis ao pesquisador (ROSENTHAL, 2014, p. 27).

Desse modo, a partir do entendimento dos limites desta pesquisa, que foram estabelecidos com os referenciais teóricos, não pretendemos apresentar uma análise interpretativa definitiva ou esgotar as possibilidades de análise, mas reconhecemos as restrições fixadas pelo próprio método e pelas escolhas teóricas.

Para a análise dos dados coletados a partir das entrevistas narrativas e questionários eletrônicos, com questões fechadas e abertas, aplicamos o método interpretativo, buscando revelar categorias gerais.

4.5.1 Análise dos materiais

As entrevistas narrativas foram gravadas em áudio e transcritas para análise. Após a transcrição, cada entrevista passou pelo processo de textualização, com redução em estruturas mais relevantes. A análise foi realizada a partir da "análise temática" descrita por Jovchelovitch e Bauer (2007). Por análise temática entende-se a construção de um referencial de codificação.

Jovchelovitch e Bauer (2007) recomendam a redução gradual do texto que se inicia com a transcrição de passagens inteiras, depois parágrafos, parágrafos parafraseados e, em seguida, sentenças sintéticas que resultam em palavras-chave. Das palavras-chave, que são sentidos condensados e generalizados, surgem as categorias. Se necessário, o pesquisador pode codificar os textos.

A princípio, isso é realizado com cada entrevista, ou seja, cada uma apresenta seu conjunto de categorias que são comparadas e um sistema geral de categorias é criado com todas as entrevistas. Isso tudo é feito após inúmeras revisões e reiteradas leituras.

> O produto final constitui uma interpretação das entrevistas, juntando estruturas de relevância dos informantes com as do entrevistador. A fusão dos horizontes dos pesquisadores e dos informantes é algo que tem a ver com a hermenêutica (JOVCHELOVITCH; BAUER, 2007, p. 107).

Sendo assim, esse tipo de análise se aproxima da hermenêutica, uma vez que trata da interpretação de textos a partir da apreensão dos sentidos produzidos. A seguir, ilustramos o método de análise a partir da descrição de suas etapas.

Figura 2 – Etapas da Análise temática

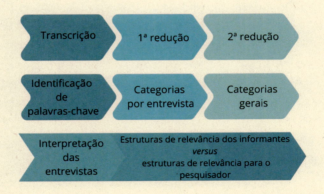

Fonte: elaborada pela autora Chediak (2020), a partir de Jovchelovitch e Bauer (2007)

Após a categorização geral dos dados, fizemos o agrupamento (*cluster*), buscando investigar "tipos de conteúdos narrativos", conforme orientações de Jovchelovitch e Bauer (2007). Dessa forma, a análise de conteúdo é o enfoque desta pesquisa predominantemente qualitativa. Por análise de conteúdo clássica, Jovchelovitch e Bauer (2007, p. 190) explicam que:

> A análise de conteúdo é apenas um método de análise de texto desenvolvido dentro das ciências sociais empíricas. Embora a maior parte das análises clássicas de conteúdo culminem em descrições numéricas de algumas características do corpus do texto, considerável atenção está sendo dada aos "tipos", "qualidades", e "distinções" no texto, antes que qualquer quantificação seja feita. Deste modo, a análise de texto faz uma ponte entre um formalismo estatístico e a análise qualitativa de materiais. No divisor quantidade/qualidade das ciências sociais, a análise de conteúdo é uma técnica híbrida que pode mediar esta improdutiva discussão sobre virtudes e métodos.

Bauer (2007) elucida que os procedimentos de análise de conteúdo reconstroem representações em duas dimensões principais, sendo elas a dimensão sintática e a dimensão semântica. Nesse método de análise, a frequência das palavras, sua ordenação, as escolhas lexicais e as características linguísticas gerais, gramaticais e estilísticas, constituem-se como indicadores para a análise, pois podem definir o público, sentidos associativos ou ainda indicar valores, estereótipos, símbolos etc. Além disso, esses indicadores possibilitam a realização de inferências básicas.

Para a análise dos questionários e demais materiais, tais como as chamadas públicas e os relatórios, também utilizamos o método interpretativo, com procedimentos da análise do conteúdo.

Moraes (1999), ao considerar diversos estudos sobre a análise do conteúdo, estabelece cinco etapas, sendo elas a de preparação das informações, unitarização ou transformação do conteúdo em unidades, categorias ou classificação das unidades em categorias, descrição e interpretação.

Quadro 11 – Etapas da análise do conteúdo

Preparação	1. Leitura e identificação das amostras para análise de acordo com os objetivos de pesquisa. 2. Codificar cada elemento da amostra – com foco no objetivo da pesquisa.
Unitarização	1. Reler o material e definir unidade de análise (palavras, frases, temas etc.). 2. Reler e codificar cada unidade (códigos adicionais associados à codificação realizada na preparação). 3. Isolar cada unidade de análise para ser submetida à classificação. 4. Definir o contexto de cada unidade de análise.

Categorização	1. Agrupar dados considerando a parte comum entre eles, a partir de determinados critérios (semânticos, sintáticos etc.).
Descrição	1. Descrição em forma de texto síntese expressando o conjunto de significados.
Interpretação	1. Interpretação dos dados, aprofundando da compreensão dos conteúdos manifestos e latentes, com base nas teorias apresentadas e aberta a novas teorizações possíveis.

Fonte: elaborado pela autora Chediak (2020), a partir do texto de Moraes (1999)

A etapa de preparação requer do pesquisador uma leitura cuidadosa do material para identificar as amostras, mantendo o foco nos objetivos da pesquisa. Na etapa de unitarização, a releitura é necessária, também com foco nos objetivos, além dos problemas levantados (MORAES, 1999). A leitura e a releitura, tantas vezes quanto se fizerem necessárias, são peculiares aos métodos interpretativos e também se constituem como uma característica que aproxima da pesquisa hermenêutica, tendo em vista que busca apreender os significados do texto.

Importante considerar no processo a natureza dos materiais. No caso de nossa pesquisa, as unidades de análise de documentos já podem se diferenciar. Enquanto as Chamadas Públicas possuem uma natureza mais prescritiva e normativa, os relatórios finais possuem uma natureza mais descritiva e avaliativa. As unidades de análise para questionários e entrevistas também podem ser diferentes e estão atreladas aos tipos de perguntas e respostas. Em todos os casos, os objetivos, os problemas e as hipóteses (quando houver) da pesquisa são essenciais para fornecer um direcionamento.

O estabelecimento de categorias nesta pesquisa ocorreu a partir de critérios semânticos, sempre com foco na pesquisa teórica, nos objetivos, problemas e hipóteses, previamente estabelecidos. Elas foram refinadas na medida em que os documentos, respostas para o questionário e transcrições das entrevistas foram relidos. Dessa maneira, concordamos com Moraes (1999, [n.p.]), quando afirma que

> [...] é preciso compreender que a análise do material se processa de forma cíclica e circular, e não de forma sequencial e linear. Os dados não falam por si. É necessário extrair deles o significado. Isto em geral não é atingido num único esforço. O retorno periódico aos dados, o refinamento progressivo das categorias dentro da procura de significados cada vez melhor explicitados, constituem um processo nunca inteiramente concluído, em que a cada ciclo podem atingir-se novas camadas de compreensão.

Ao realizar o processo cíclico de leituras e releituras, optamos por definir algumas categorias norteadoras, presentes em alguns materiais e ausentes em outros. Para a análise das chamadas, as categorias foram reduzidas, dada a limitação de informações relacionadas aos nossos objetivos de pesquisa. Para os relatórios, entrevistas e respostas dos questionários, as categorias foram ampliadas, em virtude da riqueza de detalhes e descrições.

Moraes (1999) explica que as categorias podem ser definidas a priori ou a partir dos dados. No primeiro caso sua validade pode estar sustentada em construtos teóricos, já no segundo caso essa validade é construída na argumentação dos dados. Em todo caso, deve obedecer aos critérios de validade, exaustividade, homogeneidade, exclusividade e objetividade.

A validade refere-se à adequação e à pertinência a objetivos, problemas, perguntas e até mesmo, no caso desta pesquisa, às hipóteses. A exaustividade, também denominada inclusividade, é a potencialidade das categorias de compreenderem várias unidades de significado. A homogeneidade requer que a classificação esteja pautada em um único princípio de classificação e garantida tanto em termos de conteúdo quanto de abstração. A exclusividade assegura que cada elemento seja classificado em uma categoria, ou seja, não pode haver sua sobreposição em mais de uma divisão. A objetividade relaciona-se com a exclusividade na medida em que ambos os critérios se referem ao posicionamento dos dados nas categorias. Nesse sentido, a objetividade requer que as regras de classificação sejam claras, objetivas e consistentes o suficiente para a classificação da unidade de conteúdo.

Nesta pesquisa, definimos as categorias a priori a partir dos construtos teóricos, dos objetivos, problemas, perguntas e hipóteses, no entanto de maneira flexível, tendo em vista que dos dados emergiram novas perspectivas e significações, de acordo com a natureza dos materiais. Buscamos atender aos critérios para a categorização das unidades.

Partimos do entendimento de que é tarefa do pesquisador o esforço de não dicotomizar o processo de categorização. Essa dicotomização aqui explicitada refere-se a: ou você categoriza a priori, a partir dos objetivos, ou categoriza no processo de interpretação dos dados. Sua tarefa consiste em explorá-los, considerando as dimensões que compõem a pesquisa: objetivos, problemas, questões, contexto, teorias, métodos e dados. O processo interpretativo mais aberto e vivo garante maiores possibilidades de aprofundamento e captação de significados. Nesse processo, o pesquisador é indivíduo ativo e capaz de estabelecer novos caminhos, sem a ilusão da neutralidade e sem perder de vista o rigor científico, mas utilizando seus conhecimentos teóricos e experiências sobre o tema para que, na relação com as dimensões, possa construir ou ampliar conhecimentos.

4.6 DESCRIÇÃO DO CURSO DE FORMAÇÃO CONTINUADA NA FINLÂNDIA

O curso de formação continuada na Finlândia, denominado *Vocational Education and Training (VET) Teacher for the Future,* foi customizado para atender a demanda de formação de professores de educação básica, técnica e tecnológica da Rede Federal de Educação Profissional do Brasil. A versão customizada foi realizada a partir de uma parceria firmada entre as universidades finlandesas *HAMK University of Applied Science, TAMK University of Applied Science* e Haaga-Heelia e o MEC/Setec. O curso foi organizado em diferentes etapas e eixos temáticos.

A primeira etapa foi realizada na Finlândia, com o curso e as visitas técnicas em diferentes instituições de ensino, tanto na cidade em que cada universidade se localizava quanto em cidades vizinhas, incluindo a capital da Finlândia – Helsinque. A segunda etapa consistiu na elaboração e execução de um projeto de desenvolvimento pelo próprio cursista, com orientação dos educadores finlandeses, o qual descreveremos a seguir.

O curso foi organizado em diferentes eixos temáticos, abrangendo: Fundamentos da Educação Finlandesa, Processos de Ensino de Aprendizagem com foco na Aprendizagem centrada no estudante, Metodologias Ativas, Aprendizagem baseada em problemas e Aprendizagem baseada em Projetos, Métodos Dialógicos, *E-learning* no século XXI, Currículo baseado em competência e Sistema de Avaliação Institucional.

Cada uma das três edições, regulamentadas pelas Chamadas Públicas Setec/MEC-CNPq Professores para o Futuro – Finlândia n.º 15/2014, n.º 41/2014, n.º 26/2015 –, teve um formato ajustado, porém mantendo essencialmente os mesmos temas. A duração da primeira e segunda edição, em 2014 e 2015, foi de cinco meses de curso e visitas técnicas na Finlândia e cinco meses para a execução do projeto de desenvolvimento no Brasil. Já a terceira edição teve duração de três meses de curso e visitas técnicas na Finlândia e sete meses para a execução do projeto no Brasil.

A seguir, apresentamos um quadro com os principais pontos de cada eixo temático.

Quadro 12 – Eixos temáticos do curso de formação continuada na Finlândia

Eixos Temáticos	Principais pontos dos eixos temáticos
Fundamentos da Educação Finlandesa	• Estrutura e funcionamento do sistema educacional finlandês. • Principais momentos históricos e ícones da cultura finlandesa. • Resultados da Finlândia no *PISA*. • Princípios da Educação Finlandesa: acesso à educação de maneira igualitária e gratuita para todos; aprendizagem ao longo da vida; modelos pedagógicos que atendem a uma variedade de estilos de aprendizagem (centrado no aluno); professores são essenciais no papel de internacionalização e prevenção da exclusão social. • O Ministério da Educação na Finlândia define os objetivos e conteúdo da base nacional curricular. Cada escola define seu próprio currículo específico. • O socioconstrutivismo como base da educação finlandesa. • Os pilares da aprendizagem: responsabilidade, concreticidade, escolha, colaboração, respeito e desafio. Além disso a confiança. • Individualização e personalização do ensino – professores são autônomos, ambientes de aprendizagem autênticos (aprendizagem baseada em projetos), aprendizagem flexível e centrada no aluno.
Processos de Ensino de Aprendizagem com foco na Aprendizagem centrada no estudante	• Confiar que o aluno aprende. • Confiar no processo de aprendizagem, mesmo que tome tempo, a aprendizagem acontece. • Confiar no ensino – o ensino eficiente e significativo faz a diferença. • Princípios humanistas e construtivistas.
Metodologias Ativas	• Metodologias Ativas de aprendizagem: estratégias de ensino e aprendizagem, compartilhamento de ideias, trabalhos em grupo e técnicas de movimento e aprendizagem na sala de aula, com mediação do professor.
Aprendizagem baseada em problemas e Aprendizagem baseada em Projetos	• Apresentação dos conceitos de aprendizagem baseada em projetos, projeto baseado em problemas etc. • Interdisciplinaridade e transdisciplinaridade. • Trabalho e planejamento colaborativo entre professores. • Autenticidade na aprendizagem: busca de soluções de problemas reais da comunidade e do entorno.

Eixos Temáticos	Principais pontos dos eixos temáticos
	• Aproximação do ambiente educacional ao setor produtivo – ao trabalhar com projetos os alunos propõem soluções, criam protótipos, lançam propostas etc.
Métodos Dialógicos	• Conceito de método dialógico. • Apresentação de técnicas dialógicas para sala de aula.
E-learning no século XXI	• Apresentação de conceitos de *e-learning*. • Ferramentas da internet para o ensino e a aprendizagem. • Desenvolvimento de materiais (vídeos, apresentações etc.) para aulas.
Currículo baseado em competência	• Conceito de competências. • Conceito de currículo baseado em competências.
Sistema de Avaliação Institucional	• Demonstração do processo de avaliação interna e externa da instituição.

Fonte: elaborado pela autora Chediak (2020), a partir de materiais do curso

Como podemos perceber, por meio dos eixos temáticos propostos no curso de formação continuada na Finlândia, os princípios pedagógicos estão fundamentados principalmente na filosofia humanista para a educação e na pedagogia escolanovista, bem como no construtivismo enquanto linha psicológica.

A continuidade das ações do Programa Professores para o Futuro ocorreu com o lançamento de mais duas Chamadas Públicas para participações nos cursos *Finnish Train the Trainers (FiTT),* ocorrido em agosto de 2017 na Finlândia, e o curso Brasileiros Formando Formadores (BraFF), lançado em novembro de 2018 e desenvolvido entre dezembro de 2018 e maio de 2019 no Brasil, de maneira híbrida. Os cursos focaram na elaboração de currículo de formação de professores da EBTT.

Para participação no *FiTT*, 20 professores, egressos do curso *Vocational Education and Training (VET) Teachers for the Future,* foram convidados. Nesse curso, os professores deveriam elaborar um currículo de formação de formadores nos mesmos moldes em que receberam a formação na Finlândia. O currículo foi elaborado e nomeado por seus cursistas de BraFF.

Os professores egressos do *FiTT* foram formadores dos professores cursistas do BraFF. Como critério de inscrição, os professores cursistas do

BraFF deveriam ter participado de mobilidade internacional do Reino Unido, Canadá ou Finlândia, lançada pela Setec/MEC (apresentamos no Quadro 5). Assim como no FiTT, os cursistas do BraFF elaboraram o currículo para formação de outros professores da EBTT da RFEPCT, nos moldes do BraFF.

Dessa maneira, podemos ilustrar a oferta do Programa da seguinte forma:

Figura 3 – Programa Professores para o Futuro Setec/MEC

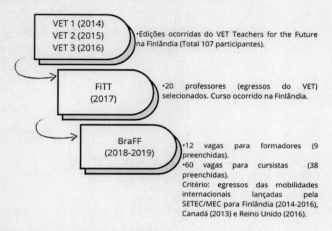

Fonte: elaborada pela autora Chediak (2020), com base em editais[32]

O foco da nossa pesquisa são os professores participantes do VET, no entanto nas narrativas ou nas respostas dos questionários é possível notar menção ao FiTT ou BraFF, em virtude de os participantes do FiTT serem os mesmos do VET e de alguns do BraFF serem também os mesmos. Por esse motivo, achamos interessante expor essas informações para a melhor compreensão das análises.

---

[32] Disponíveis em: http://portal.mec.gov.br/setec-secretaria-de-educacao-profissional-e-tecnologica/editais. Acesso em: 10 jun. 2020.

CAPÍTULO 5

O QUE DESCOBRIMOS

Neste capítulo apresento, analiso e discuto os dados da investigação. Vale lembrar que a fonte de dados foi composta por:

a. **documentos:** compostos pelas três chamadas públicas para o programa Professores para o Futuro – *Vocational Education and Training (VET) Teachers for the Future* – Finlândia, bem como dois relatórios finais avaliando as edições (primeira e segunda) do programa;

b. **questionários:** questões fechadas e abertas geraram dados quantitativos e qualitativos. Alguns dados quantitativos auxiliaram no levantamento do perfil dos participantes, expostos no capítulo sobre o percurso metodológico da investigação. Outros dados são analisados e discutidos neste capítulo;

c. **entrevistas narrativas:** as entrevistas foram organizadas em unidades temáticas para análise;

d. **materiais eletrônicos**: sítios de revistas científicas, blogs e outros materiais eletrônicos que foram disponibilizados pelos informantes e acessados apenas para confirmação de dados das entrevistas e questionários.

Na sequência, explicaremos o processo de concepção das categorias de análise e suas subcategorias.

Neste capítulo apresento o processo de estabelecimento das categorias e subcategorias para análise de todos os dados, no entanto mantenho foco nos documentos e questionários.

No capítulo seguinte apresento a discussão e análise das entrevistas e após este faço uma discussão geral dos dados provenientes de todas as fontes.

5.1 PROCESSO DE CRIAÇÃO DAS CATEGORIAS E SUBCATEGORIAS DE ANÁLISE

Conforme apresentado no capítulo sobre os procedimentos metodológicos, realizamos a leitura do material e seguimos as etapas para a análise dos documentos e dos questionários: preparação, unitarização, categorização, descrição e interpretação. Para as entrevistas narrativas, realizamos a transcrição, a redução gradativa do texto a sentenças sintéticas, a identificação de categorias por entrevista, na sequência as categorias gerais e, finalmente, a interpretação das entrevistas.

A primeira leitura dos textos foi realizada para buscar unidades significativas de análise. Com a identificação de algumas unidades, realizamos o encadeamento com nossa pesquisa teórica, os objetivos, hipóteses e problema de pesquisa, conforme quadro a seguir:

Quadro 13 – Tópicos centrais dos objetivos, problemas e hipóteses da pesquisa articulados com o referencial teórico

OBJETIVOS	Efeitos nas concepções pedagógicas dos professores.
	Relação intercultural Brasil X Finlândia.
	Meios de aplicação/multiplicação de conhecimentos/transferência.
	Percepções dos professores sobre a prática pedagógica.
	Experiência dos professores e relação com a formação.
PROBLEMAS	Aspectos culturais, econômicos e políticos.
	Aspectos considerados face às diferenças culturais.
	Estratégias globais para a internacionalização da educação nos IFS.
	Sob quais critérios a agenda de internacionalização da EPT nos IFs é determinada?
	Sob qual paradigma ocorre a relação com a internacionalização/mobilidade de professores?
	Formas de adaptações e reproduções realizadas (requeridas nos documentos ou realizadas pelos professores).
	Possibilidades e desafios percebidos pelos professores.

HIPÓTESES	A formação continuada no exterior não considera a questão cultural, econômica e estrutural na transferência de conhecimentos.
	Desarticulação entre instituições – IFs e políticas/programas da Setec/MEC.
	Esforço individual do professor.
	Experiência fragmentadora da identidade do professor e geradora de conflitos.
	Experiência potencialmente transformadora na concepção de ensinar e relacionar-se com o estudante.
	Processo de internacionalização dos Institutos Federais ocorre predominantemente sob a ótica mercadológica (produto para consumo e entrega) e a mobilidade internacional é a principal atividade de internacionalização.

Fonte: elaborado pela autora Chediak (2020)

Ao relacionarmos as unidades significativas de análise aos tópicos centrais considerando os objetivos estabelecidos para a pesquisa, os problemas e hipóteses, bem como o referencial teórico, chegamos às seguintes categorias gerais:

1. efeitos;
2. identidade;
3. formação;
4. experiência;
5. internacionalização;
6. transferência de conhecimentos;
7. articulação (entre políticas da Setec/MEC e políticas institucionais).

A análise das categorias foi realizada de acordo com a natureza do documento, ora na perspectiva do professor participante, ora na perspectiva das políticas provenientes da Setec/MEC. Das categorias gerais, emergiram subcategorias de acordo com os dados dos materiais analisados, podendo ser dispostos conforme Quadro 14, a seguir.

Quadro 14 – Categorias e Subcategorias

Experiência	Tipo de experiência (formadora/vivência). Sentidos atribuídos à experiência pelos professores. Percepção da experiência pelos professores.
Efeitos	Efeitos na perspectiva dos professores. Efeitos na perspectiva da Setec/MEC.
Identidade do Professor	Construção identitária do ser educador (representações de si como profissional / como me formei?). Influência das representações nas concepções pedagógicas (interação dos elementos na subjetividade do professor: como influenciam na formação? / mudanças percebidas pelo professor em sua construção identitária). A construção identitária na relação com o outro (a cultura do outro *versus* a minha cultura / nação como identidade).
Formação Continuada de Professores na Finlândia	Orientações conceituais da formação/modelo de currículo. Avaliação do processo de formação na Finlândia. Aprendizagem com os pares. A formação internacional do professor da EBTT. Trajetória de formação anterior à formação continuada no exterior (categoria emergida nas entrevistas narrativas).
Transferência de conhecimentos	Tipos de transferências. Viabilidade das transferências: questões culturais, institucionais ou políticas. Viabilidade das transferências: atitude dos pares.
Internacionalização	Mobilidade internacional sob o viés mercadológico (como intersecção). Mobilidade internacional sob o viés intercultural (como união). Desdobramentos de outras ações de internacionalização (termos, acordos, rede de relacionamentos, políticas etc.). Choque cultural reverso (subcategoria emergida nas entrevistas narrativas).
Articulação	Articulação entre a política da Setec/MEC e a instituição educacional.

Fonte: elaborado pela autora Chediak (2020)

Todas as categorias e subcategorias estão expostas no quadro supra. No entanto, nem todas foram identificadas em todos os dados analisados, tendo em vista sua perspectiva e natureza. Sendo assim, nos documentos, por exemplo, os efeitos analisados são somente aqueles na perspectiva da Setec/MEC (que apesar de terem coletado dados dos professores, teceram suas conclusões), enquanto nas entrevistas e questionários, os efeitos analisados são a partir da perspectiva do professor. A categoria "experiência" está mais atrelada aos dados dos participantes (entrevistas e questionários), tendo em vista que nos interessa a experiência sob o ponto de vista dos professores.

Duas subcategorias foram reveladas somente na análise das entrevistas narrativas, a partir das unidades temáticas, relacionadas às categorias de formação – narrativa da trajetória de formação antes da experiência formativa na Finlândia – e internacionalização – choque cultural reverso.

No decorrer do processo de análise, reformulamos diversas vezes as categorias e subcategorias e deixamos a pesquisa revelar como elas se comportavam e se relacionavam. Por fim, notamos que, embora o método de análise de conteúdo proponha que as categorias sejam bem definidas, elas podem apresentar uma inter-relação. No caso da experiência, categoria central em nossa pesquisa, ela é a gênese de todas as outras categorias. Da experiência surgem os efeitos que, por sua vez, apresentam diferentes dimensões que se aproximam das e/ou repercutem em outras categorias.

Também importante mencionar que nossa pesquisa trata do sujeito: o professor, sua formação continuada no exterior e sua relação com a instituição. Dessa maneira, entre o sujeito professor participante da pesquisa e a instituição, há outros sujeitos e instituições. De um lado, as pessoas/instituições que determinam a estrutura da formação demandam e pagam; de outro lado as pessoas/instituições que recebem as demandas comercializam, organizam e entregam a formação. Interessa então como essas instâncias se articulam, como esse professor regressa após a formação e como as ações dos demandantes se organizam na instituição de origem do professor. Essa categoria denominamos de **articulação**.

Em outras palavras, os **efeitos** provocados nos professores, na perspectiva deles, são determinados pela experiência dos indivíduos. Tais efeitos foram diversificados e revelados de diferentes maneiras na interface com as demais categorias, ou seja, na análise das falas dos professores a categoria "efeitos" surge como um tópico do qual algumas categorias se ramificam, sendo elas a de identidade, formação, internacionalização e transferências.

A categoria de internacionalização em nossa pesquisa também tem origem nos efeitos da experiência do professor, tendo em vista que a analisamos a partir de sua perspectiva. Por fim, a categoria de articulação se mostrou na interação do indivíduo x instituição. A seguir, ilustramos essa relação entre as categorias.

Figura 4 – Relação entre as categorias de análise

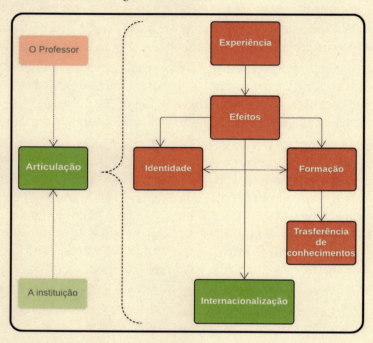

Fonte: elaborada pela autora Chediak (2020)

Como afirmamos anteriormente, as categorias foram pré-estabelecidas. No entanto, no processo de análise elas passaram por algumas alterações e adequações, conforme emergiam dos dados novas perspectivas. Em nossa ilustração, as categorias de análise estão em caixas com bordas e todas referem-se aos elementos que interagem entre o professor e a instituição, entendida aqui como os IFs (Setec/MEC → IF → campus → local de trabalho). As caixas vermelhas estão diretamente ligadas ao sujeito e indiretamente à instituição, enquanto as caixas verdes estão ligadas diretamente à instituição e indiretamente ao professor.

Assim como existe uma dialética presente na experiência (JOSSO, 2004), existe também uma dialética entre os demais elementos que nascem da formação experiencial/aprendizagem pela experiência. Nesse caso, os pares dialéticos individual/coletivo; interioridade/exterioridade; saberes/conhecimentos apresentam uma "plasticidade dinâmica", termo utilizado por Josso (2004) para caracterizar a experiência formativa e que adotamos para caracterizar a relação entre os elementos que interagem na subjetividade do professor – participante de experiência formativa no exterior – e na concretude de seu ambiente de trabalho, considerando neste último caso o local, a cultura institucional, as políticas institucionais e os processos de gestão escolar que (in)viabilizam a integração de suas novas aprendizagens.

A base para a discussão apresentada aqui está no conceito de "**experiência**" abordado por Larrosa (1998; 2002) e Josso (2004), mais especificamente sobre a experiência que definimos como aprendizagem pela experiência ou formação experiencial (JOSSO, 2004), ou seja, difere-se de uma "vivência" pela vivência, mas pode ser um conjunto de vivências que se tornam experiência, pois tratamos aqui de uma experiência caracterizada pela suspensão de automatismos – longe de trabalho e rotinas diárias (LARROSA, 1998; 2002), pela profunda reflexão do professor sobre o que se passa com ele, pela relação de alteridade determinada em um contexto de imersão cultural diferente das representações simbólicas que definem a identidade cultural dos professores brasileiros sujeitos de nossa pesquisa. Nesse caso, interessa-nos compreender melhor como ocorre essa experiência formadora nas representações dos professores, os elementos de sua identidade/formação que interagem para provocar algo novo.

Consideramos os estudos de Josso (2004) para conduzir nossa análise da experiência dos professores, buscando compreender a dialética, as características, modalidades, implicações, atitudes e etapas da experiência, podendo esses elementos estarem presentes na análise de outras categorias/subcategorias. Para analisar a categoria "experiência" focamos no tipo de experiência, a percepção e o sentido atribuídos a ela pelos professores. Desse modo, relacionamos as seguintes subcategorias para analisar os dados: **a) tipo de experiência (quais vivências se tornam experiência; b) percepção da experiência (como compreende a experiência); e c) sentidos atribuídos**.

Ao abordarmos especificamente a categoria "**efeitos**" buscamos levantar, a partir dos documentos e falas dos professores, todas as repercussões causadas pela formação continuada na Finlândia. Os documentos revelam os efeitos esperados ou reconhecidos pela Setec/MEC, enquanto a fala dos professores os apresenta a partir da perspectiva desses, constituindo, dessa forma, duas subcategorias: **a) efeitos na perspectiva da Setec/MEC e b) efeitos na perspectiva do professor**. Somente após esse levantamento, podemos atribuí-los a outras categorias para então analisarmos, considerando a interdependência entre elas.

Ao atribuirmos efeitos ou percepções à **"identidade"** do professor consideraremos aqueles que se relacionam com **a) sua construção identitária do ser educador** – as representações de si como educador –, **b) a influência das representações sobre as concepções pedagógicas**, ou seja, a maneira como os elementos interagem em sua subjetividade (JOSSO, 2004) e **c) sua construção identitária na relação com o outro/outra** nação/outra identidade cultural (SANTOS, 1999). Dessa maneira, elencamos três subcategorias à categoria identidade.

Em relação à **"formação"** do professor, conforme exposto anteriormente, estamos nos referindo principalmente à formação continuada no exterior. No entanto, em uma subcategoria que emergiu nas entrevistas narrativas, a trajetória anterior a essa formação é abordada pelo professor. Sem desconsiderar a relação entre formação/identidade/experiência, buscamos um recorte com fim didático para analisarmos os dados, elencando cinco subcategorias: **a) orientações conceituais/modelo de currículo conduzido no curso; b) expectativas da Setec/MEC para a formação internacional do professor da EBTT; c) avaliação do processo de formação continuada no exterior; d) formação pela aprendizagem com os pares** e a última, revelada na análise temática das entrevistas; **e) trajetória de formação antes da experiência formativa** na Finlândia.

Sobre a categoria **"transferência de conhecimentos"** compreendemos como etapas da experiência, mais relacionada à terceira e à quarta etapas (JOSSO, 2004) – momento em que o professor interpreta/elabora/simboliza sua experiência pela mediação da linguagem (terceira etapa) e a transfere para outros contextos (quarta etapa). Nesse caso o professor se pergunta: "O que é essa experiência?", "O que se passou comigo?", "O que aprendi com os outros?", "Para que serve essa experiência?" A transferência de conhecimento é a fase mais crítica, uma vez que se trata do que o professor faz com a experiência – nesse momento ele compreende a experiência, elabora e adequa/integra a sua realidade.

Para compreender a etapa da transferência de conhecimentos, cabe aqui localizarmos as **etapas** anteriores, as **modalidades** e seus **contextos.** Entendemos que no momento em que o professor submeteu um projeto de pesquisa aplicada como requisito para participação no programa de formação continuada na Finlândia ele provocou a experiência – ou seja, nas palavras de Josso (2004) ele "fez" a experiência acontecer, de certa forma. Ao mesmo tempo ele não dispôs do controle total dessa experiência, sendo assim ele "teve" a experiência. Nesses contextos do ter/fazer a experiência, o professor interagiu com outras pessoas, ambientes e objetos/coisas e passou pela primeira etapa – em que houve a suspensão dos automatismos e a surpresa –, pela segunda etapa – em que deu-se o início de uma análise interior do que se passa, o que foi observado e sentido – e a terceira etapa, a simbolização – momento que ocorre no contexto abstrato do "pensar" essa experiência e requer **atitudes** de abertura para si e para os outros.

A transferência de conhecimentos, que aqui consideramos como a quarta etapa de elaboração da experiência, requer a interpretação da experiência – que é a terceira etapa, nessas etapas estão presentes os pares dialéticos interioridade/exterioridade –, pensar (individual/interioridade) e transferir (coletivo/exterioridade). Nessa elaboração também estão presentes as **implicações** relacionadas às aprendizagens, ao conhecimento e à formação – ou seja, nas palavras de Josso (2004) ocorrem a tomada de consciência sobre o que foi vivido, a criatividade, responsabilização, mudança e autonomização.

Vale ressaltar que, em nossa interpretação, a simbolização (terceira etapa), nomeação do que ocorreu (mediada pela linguagem), acontece também no momento em que o professor concede a entrevista narrativa ou responde ao questionário com narrativas mais reflexivas e elaboradas.

Também importante destacar que analisamos as transferências de conhecimentos como efeito da experiência dos professores, assim como as demais categorias de identidade e formação, nos próprios professores – ou seja, como eles transferiram as experiências para outros sujeitos.

Como subcategorias da transferência de conhecimentos observamos: **a) tipos de transferências; b) viabilidade das transferências: questões culturais, institucionais ou políticas; e c) viabilidade das transferências: atitudes dos pares**.

Em relação à categoria "**internacionalização**", a qual associamos aos efeitos da experiência internacional dos professores na instituição, buscamos identificar o viés da mobilidade internacional nas perspectivas do professor ou nos documentos da Setec/MEC (relatórios e chamadas públicas), bem como as repercussões desse esforço de internacionalização da formação do professor/da Rede Federal. Para tanto, buscamos identificar nos dados as seguintes subcategorias: **a) mobilidade internacional sob o viés mercadológico** – como intersecção –; **b) mobilidade internacional sob o viés**

intercultural – como união (AZEVEDO, 2015) – e **c) desdobramentos de outras ações de internacionalização** (termos, acordos, rede de relacionamentos etc.). Da análise temática das entrevistas narrativas, uma nova subcategoria emergiu: a do **d) choque cultural reverso**.

Associamos a categoria "**articulação**" também aos efeitos da experiência na instituição, buscando compreender como se deu a articulação entre a política da Setec/MEC e a instituição educacional ou, ainda, a articulação entre as ações dos professores egressos do curso de formação continuada no exterior e o campus – local de trabalho do professor, ou seja, universos concretos diferentes.

Apesar de organizarmos as categorias associando-as ora aos sujeitos, ora à instituição, compreendemos que há uma plasticidade dinâmica entre esses elementos – em um movimento dinâmico e a dissociação, pois entendemos que uma instituição é prioritariamente composta por sujeitos. O foco é meramente para fins analíticos.

Figura 5 – Relação entre categorias e subcategorias

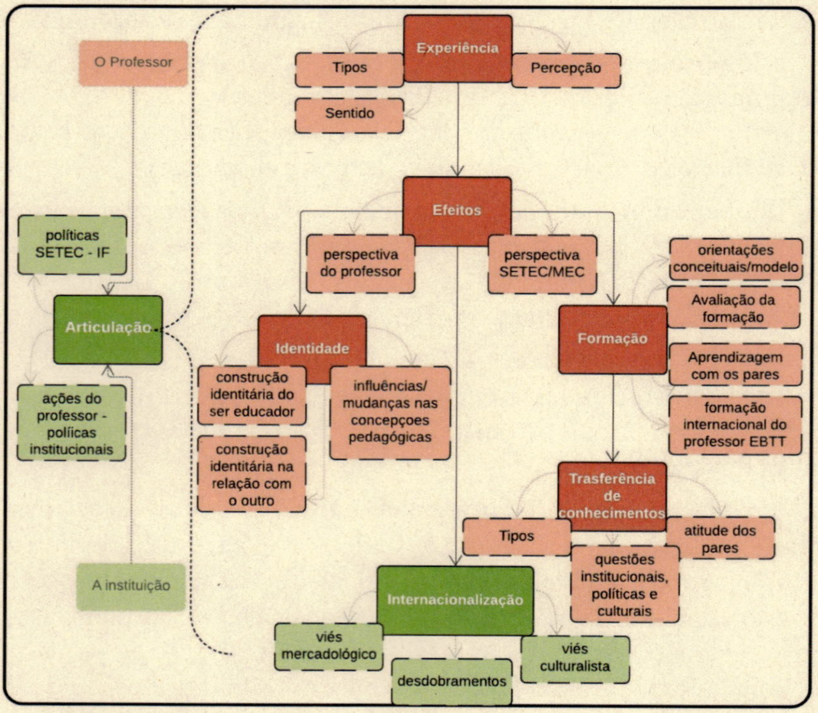

Fonte: elaborada pela autora Chediak (2020)

Na sequência, analisaremos os materiais conforme sua natureza para que ao final possamos apresentar uma ideia geral, triangulando as fontes de dados e as categorias gerais.

5.2 ANÁLISE DOCUMENTAL

Neste momento, analisamos as Chamadas Públicas e Relatórios emitidos pela Setec-MEC sobre o programa de mobilidade de professores da EBTT da Rede Federal de Educação Profissional, Ciência e Tecnologia (RFEPCT) para a Finlândia, desde a proposta da Setec/MEC, estabelecidas nas chamadas, a relação com as universidades finlandesas, a concepção de internacionalização, a intencionalidade do programa e as expectativas em relação aos efeitos produzidos nos professores. Especificamente, nos relatórios buscamos compreender os efeitos produzidos a partir dos resultados relatados.

5.2.1 Análise das Chamadas Públicas[33]

Conforme apontamos, três chamadas públicas foram divulgadas entre os anos de 2014 e 2016, com a realização do curso na Finlândia em três edições para diferentes grupos em 2014, 2015 e 2016.

A partir da análise das chamadas é possível afirmar que o Programa Professores para o Futuro objetivou **capacitar professores para o desenvolvimento de projetos de pesquisa aplicada que visasse à integração com o setor produtivo**. Apesar de esse objetivo não estar claramente expresso nas duas primeiras chamadas é possível chegar a essa conclusão, conforme apontamos no Quadro 15 a seguir. Nele, apresentamos algumas informações expressas nas chamadas em relação ao objetivo e temas estabelecidos para a submissão dos projetos dos professores.

---

[33] As Chamadas Públicas Professores para o Futuro – Finlândia – foram lançadas pela Secretaria de Educação Profissional e Tecnológica do Ministério da Educação (Setec/MEC), com o apoio do Conselho Nacional de Desenvolvimento Científico e Tecnológico (CNPq), e podem ser acessadas no site do CNPq no menu principal "Bolsas e Auxílios" → "Chamadas" na aba → "Encerradas." Disponível em: www.cnpq.br. Acesso em: 1 jun. 2023.

Quadro 15 – Chamada Pública CNPq – Setec/MEC – Programa Professores para o Futuro (Finlândia): objetivo, intencionalidade e expectativas

Objetivo da chamada	I	Selecionar propostas para apoio financeiro a projetos que visem contribuir significativamente para o **desenvolvimento científico, tecnológico e de inovação do país**, por meio da seleção de professores da Rede Federal de Educação Profissional, Científica e Tecnológica (RFEPCT), para programa de **capacitação** a ser realizado na Finlândia, consolidado a partir das **experiências de educação profissional do modelo finlandês** de pesquisa aplicada, que tem como base a **interação com o setor produtivo**.
	II	
	III	Selecionar propostas para apoio financeiro a projetos que visem contribuir significativamente para o **desenvolvimento científico, tecnológico e de inovação do país**, por meio da seleção de professores da Rede Federal de Educação Profissional, Científica e Tecnológica (RFEPCT), para a **execução de projetos focados em práticas de Ensino Profissional e Tecnológico** que visem contribuir expressivamente para a efetiva **integração** entre a oferta de ensino profissional e tecnológico e de pesquisa aplicada pelas unidades da RFEPCT com as demandas dos **Arranjos Produtivos Locais** no seu entorno.
Temas dos projetos	I	Temas relacionados às áreas estratégicas do governo federal em educação, ciência e tecnologia, sendo elas: agropecuária; alimentos; automobilística; automação; biomédica; biotecnologia; construção civil e edificação; economia criativa; energia renovável; eletroeletrônica; energia; gastronomia; mecânica; nanotecnologia; petróleo e gás; recursos ambientais; tecnologia assistiva; tecnologias ambientais (florestas); Tecnologias da Informação e Comunicação (TICs); tecnologias educacionais, incluindo tecnologias baseadas em internet e EaD; tecnologias para sustentabilidade; transporte e turismo.
	II	
	III	• Temas relacionados a uma das três dimensões prioritárias para o desenvolvimento da RFEPCT: • desenvolvimento: formação continuada de professores; design e aperfeiçoamento de currículos, com foco especial no Ensino Técnico Integrado ao Ensino Médio e à educação de Jovens e Adultos; ferramentas educacionais baseadas em internet; itinerários formativos; estratégias de acesso, permanência e êxito na Educação Profissional e Tecnológica para a inclusão socioprodutiva e alinhamento dos currículos às necessidades do setor produtivo. • relações institucionais: engajamento do setor produtivo; pesquisa aplicada, extensão e inovação para a elevação da competitividade; mecanismos de integração das redes para a otimização e inovação no ensino. • organização sistêmica: financiamento; avaliação da qualidade; estratégias de mapeamento das demandas por formação profissional: atual e futura; macroprocessos, metas e indicadores de gestão; sistemas de informações; monitoramento, acompanhamento e controle de metas.

Fonte: elaborado pela autora Chediak (2020), a partir da análise das Chamadas Públicas, 2019

O objetivo do programa apresentou uma alteração na terceira chamada, destacando a prática de ensino na EPT como potencial ação integradora entre o ensino profissional e a pesquisa aplicada para atender as demandas dos Arranjos Produtivos Locais (APLs). Nas primeiras chamadas o foco estava na pesquisa aplicada, com base no setor produtivo. Ou seja, de maneira geral, relacionam a importância da pesquisa aplicada para atender às demandas mercadológicas.

Ao analisarmos as três chamadas é possível perceber um processo de amadurecimento do acordo entre a Secretaria de Educação Profissional e Tecnológica (Setec) e o desenho do curso de formação continuada ofertado pelas instituições finlandesas, em especial na chamada III, na qual os temas e atividades propostos estão mais voltados para a prática de ensino na educação profissional. Se anteriormente estavam relacionadas às áreas estratégicas do governo federal para a educação, ciência e tecnologia, consistindo em especial nas áreas de conhecimentos de engenharias e tecnologias, a chamada III passa a expressar atenção às três dimensões prioritárias para a RFEPCT, sendo elas o desenvolvimento, relações interinstitucionais e organização sistêmica.

Esse processo de ajuste do objetivo do programa e temas propostos para os projetos de pesquisa aplicada buscaram atender a realidade do professor da EBTT, que atua tanto em ensino quanto pesquisa e extensão. Assim, a conexão entre ensino e setor produtivo é proposta por meio do currículo na dimensão de desenvolvimento, ao estabelecer que o projeto poderia contemplar o "alinhamento dos currículos às necessidades do setor produtivo".

No Quadro 16 a seguir apresentaremos informações concernentes ao curso de formação continuada tal como é apresentado nas chamadas, sua intencionalidade, expectativas e proposta de avaliação final.

Quadro 16 – Chamada Pública CNPq – Setec/MEC – Programa Professores para o Futuro (Finlândia)

Formação	I	Não há apresentação do programa nas chamadas 2 e 3.
	II	
	III	Formação pautada em pilares conhecer, fazer e ser, a partir da qual os cursistas deveriam desenvolver posteriormente uma das ações de multiplicação dos conhecimentos adquiridos.
Intencionalidade da formação	I	Capacitar professores para desenvolver projetos de pesquisa aplicada com foco no setor produtivo.
	II	
	III	Capacitar professores para a execução de projetos focados em práticas de ensino que integrem ensino profissional e pesquisa aplicada e que atenda às demandas dos arranjos produtivos locais.
Expectativas em relação à proposta	I, II e III	Identificação do problema e proposta de melhoria.
Avaliação final	I	Entrega de relatório técnico final, com detalhamento de todas as atividades desenvolvidas durante a execução do projeto e o registro de todas as ocorrências que afetaram o seu desenvolvimento.
	II	
	III	Entrega de relatório técnico final, com detalhamento de todas as atividades desenvolvidas durante a execução do projeto e o registro de todas as ocorrências que afetaram o seu desenvolvimento. Coordenar pelo menos uma das seguintes iniciativas de multiplicação dos conhecimentos adquiridos sobre Ensino Profissional e Tecnológico: a) Workshop ou oficina com 15 participantes ou mais; b) Elaboração de materiais de divulgação científica, preferencialmente na forma de artigos; c) Participação em projeto de multiplicação de conhecimentos desenvolvido pela Setec/MEC para a RFEPCT, a partir do modelo finlandês de educação ou d) Elaboração de *template* para site institucional internacional (em inglês e espanhol).

Fonte: elaborado pela autora Chediak (2020), a partir da análise das Chamadas Públicas, 2019

Nas chamadas I e II não há uma apresentação sobre o programa do curso ofertado na Finlândia. Já na chamada III há a exposição de um breve cronograma, seguido das explicações de cada eixo do curso: conhecer, fazer e ser. O primeiro eixo abordou os temas mais teóricos, enquanto o segundo eixo se destinou especialmente à aplicação das aprendizagens, ampliando esse conhecimento adquirido mediante visitas técnicas, entrevistas e outras atividades práticas. O terceiro eixo, o ser, referiu a incorporação desses conhecimentos teóricos e práticos, destacando: "As últimas semanas servirão para cristalizar o Conhecer, o Fazer e Ser na identidade do professor e em suas competências pedagógicas, de modo a aplicar o projeto em sua instituição de origem na volta ao Brasil." (Chamada Pública CNPq – Setec/ MEC n.º 026/2015 – Programa Professores para o Futuro – Finlândia – III).

5.2.1.1 Análise das unidades significativas das Chamadas Públicas

Na sequência, faremos a análise das categorias gerais e subcategorias conforme o Quadro 14.

Em nossa pesquisa a categoria **"experiência"** refere-se exclusivamente ao ponto de vista do participante, ou seja, a partir dos questionários e entrevistas e não da análise documental. Por esse motivo, iniciaremos nossa análise com a categoria "efeitos".

A partir da análise das chamadas, podemos compreender que os **efeitos esperados** na formação do professor para a atuação na Educação Profissional e Tecnológica estão relacionados à formação do perfil de um professor inovador, multiplicador, solucionador de problemas relacionados à comunidade local/regional e desenvolvedor de pesquisa aplicada que interaja com o setor produtivo.

Tal interpretação é possível a partir da análise dos Quadros 12 e 13, os quais expressam os objetivos, temas dos projetos, o programa do curso, expectativas e avaliação final. Esse perfil atende à finalidade e ao objetivo dos Institutos Federais prescritos em sua Lei de criação n.º 11.892/2008, expressas no Quadro 1, Capítulo 1 deste livro, que estabelece como uma de suas finalidades, a de "realizar e estimular a pesquisa aplicada, a produção cultural, o empreendedorismo, o cooperativismo e o desenvolvimento científico e tecnológico" e um de seus objetivos o de "realizar pesquisas aplicadas, estimulando o desenvolvimento de soluções técnicas e tecnológicas" (BRASIL, 2008).

Tal efeito está relacionado à expectativa das políticas da Setec/MEC para a constituição de uma **identidade** do professor da EBTT, a partir da formação recebida internacionalmente. Essa visão está expressa na proposta do curso (em sua terceira edição), quando destaca que: "As últimas semanas servirão para cristalizar o Conhecer, o Fazer e Ser na **identidade do professor** e em suas competências pedagógicas [...]." (Chamada Pública CNPq – Setec/MEC N.º 026/2015 – Programa Professores para o Futuro – Finlândia – III). Dessa maneira, a expressão da identidade abrange um conjunto de competências teóricas, práticas e atitudinais.

A proposta de **formação continuada** na Finlândia não está explícita nas chamadas I e III. No entanto, a chamada III apresenta uma ementa para cada eixo formador, compreendendo o Conhecer, o Fazer e o Ser. A partir disso, enquanto modelo da formação, é possível identificar o foco em desenvolvimento de competências no professor como meio de desenvolver características específicas para a prática profissional, o que se enquadra no grupo um, apontado por Davis, Nunes e Almeida (2011). Em nosso referencial teórico, expomos dois grandes grupos, destacados por Davis, Nunes e Almeida (2011), o primeiro modelo com cursos centrados no desenvolvimento de professor e o segundo grupo centrado no desenvolvimento de equipes.

À formação continuada no exterior é atribuído o nome de "capacitação", aproximando-se mais de uma visão gerencialista da educação, conforme apresentamos no capítulo 2 deste livro, bem como a noção de currículo baseado em competências.

Para participar da formação continuada na Finlândia cada professor deveria submeter um projeto de pesquisa aplicada, que se tornaria sua transferência de conhecimento. Conforme vimos na Chamada III, a proposta de projeto poderia ser na dimensão do desenvolvimento, buscando conectar o ensino **às APLs** por meio do "alinhamento dos currículos às necessidades do setor produtivo." Compreendemos tal proposta como algo arriscado, tendo em vista que o foco do curso não comtemplou uma formação em teorias do currículo, mas exclusivamente em um campo teórico: o de competências. Dessa maneira, o risco reside se esse alinhamento prioriza o mercado em detrimento da formação politécnica do estudante ou se as necessidades de formação do professor para a EPT para pensar em/compreender o currículo são desconhecidas, sendo elas, conforme vimos na discussão teórica, a formação para superação da inclusão excludente, formação sobre as políticas públicas para a educação no Brasil, a compreensão das formas de controle na lógica do sistema capitalista no cenário brasileiro, a superação da racionalidade técnica e da dualidade estrutural entre teoria e prática etc., pontos defendidos por autores como Kuenzer (2008), Machado (2008), Moura (2008), Pereira (2009) Oliveira e Nogueira (2016).

A **transferência dos conhecimentos adquiridos** na Finlândia para o contexto educacional brasileiro é denominada de "multiplicação dos conhecimentos" na chamada III. Já nas primeiras chamadas a ação é tratada apenas como "proposta". Nesta pesquisa definimos essa categoria como a adaptação cultural do que foi aprendido no exterior para o contexto nacional/institucional, que pode se dar como uma reprodução, uma adaptação ou uma criação inspirada no modelo aprendido. Na reprodução o modelo é transferido tal como apresentado, sem adaptações. Na adaptação, o modelo adquire um formato adequado ao contexto cultural brasileiro. Na criação, o modelo é criado com base no que foi aprendido.

É possível notar que não há direcionamentos específicos para adaptações culturais das aprendizagens adquiridas e suas aplicações nos contextos institucionais nos projetos de pesquisa ou nas propostas de intervenção no contexto institucional. Apesar de a chamada III deixar mais direcionado o formato em *workshop* para a multiplicação dos conhecimentos, não há, no entanto, qualquer menção sobre as adaptações culturais necessárias, deixando a entender que o molde da reprodução se adequa ao que é esperado.

A categoria que estabelecemos como **internacionalização** abrange a mobilidade internacional dos professores e os desdobramentos das ações diversas que incidem no processo de internacionalização da instituição. A mobilidade internacional de professores é uma atividade da internacionalização, conforme apontado por Knight (2004), e, nesta pesquisa, constitui-se como um modelo da formação continuada de professores no exterior. Observamos, nesse aspecto, que as chamadas não expressam uma relação com a internacionalização de maneira explícita. Nas chamadas I e II não há qualquer menção, embora refira-se a uma atividade de mobilidade internacional de professores brasileiros para a Finlândia, não há qualquer relação estabelecida com aspectos culturais, interculturais, políticas ou econômicas entre os países e as expectativas de aplicação de propostas.

Na chamada III há de maneira implícita uma relação com uma ação de internacionalização, na qual uma das atividades obrigatórias estabelece que os cursistas deveriam executar ou coordenar pelo menos uma das ações de "multiplicação dos conhecimentos adquiridos", dentre elas há a proposição de "elaboração de *template* para site institucional internacional (em inglês e espanhol)", o que atende a uma necessidade institucional para a internacionalização, conforme apresentamos no capítulo sobre o levantamento da internacionalização da RFEPCT, o qual apontou que 35 de 41 instituições só possuem informações em língua portuguesa nas páginas virtuais institucionais (SECRETARIA DE EDUCAÇÃO PROFISSIONAL E TECNOLÓGICA, 2017). Nessa iniciativa, há uma tentativa de articulação entre a política de formação continuada do professor da EBTT e a internacionalização dos IFs. Além disso, pode ser compreendida como uma tentativa de formar uma postura mais ativa no processo de divulgação internacional das ações dos IFs, em oposição à situação passiva do Brasil no cenário de internacionalização das universidades e IFs, apresentada por Vieira, Finardi e Piccin (2018), conforme apontamos anteriormente.

Apesar de a mobilidade do tipo *out* ser considerada uma internacionalização passiva, é possível notar que dentro da atividade há um uma estratégia de enfrentamento e potencializadora de transformação dessa situação. Em relação à concepção de internacionalização, embora não esteja expressa nas chamadas, podemos inferir uma visão muito mais mercadológica, tendo em vista que há uma ênfase no atendimento das demandas do setor produtivo e nenhuma menção sobre a interculturalidade, ou seja, a internacionalização como interseção e não como união, conceitos usados por Azevedo (2015).

Se por um lado podemos notar a internacionalização como interseção, com ênfase no setor produtivo, há também implicitamente alguma relação da internacionalização como união, uma vez que busca também formar professores para solucionar problemas da sua comunidade local, como podemos notar nas três chamadas ao estabelecer que a submissão da proposta contenha (chamadas I, II e III):

- descrição do Arranjo Produtivo e Social no entorno do *campus* de atuação do docente;
- descrição de demandas da sociedade por pesquisa aplicada, formação e educação profissional, articuladas a vetores de desenvolvimento local;
- apresentação das dificuldades de articulação do *campus* de atuação e da unidade acadêmica do proponente com as demandas explicitadas;
- proposta de Projeto de melhoria de atuação da unidade frente aos aspectos apresentados.

Embora as demandas estejam claramente ligadas à questão de desenvolvimento econômico regional, o projeto poderia incidir em melhoria de vida para as pessoas da comunidade. Sendo assim, poderia resultar na presença de elementos da internacionalização como união, como a solidariedade, por exemplo.

Os documentos não evidenciam qualquer **articulação** entre a ação da Setec/MEC com a instituição de origem do professor. Embora a carta de anuência, assinada pelo gestor máximo da unidade, apresentada pelo professor na submissão do projeto, firme o compromisso de sua liberação para a realização da formação no exterior, não há expresso qualquer compromisso da instituição de origem com o acolhimento de propostas de multiplicação de conhecimentos aprendidos ou a exploração das competências adquiridas pelo professor, o que nos remete à prevalência de um esforço individual do docente para executar propostas de melhorias, além de favorecer, de certa forma, a fragmentação de ações que não se articulam de uma esfera para outra. Sobre esse tópico, analisaremos adiante as percepções dos professores em relação a isso para então nos aproximarmos de qualquer afirmação.

5.2.2 Análise dos Relatórios[34]

Os Relatórios Finais de Avaliação dos resultados provenientes das Chamadas Públicas da Setec/MEC referentes ao Programa Professores para o Futuro – Finlândia – foram elaborados pelo Núcleo Estruturante da Política de Inovação (Nepi) Setec-MEC, com o apoio de alguns participantes do curso de formação continuada na Finlândia.

Verificamos que somente os relatórios finais das edições do Programa Professores para o Futuro desenvolvidas em 2014 e em 2015 foram publicados no portal virtual do Ministério da Educação e Cultura, sendo eles:

1. Relatório Final da Chamada Pública Setec/MEC – CNPq n.º 15/2014 – Programa Professores para o Futuro – Turma 2014;
2. Relatório Final da Chamada Pública Setec/MEC – CNPq n.º 41/2014 – Programa Professores para o Futuro – Turma 2015.

---

[34] Disponíveis em http://portal.mec.gov.br/rede-federal-inicial/relatorios-e-publicacoes. Acesso em: 12 jul. 2019.

5.2.2.1 Análise das unidades significativas dos Relatórios

A fim de promover fluidez na leitura da análise que exporemos na sequência, trataremos dos documentos apenas como Relatório 1 e Relatório 2. Apresentamos nossa análise do conteúdo presente nos relatórios, considerando as categorias e subcategorias na seguinte ordem: **experiência, efeitos, identidade, formação, transferências, internacionalização e articulação.**

Conforme exposto anteriormente, a análise da categoria "**experiência**" se deu a partir da perspectiva dos professores. Desse modo, observamos se nos relatórios havia algum registro dessa percepção. Observamos a ocorrência de apenas uma subcategoria, referente à **percepção dos professores** sobre a experiência, no Relatório 1, no qual há a afirmação de que "Detectou-se, por meio do questionário, que 70% dos docentes consideram que as competências em gestão educacional aumentaram com a experiência vivenciada no programa" (Relatório 1, p. 18). Não há, no entanto, explicação sobre quais competências seriam essas.

Em relação aos **efeitos** produzidos na formação recebida pelos professores no exterior, de acordo com os relatórios elaborados pela Setec/MEC, a partir da coleta e análise de dados realizada junto aos professores participantes da Chamada I e Chamada II, destacamos o seguinte:

a. mudança ou melhoria da abordagem didático-pedagógica;

b. implementação de novas práticas de Ensino;

c. visão reformista dos documentos institucionais;

d. multiplicação de conhecimentos;

e. realização de pesquisa colaborativa;

f. aproximação com o setor produtivo;

g. empenho dos participantes na atuação como agentes de mudança;

h. internacionalização da Rede.

A mudança ou melhoria da abordagem didático-pedagógica foi a unidade significativa de maior destaque nos dois Relatórios, tanto do grupo um de 2014 quanto do grupo dois de 2015. No Relatório Final do Programa Professores para o Futuro – Turma 2014 – há a afirmação de que "Todos os 27 participantes do Programa Professores para o Futuro estão desenvolvendo alguma ação para melhoria e suas atividades." (RELATÓRIO 1, p. 22). Tal afirmação é pautada nas respostas dos professores aos questionários enviados pela Setec/MEC que subsidiaram a elaboração do relatório.

Ainda no Relatório 1, as seguintes afirmações apontam para a mudança na abordagem didática dos professores:

> Em relação ao foco Ensino, 77,78% dos participantes informaram que mudaram a abordagem didático-pedagógica, como por exemplo, mudanças no método de ensino e em ferramentas utilizadas em sala nas disciplinas ministradas pelo professor e criação de grupos de estudos sobre ensino baseado em projetos (p. 22).

> Outra ação desenvolvida foi a mudança no currículo. 14,8% afirmam que influenciaram no currículo de sua instituição com a criação de uma disciplina de Projeto Integrados para inclusão de mais prática no curso (p. 22).

> [...] a referida capacitação melhorou as competências educacionais, como por exemplo, em relação ao ensino em sala de aula, de forma que 77,78% dos participantes afirmaram mudança na abordagem didático-pedagógica (p. 26).

No Relatório 2, os excertos reiteram a mudança na abordagem didática dos professores participantes, com foco no uso de metodologias (centradas no estudante), técnicas e ferramentas digitais, bem como orientação no currículo baseado em competências.

> O relatório do primeiro grupo, este último denominado para efeitos comparativos de Finlândia I, mostrou impacto positivo no que concerne à **implantação de metodologias e técnicas** vivenciadas nas respectivas instituições de origem dos participantes no Brasil (p. 9, grifo nosso).

> [...] a maioria dos respondentes apontou para uma **mudança de paradigma em suas visões** de sala de aula, mencionando a mudança de uma abordagem centrada no conteúdo e/ou no professor para uma **abordagem metodológica centrada no estudante**. Foram influenciadores dessa mudança: a incorporação de **novas metodologias** de ensino e ampliação no **uso de tecnologias** em sala de aula, a inclusão de *E-Learning*, o empreendedorismo em sala de aula, sempre pautados em uma abordagem mais colaborativa e criativa, evidenciando o que foi vivenciado durante a primeira fase do programa (p. 14, grifos nossos).

> Do total de respondentes, 96,9% se consideram aptos e dispostos para atuarem como **multiplicadores dos conhecimentos** adquiridos na capacitação, seja ela em nível local

ou nacional. Dentre as áreas propostas para atuação, estão a formação de professores, em Licenciaturas, capacitando-os nas **metodologias e ferramentas tecnológicas** aprendidas com o Programa Professores para o Futuro, bem como em **métodos colaborativos** de aprendizagem e **desenvolvimento de currículos baseados em competências** (p. 21, grifos nossos).

Percebe-se pela análise qualitativa que há uma **mudança de paradigma educacional** nos respondentes. Observa-se que o tempo de vivência na Finlândia e o acompanhamento dos instrutores foram fundamentais para que essa mudança ocorresse (p. 25, grifo nosso).

A **visão reformista dos documentos institucionais**, em especial os Projetos Pedagógicos de Cursos das instituições de origem, o que foi tratado como "mudança no currículo": "Outra ação desenvolvida foi a mudança no currículo. 14,8% afirmam que influenciaram no currículo de sua instituição com a criação de uma disciplina de Projeto Integrados [*sic*] para inclusão de mais prática no curso".

É possível notar a ênfase na multiplicação de conhecimentos adquiridos na formação, também tratada em nossa pesquisa como **transferência de conhecimentos**, por meio da realização de cursos para outros professores da instituição ou externos a ela, enquanto efeito do curso de formação, nos seguintes trechos do Relatório 2:

As mudanças de atitude e de planejamento são implementadas em sala de aula e no desenvolvimento de projetos de Pesquisa e Extensão. Muitos relatam a **realização de cursos de capacitação de professores**, voltados para os públicos interno e externo, no qual **propagam as metodologias** advindas da participação no Programa Professores para o Futuro (p. 19, grifos nossos).

Dentre as novas áreas nas quais os professores participantes do Programa sentem-se **capacitados para atuar**, destacam-se: a **multiplicação das metodologias aprendidas** – mediando a implementação de novas práticas de ensino, **a formação continuada de docentes**, a **pesquisa colaborativa**, a internacionalização, a inclusão, e o alinhamento de ideias e práticas com o setor produtivo local. Ademais, o **empreendedorismo** mostrou ser uma nova possibilidade para muitos professores que visam integrar seu campus de atuação com empresas locais (p. 15, grifos nossos).

No excerto supra também observamos outros efeitos destacados, tais como o desenvolvimento de pesquisa colaborativa, a aproximação com o setor produtivo e a implementação de novas práticas de ensino, também tratadas no relatório como "metodologias pedagógicas inovadoras":

> [...] as edições realizadas pelo Programa Professores para o Futuro contribuiu para a capacitação dos professores em metodologias pedagógicas inovadoras, a internacionalização da Rede Federal e o alinhamento das práticas de Ensino com os modelos aplicados para formação de profissionais de excelência do Século XI (RELATÓRIO 2, 2015, p. 25).

Outro efeito observado na formação é o desenvolvimento dos professores como **agentes de mudança** nas instituições em que atuam, o que tem relação com a multiplicação de conhecimentos, com a utilização de metodologias consideradas "inovadoras": "Há muitos relatos que demonstram o empenho dos participantes em atuarem como agentes transformadores dentro de suas instituições." (RELATÓRIO 2, 2015, p. 19).

O Relatório 2 destaca também o efeito de "internacionalização da rede". Embora não apresente falas dos professores que apontem o efeito, a ação de mobilidade internacional, em si, é uma ação de internacionalização. Além disso, o documento apresenta algumas transferências de conhecimento realizadas pelos professores, tais como publicações internacionais, participação em congressos internacionais etc., que são ações do processo de internacionalização.

Conforme vimos na análise das Chamadas Públicas, a categoria de **Identidade** está intimamente ligada aos efeitos da formação do Professor da EBTT, pois forma a noção de um professor multiplicador, agente de transformação na instituição, um professor que sabe trabalhar de maneira colaborativa, inovadora e internacionalizada. Tais características foram percebidas pelos professores e reportadas nos Relatórios.

Sobre **a formação continuada** identificamos subcategorias elencadas por nós como: aprendizagem com os pares, avaliação do processo, expectativas do MEC para a formação internacional do professor da EBTT, modelos/paradigmas e orientações conceituais.

Sobre **a aprendizagem com os pares**, o Relatório 1 da turma de 2014 trouxe a informação que "A capacitação na Finlândia, conforme resposta de 74% dos professores, permitiu o desenvolvimento de redes de relacionamento na área de interesse de pesquisa [...]" (p. 19), demonstrando que a aprendizagem com os pares se mostrou como um importante elemento na formação dos professores, seja para atuação em ensino, pesquisa ou extensão, seja em espaço formal de aprendizagem ou informal, durante o desenvolvimento do curso ou nos espaços fora da sala de aula, durante o processo formativo. No Relatório 2, também identificamos trechos que se relacionam com essa subcategoria:

> [...] foi observado que a **convivência em um grupo multidisciplinar** favoreceu o surgimento de um ambiente frutífero, ampliando os horizontes e fortalecendo a rede (p. 13, grifo nosso).
>
> Estar **inserido entre outros colegas da rede** com intuito comum teve como valor maior o **encorajamento para práticas** que não se reduzam ao modelo convencional (depoimento de um professor participante, p. 13, grifos nossos).
>
> A **diversidade de regiões e áreas** das quais fazem parte adicionam um fator importante para aumentar a **interação** entre profissionais da Rede Federal (p. 25, grifos nossos).

As afirmações e o depoimento de um dos participantes apontam para a relevância da relação interpessoal no processo de formação continuada. A interação com os colegas é um fator agregador da formação considerando a diversidade de origem, experiências, práticas e formação dos professores, os quais não apenas realizam um curso de formação juntos, mas convivem nos ambientes não formais de aprendizagem.

Na subcategoria **avaliação do processo** de formação, notamos no Relatório 1 da turma de 2014 a avaliação fundamentada nos dados coletados por meio dos questionários, a qual afirma que "[...] obteve-se como resposta que 96% dos docentes acreditam que o programa melhorou as suas competências educacionais" (p. 13). Na avaliação geral, o relatório destaca que "Verifica-se que o Programa Professores para o Futuro desenvolveu competências voltadas para a melhoria do ensino na sala de aula" (p. 15), ou seja, há a afirmação de que o curso propiciou, especialmente, o desenvolvimento de técnicas e estratégias voltadas para a prática de ensino, no que se refere à didática.

Outro ponto que merece destaque está nas reconfigurações durante o processo formativo. Isso foi retratado no relatório quando afirma que muitos professores alteraram seus projetos de pesquisa aplicada submetidos à chamada pública para participação no curso de formação, atribuindo tal comportamento às novas aprendizagens:

Avalia-se positivamente esta porcentagem, pois infere-se que houve aquisição de conhecimentos durante a estadia na Finlândia suficiente para proporcionar aos docentes a reavaliação de conceitos, ocasionando a mudança de títulos e até mesmo de projetos (RELATÓRIO 1, 2014, p. 13).

Na subcategoria **formação: expectativas do MEC para a formação internacional do professor da EBTT**, tanto no Relatório 1 da turma de 2014 quanto no Relatório 2 da turma de 2015, é possível observar cinco expectativas da Setec/MEC, que podem ser assim resumidas:

a. preparar docentes para o mundo globalizado moderno por meio da experiência internacional (RELATÓRIO 1, 2014);

b. capacitar multiplicadores aptos a compartilhar os conhecimentos adquiridos (RELATÓRIO 1, 2014);

c. "capacitação" específica para atuação no ensino na Educação Profissional (RELATÓRIO 1, 2014; RELATÓRIO 2, 2015);

d. "capacitação" para desenvolvimento de pesquisa aplicada articulada com as demandas de mercado/setor produtivo (RELATÓRIO 1, 2014; RELATÓRIO 2, 2015);

e. melhorar a atuação dos professores da EBTT na gestão educacional, além das áreas de ensino profissional e pesquisa aplicada (supramencionadas) – (RELATÓRIO 1, 2014; RELATÓRIO 2, 2015).

Apesar de mencionar a experiência internacional como formadora de docentes preparados para o mundo globalizado, o Relatório 1 não menciona como tal ação se concretizaria, ficando, de certa forma, subentendido que aprender práticas pedagógicas utilizadas em outros países e aplicá-las no contexto educacional da Rede Federal de Educação Profissional, Científica e Tecnológica no Brasil seria uma prática de internacionalização.

[...] o Programa Professores para o Futuro vem ao encontro das necessidades de capacitações que visam preparar professores nas mais **modernas práticas pedagógicas**; preparar profissionais especialistas em **pesquisa aplicada, direcionada para as demandas de mercado**, articulada com parceiros externos; preparar docentes para o **mundo globalizado moderno** por meio da experiência internacional e capacitar **multiplicadores** aptos a compartilhar os conhecimentos adquiridos (RELATÓRIO, 2014, p. 3, grifos nossos).

> [...] capacitação de 60 professores da Rede Federal de Educação Profissional, Científica e Tecnológica (RFEPCT) para a atuação em educação profissional, pesquisa aplicada e interação com o setor produtivo, com base na experiência de Universidades de Pesquisa Aplicada da Finlândia e, posteriormente, na implantação dos **métodos e técnicas** vivenciados, nas respectivas instituições de origem, no Brasil (RELATÓRIO 1, 2014, p. 1, grifo nosso).

Como vimos anteriormente, tanto as Chamadas Públicas quanto os Relatórios tratam da formação como "capacitação", revelando a influência do gerencialismo na educação, bem como das políticas neoliberais com foco na oferta de uma educação/pesquisa centrada nas demandas do mercado e setor produtivo.

> O Programa obteve reconhecimento por sua competência em capacitar professores da RFEPCT para atuarem com Educação Profissional e Tecnológica (EPT), **pesquisa aplicada e interação com o setor produtivo, com base em conhecimentos advindos de suas experiências** nas Universidades de Ciências Aplicadas (UAS) da Finlândia (RELATÓRIO 2, 2015, p. 9, grifo nosso).

> Logo, 75% do quadro de **docentes carece de capacitação**, seja por conta da pouca experiência na RFEPCT ou pela formação essencialmente acadêmica (RELATÓRIO 1, 2014, p. 8, grifo nosso).

Outro ponto que nos chama a atenção é a diversidade de habilidades e competências requeridas nessa formação continuada do professor da EBTT, que abrange o ensino, a pesquisa e a gestão educacional. "[...] melhorar a atuação de professores da Rede Federal de Educação Profissional, Científica e Tecnológica em áreas como ensino profissional, pesquisa aplicada e gestão educacional." (RELATÓRIO 2, 2015, p. 5).

Em relação às subcategorias "modelos/paradigmas" e "orientações conceituais", apresentaremos juntas por compreendermos que as orientações conceituais determinam o modelo e paradigma do currículo do curso de formação de professores, conforme apontam Garcia (1999) e Mizukami (1992).

A análise dos relatórios, corroborada pela descrição dos conteúdos do curso de formação continuada na Finlândia (apresentada no capítulo sobre os procedimentos metodológicos), possibilita-nos afirmar que há uma ênfase no escolanovismo enquanto orientação conceitual, especialmente na Pedagogia de Projetos, o que se apresenta em consonância com as afirmações de Sahlberg (2018) sobre a prevalência de ideias pedagógicas pautadas no escolanovismo norte-americano de John Dewey na Finlândia, bem como a Pedagogia de Projetos de Killpatrick, discípulo de Dewey. Dentre as modalidades de projetos estão o *Project-Based Learning* e *Problem-based learning*.

> [...] 83% dos participantes acreditam que o "Ensino Centrado no Aluno" e o **"Ensino Baseado em Projetos"** são os mais relevantes, seguidos de **"Ensino Colaborativo"** e de **"Ensino Baseado em Problemas"**, todos mencionados por mais de 70% dos respondentes (RELATÓRIO 2, 2015, p. 13, grifos nossos).

> Entre os "Outros" conteúdos relevantes citados estão a **metodologia dialógica**, o **gerenciamento de projeto** e a formação de **comunidades profissionais de aprendizagem** (RELATÓRIO 2, 2015, p. 14, grifos nossos).

> [...] ao capacitar professores nas mais modernas práticas pedagógicas, baseado na pesquisa aplicada, com foco nas demandas da sociedade e no desenvolvimento local e regional. Privilegiando a formação dos docentes para atuar na Educação Profissional e Tecnológica (EPT) para que possam responder ao mundo do trabalho, como também aos anseios dos cidadãos que estão à procura de habilidades e especializações para a formação profissional/cidadã (RELATÓRIO 1, 2014, p. 26-27, grifo nosso).

De acordo com o formulário de avaliação, destacamos a lista de técnicas, conteúdos e ferramentas relatados, que apresentaram maior relevância na formação dos professores:

- Desenvolvimento de novos métodos de avaliação;
- Ensino colaborativo;
- Ensino baseado em projetos (PBL) ou também conhecida como Aprendizagem Baseada em Projetos/Problemas (ABP);
- Ensino centrado no aluno;
- Desenvolvimento de currículos por competências;
- Desenvolvimento de projetos de pesquisa aplicada;
- Aplicação de métodos e ferramentas motivacionais;
- Autoaprendizagem;
- Ensino baseado em ferramentas web;
- Ferramentas e recursos digitais na aprendizagem (tais como jogos digitais, redes sociais);

- *Learning by doing;*
- *Blended Learning;*
- *Coaching;*
- Empreendedorismo na educação;
- Estratégias de treinamento e reciclagem de professores.

(RELATÓRIO 1, 2014, p. 17).

Os assuntos destacados pelos participantes do curso de formação continuada reafirmaram os fundamentos que orientam a organização do currículo de formação, notadamente a filosofia humanista, ao destacar a centralidade do ensino no estudante e o construtivismo, enquanto linha psicológica, uma vez que assinalam a ênfase na autoaprendizagem. A aprendizagem ao longo da vida (*lifelong learning*), elemento essencial na educação para o século XXI (OLESEN, 2011), é outro destaque dado pelos participantes. Trata-se da educação permanente e na busca incessante por novas aprendizagens, a fim de que os indivíduos possam se "adaptar/adequar" às mudanças tecnológicas e produtivas.

As teorias pedagógicas presentes nos conteúdos abordados destacam a Pedagogia de Projetos e a Pedagogia das Competências. A Pedagogia de Projetos propõe um trabalho pautado na realidade do indivíduo/da comunidade, daí a busca por solucionar problemas ou propor ideias, protótipos ou processos.

> A palavra "Projeto" também aparece muito, devido à metodologia PBL (Problem Based Learning) que foi usada fortemente durante a capacitação. A palavra pesquisa foi muito usada pelo termo "Pesquisa Aplicada" (RELATÓRIO 1, 2014, p. 16).
>
> Os alunos são estimulados a aprender fazendo e, de preferência já resolvendo algum problema com uma empresa local, já trabalhando em pesquisa aplicada e aproximação com o mundo do trabalho grupo (RELATÓRIO 1, 2014, p. 16).
>
> [...] os modelos de aprendizagem da Finlândia são baseados na investigação e construção do conhecimento colaborativo, com aulas focadas mais na prática e menos na teoria. De acordo com os participantes, isso se deve em parte pela relação aluno-professor, que é mais de orientação do que um professor palestrante, assumindo que o aluno possui autonomia, e fará sua parte, estudando o material prévio e participando colaborativamente durante as interações em grupo (RELATÓRIO 1, 2014, p. 16).
>
> [...] os modelos de aprendizagem vivenciados levam à autonomia do aprendiz, no qual o professor é o facilitador do processo ensino-aprendizagem e o aprendiz, responsável

pela construção de seu caminho em sua vida escolar (RELA-TÓRIO 2, 2015, p. 14).

Concepções de professor como facilitador, aluno como construtor do seu próprio conhecimento, currículo pautado no cotidiano/na realidade imediata do indivíduo e com foco na prática emergem dos excertos reportados nos relatórios, expõem ideias pedagógicas fundamentadas no escolanovismo, construtivismo e humanismo.

Em relação aos assuntos como "empreendedorismo" na educação, uso de termos como *"coaching"* para tratar do papel do professor no processo de ensino e de gerenciamento de projetos, notamos as influências do gerencialismo ou *New Public Management*, apontadas por Araújo e Castro (2011), na educação, não somente na gestão escolar, mas inclusive na relação entre ensinar e aprender entre alunos e professores. Trata-se também de considerar que estamos abordando a EPT e, por esse motivo, as ideias estão pautadas nos modos produtivos atuais de modo a preparar o trabalhador para esse cenário.

O modelo que orientou a formação continuada na Finlândia se apresenta com concepções pedagógicas diversificadas, embora convirjam em alguns sentidos. A partir dos estudos de Garcia (1999) e Mizukami (1992), é possível notar traços como:

- orientação prática ou abordagem comportamentalista – com foco na experiência e observação;
- orientação pessoal ou abordagem humanista – influências da psicologia humanista – focando nos indivíduos, na prática/cotidiano do indivíduo;
- orientação tecnológica ou abordagem cognitivista – com foco no domínio de competências.

Também pudemos confirmar com esses dados a ideia de que os modelos são determinados com foco nas demandas produtivas/tecnológicas. Tais demandas se tornaram globais, por estarmos vivendo e convivendo em uma sociedade em rede (CASTTELLS, 1999), daí a observância em um modelo de currículo de formação que conduza ao perfil do professor global, defendido por Pike e Selby (2001). Conforme vimos no capítulo sobre a formação continuada no exterior, esses autores explicam que a formação desse perfil está relacionada às diferentes teorias pedagógicas. Dessa forma, o currículo ora apresentado busca formar um perfil de professor global

(PIKE; SELBY, 2011), que está conectado às tendências globais produtivas e tecnológicas, orientado para o futuro, facilitador, confiante no potencial humano, que aplica diversos métodos e técnicas em sala de aula, que compartilha o poder das decisões na sala de aula, que compreende aprendizagem como um processo contínuo e permanente etc.

Outros assuntos do curso de formação apontados pelos participantes e apresentados no Relatório 2 são o método dialógico, a gestão de projetos e a formação de comunidades profissionais de aprendizagem.

Em relação à categoria de **transferência de conhecimentos**, identificamos duas subcategorias, sendo elas: **tipos de transferências e viabilidade de aplicação: questões culturais, políticas e institucionais.**

Nos **tipos de transferências**, ou modalidades de transferências, encontramos registros nos relatórios de criação de materiais como vídeos, páginas da web, blogs e apresentações em língua inglesa sobre a experiência de formação continuada no exterior ou entrevistas com educadores e gestores escolares da Finlândia, elaboração e ministração de cursos, minicursos e palestras sobre os diversos conteúdos abordados na formação, projetos de pesquisa, ensino e extensão, dentre outros produtos e protótipos gerados a partir da participação no curso de formação continuada no exterior.

> Verifica-se ainda que, praticamente metade (48,15%) dos participantes, já participaram de alguma forma de **disseminação do que aprendeu** durante a capacitação. Muitos já ministraram palestras, minicursos, oficinas e videoconferências no campus de origem, em outros campi, em outras instituições nacionais e internacionais (RELATÓRIO 1, 2014, p. 22, grifo nosso).

> Criação do projeto "Sua Ideia" que consiste no fomento ao **desenvolvimento de novas tecnologias e produtos por alunos** do ensino técnico. O projeto cearense tem como diretrizes: técnicas de pesquisa, desenvolvimento de produtos, inovação e criação de startups (RELATÓRIO 1, 2014, p. 25, grifo nosso).

> Destacam-se quatro ações descritas abaixo: – Brasil Game Factory – desenvolvimento de jogos educacionais na área de Logística, realizada em parceria entre IFB, IFTM, IFRGS e IFSP (https://brasil- gamefactory.wordpress.com/tag/games/).

> - Podcast Papo de Professor – com foco na Educação Profissional e Tecnológica, implementado por meio de website e de livre acesso (http://www.papodeprofessor.com.br).

- Filtro para desinfecção de água (SERTA-UV) – desenvolvido em parceria com o Serviço de Tecnologia Alternativa (SERTA) e ganhador do Prêmio Miguel Arraes de Inovação Inclusiva (http://www.facepe.br/secti-divulga-resul-tado-do-premio-miguel-arraes-de-inovacao-inclusiva/).

- Cadeira de rodas com sistema rotular bilateral de dobramento da estrutura frontal – gerando o pedido de proteção intelectual de patente de modelo de utilidade, realizado ao Instituto Nacional da Propriedade Industrial (INPI), número BR 202015009841-9 (RELATÓRIO 2, 2015, p. 19).

Observamos que a natureza dos produtos gerados é variada, compreendendo tecnologias para diversas soluções. Esses registros nos Relatórios 1 e 2 referem-se aos projetos de desenvolvimento mandatórios que deveriam ser implantados nos cinco meses subsequentes ao regresso da Finlândia. Em um dos registros, encontramos o envolvimento de estudantes no processo de criação. Na primeira passagem supra há a propagação das ideias aprendidas na Finlândia para os colegas da instituição.

Sobre a subcategoria **viabilidade de aplicação: questões culturais, institucionais ou políticas,** vale a pena destacar a queixa dos professores registrada no Relatório 1, que se trata de uma cultura cristalizada nas instituições: "Os professores teceram, ainda, considerações em relação ao sistema brasileiro, afirmando que é muito mais burocrático e inflexível que o sistema finlandês e, portanto, nem tudo que viram seria possível ser implantado no Brasil" (p. 18).

Ainda sobre a **viabilidade de aplicação,** os professores participantes do curso de formação no exterior apontaram alguns obstáculos percebidos ao regressarem ao Brasil, aos seus locais de trabalho, alegando que para que pudessem aplicar seus conhecimentos necessitariam de maiores investimentos em determinadas áreas. Destacam-se nesse contexto a adequação da infraestrutura e a organização do trabalho do professor da EBTT. Dentre os pontos argumentados pelos professores e registrados no Relatório 1 estão:

- Infraestrutura com bons laboratórios e conexão de alta velocidade para utilização de softwares adequados;

- Maior tempo de professor fora da sala de aula tendo momentos de comunicação professor-professor para promoção da interdisciplinaridade;

- Diminuição da burocracia;

- Capacitação de professores; e

> - Flexibilização da carga horária pesquisa e extensão. (RELATÓRIO 1, 2014, p. 17-18).

As questões institucionais também se relacionam com a formação dos gestores escolares, os quais precisam estar cientes dos modelos de gestão e o quanto cada um possibilita ou dificulta a aplicação de conhecimentos pelos professores.

> Os docentes participantes desta capacitação destacaram que **os gestores devem participar nas turmas futuras**, pois consideram que a transformação no modelo brasileiro depende das pessoas responsáveis pela elaboração de políticas educacionais (RELATÓRIO 1, 2014, p. 21, grifo nosso).

Sobre a **internacionalização** identificamos a subcategoria **internacionalização: desdobramento em outras ações** no Relatório 1, tal como a publicação de artigos periódicos ou eventos internacionais e a criação de redes internacionais de relacionamentos.

> Em termos de produção acadêmica, alguns trabalhos sobre experiência da capacitação e a aplicação dos conhecimentos foram publicados: **dois artigos em eventos internacionais, um artigo em periódico e um livro** (p. 22, grifo nosso).
>
> Além disso, ressaltaram que a experiência vivenciada na Finlândia propiciou melhoria na articulação entre os IFs e o setor produtivo, e ainda estabeleceu novas **redes internacionais de relacionamentos** para os Institutos Federais (p. 26, grifo nosso).

Em relação à **articulação: entre a política da Setec/MEC e instituição de ensino**, compreendemos que tanto os processos formativos de professores e gestores devem estar alinhados quanto as ações administrativas e processuais. Nesse sentido, há no Relatório 1 o registro da fala de um professor participante do curso de formação que aponta para a necessidade de articulação entre as instituições: "É possível inovar, mas precisa de uma indicação clara de cima para baixo (MEC -> SETEC -> Reitoria -> Direção Geral de campus) e nos dar a liberdade para implementar as ações sem as atuais dificuldades burocráticas e operacionais." (RELATÓRIO 1, 2014, p. 17-18). Outros excertos dos relatórios apontam para a necessidade de articulação entre Setec/MEC e cada instituição para que haja viabilidade de aplicação dos conhecimentos.

> Sugeriram a designação de um monitor desde o início do Programa para acompanhar o desenvolvimento dos projetos, bem como o acompanhamento realizado por parte da SETEC/MEC ou por parte de seus próprios institutos; **que houvesse um conhecimento mais aprofundado por parte dos instrutores finlandeses em relação à realidade educacional brasileira** e que fosse gerado um relatório por parte deles em resposta ao desempenho dos professores brasileiros durante essa fase (RELATÓRIO 2, 2015, p. 22, grifo nosso).

> Mencionaram **a necessidade de maior apoio das instituições dos participantes na implementação dos projetos**, provendo melhor infraestrutura e recursos financeiros; assim, segundo um dos participantes, evitando-se a situação de uma "**transformação solitária**" (RELATÓRIO 2, 2015, p. 22, grifo nosso).

O uso do termo "transformação solitária" denota um processo de implantação de novas ideias de maneira desarticulada, exigindo do professor um esforço individual, sem articulação da gestão de cada instituto com o órgão que regulamenta as ações. A fala de um professor registrada no Relatório 2 reforça a necessidade da interação entre as instituições:

> Desenvolver estratégias para o acompanhamento das atividades durante o decorrer do Programa, em especial, enquanto os professores estão no exterior; Tal acompanhamento deve ser efetuado pelos Campi, pelos institutos e pela SETEC/MEC (RELATÓRIO 2, 2015, p. 22).

A fala do professor participante revela que a formação continuada no exterior careceu uma sistematização das ações entre Setec/MEC, as reitorias das instituições e os campi de origem dos professores. Nos relatórios, há um levantamento das ações dos professores, mas não há nenhum levantamento da instituição ou de seus gestores em relação aos esforços empreendidos para concretizar as aplicações das aprendizagens adquiridas no contexto internacional. Essa afirmação vai ao encontro dos dados apontados em nosso referencial teórico sobre o levantamento da internacionalização dos IFs (SECRETARIA DE EDUCAÇÃO PROFISSIONAL E TECNOLÓGICA, 2017), que aponta para a falta de sistematização de registro de dados para avaliar o quadro de internacionalização. Há inclusive divergências entre dados da Setec/MEC e das instituições sobre números de professores participantes de mobilidade internacional na Finlândia, o que pode ser por falha nas respostas ou da falta de sistematização. Nesse último caso, há então a possibilidade de as instituições não saberem como "aproveitar" a formação internacional dos professores em suas próprias instituições. Voltaremos a essa discussão ao analisar os questionários e entrevistas narrativas.

Outro ponto apresentado que é relevante trazermos para discussão é o fato de ser apontada a necessidade de os instrutores finlandeses conhecerem a realidade educacional brasileira, o que assinala uma formação desarticulada entre as necessidades educacionais no contexto internacional e as necessidades específicas do cenário brasileiro ou um descompasso entre a formação recebida e as demandas de transferência de conhecimentos.

5.3 ANÁLISE DOS QUESTIONÁRIOS

5.3.1 Perfil dos respondentes

Apresentamos neste momento alguns dados quantitativos para ilustrar o perfil dos respondentes da pesquisa e orientar melhor o leitor na identificação desses professores. Dessa forma, esses dados quantitativos servem apenas como suporte para nossa análise qualitativa.

Quadro 17 – Perfil dos professores respondentes: idade, sexo, tempo de serviço e ano de participação

Pergunta	Respostas		
Idade	20-30	1,7%	
	30-40	45,8%	
	40-50	35,6%	
	50-60	16,9 %	

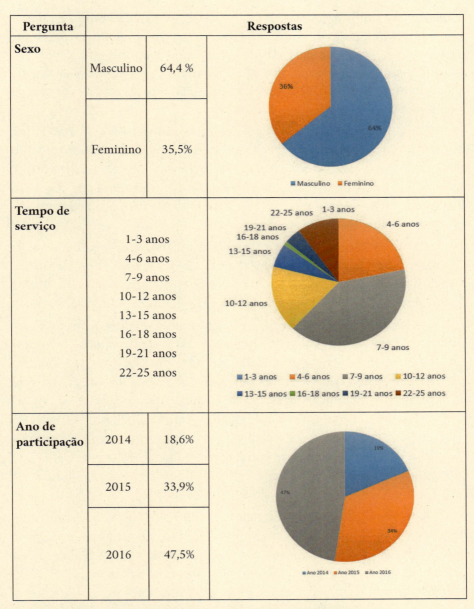

Fonte: elaborado pela autora Chediak (2020), a partir dos dados coletados

Conforme exposto no capítulo sobre os procedimentos teóricos, enviamos o questionário eletrônico por meio do *Google Forms* para os 107 participantes das três edições do curso de formação continuada na Finlândia, realizadas nos anos de 2014, 2015 e 2016. Obtivemos 59 respostas, sendo 18,6% de participantes da edição de 2014, 33,9% da edição de 2015 e 47,5% da edição de 2016. Vale destacar que, conforme já apontamos em nossos procedimentos metodológicos, o número total de participantes para cada edição aumentou gradativamente, sendo na primeira oferta 27, na segunda 34 e na terceira 46.

Desses respondentes, 34,5% são do sexo feminino e 64,4% masculino. A maioria dos professores respondentes está na faixa etária acima de 30 anos de idade, sendo 45,8% entre 30-40, 35,5% entre 40 e 50 anos e 16,9% entre 50-60 anos, um dado que consideramos interessante por demonstrar que os professores estão em constante busca de formação continuada, independentemente da idade e tempo após o término da formação inicial.

A maior parte dos professores respondentes tem entre sete e nove anos de tempo de serviço na Rede Federal de Educação Profissional, Científica e Tecnológica, ou seja, ingressaram na rede após a criação dos Institutos Federais de Educação, Ciência e Tecnologia – Lei n.º 11.892/2008.

As áreas de atuação dos professores respondentes foram muito diversificadas e nem todos as identificaram. Das áreas de disciplinas técnicas-profissionais indicadas, podemos elencar: Administração (4x), Agricultura e Meio Ambiente (1x), Agronomia (3x), Ciência da Computação (4x) ou Informática (5x), Ciências agrárias (2x), Ambiental (3x), Tecnologia dos alimentos (1x), Eletrônica (2x), Energia, Engenharia Civil, Engenharia elétrica, Segurança do trabalho, Mecânica e Zootecnia. Das áreas de disciplinas da base curricular comum, foram elencadas as seguintes áreas de atuação: Biologia (3x), Química (7x), Educação (3x), Educação física (2x), Educação musical (1x), Geografia, Letras (4x) e Física (1x).

A segunda parte do levantamento do perfil dos professores respondentes buscou identificar se os professores já haviam tido experiências de viagens ou residência em um país no exterior antes do programa, se já haviam realizado alguma formação inicial ou continuada no exterior antes de participar do programa Professores para o Futuro na Finlândia (também buscamos saber o objetivo da formação) ou se realizaram viagens com a finalidade de desenvolvimento profissional após a participação no curso de formação continuada na Finlândia. Tais respostas nos auxiliaram a identificar o perfil do professor internacionalizado, as experiências e percepções daquelas que já haviam ou não tido alguma experiência internacional.

Quadro 18 – Perfil dos professores respondentes: experiências no exterior antes e depois do programa

Pergunta	Respostas		
Experiência de viagens/residência ao exterior antes do curso de formação na Finlândia	Sim	72,9%	
	Não	27,1%	
Realização de formação inicial ou continuada no exterior anterior ao programa Professores para o Futuro na Finlândia	Sim	33,9%	
	Não	66,1%	
Realização de cursos de desenvolvimento profissional no exterior após a experiência no programa Professores para o Futuro na Finlândia	Sim, por conta própria (sem auxílios e bolsas)	10,2%	
	Sim, com auxílios/bolsas	33,9%	
	Não	45,8%	
	Sim, por conta própria e com auxílios (mais de uma vez)	10,2%	

Fonte: elaborado pela autora Chediak (2020)

Como podemos observar, a maior parte dos professores respondentes, 72,9%, já tinha tido uma experiência de viagem/residência no exterior antes da realização do curso de formação continuada na Finlândia. No entanto, somente 33,9% já haviam realizado curso de formação inicial ou continuada no exterior. As formações realizadas pelos 33,9% dos respondentes foram:

- participação em programas de intercâmbio para estudo da língua inglesa em países como Canadá, Estados Unidos ou Inglaterra;
- participação em programas de Mestrado ou Doutorado sanduíche/pleno em países como Paraguai, Argentina, Portugal, Inglaterra, Estados Unidos, França, Espanha, Canadá;
- cursos/treinamentos diversos no Japão ou em Portugal.

A experiência de participação no curso de formação continuada na Finlândia também demonstra ser constitutiva de um professor interessado em projetos formativos internacionais ou, ainda, na ampliação da rede de relacionamentos e acesso a diferentes projetos e programas internacionais de educação. A maioria dos professores respondentes, 54,2%, realizou cursos de desenvolvimento profissional no exterior após a participação no programa Professores para o Futuro, com ou sem auxílios financeiros e bolsas.

5.3.2 Análise das unidades significativas dos Questionários

Um total de 61 professores voluntários participaram da pesquisa, ou seja, mais de 50% dos professores do Programa Professores para o Futuro – Finlândia. Responderam ao questionário eletrônico 59 deles e 13 se submeteram às entrevistas narrativas.

Para resguardar o sigilo e anonimato dos participantes, identificamos os sujeitos com a palavra "participante" seguida de uma numeração, ou seja: do "Participante 01" ao "Participante 61", e utilizamos sempre o artigo definido masculino para reduzir as possibilidades de identificação do sujeito da pesquisa. Alguns participantes concederam entrevista narrativa e responderam ao questionário, uns concederam apenas entrevista e outros responderam apenas ao questionário, podendo ser ilustrado conforme quadro a seguir.

Quadro 19 – *Número de participantes respondentes dos questionários e entrevista narrativa*

Participante 01 ao Participante 11	Concederam entrevistas narrativas e responderam ao questionário.
Participante 12 e Participante 13	Concederam apenas entrevista narrativa. Não responderam ao questionário.
Participante 14 ao Participante 61	Responderam apenas ao questionário.

Fonte: elaborado pela autora Chediak (2020)

Para o questionário foram elaboradas oito questões abertas. Dessas, duas buscavam subsídios para análise, por meio do acesso a produções e registros eletrônicos de blogs, diário reflexivos do curso ou produções de alunos após a realização do curso de formação continuada no exterior. As seis questões consideradas para a análise foram:

- **Q – 07:** Os conteúdos programáticos, estratégias e abordagens do curso realizado no exterior trouxeram algo novo para sua formação?
- **Q – 10:** Você desenvolveu algum projeto? Se sim, qual foi o resultado? Se sim, ele teve alguma significação pessoal/profissional para você? Em sua opinião, trouxe alguma contribuição significativa para sua comunidade?
- **Q – 11:** Como você percebeu seu retorno?
- **Q – 12:** Como você percebeu e avalia a relação intercultural entre Brasil e Finlândia, a partir da sua experiência e participação no programa Professores para o Futuro?
- **Q – 13:** Como você descreve e avalia sua experiência e a relaciona com sua formação docente para atuação na EPT?
- **Q – 14:** Essa formação provocou algum efeito em sua concepção ou prática profissional? Se afirmativo, quais foram os efeitos percebidos por você?

Cada questão nos direcionou preferencialmente para uma categoria de análise. No entanto, por se tratar de questões abertas, as respostas foram variadas e, desse modo, as categorias identificadas também variaram, independentemente da questão. Por esse motivo, faremos uma análise seguindo a mesma sequência das categorias apresentadas anteriormente, na seguinte ordem: **experiência, efeitos, identidade, formação, transferências, internacionalização e articulação.**

Nossa análise tem como ponto de partida as representações dos professores participantes da formação continuada no exterior. Apesar de compreendermos que são "apenas" representações, defendemos que as representações das experiências de aprendizagem formam o professor, portanto, são elementos essenciais da constituição da identidade desse professor. Buscar compreender como esses elementos interagem nos auxilia a pensar na formação, no currículo da formação, no perfil que se pretende construir para o professor da EBTT internacionalizado.

Em nosso estudo teórico, referimo-nos a Gatti (1996) abordando pesquisas com foco em currículo, processos, políticas e resultados e alertando a necessidade de pesquisas que estudem o professor, que busquem compreender como esses elementos interagem em sua subjetividade, como eles atravessam a formação, quais representações têm de si e como elas interferem em suas ações. Dessa maneira, acreditamos que nossa análise atende a esses anseios.

Como Josso (2004), compartilhamos o entendimento de que é necessário buscar compreender a formação a partir do ponto de vista do professor aprendente e, então, procurar investigar o lugar que os processos psicológicos, sociais, psicossociológicos, políticos e culturais interagem na dinâmica de sua vida.

Buscar compreender os efeitos da experiência formativa na identidade, concepções e práticas pedagógicas do professor é considerar o modo como os elementos da sua subjetividade interagem com as dimensões externas no entorno desses processos formativos.

5.3.2.1 Experiência

Josso (2004, p. 48) afirma que é ao narrar as experiências que atribuímos valor ao que é vivido na "[...] continuidade temporal do nosso ser psicossomático." Ao narrar as experiências formativas os professores a interpretam, a elaboram, atribuem sentido e valor a ela, revelando uma conexão entre atividade, sensibilidade, afetividade e ideação. Esse encadeamento de elementos na elaboração da experiência forma o professor e sua subjetividade que, por sua vez, tem um potencial de mudança em sua prática pedagógica. É o que também defendemos nesta pesquisa.

Ao analisar esse potencial de mudança, consideramos tanto a capacidade de plasticidade quanto a de rigidez do professor para modificar suas concepções e práticas pedagógicas, assunto que abordamos na discussão teórica a partir de estudo realizado por Nóvoa (2000).

Aqui nos interessa a experiência formativa, aprendizagem pela experiência ou formação experiencial (JOSSO, 2004), mais especificamente a experiência pedagógica intercultural, à qual atribuímos um grande potencial de provocar mudanças no professor, conforme defendido por Cushner (2018).

Analisar as representações dos professores sobre sua experiência exige, como vimos anteriormente, considerarmos elementos presentes na análise da experiência, tais como suas características, as modalidades, sua dialética, suas etapas de elaboração, seus contextos, as atitudes do professor diante da experiência e suas implicações.

Notamos nas falas de alguns professores alguns aspectos que fazem das vivências uma **experiência** (LARROSA, 1998, 2002) ou uma experiência formadora (JOSSO, 2004):

> *Apesar da experiência de cada um envolvido no processo, não* ***estávamos impregnados pelos vícios do trabalho****. Esta vivência foi bastante rica e contribuiu muito para a minha formação enquanto docente na EPT* (Participante 53/Q – 13, grifo nosso).

> *Uma experiência excelente, visto que o curso de formação possui um aspecto de atualização muito necessário e permite conhecer* ***"in loco" o sistema educacional finlandês****, dessa forma permitiu um aprimoramento e reorganização dos conteúdos que ministro e também um aperfeiçoamento quanto ao trabalho em equipe com outros colegas* (Participante 14/Q – 13, grifo nosso).

> *Foi uma grande experiência,* ***pude conhecer a cultura de um país*** *extremamente organizado, com dedicação ao ensino e valorização do profissional que nessa área atua* (Participante 40/Q – 12, grifo nosso).

> *Sempre fui muito inquieta e sonhadora.*

> *Imaginava que minhas ideias eram muito revolucionárias e utópicas.* ***Quando cheguei na Finlândia percebi que meus sonhos eram possíveis, viáveis e reais*** (Participante 32/Q – 11, grifo nosso).

Na fala do Participante 53 há o reconhecimento da suspensão dos automatismos como um elemento importante na relação com a experiência. Tanto o Participante 14 quando o Participante 40 destacam o contexto cultural concreto – o que entendemos como uma situação de imersão cultural – como uma característica importante da experiência. Da mesma forma, é possível observarmos na fala do Participante 32 o quanto a imersão cultural se constitui como um importante fator para compreender as questões que podem surgir na concreticidade em determinado contexto.

Conforme vimos no capítulo sobre a experiência, Larrosa (2002) afirma que as palavras para nomeá-la são mais que meras palavras, transbordam seu próprio significado. Explicar uma experiência intercultural no interior de sua própria cultura é travar uma luta que transcende a linguagem. Isso porque o sentido da experiência, apontado por Benjamim (1987), tem se transformado com o passar dos tempos, tem se empobrecido com a sobreposição da técnica sobre a humanidade. Uma experiência com suspensão de automatismos é algo que, cada vez mais, torna-se raro e inalcançável em uma sociedade movida pela produtividade e pela técnica. Resgatar o sentido dessa experiência traz contribuição para a elaboração de políticas de mobilidade internacional de professores, para o modelo de currículo de formação continuada e o melhor aproveitamento dessa formação.

Ao buscarmos compreender o **sentido atribuído à experiência** pelos professores, contatamos em algumas falas a relação entre a experiência, a formação e a identidade. Para muitos, a experiência foi caracterizada como "transformadora", "divisora de águas", "mudança de rumo na carreira" ou um *"turning point"*.

> *Foi uma experiência **transformadora*** (Participante 45/Q – 13, grifo nosso).

> *Acho que foi uma experiência **transformadora** e **fundamental** para ser o profissional que me tornei hoje* (Participante 59/Q – 13, grifo nosso).

> *A experiência foi extremamente positiva e, diria, **transformadora*** (Participante 52/Q – 13, grifo nosso).

> *A experiência foi extremamente rica e **transformadora*** (Participante 55/Q – 13, grifo nosso).

> *Foi uma experiência **transformadora**, tanto pessoal quanto profissionalmente, que ainda está rendendo frutos* (Participante 61/Q – 13, grifo nosso).

> *[...] O significado disso tudo? **Uma transformação**. Sinto-me um professor, realmente. Mais capaz, mais preparado* (Participante 06/Q – 10, grifo nosso).

EXPERIÊNCIA PEDAGÓGICA ALÉM DAS FRONTEIRAS

> *[...] foi um **turning point** na minha carreira (Participante 39/Q –
> 13, grifo nosso).*

> *[...] Como disse anteriormente, para minha prática de sala de
> aula e entendimento do que representamos em termos de educação
> profissional, considero essa experiência um **divisor de águas**.
> Tenho certeza de como devemos atuar e aprendi como fazer isso
> (Participante 38/Q – 13, grifo nosso).*

> *Uma experiência incrível que **mudou a minha vida** profissional
> radicalmente (Participante 21/Q – 13, grifo nosso).*

> *Uma experiência enriquecedora nas dimensões cognitivas, emo-
> cionais e sociais (Participante 57/Q – 13).*

Observamos que alguns participantes destacaram alguns elementos como o sentido da profissão, com foco na valorização do ser educador como um agente de transformação na melhoria de vida da sociedade e das pessoas. Nesse cenário, é importante registrar o sentido construído com os pares.

> *Houve **um significado muito grande para mim**, pois vejo que
> estou saindo de dentro do laboratório de química para entrar em
> uma área que posso contribuir com mais pessoas, inclusive com
> a melhoria da educação em nosso país, principalmente educação
> básica (Participante 04/Q – 10, grifo nosso).*

> *[...] essa experiência foi muito **significativa pra mim**.*

> *Avalio como sendo muito positiva e de alto impacto na minha
> atuação (Participante 16/Q – 13, grifo nosso).*

> ***O significado para mim** é de realização pessoal e profissional, pois
> vejo no meu trabalho um serviço qualitativamente diferenciado
> e com grande demanda (Participante 57/Q – 10, grifo nosso).*

> *Isso foi, e ainda está sendo, extremamente **significativo pra mim**,
> pois interpreto como uma atuação e uma troca mais aprofundada
> entre grupos de professores diversos interessados em pensar e fazer
> diferente (Participante 61/Q – 10, grifo nosso).*

As expressões "significativo para mim", "significado para mim" tra-duzem questões internas no processo de elaboração da experiência, ou seja, o sentido pessoal, construído a partir dos sistemas simbólicos produzidos socialmente, como vimos na discussão teórica. Woodward (2000, p. 17) afirma que "É por meio dos significados produzidos pelas representações que damos sentido à nossa experiência e aquilo que somos." Viver um processo imersivo de formação, em uma cultura na qual a educação e o professor têm um significado social de prestígio, pode influenciar a maneira como um professor, embora seja de outra cultura, vê-se a partir do outro. A autora ainda escreve que, embora as representações sejam resultados de um processo cultural, elas estabelecem identidades individuais, assim como identidades coletivas, que permitem responder perguntas como "Quem eu sou?" ou "Quem eu me tornei?"

Rosenthal (2014) explica que o sentido atribuído às ações, nesse caso, à formação, parte de um "estoque" de conhecimentos. Não é uma formação pontual, pela sua intensidade e processo imersivo, tem o poder de influenciar nas representações já colecionadas ao longo da vida de um indivíduo. Vale destacar, nesse contexto, que ao narrar a experiência, o narrador amplia a compreensão de si e de sua identidade (LARROSA, 1998).

A percepção da experiência pelos professores é uma dimensão que se relaciona com o sentido que eles atribuem a ela. Partimos dos estudos de Josso (2004) nessa compreensão. Ela distingue as experiências individuais e coletivas, ou seja, experiências do ser psicossomático e do ser sociocultural e, portanto, apresenta diferentes dimensões: sensível, afetiva e consciencial. Quando tratamos da percepção, abordamos um campo da interpretação da experiência – como o indivíduo elabora a experiência. Essa divisão é meramente didática, pois sentido e percepção se inter-relacionam na interpretação/elaboração da experiência, já que mobiliza tanto o aspecto cognitivo quanto o afetivo (JOSSO, 2004).

Sobre a percepção da experiência formativa, identificamos algumas falas que mostram que alguns professores passaram a compreender o papel/a importância da formação pedagógica, instrumentalizadora de estratégias e técnicas de ensino. Podemos dizer que para uns, a experiência formativa, em si, promoveu um novo olhar/interesse pela formação pedagógica.

> *Minha experiência foi excelente e como atuo em cursos de Licenciatura, **acredito que estou apto para formar professores** cada dia melhores, professores que desenvolvem **competências mais amplas e adequadas para a vida no século XXI** (Participante 04/Q – 13, grifos nossos).*

> *De forma sucinta, **acredito que todos os professores da Rede Federal deveriam fazer o curso**. Como mandar todos para a Finlândia é impossível, então devemos organizar para que aqueles que tiveram a experiência trabalhem em sua multiplicação. Eu cursei licenciatura no Brasil. Fui professor de licenciatura no Brasil. Com base em minha experiência, o que vi e vivi na Finlândia é completamente diferente do praticado no Brasil. Nossos*

> *professores, especialmente da educação profissional, precisam dessa oportunidade* (Participante 06/Q – 13, grifo nosso).

> *Muito oportuna. Hoje dou aula num Programa de Mestrado em Educação Profissional (PROFEPT), e pude aprender muito na Finlândia sobre **pesquisa aplicada*** (Participante 17/Q – 13, grifo nosso).

> *Percebi que houve um movimento entre os **docentes buscando a qualificação, em especial entre aqueles que não fizeram licenciatura*** (Participante 27/Q – 10, grifo nosso).

> *A experiência foi excelente, abriu **as possibilidades para ampliar minha formação docente** e focar o ensino mais no aluno* (Participante 40/Q – 13, grifo nosso).

> *Ao compreender o processo ensino aprendizagem de uma forma mais completa **passei a entender o papel de cada agente** envolvido neste processo. Assim passei e me preocupar mais com o real aprendizado dos alunos, dando a eles mais voz* (Participante 53/Q – 14, grifo nosso).

> *Acho que a experiência foi realmente exitosa, pois me capacitou com **ferramentas** para seguir trabalhando em **metodologias inovadoras e disseminando essas ideias** em todo o Brasil* (Participante 58/Q – 13, grifos nossos).

Outro elemento que associamos ao sentido atribuído pelos professores à experiência formativa no exterior está ligado à experiência como promotora de motivos internos que levam o professor a "crer", "encontrar satisfação" no desempenho do trabalho docente e na educação escolar.

> *[...] meu **nível de motivação e crença** de que podemos melhorar a educação brasileira aumentou muito.*

> *[...] Urge ressaltar também que me trouxe um fator que pode até parecer piegas de se relatar, mas para mim tem uma profunda dimensão simbólica, trouxe-me **mais motivação e crença** no trabalho docente e no potencial de mudar a escola, a educação e o mundo* (Participante 57/Q – 11, grifos nossos).

> *[...] com novos olhares, com novas metodologias a serem testadas, com muita **motivação interna** (por ter vivenciado na prática um modelo educacional que acredito e por ter crescido e evoluído como profissional) mas também com muitos desafios: choque cultural, resistências a mudanças, críticas de outros colegas, etc.* (Participante 59/Q – 11, grifo nosso).

Melhoria da **motivação** *no processo ensino-aprendizagem e desen-volvimento de programas inovadores de capacitação* (Participante 08/Q – 11, grifo nosso).

Alguns professores relataram a questão da "motivação", "crença" ou satisfação ao retornarem do curso de formação em suas instituições de trabalho. Consideramos os sentimentos relatados como um processo de elaboração de um sentido ou ressignificação pessoal do trabalho educativo.

5.3.2.2 Efeitos

Os **efeitos** provocados nos professores, na perspectiva deles, são determinados pela experiência. Tais efeitos foram diversificados e revelados de diferentes maneiras na interface com as demais categorias pré-estabelecidas, ou seja, na análise das falas dos professores a categoria "efeitos" surge como um tópico do qual algumas categorias se ramificam, sendo elas a de identidade, formação e transferência. Além dessas, a de internacionalização, que, assim como a categoria de articulação, mostrou-se na interação entre indivíduo e instituição.

Dessa forma, os efeitos na identidade do professor são aqueles que se relacionam com as representações de si como educador e a maneira como os elementos interagem em sua subjetividade (JOSSO, 2004). Os efeitos na formação demonstram uma mudança em suas concepções.

Sobre os **efeitos na perspectiva dos professores**, encontramos as seguintes manifestações, também presentes nos Relatórios Finais das turmas de 2014 e 2015, sendo eles:

a. mudança nas concepções/práticas dos professores ou melhoria da abordagem didático-pedagógica;

b. implementação de novas práticas de Ensino;

c. visão reformista dos documentos institucionais (Alterações de Projeto Pedagógico de Cursos ofertados nos IFs);

d. multiplicação de conhecimentos;

e. realização de pesquisa colaborativa;

f. aproximação com o setor produtivo;

g. empenho dos participantes na atuação como agentes de mudança;

h. internacionalização da Rede.

Além desses, também identificamos:

EXPERIÊNCIA PEDAGÓGICA ALÉM DAS FRONTEIRAS

i. autopercepção profissional;

j. maior envolvimento dos alunos na percepção do professor, após mudanças na prática pedagógica;

k. produção acadêmica – pesquisas e publicações;

l. ampliação da rede de relacionamentos (entre campi, nacional/internacional).

Para a realização de nossa análise, buscamos agrupar os efeitos conforme sua relação com as demais categorias: **identidade, formação, transferência de conhecimentos e internacionalização**. Compreendemos que nosso agrupamento tem um caráter meramente didático, para que possamos apresentar nossos dados de uma maneira mais organizada e compreensível, pois, conforme explicamos no início deste capítulo, acreditamos que esses efeitos estão todos interligados de alguma forma e todos nascem da experiência. O modo como relacionamos os efeitos da experiência às demais categorias ficou desta forma estruturado:

- **identidade:** autopercepção profissional e mudanças no professor, percebidas por ele, em suas práticas e compreensões, incidindo na melhoria da abordagem didático-pedagógica ou implementação de novas práticas de ensino;

- **formação:** visão reformista dos documentos institucionais (alterações de Projeto Pedagógico de Cursos ofertados nos IFs); maior envolvimento dos alunos na percepção do professor;

- **transferência de conhecimentos:** multiplicação de conhecimentos; realização de pesquisa colaborativa; aproximação com o setor produtivo; empenho dos participantes na atuação como agentes de mudança; produção acadêmica – pesquisas e publicações;

- **internacionalização:** internacionalização da Rede; ampliação da rede de relacionamentos (entre campi, nacional/internacional).

A seguir, prosseguiremos com a análise dos dados a partir das demais categorias e discutiremos esses resultados relacionando-os com os demais.

5.3.2.3 Identidade

Em relação à **identidade**, buscamos analisar três subcategorias, sendo elas: a construção identitária do ser educador, a construção identitária na relação com o outro (cultura diferente) e as influências nas mudanças das concepções pedagógicas (as quais influenciam na identidade do ser educador).

A autopercepção profissional – ou a maneira como o professor se vê, percebe-se – relacionamos ora com a construção identitária do ser educador, ora com as influências de novos sistemas simbólicos nas concepções pedagógicas, mudando ou trazendo algo novo, um novo olhar/ uma nova perspectiva.

As seguintes afirmações[35] mostram as representações referentes à **construção identitária do ser educador**, após a participação no curso de formação no exterior, os quais afirmam uma transformação em sua identidade.

> Atualmente sou **um professor mais bem preparado** para a atuação em sala de aula (e, principalmente, fora dela) e para o estabelecimento de programas de cooperação internacional para a formação continuada e intercâmbio de professores e estudantes (Participante 08/Q – 13, grifo nosso).

> A experiência **influenciou** em **meu comportamento** pessoal e profissional, **mudando minhas atitudes** em relação ao ensino em geral e também nas relações com as pessoas, tanto alunos quanto outros profissionais (Participante 11/Q – 13, grifos nossos).

> Percebi como minhas aulas eram centradas na minha figura, de professora. Ter participado dessa experiência contribuiu para refletir e repensar minha prática. **Considero-me uma nova profissional** (Participante 16/Q – 14, grifo nosso).

> Um efeito superpositivo, existe uma professora antes da capacitação da Finlândia e uma **nova professora** agora (Participante 28/Q – 14, grifo nosso).

> **Sou outra pessoa** após o programa, desde a forma como coordeno as ações administrativas em minha instituição, até as metodologias que uso e o olhar que utilizo sobre os alunos (Participante 39, grifo nosso).

> Tornei-me **um professor melhor**, mais consciente da minha atuação (Participante 47/Q – 14, grifo nosso).

> [...] Principalmente quanto a **minha sensibilidade** e forma de atuação docente (Participante 51/Q – 11, grifo nosso).

É possível observar o efeito na representação do professor sobre sua própria subjetividade. Em Josso (2004) encontramos questões que relacionam

---

[35] Em todas as afirmações expressas realizamos apenas correções quando apresentavam erros de digitação.

os efeitos de uma experiência formativa na subjetividade do educador, em sua identidade pessoal e profissional. A autora explica que a aprendizagem a partir da experiência geralmente se delimita a transformações menores, muitas vezes de natureza mais instrumental, pragmática. Já a "experiência existencial", ou "formação experiencial", revela uma transformação na identidade do professor – "[...] quando falo de formação experiencial, faço referência a dois subconjuntos: a experiência existencial implicando a presença ativa do ser psicossomático e suas qualidades socioculturais numa plasticidade dinâmica." (JOSSO, 2004, p. 55). Ou seja, a aprendizagem pela formação experiencial apresenta um movimento dinâmico entre a interioridade – o ser e seus processos mentais – e a exterioridade – a maneira como ele manifesta essa experiência, na relação social com seus pares, com seus alunos, com seu trabalho.

A construção identitária do ser educador é processual, ocorrendo desde a formação inicial, nos cursos de formação continuada, no exercício da docência, na relação com os pares e com os alunos no chão da escola e ao longo da carreira escolar. A docência é uma profissão como outras que demandam conhecimentos teórico e prático. Para muitos professores da EBTT, bacharéis, sem licenciatura, que iniciaram sua carreira docente ao serem aprovados em um concurso público, essa construção identitária não ocorre de maneira sistematizada, fundamentada em conhecimentos teóricos sólidos, processual, por meio de uma formação pedagógica anterior à prática, mas sumariamente. Para esses professores a formação pedagógica obtida no processo de mobilidade internacional teve um papel relevante em sua construção identitária, o que os fez sentir como profissionais da educação, concebendo a experiência formativa como um "divisor de águas": vale ressaltar que, em nossa pesquisa, dos 59 respondentes do questionário on-line, 39 são professores da área técnica profissionalizante, graduados em áreas diversas como informática, engenharias, agronomia etc. Alguns desses respondentes, mais precisamente dois deles, apesar de não possuírem um curso de licenciatura, afirmaram terem realizado anteriormente ao curso de formação continuada na Finlândia, algum curso na área da educação, em nível de pós-graduação.

> *Como já citado, não possuía qualquer formação pedagógica. Minha atuação era baseada nas experiências como aluna e no processo de tentativa e erro, seguindo meus instintos e princípios éticos e morais. Após a capacitação do VET* **minha identidade profissional foi estabelecida e pude dar a ela nome e sobrenome** (Participante 22/Q – 13, grifo nosso).

*Foi essencial para aprimorar minhas aulas, não tenho formação em licenciatura e **nunca havia feito nenhum curso de formação docente**. Mas ainda acho que falta a Rede Federal **entender seu papel** perante a formação dos estudantes e possibilitar mais autonomia aos estudantes* (Participante 27/Q – 13, grifos nossos).

*A experiência foi boa e melhorou a minha formação na EPT. Visto que **não tinha nenhuma formação pedagógica para aulas**. Sou formado em Ciência da Computação* (Participante 46/Q – 13, grifo nosso).

*Foi **a primeira formação que recebi para exercer a docência**. Antes eu involuntariamente replicava os costumes dos meus professores de engenharia, o que nem sempre era didático* (Participante 50/Q – 13, grifo nosso).

*[...] Sou docente a partir do início de minha carreira no IFSP em 2011. Participei do curso de formação pedagógica docente e do programa VET, sendo este segundo um **divisor de águas** na minha carreira, **solidificando em mim, o espírito de professor*** (Participante 51/Q – 13, grifos nossos).

*Foi uma experiência bastante proveitosa e que contribuiu muito para a minha formação Docente. **Foi o primeiro curso de formação docente** realizado por mim, e justo em um país que tem a educação como mola propulsora dos avanços do país* (Participante 53/Q – 13, grifo nosso).

A legitimação do ser um professor transparece em termos como: "solidificando em mim o espírito de professor", "minha identidade profissional foi estabelecida", "entender meu papel", "primeira formação... para exercer a docência". É possível notar nesse novo olhar da profissionalização docente a valorização/reconhecimento do valor/essencialidade de uma formação pedagógica para o exercício do magistério:

*Criou a **conscientização de que existe uma necessidade de aprimoramento e formação pedagógica formalizada e sistematizada** além das experiências de aprendizado profissional* (Participante 15/Q – 14, grifo nosso).

*[...] sou bacharel e **não tinha formação pedagógica alguma**. Após a capacitação na Finlândia, pude conhecer, entender e aplicar o conhecimento em minha prática profissional fazendo com que meus objetivos como professora pudessem ser estabelecidos e alcançados de **maneira mais sistematizada e fundamentado*** (Participante 22/Q – 07, grifos nossos).

Passei a dar mais atenção e a valorizar mais a Pedagogia, reconhecendo a sua importância na minha atuação profissional, principalmente no tocantes às ações de ensino.

> *Conforme citei anteriormente, a minha sensibilidade em relação a métodos e tecnologias para ensino-aprendizagem aumentou consideravelmente, impactando a minha forma de atuar em sala de aula* (Participante 51/Q – 14).

Essa valorização da formação pedagógica como alicerce da construção da identidade do ser educador pode trazer, inclusive, novas perspectivas de continuação da formação em nível de pós-graduação. Foi o que notamos na fala de um participante:

> *Além de mudar o rumo da minha carreira da área técnica em informática para a área de humanas em educação, eu **alterei totalmente a minha forma de lecionar**. Atualmente ingressei num programa de pós-graduação em educação escolar [...]* (Participante 02/Q – 14, grifo nosso).

Woodward (2000) explica que os sistemas simbólicos e as significações/representações são produzidos socialmente no interior de uma cultura, estabelecendo tanto as identidades coletivas quanto as identidades individuais. É nesse interior que os sujeitos significam suas experiências e reconhecem sua identidade.

No contexto de mobilidade internacional, no qual ao professor é oportunizada a imersão cultural, os professores são expostos às diferenças e à alteridade, longe de seus sistemas simbólicos produzidos em sua própria cultura, condição defendida por Giroux (2005) para a formação do cidadão global. Nesse contexto, elencamos a subcategoria **construção identitária na relação com o outro (cultura diferente)**.

> *Assim, minha recepção e convivência com os finlandeses foi amigável e dirigida para a aprendizagem. **Convivi com outras famílias de finlandeses**, extra universidade. Boas pessoas, com hábitos diferentes. Nada inesperado, pois vivem num país completamente diferentes do meu. Acima de tudo, **deixei o programa sendo uma pessoa diferente. Um cidadão do mundo.** Um profissional mais capacitado e **conectado internacionalmente*** (Participante 06/Q – 12, grifos nossos).
>
> *[...] a vivência na Finlândia foi essencial para entender o quanto aspectos sociais e culturais são importantes para entender o sucesso da educação na Finlândia e a valorização da educação por parte dos finlandeses. Creio que a grande maioria dos professores brasileiros também ficaram satisfeitos em partilhar da cultura brasileira com os finlandeses* (Participante 24/Q – 12, grifo nosso).

> *[...] tentei me inserir na realidade deles, vivi em uma casa finlandesa, antes pra aclimatar. Fui muito bem acolhida em grupos distintos, línguas estrangeiras, atividades esportivas. Apesar de no início estranharem a gente, os brasileiros...tom de pele, terem dificuldades em nos abraçar e não entender o porquê fazíamos isso. Viajei em cidades do norte e sul e percebi nuances diferentes no próprio país. Depois de tanta cultura veio uma certa **frustação de estarmos, e ou sermos atrasados** ou **distantes de uma educação de qualidade e respeitosa** (Participante 25/Q – 12, grifo nosso).*

Conforme vimos em Chamon e Faria Filho (2007, p. 40), "[...] a viagem, assim como a história, é a busca da alteridade." Ao sair de seu país, o viajante não vivencia somente o deslocamento do espaço e tempo, mas a diferença, a alteridade do outro em movimento. A alteridade experimentada possibilita pensar em sua própria cultura, seus sistemas simbólicos, sua identidade coletiva e individual.

> ***Estar na Finlândia*** *e conhecer um pouco de sua cultura e como eles fazem uma educação de qualidade que tem como foco a aprendizagem do aluno me **provocou mudanças profundas**, tanto na minha **visão como educador** como na minha vida **pessoal.** Após esta experiência **nunca mais fui a mesma professora**, hoje me considero uma educadora que sonha com uma educação transformadora e libertadora para os meus alunos (Participante 31/Q – 13, grifos nossos).*

A educação se faz no interior de uma cultura. Ideias pedagógicas que deram certo em um país não necessariamente dão certo em outro e a explicação de tudo isso é: a cultura/a história e o conjunto de normas que regem a sociedade: políticas públicas, economia, saúde, educação, segurança etc. Mais interessante ainda é saber que algumas ideias criadas em determinados países, às vezes, podem não obter tanto êxito quanto em outros. Como vimos em nosso referencial teórico, a Finlândia não criou novas ideias pedagógicas, mas se inspirou principalmente no escolanovismo norte-americano (SAHLBERG, 2018).

Aprender sobre a educação, em um processo de imersão cultural, perceber as diferenças e como elas constituem os elementos, permite aos professores pensar, comparar, analisar, criticar, sintetizar e estabelecer novas relações que são constitutivas de sua própria identidade, seja para reconhecer a educação dentro de sua própria cultura, seja para perceber traços que se relacionam com outras esferas: história, identidade, políticas, gestão etc.

EXPERIÊNCIA PEDAGÓGICA ALÉM DAS FRONTEIRAS

> *A vivência em uma sociedade como a Finlandesa eleva nossos padrões de qualidade em muitos aspectos.* **Muda nossa concepção do como "podemos ser."** (Participante 44/Q – 13, grifo nosso).
>
> *Foi oportuno ter vivido na Finlândia durante o período para perceber a questão cultural sem maquiagem ou filtros.* **Viver as diferenças culturais ajuda a perceber os problemas/soluções para os desafios da localidade onde atuamos** (Participante 45/Q – 12, grifo nosso).
>
> *[...] desde o que se relaciona à perspectiva pedagógica quanto à dimensão cultural e de organização social do país* (Participante 52/Q – 07).
>
> *[...] devido a* **diferença considerável que existem entre as culturas,** *julgo que essa relação intercultural foi bastante enriquecedora. Por meio do* **contato com outra cultura, foi possível reavaliar a própria cultura,** *identificando pontos fortes e pontos a melhorar. Ela também estimulou mudanças internas, devido ao conhecimento de coisas boas de uma nova cultura. Por exemplo, um dos aprendizados mais significativos para mim foi a cultura da confiança* (Participante 59/Q – 12, grifos nossos).

Nas falas dos professores podemos identificar a relevância da exposição à diferença para a própria formação, para compreensão da própria cultura/educação e para o estabelecimento de novos padrões e possibilidades.

Sobre as **influências das novas representações/aprendizagens nas concepções pedagógicas** do professor, que também constroem a identidade, notamos que tal subcategoria foi a de maior recorrência nos questionários, incidindo quase que unanimemente. Dos 59 respondentes, apenas um afirmou que o curso não agregou conhecimentos ou mudanças nas concepções/práticas pedagógicas. Portanto, não apresentaremos todas as falas dos professores.

Dentre os elementos identificados nas falas dos professores, relacionados às influências das aprendizagens em novas concepções pedagógicas, elencamos os pertinentes às mudanças percebidas pelos professores:

a. mudança na visão sobre educação/*mindset*;

b. mudança na prática de ensino (uso de metodologias ativas);

c. mudança no modo como desenvolvem a avaliação de aprendizagem;

d. mudança na relação professor e aluno;

e. mudança na concepção do papel do professor.

Compreendemos que os elementos relacionados estão também dispostos dessa forma para organização da análise, no entanto todos fazem parte de um mesmo conjunto: as concepções pedagógicas. Em relação à

visão sobre educação ou mudança de _mindset_, identificamos falas que argumentam sobre

> *Mudou totalmente minha visão da educação. O efeito mais marcante foi a mudança do seguinte paradigma: de uma aula centrada no professor para uma aula centrada no estudante. Além disso pude perceber que educar é muito mais do que concluir conteúdos programáticos e preparar os alunos para as avaliações externas. Educar é preparar os alunos para a vida e auxiliar no desenvolvimento de habilidades e competências, além de ser vital levar em consideração os interesses dos estudantes* (Participante 21/Q – 14, grifo nosso).

> *[...] muitos **efeitos de necessidade de mudança,** principalmente em sala de aula, assim destaco: – Redução do conteúdo apresentado para o estudante apenas copiar, pois o aluno deve desenvolver sua capacidade de pensar, de solucionar algo, desenvolver alguma habilidade prática, e conhecer diversas formas que podem ser utilizadas para chegar ao seu objetivo, do que apenas receber algo pronto e habilitar sua leitura e escrita; – A importância do diálogo para o processo ensino/aprendizagem; – A importância de mostrar para o aluno onde e como ele pode utilizar aquela informação ou conhecimento na sua vida, seja ela de âmbito pessoal ou profissional; – Utilizar as aulas práticas e pesquisas para desenvolver o raciocínio e habilidades* (Participante 23/Q – 14, grifo nosso).

> *Acredito que incorporei **uma nova visão de mundo** (Participante 35/Q – 11, grifo nosso).*

> *Os métodos de aprendizagem centrada no estudante deram-me uma **nova perspectiva com relação à educação,** muito em se tratando de ensino de engenharia, que possui uma lacuna histórica no Brasil com relação ao tema* (Participante 47/Q – 07, grifo nosso).

> *[...] agregaram muito valor não apenas em conhecimentos de ordem práticas (métodos, técnicas, tecnologias, estratégias), mas, sobretudo, na reconfiguração e ampliação do meu **mindset** acerca da educação. Hoje **compreendo a educação** para muito além do que compreendia. Além disso, meu nível de motivação e crença de que podemos melhorar a educação brasileira aumentou muito* (Participante 57/Q – 07, grifo nosso).

Em consonância com as orientações conceituais e o modelo do currículo de formação, destacados na descrição do curso e na análise dos relatórios, há predominância da preferência pela Metodologia Ativa como **prática de ensino** após realização da formação continuada no exterior.

> *[...] Houve **mudanças na atuação profissional** no planejamento e execução de minhas aulas na área específica [...][36] (atividades em sala de aula / laboratórios, atividades avaliativas) e projetos de pesquisa, agora direcionados também à metodologia ABP* (Participante 11/Q – 07, grifo nosso).
>
> *[...] Minha experiência e aprendizagem na Finlândia foram muito importantes para repensar e reorganizar minha prática docente. **Minhas aulas são completamente diferentes, mais interativas, colaborativas, com adoção de novas tecnologias e ferramentas digitais*** (Participante 16/Q – 07, grifo nosso).
>
> *Creio que a experiência do Professores para o Futuro, **contribuiu de forma significativa para o meu desempenho como professor**. Descobri que tinha um grande potencial a ser explorado e venho tentando todos os semestres propor novas atividades com os alunos, passei a avaliar minha atuação em sala de aula com o feedback dos alunos e passei a valorizar mais o conhecimento prévio e a relacionar a minha disciplina com o dia a dia do aluno* (Participante 24/Q – 14, grifo nosso).
>
> *Profissionalmente **mudei minha forma de dar aulas,** já não era muito tradicional mesmo porque meu curso não há licenciatura então fiz formação fora, trouxe muito do que já tinha da metodologia alemã que foi meu diferencial profissional por 15 anos em metodologia vivencial, aliei as duas* (Participante 25/Q – 10, grifo nosso).
>
> ***Passei a utilizar as metodologias ativas*** *em sala de aula e as conquistas para os alunos foram imensas. Cada projeto desenvolvido em sala saiu do papel e virou um produto, um aplicativo, um melhoramento de processo* (Participante 28/Q – 10, grifo nosso).
>
> *A experiência foi muito boa e ela **mudou minha forma de atuação,** acreditando mais nas metodologias ativas dentro da formação profissional* (Participante 30/Q – 13, grifo nosso).
>
> *[...] modificação na forma de **estruturação e abordagem das aulas*** (Participante 37/Q – 14, grifo nosso).

Apresentamos alguns relatos como representativos, pois a declaração afirmando uma mudança na abordagem didático-pedagógica foi a mais recorrente. Das respostas abertas, 20 participantes utilizaram a palavra "mudança/mudar" para dar ênfase às transformações ocorridas em sua prática de ensino após o curso. A transformação está na utilização de estratégias, ferramentas e técnicas orientadas pelos princípios da Pedagogia de

---

[36] Nessa afirmação retiramos a especificação da área de atuação para evitar a identificação do sujeito, com o objetivo de preservar o anonimato do participante.

Projetos e do escolanovismo, com atenção especial para o protagonismo do aluno e o uso de Metodologias Ativas. Além disso, no papel do estudante e papel do professor.

Também encontramos afirmações relacionadas à implementação de novas práticas de ensino. Compreendemos que ao implementar ações o professor não necessariamente muda suas orientações pedagógicas.

> [...] Praticamente tudo que aprendi durante o VET II foi novo para mim. Atuava de forma totalmente tradicional, inovando apenas no humanismo ao tratar meus alunos. **Metodologias e ferramentas** eram totalmente desconhecidas por mim (Participante 04/Q – 07, grifo nosso).

> [...] **implementação de metodologias e estratégias** relacionadas a aprendizagem centrada no estudante (Participante 36/Q – 07, grifo nosso).

> [...] apliquei em minhas aulas e compartilhei com vários amigos. **Algumas estratégias pedagógicas foram modificadas,** mas principalmente estamos conversando sobre isso (Participante 60/Q – 07, grifo nosso).

Nesse contexto de mudança de prática de ensino, alguns professores apontam para a mudança na concepção sobre a **avaliação da aprendizagem.**

> Primeiro, a habilidade de lidar com a turma de estudantes e com o estudante. Desenvolvi a habilidade dialógica necessária e entendi a importância de escutar aquilo que é dito pelo estudante. Depois, o entendimento sobre o que é **a avaliação de aprendizagem.** Foi libertador passar a observar uma outra perspectiva, que é totalmente diferente da praticada no Brasil (Participante 06/Q – 14, grifo nosso).

> Mudei consideravelmente a forma de me colocar em sala de aula e a sistemática de **avaliação,** que **passou a ser mais qualitativa** do que quantitativa (Participante 43/Q – 14, grifos nossos).

Algumas falas apontam para a mudança na **relação professor-aluno**, na qual o aluno assume o protagonismo nas aulas e na construção de seu conhecimento e o olhar do professor se volta para a individualidade do estudante na forma como aprende.

> Vários efeitos, desde entender melhor **cada aluno,** sabendo que **podem aprender de formas diferentes,** até mudando completamente a forma com que trabalho em sala de aula. Posso considerar

> *que minhas aulas são completamente diferentes das anteriores ao programa* (Participante 04/Q – 14, grifos nossos).

> *Mudou totalmente minha prática docente e a forma como me **relaciono e percebo meus alunos*** (Participante 10/Q – 14, grifo nosso).

> *Podemos dizer que antes do VET minhas concepções e práticas eram as tradicionais, apenas repetia o que os meus professores fizeram comigo, depois do VET, tenho trabalhado para que o **protagonismo seja dos estudantes** e dentro do possível tenho estimulado eles a pensarem fora da caixa* (Participante 27/Q – 14, grifo nosso).

> *Tenho uma visão de **construção do conhecimento dos alunos**, deles saírem da zona de conforto do modelo professor na frente da sala compartilhando o conteúdo e partindo para metodologia que **eles buscam construir e compreender** a importância da aprendizagem* (Participante 28/Q – 14, grifos nossos).

> *Me considero um professor diferente, que compreende um pouco mais sobre o processo ensino aprendizado, e que por este motivo **confia mais no aluno*** (Participante 53/Q – 11, grifo nosso).

A concepção do papel do professor, consequentemente, é alterada para o "facilitador", "orientador" desse processo de construção do conhecimento.

> *Mudei minha prática pedagógica, especialmente a forma de **orientar o estudante** durante o processo de aprendizagem* (Participante 06/Q – 07, grifo nosso).

> *Sempre atuei com muito amor e afetividade. No entanto, devido à exemplos e falta de conhecimento, **minha abordagem era muito centrada no professor**. Os alunos eram coadjuvantes do processo de ensino e aprendizagem. Essa foi a principal mudança em minha prática profissional* (Participante 22/Q – 14, grifo nosso).

> *Quando retornou para o Brasil após o VET III e também do FiTT não consegui mais ser a mesma professora que chegou na Finlândia cheia de dúvidas e curiosidade. Nunca mais consegui dar aulas como antes, me retirei do centro do processo de ensino-aprendizagem trazendo meus alunos para o centro do processo e me tornando um **facilitador** do mesmo* (Participante 31/Q – 11, grifo nosso).

> *A experiência da capacitação internacional e as experiências resultantes dela afetaram diretamente a minha formação e **postura enquanto docente*** (Participante 61/Q – 13, grifo nosso).

Assim, prevalece nos discursos a concepção de aluno no centro da aprendizagem, como protagonista da construção de seus conhecimentos e do professor como facilitador dessa construção.

5.3.2.4 Formação

A formação é parte constitutiva da identidade. Um professor que se torna professor, sem a formação inicial/pedagógica, necessita da formação para, como disse o Participante 51: "solidificar o espírito de professor", em outras palavras, para se legitimar como professor. Os conhecimentos teóricos e práticos profissionalizam o docente.

Dentre os efeitos da experiência internacional que relacionamos com a formação estão a visão reformista dos documentos institucionais (alterações e reformulações de Projeto Pedagógico de Cursos ofertados nos IFs) e a percepção dos professores de maior envolvimento dos alunos, como resultado da aplicação de novas práticas de ensino após a formação continuada no exterior.

Como subcategorias de análise para a categoria formação elencamos: orientações conceituais/modelo de currículo, avaliação da formação, aprendizagem com os pares e formação internacional do professor da EBTT.

Em muitas falas, já apresentadas nas categorias analisadas anteriormente: experiência, efeitos e identidade, observamos que, alinhadas aos dados apresentados nos relatórios e chamadas públicas, as **orientações conceituais** se pautam no escolanovismo norte-americano, de John Dewey, na Metodologia Ativa, na Pedagogia de Projetos, em princípios do construtivismo e humanismo. Também já analisamos nos relatórios e chamadas o modelo desse currículo de formação, que apresenta diferentes orientações, mas com predominância desses aspectos conceituais. Não aprofundaremos aqui essa discussão, mas deixaremos para retomá-la na triangulação dos dados, visto que já observamos que todos os dados nos mostram os mesmos aspectos.

As orientações conceituais direcionam os professores para novos olhares, incluindo a **visão reformista** dos documentos regulamentadores da instituição, em especial as reformulações e atualizações dos Projetos Pedagógicos de Curso, o que elencamos como um efeito relacionado à formação.

> *Os dois projetos mais relevantes são: (1) formação continuada de professores (blended learning) com posterior formação de Grupo de Trabalho sobre Currículo na Educação Profissional. Como produto dessa formação, criamos as diretrizes para a construção de um currículo inovador para o ensino médio integrado, em conjunto com os IFs de SP, PB, AL e MT. O Grupo está atuante e no momento*

> *está **construindo um novo currículo** para o Curso Técnico em Meio Ambiente integrado, adotando essas diretrizes. (2) Elaboração de um projeto de formação continuada para os docentes de todos os 11 campi do IFNMG, sore Metodologias Ativas e Ferramentas Digitais. [...]* (Participante 16/Q – 10, grifo nosso).

> *Mudou minha conduta em sala de aula e me auxilia nas discussões sobre **reformulação de PPCs*** (Participante 27/Q – 07, grifo nosso).

> *[...] Melhoraram consideravelmente minhas práticas didáticas pedagógicas bem como possibilitou **a atualização de Projetos Pedagógicos** dos Cursos ofertados na instituição* (Participante 42/Q – 07, grifo nosso).

Outro efeito da experiência formativa relacionada à formação foi a percepção dos professores de **maior envolvimento dos estudantes em suas aulas**, como consequência das mudanças nas práticas pedagógicas.

> *Melhor envolvimento dos alunos e produções deles na escola em que o projeto foi aplicado* (Participante 14/Q – 11).

> *Os alunos estão sempre ansiosos e sedentos para algo novo e estão prontos, como solo fértil, para toda a semente frutificar* (Participante 22/Q – 11).

Sobre a **avaliação da formação** continuada no exterior, observamos nas falas que os professores avaliaram a correlação entre as orientações conceituais do curso e os princípios da EPT.

> *Não notei uma formação diretamente relacionado ou, exclusivamente relacionado, a EPT, pois os conteúdos abordados são temas que podem ser aproveitados, com poucas exceções, a educação básica. Gostaria de ressaltar que não considero isso um ponto negativo* (Participante 02/Q – 13).

> *A experiência proporcionou a correlação das metodologias com os princípios da EPT* (Participante 09/Q – 13).

Destacamos em algumas falas a relevância atribuída pelo professor à aquisição de conhecimentos teóricos e práticos, os quais percebem aplicabilidade. Dentre eles estão as metodologias ativas, estratégias de ensino e o uso de ferramentas digitais nas aulas.

> *[...] foi uma experiência fantástica e enriquecedora, contribuiu enormemente com a forma de **ver a educação profissional** e de **como fazê-la*** (Participante 29/Q – 13, grifo nosso).

*Sinto-me atualmente com **conhecimento para a prática de metodologias ativas,** avaliação formativa no contexto da aprendizagem
centrada no estudante.*

*Assim como capacitada disseminar esses saberes por meio de pales-
tras workshops etc.* (Participante 56/Q – 13, grifo nosso).

*De grande **aplicabilidade prática** para a rotina escolar, mas também para vislumbrar novas possibilidades educacionais para além do
currículo e da sala de aula* (Participante 57/Q – 13, grifo nosso).

*Conhecer e aprender sobre **metodologias, ferramentas digitais
educacionais, estratégias** de ensino e aprendizagem e formas
diferentes de pensar e desenvolver conteúdo da minha área de
trabalho foram muito marcantes para minha formação* (Participante 61/Q – 07, grifo nosso).

A **aprendizagem com os pares** apresenta um importante aspecto
do processo formativo. Notamos em várias falas o destaque para a vivência
com outros professores da Rede Federal de várias áreas do conhecimento e
diferentes partes do Brasil. Vale destacar que a suspensão dos automatismos,
conforme aponta o Participante 53, deu-se em uma nova configuração do
dia a dia. Enquanto alguns professores residentes na cidade de Hämeenlinna foram alojados em dormitórios dentro da própria universidade, os
residentes na cidade de Tampere dividiram apartamentos em pequenos
grupos. Desse modo, além da convivência diária no curso de formação, nos
passeios, viagens e visitas técnicas em outras escolas e universidades, após
o curso, a maior parte dos professores dividia o mesmo espaço.

*Foi a minha primeira formação pedagógica, visto que minha for-
mação é em nível de bacharelado. Mais do que uma experiência
pedagógica, **a vivência com outros profissionais de vários institutos de todas as regiões do Brasil** propiciou um networking
fundamental para o desenvolvimento profissional, contatos que
mantenho até hoje* (Participante 15/Q – 13, grifo nosso).

*Acho que este foi o grande ganho do projeto: **a vivência com outros
docentes** e também com a comunidade da cidade finlandesa* (Participante 34/Q – 12, grifo nosso).

*[...] o fato de estarmos em um ambiente diferente do nosso ambiente
de trabalho, **com docentes de diferentes áreas do conhecimento,
enriqueceu** e muito esta experiência* (Participante 53/Q – 13,
grifo nosso).

*[...] Para mim foi diferencial aprender coisas novas, tornar possível
desenvolver e aplicar todo o aprendizado em sala de aula e compartilhar o que foi trabalhado durante o intercâmbio **com grupos de***

profissionais de diferentes lugares e realidades (Participante 61/Q – 13, grifo nosso).

A vivência e convivência com os pares durante a formação continuada na Finlândia se mostrou como um elemento importante para o enriquecimento das aprendizagens. O fato de o grupo ter pessoas com conhecimentos diferentes e de diferentes regiões foi apontado como diferencial no desenvolvimento, o que nos remete à ideia do sistema de expertise distribuído, comentado por Edwards (2011).

Em relação à **formação internacional do professor da EBTT**, observamos que há prevalência da visão dos organismos internacionais para a Educação Profissional e Tecnológica.

> *A experiência foi bastante rica do ponto de vista pedagógico, com destaque para os **aspectos interdisciplinares**, que nortearam praticamente toda a capacitação. Houve a aproximação com temas muito relevantes e pouco correntes nos círculos de discussão mais próximos – temas abordados em documentos de entidades internacionais como a OECD, Unesco, ONU etc. Este aspecto teve muita influência sobre minha atuação na EPT, especialmente na proposta de reformulação do Curso Técnico em Química* (Participante 19/Q – 13, grifo nosso).

O perfil do professor global, mostrado por Pike e Selby (2001), está contemplado no modelo de formação continuada na Finlândia, desenvolvendo características apresentadas na análise da categoria identidade, que resumidamente formam um professor globalcêntrico, interessado na cultura, facilitador, confiante e interessado no potencial de desenvolvimento de seus alunos, que aplica diversos métodos em sala de aula, compreende a aprendizagem como um processo permanente que ocorre ao longo da vida, que respeita a igualdade e busca equilíbrio de poder entre professor e aluno nas decisões da sala de aula etc.

5.3.2.5 Transferência de conhecimentos

Para analisar a transferência de conhecimentos elencamos três subcategorias, sendo elas: tipos de transferências (modo como a transferência ocorre), a viabilidade de aplicação das transferências – considerando as questões institucionais, políticas e culturais – e a viabilidade de aplicação das transferências – considerando a atitude dos pares.

Sobre os efeitos da experiência nas transferências de conhecimento, atribuímos as declarações relacionadas à multiplicação de conhecimentos; realização de pesquisa colaborativa; aproximação com o setor produtivo; empenho dos participantes na atuação como agentes de mudança e a produção acadêmica – pesquisas e publicações. Todos esses efeitos relacionamos à primeira subcategoria, ou seja, aos tipos de transferências.

A multiplicação de conhecimentos é o termo utilizado pelos professores, por estar presente nas chamadas públicas para a participação no programa, como exigência a ser cumprida na segunda etapa, quando retornassem à instituição. Os professores também apontaram a realização de pesquisas e aproximação com o setor produtivo em caso de pesquisas aplicadas, bem como publicação. Além disso, a transferência de conhecimentos também se deu por meio do empenho dos professores na atuação como agentes de mudança na instituição, em especial ao replicar o que aprenderam para outros colegas.

A transferência de conhecimentos se concretiza de diferentes maneiras. Em suas falas, os professores listaram diversas ações. De modo geral, podemos resumir as principais da seguinte forma:

- desenvolvimento de projetos de ensino, pesquisa e extensão locais/inter-campi ou multi-campi;
- criação de produtos como jogos, *podcast,* aplicativos, materiais didáticos, sites etc.;
- orientação acadêmica de alunos em cursos de formação inicial;
- mentoria de outros colegas de trabalho;
- oferta de cursos de formação inicial ou continuada para professores;
- oferta de oficinas, palestras, conferências para outros professores sobre Metodologias Ativas, Aprendizagem Centrada no Estudante, Aprendizagem Baseada em Projetos/Problemas ou outros assuntos abordados no Programa Professores para o Futuro;
- publicações de pesquisas aplicadas ao ensino;
- implementação de processos ou projetos permanentes por meio da gestão escolar ou em laboratórios/grupos de pesquisa.

Todos os 61 respondentes indicaram no mínimo uma ação de multiplicação de conhecimentos, referente ao projeto de desenvolvimento, que era um requisito da segunda etapa do curso de formação internacional. A maioria indicou mais de uma ação e apresenta indícios que, mesmo após o cumprimento de exigência de aplicação do projeto de desenvolvimento, continua realizando ações de transferência de conhecimentos, conforme buscamos informações em alguns currículos lattes ou outros *links* disponibilizados por eles, tais como publicações, *blogs* etc. Não focaremos na lista quantitativa de ações, mas nos efeitos que tais ações provocam na construção identitária do professor, em sua prática de ensino e na reconfiguração de suas concepções pedagógicas. Ao analisarmos as respostas, é possível notar o quanto a experiência de transferência dos conhecimentos é potencialmente geradora de novas aprendizagens/transformações, em especial quanto à produção do senso de coletivo, seja ele em termos da educação no campus, na comunidade ou no país.

> *[...] desenvolvi vários projetos após meu retorno da Finlândia. O mais expressivo e contínuo deles foi o curso de extensão "Aprendizagem Centrada nos Estudantes" que já atendeu mais de 200 professores em três edições. Houve um significado muito grande para mim, pois vejo que **estou saindo de dentro do laboratório de química para entrar em uma área que posso contribuir com mais pessoas, inclusive com a melhoria da educação em nosso país**, principalmente educação básica* (Participante 04/Q – 10, grifo nosso).

> *Sim, desenvolvi um projeto de Ensino por Pesquisa em escolas da rede pública. **Teve grande significação pessoal e profissional, com contribuição principalmente para a escola** em que foi trabalhado* (Participante 14/Q – 10, grifo nosso).

> *Desenvolvi um projeto com um professor de outro IF. O resultado foi a mudança na prática docente e a publicação de um artigo. Essa experiência **teve um significado profissional muito marcante, tanto é que o outro professor e eu continuamos colaborando um com o outro até o presente momento**. A maior contribuição foi a mudança na prática pedagógica e a criação de uma rede de colaboração para além do meu instituto* (Participante 21/Q – 10, grifo nosso).

A natureza de uma transferência de conhecimentos implica a expansão dos relacionamentos interpessoais, o que leva também ao **trabalho colaborativo**, termo utilizado pelos professores. Esse trabalho colaborativo apontado pelos professores envolveu o desenvolvimento de projetos diversos de ensino, pesquisa e extensão no campus de origem, entre campi, entre outros IFs ou com outras instituições públicas ou privadas, o que direcionou a uma **aproximação com o setor produtivo**, sendo alguns com **publicação** de resultados.

> *No contexto do programa VET, realizei a proposição de um **projeto de aproximação da escola com o setor produtivo**, de forma a trazer necessidades de empresas para serem abordadas em salas de aulas, por meio de Aprendizagem Baseada em Projetos que visem oferecer soluções a estas necessidades. Acredito que a experiência tenha sido muito produtiva, para todos envolvidos (alunos, professores, a escola e até mesmo a empresa) (Participante 51/Q – 10, grifo nosso).*

> *Trabalho com projetos na sala de aula a cada semestre. Minhas disciplina são da área de gestão e negócio. A cada semestre os alunos desenvolvem projeto relacionado ao conteúdo em uma empresa. Isso tem proporcionado uma melhoria na atuação dos alunos no que se refere a **correlacionar a teoria com a prática** profissional (Participante 38/Q – 10, grifo nosso).*

> *Desenvolvi um projeto de desenvolvimento de jogos e coparticipação com o IFSC. Em termos de publicação não, apenas como experiência pedagógica (Participante 15/Q – 10).*

Em nossa análise encontramos uma correspondência entre a categoria **transferência de conhecimentos** e a subcategoria de formação **aprendizagem com os pares**. Uma das habilidades que o curso de formação buscou desenvolver no professor é a de saber colaborar com o trabalho do outro. A relação interpessoal de colaboração se estendeu além do período em que o curso foi ofertado na Finlândia e também além do período em que os professores desenvolviam seus projetos finais no Brasil. Em suas falas, enviadas em 2019, os professores da turma de 2015 e 2016 mencionam projetos e publicações desenvolvidos em rede recentemente ou ainda em desenvolvimento. Além de projetos com os colegas do Programa Professores para o Futuro.

> *[...] Programas de Capacitação na rede federal de ensino, em que **participo com outros colegas de VET e FiTT constantemente** (Participante 07/Q – 10, grifo nosso).*

> *[...] (1) formação continuada de professores (blended learning) com posterior formação de Grupo de Trabalho sobre Currículo na Educação Profissional. Como produto dessa formação, criamos as diretrizes para a construção de um currículo inovador para o ensino médio integrado, em conjunto com os IFs de SP, PB, AL e MT. **O Grupo está atuante e no momento** está construindo um novo currículo para o Curso Técnico em Meio Ambiente integrado, adotando essas diretrizes [...] (Participante 16/Q – 10, grifo nosso).*

> *[...] Realizei o curso aprendizagem baseada em problemas e gamifi-cação para professores após o meu retorno e contei com a colaboração de professores que foram do VET 3 e VET2 (https://pblandgaming.blogspot.com/ e https://web.facebook.com/PBLandGaming/) [...] Juntamente com os professores [...][37] (VET2 – IFRJ) [...] (VET3 – IFRJ) Iniciamos o projeto Professores para o Futuro e os multipli-cadores no IFRJ (Participante 24/Q – 10).*

> *Trabalho em **rede com professores** do IFMS, IFRO, IFES e desen-volvemos uma proposta para formação de professores que chamamos de MAES – Metodologias Ativas para Estudantes do Século XXI, iniciado após o retorno do VET III. Este projeto iniciou em Mato Grosso do Sul e no próximo ano iniciaremos a oferta do curso em Brasília, aprofundando a ideia de rede de formadores. Aprendo a cada dia. Refletir sobre a prática e dialogar sempre, tem sido o grande aprendizado (Participante 32/Q – 10, grifo nosso).*

> *[...] desenvolvi, com alguns colegas um curso para capacitar os alunos a trabalharem em escritório de desenvolvimento de projetos, como "fab labs" ou "design factory". Os resultados foram impressionantes, desenvolvimento motivação, autonomia, team work e gerando a curiosidade e envolvimento de toda a comunidade escolar. Fora isso, trabalho na prática muito com ensino baseado em projetos, dando palestras e oficinas em todo o Brasil (Participante 58/Q – 10).*

Observamos também que outras equipes dentro do próprio campus foram formadas, com professores que não participaram do programa. Ao narrar as transferências os participantes disseram:

> *Realizei **atividades de multiplicação dos saberes com colegas de diversas áreas** e pudemos debater sobre a educação brasileira (Participante 10/Q – 10, grifo nosso).*

> *[...] Desenvolvemos um trabalho em equipe, multidisciplinar e multi-campi. O resultado foi a troca de experiência na condução do projeto, na implantação de novas metodologias em sala de aula e a oferta de cursos de formação aos docentes de nossas instituições (Participante 27/Q – 10).*

> *[...] após o retorno da participação do programa VET III criei um projeto chamado Oficinas de Aprendizagem Ativa. Este projeto é realizado **com mais três professores** do IF (**que não participaram do VET**) e já ministrou mais de 20 oficinas para professores de diversos níveis de ensino.*

> *Estas oficinas tratam de temas diversos associados a aprendizagem ativa (Participante 31/Q – 10, grifos nossos).*

---

[37] Supressão dos nomes.

> *Continuo desenvolvendo um projeto de PBL **com colegas da mesma instituição**. A contribuição é imensa, pessoal e profissional, para mim e toda comunidade, pois além de discutirmos problemas enfrentados pelos próprios alunos, promove ações e mudanças efetivas na realidade* (Participante 35/Q – 10, grifo nosso).

Interessante mencionar que em nossa pesquisa observamos que a formação de rede gera alguns sentimentos de satisfação, crença e propósito nos professores, que acabam fortalecendo não somente a aprendizagem, mas também combatendo o sentimento de isolamento no trabalho docente.

Vale também ressaltar a fala de um participante que aponta para atuação na área de gestão, na qual buscou transferir seus conhecimentos de uma maneira diferente daquela em que o curso de formação no exterior colocou maior ênfase (prática de ensino em sala de aula).

> *[...] O principal fruto de minha participação foi a publicação de um edital para fomento a práticas pedagógicas e curriculares inovadoras no IFSP, a partir de sua Pró-Reitoria de Ensino (eu atuava como Diretora de Educação Básica à época). Esse edital teve sua primeira publicação em 2017 e teve uma segunda edição em 2018, a qual ainda se encontra em andamento. [...]* (Participante 52/Q – 10).

Em sua fala, o Participante 52 relaciona a viabilidade da transferência da ação realizada com grande repercussão institucional com seu alcance na gestão institucional.

Em relação à subcategoria de análise – **viabilidade da transferência: questões culturais, políticas e institucionais** – observamos os desafios/ obstáculos experimentados pelos egressos do curso de formação continuada no exterior na tentativa de transferirem os conhecimentos adquiridos.

No relato a seguir, o Participante 47 aponta alguns impedimentos de ordem institucional, tais como a falta de acompanhamento do professor, ou seja, a ausência de gestão do acolhimento dos professores que regressam da mobilidade internacional, e a falta de compreensão da gestão em relação aos processos de mudanças propostos. Também relata que as transferências de conhecimento, não institucionalizadas, ficam dependentes de favores informais, incidindo sobre o professor custos financeiros: "são financiados por mim" e emocionais: "sinto que estou de mãos atadas."

> *[...] **Não há um acompanhamento do professor**. Muitas vezes me sinto isolado no que adquiri na Finlândia. Há uma inércia cultural de ambas partes, professores e alunos, que impedem a implementação*

dos métodos de aprendizagem centradas no estudante. Muitas vezes **a gestão não compreende** *a importância desta mudança, até são solidários ao tema, mas a **mudança institucional que possibilite um novo paradigma ainda é incipiente.** Por exemplo, todos os projetos de ensino que realizo junto aos alunos são financiados por mim. O campus ajuda com o que tiver disponível nas dependências, muitos professores também ajudam com o que podem, com serviços, contatos, etc.; mas é sempre uma questão informal, de favores, o jeitinho brasileiro em ação, não há uma política na direção da consolidação dos métodos de ensino aprendidos na Finlândia. Desta forma, como professor, sinto que estou de **mãos atadas**, e minha atuação a partir do que aprendi na Finlândia se restringe a projetos de ensino que realizo junto aos alunos das disciplinas de ministro* (Participante 47/Q – 13, grifos nossos).

Em outros relatos, identificamos dificuldades percebidas pelos professores que indicam a ausência de apoio financeiro, de viabilização de espaços de aprendizagem e de infraestrutura adequada.

*[...] Infelizmente **não houve suporte institucional** como previsto, ficou demonstrativo, foi muito difícil fazer qualquer coisa, gastei, apurando na ponta do lápis seis mil reais de **recursos próprios** para o projeto, nem no evento final disponibilizaram diárias, apenas veículo depois de muito custo* (Participante 25/Q – 10, grifos nossos).

*[...] em geral **não foi como o imaginado**, tive pequenos espaços dentro do Campus onde atuo para compartilhar as ideias e ou tentar introduzir algo de novo. No entanto tentamos, ao máximo aproveitar as poucas oportunidades e ainda continuamos a disposição* (Participante 29/Q – 11, grifo nosso).

*[...] ainda existe um **abismo imenso estrutural e tecnológico** em sala de aula na minha instituição para aplicar práticas pedagógicas mais dinâmicas. Não temos internet, por exemplo, o que limita a exploração de diversas ferramentas pedagógicas como kahoot, ThinLink entre outras* (Participante 37/Q – 14, grifo nosso).

Na minha instituição foi como se não tivesse ido.** Apesar de eu insistentemente me colocar à disposição para ajudar nas questões pedagógicas, **sinto como se não quisessem saber.** Em especial no meu colegiado, ninguém nunca perguntou se algo que aprendi pode ser utilizado em nosso curso. Então, **me contento em atuar apenas na minha própria sala de aula. A instituição nunca me chamou para desenvolver algum projeto** nessa área em termos institucionais, **apesar de eu tentar (Participante 38/Q – 11, grifos nossos).

Nos excertos, observamos que há tentativas e vontade do professor em implementar ações além do espaço da sala de aula, com alcance maior, no entanto, deparam-se com a falta de apoio para explorarem com todo o potencial seus novos saberes/aprendizagens adquiridos na formação internacional.

Na fala do Participante 43 percebemos o receio dos riscos de descontinuidade devido à mudança de governo. Vale lembrar que o questionário foi disponibilizado para respostas entre outubro de 2018 e abril de 2019, quando então o novo governo do mandato entre 2019-2022, Jair Bolsonaro, foi eleito.

> *[...] Voltei cheia de ideias e com **pouco apoio para executá-las**. Levou muito tempo para acontecer qualquer institucionalização dos resultados do programa, o que está sendo feito somente agora com o BRaFF e com **sérios riscos de descontinuidade** em função do novo governo* (Participante 43/Q – 11, grifos nossos).

O Brasileiros Formando Formadores (BraFF) foi um desdobramento do *Finnish Train the Trainers (FiTT)*. Esse último selecionou 20 professores que já tinham participado do programa *Vocation Education and Training (VET) Teachers for the Future,* em alguma das edições de 2014, 2015 ou 2016, para voltar a Finlândia em agosto de 2017 e participar do curso, o qual objetivou formar os formadores que ministrariam posteriormente o BraFF. O BraFF teve como objetivo formar formadores. Os ministrantes foram cursistas do FiTT e o público-alvo eram egressos de mobilidade internacional da Finlândia, Canadá ou Reino Unido.

No decorrer do Programa Professores para o Futuro, com as edições *do VET e do FiTT* e, posteriormente, do BraFF, entre 2014 e 2018, muitos foram os acontecimentos no cenário político e econômico do Brasil, causando incertezas sobre a continuidade de ações devido às questões políticas e econômicas, dentre eles, o Brasil teve o *impeachment* da presidenta Dilma Rousseff, sua substituição pelo governo Temer e a eleição do governo Bolsonaro. A isso também atribuímos a questão do longo período entre uma ação e outra – por exemplo, a primeira edição do VET, 2014 –, o convite de participação no FiTT em 2017 e a concretização de ações no BraFF em 2018. Uma constatação de que a falta de políticas de estado gera uma situação de dificuldade para sistematização/consolidação de programas.

Nesse sentido, em relação à questão cultural e política destacamos a fala do Participante 52 sobre as distinções entre as sociedades e projetos de nação Brasil x Finlândia, demonstrando diferenças entre políticas de estado x políticas de governo.

> [...] Na minha visão, muito do que é desenvolvido na Finlândia em termos educacionais só é possível pelo **modelo de sociedade**, que se pauta na autonomia, confiança e colaboração. Contrariamente, no Brasil a cultura é a da desconfiança que, consequentemente, nos afasta cada vez mais da colaboração, do bom trabalho em equipe. **O projeto de Nação é bastante divergente também**, e aí se encaixa o papel assumido pela educação que, **na Finlândia aponta para o desenvolvimento nacional e no Brasil, para a manutenção da estratificação social e dos privilégios de classe**. Tudo que se relaciona à educação, portanto, se torna contrastante quando comparamos os dois países: a valorização social e financeira dos professores (existe concorrência para desempenhar essa função na Finlândia!), a oferta de diferentes itinerários formativos (de forma real e não fictícia como o modelo proposto no Brasil), uma vez que a autonomia é uma condição importante de ser desenvolvida e garantida, etc. (Participante 52/Q – 12, grifos nossos).

Outros fatores de impedimentos também foram relatados pelos professores participantes, para os quais elencamos uma terceira subcategoria: **viabilidade da transferência: atitude dos pares**. Resistência a mudanças, indiferença a proposições inovadoras e desconfiança dos colegas diante dessas proposições foram os fatores apontados pelos professores como principais em relação aos desafios enfrentados por eles.

> [...] a comunidade acadêmica, de forma geral, **não absorve** alguns métodos e técnicas menos diretivos (Participante 19/Q – 14, grifo nosso).
>
> [...] **deprimente**...mesmo tendo sido avisado muitas vezes por colegas do VET 1 e do próprio pessoal da Finlândia ...os alunos é quem deram suporte e abarcaram a ideia, até hoje [...] (Participante 25/Q – 14, grifo nosso).
>
> [...] Muita coisa que falava antes de viajar, agora tinha fotos, embasamento teórico, mas **as pessoas continuavam resistentes**. Perceber que as mudanças acontecem de forma muito, muito lenta, foi o maior incômodo após meu retorno. **Trabalhar em rede, com professores de outros IF foi fundamental** para manter o otimismo e não desistir do propósito (Participante 32/Q – 11, grifos nossos).

> **Indiferente entre os colegas.** *A percepção é que foi uma experiência individual e sem interesse por parte dos colegas* (Participante 37/Q – 11, grifo nosso).
>
> *[...] com muitos desafios:* **choque cultural, resistências a mudanças, críticas de outros colegas,** *etc.* (Participante 59/Q – 11, grifo nosso).

Não obstante, segundo os participantes, houve colegas que manifestaram curiosidade para conhecer as novidades trazidas da Finlândia.

> *[...] Meus pares me receberam bem, mesmo com alguns casos isolados de* **descon fiança** *quanto ao novo, a maioria se mostra* **aberto e disposto** *a conhecer novas metodologias e tecnologias. Creio que já tenha ministrado mais de 60 eventos em meu Estado ou em outros Estados* (Participante 57/Q – 11, grifos nossos).
>
> *Fui recebido no retorno com* **grande curiosidade** *por parte de professores e aluno sobre a experiência* (Participante 44/Q – 11, grifo nosso).
>
> *Percebi que cheguei com vontade de fazer muita coisa diferente e que* **a ansiedade em fazer atrapalha.** *Percebi que a novidade atrai, mas que é preciso deixá-la interessante de maneira mais permanente, para que não se esgote. Posteriormente percebi um* **grande interesse, e curiosidade,** *de vários grupos sobre o que foi desenvolvido naquele País referência em Educação, sendo* **possível contribuir com discussões, ferramentas, estratégias e metodologias** *diferentes para o cotidiano de quem está envolvido com a Educação* (Participante 61/Q – 11, grifos nossos).

Por um lado é possível reconhecer nos relatos sentimentos de solidão e frustração provocados pela percepção da atitude de indiferença e desconfiança dos pares, por outro, **é também possível reconhecer que** a atitude de abertura e curiosidade dos colegas de profissão desperta o oposto. Como forma de enfrentamento do sentimento de solidão experimentado no retorno, há o caso apontado pelo Participante 32, que afirma ter buscado trabalhar em rede, com professores de outros IFs que também participaram da imersão cultural.

5.3.2.6 Internacionalização

Para a categoria **internacionalização**, consideramos em nossa análise três subcategorias: **os desdobramentos em outras ações de internacionalização** (acordos, redes internacionais de relacionamentos etc.); **a mobilidade**

internacional sob o viés mercadológico e a **mobilidade internacional sob o viés culturalista**.

Em relação aos efeitos atinentes à internacionalização destacamos dois pontos, sendo eles a internacionalização da Rede e a ampliação da rede de relacionamentos (entre campi, nacional/internacional). Esses dois efeitos classificamos em desdobramentos de outras ações de internacionalização, decorrentes da mobilidade internacional.

A internacionalização da rede não está claramente indicada em respostas dos questionários da maneira expressa nos Relatórios Finais das edições do curso de formação continuada no exterior, mas está presente quando os professores apontam a ampliação da rede de relacionamentos que vão além do contexto nacional.

> [...] Como participei do Programa FiTT (SETEC, CNPq) também tive acesso as novas metodologias, técnicas de compartilhamento e **programação em rede e com outras redes de ensino, locais, regionais, nacionais e internacionais** (Participante 07/Q – 07, grifo nosso).

> Além das metodologias inovadoras, **a rede de relacionamentos profissionais foi aumentada** (Participante 08/Q – 07, grifo nosso).

> [...] O programa VET trouxe uma abordagem inovadora, principalmente no PBL e no **trabalho colaborativo e em rede** (Participante 32/Q – 07, grifo nosso).

> [...] Creio que esse trabalho [o projeto final do curso] superou exponencialmente as minhas expectativas e fez com que **novas redes de relacionamentos com outras instituições além dos IFs fossem criadas, inclusive em outros países** (Participante 02/Q – 10, grifo nosso).

> [...] Penso que é importante registrar, ainda, que criamos uma **rede não apenas entre brasileiros de todo o país, mas com os próprios finlandeses,** e incluo nisso a relação que mantemos nas redes sociais (Participante 16/Q – 12, grifo nosso).

Destacamos dois vieses da mobilidade internacional, uma como união – que é o viés culturalista, considerando o aspecto da interculturalidade – e a outra como interseção (AZEVEDO, 2015) – que é o viés mercadológico, considerando o imperialismo cultural e os ditames dos organismos internacionais, resultando na competição acirrada e na mobilidade enquanto produto comercializável, com foco no comércio. A partir disso, bem como do nosso objetivo e dos problemas de pesquisa, buscamos analisar as narrativas considerando esses dois aspectos.

Foi interessante observar que, embora haja um viés mercadológico na relação Brasil x Finlândia, dado que o curso de formação continuada para os professores da EBTT brasileiros da Rede Federal se deu a partir da comercialização de um produto, em que o Brasil teve um papel de consumidor e a Finlândia de vendedor, os relatos dos professores mostram que eles colocaram foco na interculturalidade.

Em relação à subcategoria **mobilidade internacional sob o viés mercadológico** ou, ainda, a internacionalização como intersecção (AZEVEDO, 2015), ou seja, apresentando obstáculos que impedem o estabelecimento de uma relação de igualdade entre os países, dois participantes destacaram:

> *Creio que essa parceria, apesar de produtiva, ainda é incipiente e ainda caminha* **preponderantemente na área comercial**. *Creio que poderíamos explorar muito mais na prática os conhecimentos produzidos pelo programa em algo de médio e longo prazo. Talvez com algo parecido com o período de tutoria a distância do VET. Seria proveitoso também criar oportunidades de atuar como professor visitante entre as universidades participantes do programa, inclusive entre os IFs* (Participante 02/Q – 12, grifo nosso).

> *Creio que são culturas muito distintas, imbricadas em tecidos sociais muito diferentes, além das questões relacionadas aos desafios geográficos e populacionais, também muito distintos.*

> *Todavia, me senti acolhida e não tive problemas de relacionamento com os finlandeses. Mas,* é perceptível, pelo acompanhamento das ações posteriores ao meu retorno, *que* **eles estão "vendendo" o seu modelo para o mundo** *porque alcançaram sucesso com ele e* **porque precisam de pessoas para sustentar as estruturas estabelecidas no país** (Participante 43/Q – 12, grifos nossos).

Ambos os participantes demonstram ter consciência do viés mercadológico na relação entre Brasil x Finlândia. A fala do Participante 02 aponta para uma proposta de ampliação do relacionamento para além do que foi comercializável, com acordos de cooperação entre as instituições brasileiras e finlandesas. Na fala do Participante 43, há um reconhecimento da relação hierárquica de consumidor/fornecedor a partir de dados que legitimam a condição de ter "alcançado o sucesso", considerando nesse contexto o *PISA*, ao mesmo tempo que justifica a necessidade da venda desse produto.

Já em relação à subcategoria **mobilidade internacional sob o viés culturalista,** registramos 24 falas de participantes que se associam com a percepção da interculturalidade. A concepção de interculturalidade adotada nesta obra está ligada à relação igualitária entre as culturas e em possibilidades de gerar expressões compartilhadas, inspiradas na concepção da Unesco (UNITED NATIONS EDUCATIONAL, SCIENTIFIC AND CULTURAL ORGANIZATION, 2005). Nessa visão não cabe o imperialismo cultural, em que uma cultura se sobrepõe a outra, mas uma relação genuína de troca, promotora de experiências de crescimento mútuo.

A mobilidade internacional de professores é promotora do desenvolvimento de habilidades essenciais, como a interação intercultural que, segundo Cushner (2007, p. 27), refere-se à "[...] a habilidade de comunicar e colaborar de maneira efetiva com indivíduos cuja atitudes, valores, conhecimento e habilidades devem ser significantemente diferente dos seus."[38] O autor afirma que há efeitos relevantes advindos de uma experiência formativa intercultural nas concepções e práticas pedagógicas dos professores e, consequentemente, na vida de seus alunos.

Os relatos que obtivemos dos participantes corroboram tal afirmação na notável percepção dessa relação, especialmente em dez respostas, predominantemente observadas sob o viés de troca mútua e igualitária. Vale destacar que todas as narrativas a seguir relacionadas foram produzidas em resposta à pergunta "Como você percebe e avalia a relação intercultural entre Brasil e Finlândia, a partir da sua experiência e participação no programa Professores para o Futuro?"

> *As diferenças entre os dois países vão além do clima e da história. No entanto, **os professores brasileiros conseguem interagir muito bem com a contraparte finlandesa, que frequentemente destaca positivamente o fato de serem contagiados por professores motivados e bem-dispostos. Por outro lado, a Finlândia ensina ao Brasil a importância de valores** como pontualidade, comprometimento e foco no trabalho* (Participante 08/Q – 12, grifo nosso).

> *Percebo como uma relação de **crescimento pessoal e profissional para ambas as partes*** (Participante 11/Q – 12, grifo nosso).

> *Apesar das diferenças entre os dois países, percebo que **ambos têm a aprender um com o outro**. Tive a oportunidade de voltar à Finlândia duas vezes após o VET, uma delas para cursar o FiTT (Finnish*

---

[38] Tradução nossa, do original: "[...] the ability to communicate and collaborate effectively with people whose attitudes, values, knowledge and skills may be significantly different from their own." (CUSHNER, 2007, p. 27).

training the trainers), e acredito que até mesmo os docentes finlandeses adotaram alguns elementos da nossa cultura. Percebo isso na postura e relacionamento que mantém conosco, pelas experiências que trocamos e até mesmo pelas angústias que relatamos. Ainda hoje tenho consultado alguns docentes finlandeses sobre temas e dúvidas em relação à educação [...] (Participante 16/Q – 12, grifo nosso).

Acho ótima a relação intercultural, **aprendemos muito e podemos ensinar muito** *também, a troca foi muito rica* (Participante 20/Q – 12, grifo nosso).

Na esfera TAMK e HAMK os professores Finlandeses estão bem acostumados (e apaixonados) pela cultura Brasileira. O choque cultural é melhor percebido no dia a dia, no comportamento quotidiano do Finlandês ordinário. **Os Brasileiros são bem espaçosos** *e, quando em grupo, tentam impor sua cultura e comportamento, o que pode ser muito agressivo as vezes. No geral, é uma* **aprendizagem para ambos os lados.** *Uma experiência rica e inesquecível* (Participante 22/Q – 12, grifos nossos).

São dois ótimos países, que podem **contribuir mutuamente** *em várias áreas* (Participante 30/Q – 12, grifo nosso).

A relação intercultural entre estes dois países é muito interessante, **aprendemos muito com eles** não só em termos de educação mas, também, em termos de como vemos a vida e nossos valores. Mas, tenho certeza que, também, **deixamos muito de nossos valores, crenças e conhecimento com o grupo** *com o qual convivemos* (Participante 31/Q – 12, grifos nossos).

São culturas muito diferentes, mas não tive dificuldades para me adaptar. Acho que **nossa in fluência foi positiva para os finlandeses,** *levando mais calor humano nas relações e* **fui muito in fluenciada pela con fiança no processo,** *tão marcante na cultura finlandesa* (Participante 32/Q – 12, grifo nosso).

[...] **Aprendi muito** *sobre as metodologias educacionais e profissionalismo finlandês,* **e tento mesclar com a criatividade brasileira** (Participante 41/Q – 12, grifos nossos).

É uma relação exitosa, onde **recebemos muito conhecimento organizado** da parte dos finlandeses. Porém, **eles também crescem** recebendo a nossa motivação e práticas (Participante 58/Q – 12, grifos nossos).

Nas narrativas produzidas, os professores destacam as diferenças e complementaridade entre as culturas, bem como algumas características que fazem parte do sistema simbólico de cada cultura e compõem a identidade de cada nação. Nesse grupo de características positivas apontadas pelos participantes estão representações do brasileiro como motivado, disposto, criativo e afetuoso e o finlandês como pontual, comprometido e focado no trabalho. Além do destaque para as diferenças culturais, há ênfase na troca mútua de experiências e aprendizagens para ambas as culturas.

De modo geral, os participantes focaram em aspectos positivos, no entanto o Participante 22 levantou um ponto importante sobre o choque cultural (supra exposto), destacando uma característica do brasileiro que pode às vezes aparentar agressividade para a cultura finlandesa.

Outra fala importante nesse contexto é a do Participante 44, que aponta para o potencial de aprendizagem mútua entre as culturas, abordando não as características positivas, mas os problemas nos países:

> *Brasil e Finlândia vivem realidades extremamente diferentes. O Brasil, heterogêneo em praticamente todos os aspectos: acesso a recursos, genética, distribuição de renda, acesso à educação, oportunidades, etc. e a Finlândia, extremamente igualitário nesses mesmos aspectos. **A falta de diversidade é um problema na Finlândia e a desigualdade é um problema no Brasil,** o que sugere complementaridade extremamente interessante nos dois países* (Participante 44/Q – 12, grifo nosso).

Azevedo (2015) destaca o imperialismo cultural e a pressão dos organismos internacionais por índices e performances que acabam resultando em competitividade entre os países, o que se torna um obstáculo para a internacionalização como união, ou seja, a internacionalização a partir de um viés intercultural. No entanto, observamos que nem sempre os altos índices de um país em relação a outro suscitam competitividade entre os professores de diferentes nações, mas conduzem ao reconhecimento das características, traços culturais, história e cultura que levam um país a obter mais êxito que outro na educação.

> *Culturalmente, são dois países que apresentam diferenças marcantes e que podem interferir no desenvolvimento do sistema educacional, tanto das instâncias de gestão quanto o trabalho dentro da sala de aula. Culturalmente, os finlandeses são quietos, muito tímidos, prezam mais o ouvir do que o falar, são pontuais (referindo-se a horário) e muito organizados, **características que são encontradas em menor frequência na nossa cultura** (Participante 14/Q – 12, grifo nosso).*

> *[...] aprimorei valores e cresci em pontos que inicialmente parecia besteira. Por exemplo, antes de ir para Finlândia sempre falei muito alto, lá comecei a educar meu tom de voz. E tantos outros **valores que foram aprendidos durante a capacitação,** quando cheguei achei que todas as aulas na Finlândia eram repletas de*

tecnologias por isso o país tinha resultados expressivos, mas na verdade eles fazem o melhor com o mínimo. Não esperam as condições ideais para fazer acontecer (Participante 28/Q – 12, grifo nosso).

*São duas realidades muito diferentes, no entanto **o jeito Finlandês e comprometido de fazer educação igualitária pode sim contribuir para melhoria dos IFs**, principalmente contribuindo com a implementação de coisas simples e funcionais* (Participante 29/Q – 12, grifo nosso).

*Eu diria que se tratam de culturas opostas, em vários sentidos, e com grande potencial de complementação. Destaca-se um ponto comum expoente: "a abertura à cooperação na busca pelo desenvolvimento." **Em termos de vida em sociedade eu acredito que o brasileiro tem muito a aprender com os finlandeses, principalmente no valor que é dado à educação**, à necessidade de formação de indivíduos para o mundo globalizado, ao respeito do espaço e da propriedade alheia* (Participante 51/Q – 12, grifo nosso).

*Avalio como uma relação um tanto quanto distante, pois os aspectos culturais entre os dois países são bastante diferentes. **A valorização do ser humano, o respeito pelo outro, a importância que se dá pela educação é muito diferente entre os dois países.** Outras questões como clima, alimentação, idioma causou bastante estranhamento também. Entretanto, apesar desta diferença, pudemos identificar uma semelhança no que diz respeito ao desejo de compartilhar experiências* (Participante 53/Q – 12, grifo nosso).

As narrativas produzidas estão repletas de representações de cada sistema simbólico que compõem a identidade nacional de cada país. A cultura carrega história, língua, comportamento, enfim, carrega diversas dimensões de uma sociedade. Observamos representações aceitas comumente tanto pelos finlandeses quanto pelos brasileiros, de que os finlandeses são quietos, tímidos, pontuais, organizados, comprometidos, respeitosos, ouvem mais que falam. E o maior destaque de valor à educação, característica historicamente construída, conforme vimos anteriormente, que reflete nas políticas de estado do país e no projeto de nação. Ou seja, para cada país a educação teve e tem um lugar na história e na cultura.

A mobilidade internacional, que é considerada uma ação da internacionalização, cumpre seu propósito quando permite a integração entre culturas e países, mesmo que tal mobilidade seja estabelecida a partir de um acordo comercial entre eles. Em que pese esse fato ser o propulsor do contrato, para os participantes a interculturalidade é o aspecto que predomina.

Também observamos que a subcategoria de mobilidade internacional sob o viés culturalista, no qual a interculturalidade é central para nossa análise, relaciona-se com a subcategoria de construção identitária na relação com o outro – a questão da alteridade – na identidade, enquanto categoria de análise, já que na relação com a cultura do outro, o viajante/professor passa a compreender a própria cultura, a questionar o lugar da educação em seu país a partir de sua história.

> *Muitos dos valores em que se alicerça a sociedade finlandesa ficaram claros. Não sei até que ponto ficou evidente a relação desses valores com os processos educacionais que ocorrem no país* (Participante 19/Q – 12).

Não se pode assegurar, no entanto, que todos os viajantes constroem suas representações de maneira a não subestimar sua própria cultura e superestimar a do outro, desconsiderando os fatores históricos que levaram cada uma a determinado lugar.

5.3.2.7 Articulação

Para a categoria **articulação**, consideramos a relação entre a política da Setec/MEC e o IF no qual o professor trabalha. Em relação a isso, identificamos duas narrativas, sendo elas:

> *[...] deveria ser um programa de médio a longo prazo, com* **suporte continuado** *por 5 a 10 anos, institucional, a fim de garantir continuidade com todos.* **O FITT, por exemplo, deveria envolver todos, e não uma parcela do grupo,** *já que desde então* **não houve uma adequada articulação entre todos os participantes** (Participante 35/Q – 12, grifos nossos).

> *A relação intercultural foi boa. No entanto, acredito que devia existir uma* **continuidade "planejada" a longo prazo** *entre os países. Ficou muito solto após a volta da Finlândia* (Participante 46/Q – 12, grifo nosso).

Assim como na análise das chamadas e relatórios, ficou evidente a ausência de articulação entre o projeto da Setec/MEC e os locais de trabalho dos professores, ocasionando o que chamamos de "esforço individual", conforme vimos na subcategoria "viabilidade das transferências: questões institucionais, políticas e culturais", em que os professores declararam a falta de apoio institucional, ausência na criação de espaços, infraestrutura etc.

CAPÍTULO 6

AS NARRATIVAS DE VIAGEM PEDAGÓGICA DOS PROFESSORES REGRESSANTES

Neste capítulo apresento especificamente a análise e discussão dos dados provenientes das entrevistas narrativas, tendo em vista que são mais complexos devido à sua natureza aberta e fluída.

Para a análise das entrevistas narrativas, conforme expusemos em nosso referencial teórico, prosseguimos com a análise temática, ou seja, a construção de um referencial de codificação, proposta por Jovchelovitch e Bauer (2007), adotando as etapas: 1. transcrição, seguida de reduções gradativas em unidades menores; 2. identificação de palavras-chave/unidades menores: categorias por entrevista e categorias gerais e 3. interpretação das entrevistas: estruturas de relevância dos informantes associadas às estruturas de relevância para o pesquisador.

Conforme orientam Jovchelovitch e Bauer (2007), após a transcrição de cada entrevista, as reduções foram realizadas de maneira gradual após inúmeras revisões e reiteradas leituras, iniciando-se com passagens inteiras, depois parágrafos e, em seguida, sentenças sintéticas ou palavras-chave, apresentando sentidos condensados. A mesma ação foi repetida para todas as entrevistas, resultando em um conjunto de unidades para cada uma delas. A comparação dos conjuntos permitiu a elaboração de um sistema de unidades temáticas gerais. Selecionamos algumas unidades particulares que identificamos como relevantes para a análise, conforme o quadro a seguir:

Quadro 20 – Unidades Temáticas

Unidades Temáticas Gerais
Antes e durante a viagem: a estranheza
→ Experiências com clima, vegetação, transporte público, laboratórios, infraestrutura da cidade, esportes, mergulho, sauna pública, escolas, instituições públicas e privadas, cuidado/segurança em escolas, laboratórios, saúde do trabalhador, lojas e brechós, supermercados etc.

→ Experiência "fora" das visitas técnicas agendadas em escolas da Educação Básica.

→ Expectativas na seleção & Realidade – O que fui buscar? O que encontrei?

→ Eu senti uma transformação/mudança.

→ Minha trajetória de formação antes da mobilidade internacional.

→ Diferenças entre os países Brasil-Finlândia.

→ Formação continuada na Finlândia: foco nos métodos, ferramentas, práticas e competências.

→ Formação continuada percebida como validação do conhecimento.

→ Novos paradigmas: relacionamento professor-aluno, papel do professor como facilitador, papel do aluno como "ativo", conteúdo associado ao cotidiano, podendo ser reduzido.

→ Conhecer o sistema educacional na Finlândia antes de conhecer o sistema educacional no Brasil.

→ Imersão cultural: viver a cultura, morar com colegas de profissão, intensidade nas aprendizagens, relacionamentos e vivências, compreensão de conceitos.

Antes e durante a viagem: a estranheza

→ Ampliação da rede de relacionamentos.

O regresso ao Brasil e ao campus: o estranho

→ O regresso ao campus: conflito com pares ou alunos/resistência, produção de sentimentos e emoções: solidão, tristeza, desânimo, rejeição. No campus é diferente/No campus não consigo.

Inquietações.

→ Projeto de desenvolvimento (transferência de conhecimento).

→ Continuação ou descontinuidade da rede de relacionamentos.

→ Choque cultural reverso – um país que tem políticas e realidades muito distintas, ideal/real.

→ Falta de apoio institucional – falta de interesse, não ouço eco, ninguém perguntou, ninguém nos ouve, não me deram oportunidade.

→ Apoio institucional: disponibilização de carros, carga horária para a multiplicação ou com apoio verbal, sem criar viabilidades.

→ Questões culturais: aplicação do *flipped classrrom*, aplicação do *PBL*, infraestrutura, solicitações ao campus, o que não dá para importar – valores culturais – confiança, compromisso.

→ Questões políticas e econômicas.

→ Falta de recurso financeiro/investimento.

→ Projeto de Nação na Finlândia x Brasil.
→ Sobrecarga docente (saúde do professor, tempo de dedicação, demandas x inovação – Vou abraçando. / Vou me voluntariando. Vou pagando.
Unidades Temáticas particulares
Durante a viagem: a estranheza → Experiência percebida como doutrinação. → A percepção da visita preparada: é como você chegar em uma festa de casamento. → Desafios com a língua inglesa: eu sofri muito. → Questionamentos sobre as bases teóricas da formação continuada: qual é a base das propostas práticas? → Experiência como divisor de águas.
O regresso ao Brasil e ao campus: o estranho → Busca por mais qualificação. → Descontinuidade de ações institucionais e do governo.

Fonte: elaborado pela autora Chediak (2020)

O sistema de unidades temáticas gerais e unidades particulares, que estão relacionadas às estruturas de relevância dos informantes, foi associado às estruturas relevantes da pesquisadora, ou seja, às categorias inicialmente propostas para a análise de todos os dados desta pesquisa. A fusão das estruturas dos informantes e da pesquisadora foi possível, considerando novas subcategorias que emergiram das narrativas, sendo elas o **choque cultural reverso**, associado à "internacionalização", como uma consequência da mobilidade internacional dos professores, e uma segunda, a **trajetória de formação anterior à experiência de mobilidade**, associada à categoria "formação".

Dessa maneira, a relação das categorias e subcategorias para a análise das entrevistas ficou conforme ilustração da figura a seguir:

Figura 6 – Categorias e subcategorias de análise das entrevistas narrativas

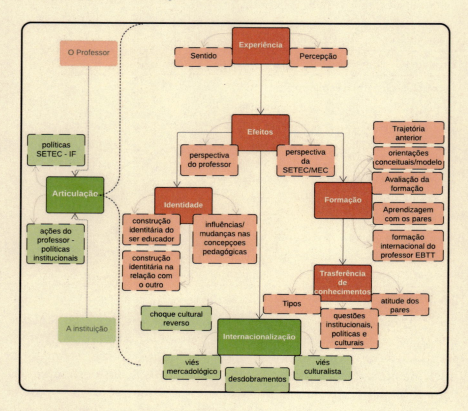

Fonte: elaborada pela autora Chediak (2020)

Os entrevistados estiveram na Finlândia entre os anos de 2014 e 2016 e as entrevistas narrativas foram gravadas entre o período de novembro de 2018 e fevereiro de 2019.

Conforme explicamos anteriormente, para a identificação dos professores participantes das entrevistas, utilizamos a mesma ordem de numeração dos questionários.

A seguir, teceremos nossa análise na mesma ordem dos demais dados, ou seja: experiência, efeitos, identidade, formação, transferência de conhecimentos, internacionalização e articulação.

6.1 EXPERIÊNCIA: "UMA COISA É QUANDO EU FALO, OUTRA COISA É QUANDO VOCÊ VIVE[39]"

Neste momento, buscamos analisar o lugar que a experiência da mobilidade internacional ocupa na formação continuada que os professores receberam na Finlândia. O conjunto de vivências apresentado pelos professores se torna uma experiência do tipo formativa. Dessa maneira, já direcionamos nossa análise para experiência formativa e sua interpretação, ou seja, a maneira como os professores percebem e se sentem em relação a ela.

A experiência ocupa um lugar importante na formação. Josso (2004) nos explica que é por meio das experiências que as pessoas se formam e suas identidades e subjetividades se transformam. Daí a importância de direcionarmos nossos olhares para compreendê-las a partir das narrativas de formação, materiais que nos auxiliam a compreender os processos de formação, os conhecimentos e aprendizagens, a maneira como o aprendente interage com outras subjetividades e outros elementos presentes no contexto de aprendizagem.

O contexto de mobilidade internacional permite ao indivíduo ter uma experiência, visto que se encontra imerso em outra cultura, deslocado de sua rotina e seus automatismos. Todos os elementos tornam-se relevantes, pois compõem a cultura e os auxiliam no entendimento da educação, seja a relação do indivíduo com outras pessoas, seja com as coisas, viver a cultura local e relacionar os detalhes à educação, à sociedade, à política, aos valores etc.

A imersão cultural favorece a compreensão do funcionamento de uma sociedade, sua história, cultura, políticas públicas, economia e todos os elementos que constituem suas dimensões. Por se tratar de uma experiência em que o indivíduo está distante geograficamente de sua nação, suspenso de sua rotina de trabalho (que é a antiexperiência), longe de sua casa, sua família e relacionamentos mais próximos, as suas aprendizagens e vivências nesse novo contexto são mais intensas, por serem novas, estranhas e vividas em uma nova configuração do tempo disponível, o que influencia na **atitude** de abertura diante da experiência.

> *E agora eu entendi como que professores de outras culturas podem contribuir com uma visão de mundo totalmente diferente. Na verdade não são só os professores, mas você estar em outra cultura*

---

[39] Participante 05.

*muda tudo. Não é o que o professor fala, a história que ele conta. A internacionalização[40], eu acho que ela é manca, perdoe-me a expressão, quando é um professor estrangeiro que vem pra cá. Porque por mais que ele conte essa experiência, **quando você vive as experiências, muda totalmente.** Desde do pegar o trem e não pagar o tíquete ou pagar o tíquete e não apresentar para ninguém, na verdade a questão é essa, ou até, algumas coisas que seriam normais na nossa cultura e são ofensivas e vice-versa na outra cultura. E acho que todas as experiências lá são muito ricas* (Participante 02, grifo nosso).

[...] em relação ao clima, que a gente pode mergulhar em um lago congelado, conhecer invenções originalmente finlandesas, como a sauna, o escorredor de pratos ou mesmo visitar empresas de tecnologia na Finlândia [...]. A gente fez visitas ao interior do país, a gente teve a oportunidade de conhecer a casa da professora [nome da professora], que a gente conviveu com a família dela no final de semana.

*[...] O grupo teve oportunidade de **acessar muito sobre a cultura finlandesa,** praticar atividades esportivas, teve oportunidade de conhecer um pouco sobre a natureza, de visitar vários locais. Teve oportunidade, inclusive muitas dessas coisas mediadas pelas formadores [...] eles planejavam detalhadamente a nossa semana. Então tinha atividade de leitura, de inglês, de interação, de construção coletiva [...] todas as atividades que, que iam alternando. A gente conseguiu também conviver um pouco com estudantes, dentro da universidade, e fazer algumas atividades junto com eles também... Então pra gente foi um momento muito rico. Eu falo assim que **os cinco meses foram mais do que cinco para mim! A hora que você lembra parece que foi um ano, dois anos, de uma experiência, de uma imersão muito grande*** (Participante 03, grifos nossos).

*Eu acho que a imersão é o mais interessante. Você chegar para **atravessar a rua,** você vê que não está vindo carro nenhum e ninguém está atravessando porque o semáforo de pedestre está fechado. [...] Porque você está o tempo inteiro aprendendo coisas diferentes que você vai acabar usando na sua prática. É o tempo inteiro. Desde **comprar alguma coisa,** você ir ao **supermercado** e não ter um caixa e você passar as suas compras sozinho* (Participante 04, grifos nossos).

*O **processo de imersão tem uma coisa que te mantém conectado o tempo inteiro.** Então é muito mais intenso. Os conflitos, a energia, o conhecimento que vem a você. Tanto que ali veio muito mais da prática [conhecimento da prática]* (Participante 05, grifo nosso).

---

[40] Nesse contexto, o Participante 02 refere-se à mobilidade internacional.

> [...] *eu não havia tido uma imersão na Europa, e isso foi impor-tante para mim. Desde você **aprimorar o inglês**, desde você **pegar os trens** de maneira autônoma, você se deslocar e verificar que a segurança na Finlândia é diferente da **segurança** no Brasil. Isso dá uma autonomia para as pessoas desde o início, desde criancinhas. Então, hoje, por exemplo, eu não me surpreendo mais quando eu vejo as criancinhas indo pra escola sozinhas. Por quê? Porque é um país que dá segurança pra isso. No Brasil, a, a falta de proatividade das nossas crianças de modo geral é um reflexo muitas vezes da proteção que os pais têm que oferecer, porque o Brasil não é seguro. Não posso deixar minha filha sair, ir para escola sozinha porque corre o risco de ser assaltada. Como esse risco é mínimo na Finlândia, o adolescente passa a ter uma **autonomia** muito mais precocemente* (Participante 08, grifos nossos).

O indivíduo encontra-se atento aos detalhes e à captação dos valores sociais embutidos em simples atos do dia a dia e sua relação com a educação, seja ao atravessar a rua e vivenciar as regras de trânsito, a dinâmica do transporte público, seja com o caixa do supermercado, o comportamento das pessoas, a segurança e seu impacto na vida das pessoas, a assistência social etc.

> [...] *Eu fiquei bastante impressionado, porque **o curso foi muito intenso**. Ele foi um curso muito intenso. Ele mexeu com muitos paradigmas educacionais. E a Finlândia também me trouxe muitos exemplos de país, muitos exemplos de conduta de cidadãos, muitos exemplos de valores pessoais e profissionais. Então foi um aprendi-zado que eu tive do ponto de vista pessoal, e também o profissional* (Participante 08, grifo nosso).

A seguir, ilustramos todas as vivências narradas pelos professores entrevistados e a relação que fizeram com a educação e o comportamento de professores e estudantes nas instituições educacionais.

Figura 7 – Experiência da imersão cultural

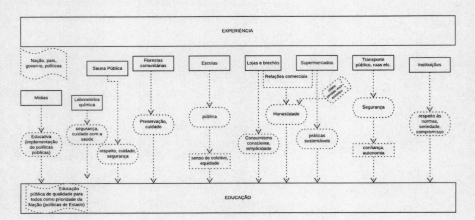

Fonte: elaborada pela autora Chediak (2020)

Morar com outros colegas brasileiros, da mesma rede, também foi um fator muito mencionado pelos participantes como agregador dessa aprendizagem pela experiência. O grupo de professores brasileiros afirma a representação simbólica da identidade enquanto nação e da identidade enquanto grupo profissional. A convivência do grupo auxilia na elaboração da experiência e na aprendizagem nos diversos ambientes fora da sala de aula.

> [...] estar lá no programa, no VET, com pessoas de outros institutos, não somente o [...] onde eu sou professor, foi pra mim de longe a minha maior riqueza. Porque isso me proporcionou não ter somente um conteúdo pedagógico, relacionado à educação, mas me ajudou a entender onde eu estava inserido. [...] Eu acho que em seis meses em começo de programa, eu, consegui ter uma visão que talvez em dez anos de Instituto eu não conseguiria ter. De entender o que de fato é o Instituto Federal, entender e até ter contato com a lei de criação do Instituto, entender para que que ele foi criado, ou para que que ele existe, qual é o meu papel, qual é o papel do Instituto na minha comunidade e qual é o meu papel dentro do Instituto (Participante 02).

> [...] estar muito junto com as pessoas da rede num alojamento, por exemplo [...], viver junto, a gente acaba conversando muito sobre educação enquanto está lá, a gente parece que esquece todos os outros assuntos e vai falar sobre educação [...]. Está o tempo

inteiro trocando informação para tentar melhorar a nossa prática. É muito positivo (Participante 04).

Josso (2004) nos explica sobre a dialética – coletivo & individual. Enquanto seres psicossomáticos e sociais, nossas experiências são vividas individualmente no coletivo e sua elaboração é individual e coletiva. Os esquemas relacionais são apreendidos por meio da experiência com outras pessoas e podem ser reconfigurados "[...] sempre que encontramos personalidades que nos surpreendem na sua redefinição destes esquemas" (JOSSO, 2004, p. 42).

A convivência e a interação do grupo com uma identidade e propósito comuns bem definidos, com foco na aprendizagem, propiciam a construção de um sistema de expertise distribuído, no qual cada indivíduo, de diferentes áreas do conhecimento, é um agregador e compõe uma comunidade relacional que se fortalece no conhecimento um do outro, construindo, no momento da imersão cultural, uma comunidade de aprendizagem que, como verificamos, pode ou não estender o tempo de colaboração e aprendizagem entre pares, por meio das formações de redes de relacionamentos e trabalhos colaborativos, tais como projetos de pesquisa e extensão, publicações etc.

Outro aspecto que merece destaque é a necessidade relacional de afirmar a memória. A narrativa evoca a memória e esta, por sua vez, como argumenta Bosi (1994), necessita de testemunhas para tomar "vida". As testemunhas, nesse caso, são as pessoas que passaram pela experiência conjuntamente. Elas validam as memórias.

Todos os aspectos da imersão cultural tornam-se relevantes na formação do professor em mobilidade internacional, pois, ao estarem suspensos de seus automatismos, tornam-se mais atentos aos detalhes e às possibilidades de extrair aprendizagens sobre a cultura e sua relação com as demais dimensões da sociedade. O clima foi um aspecto bastante destacado pelos entrevistados.

*[...] quando eu cheguei já tive um impacto com o clima. [...] nós chegamos em fevereiro, **era um clima muito frio**. A primeira coisa que eu disse "Como é que esse povo estuda com esse clima?" [...] Aí foi meu primeiro choque* (Participante 01, grifo nosso).

*[...] as **questões climáticas**, para gente, também marcaram muito. Eles têm muitas dificuldades com relação ao clima, com relação ao frio, e isso mostra para gente que por terem essas dificuldades, eles conseguiram construir um sistema que vence muito bem essas*

dificuldades e que supera para eles terem uma boa vida, terem uma boa convivência naquele país (Participante 03, grifo nosso).

[...] eu saí de 43.ºC e fui para -17.ºC, no dia que eu cheguei. Isso pra mim foi uma mudança, assim, total também. O clima, até os costumes, a alimentação, eu sou muito fã de arroz e feijão, e eu fui comer batata. Mas, mas eu acho que são coisas que todas favorecem a imersão, todas favorecem a aprendizagem, a valorizar o produto. A gente tá acostumado a ficar andando só de carro praticamente, lá é só no ônibus e funciona perfeitamente (Participante 04, grifo nosso).

[...] Eu tive muita dificuldade em novembro. **No inverno, na escuridão, foi extremamente difícil.** *Você acordava, estava de noite, ia pra faculdade de noite. Você via a claridade por um período do dia. E quando eu saia da faculdade às três da tarde, estava de noite. Então foi algo bem difícil pra você lidar com aquilo, foi algo que realmente eu senti bastante, até psicologicamente foi complicado. Hoje a gente ri, mas na época [...]* (Participante 12, grifo nosso).

A atenção se volta aos detalhes, distante da antiexperiência o indivíduo se torna aberto e atento aos cenários e aos comportamentos dos indivíduos.

Uma coisa que me surpreendeu, que eu não imaginava na Finlândia, o quanto que eu vi flores. Eu cheguei na última semana do verão. A gente tem aquela sensação de que lá só é frio e neve, que não tem uma vegetação agradável. **Eu me encantei com a vegetação,** *apesar de ter pouca variedade de árvores, são específicas. Eu gostei muito de me sentir como se eu estivesse num filme de Natal. Mas as flores! Pra mim era tudo! Me encantei com as flores, eu amo flores, então eu amo fotografar de pertinho, de vários ângulos, e claro, não só não esperava que tivessem tantas flores, tanta variedade e tão lindas, eu fiquei apaixonada pelas flores. E ainda os cogumelos. Pra onde você olha tem cogumelo. Então às vezes eu saia do alojamento para ir ao supermercado e em todo jardim tinham cogumelos. E às vezes eu ia e ele estava fechado, quando eu voltava ele estava aberto, parecia uma mágica! [...]* (Participante 11, grifo nosso).

Então, só que eu percebi isso na Finlândia, porque a gente, a **gente pegou a primavera e o verão deles.** *E eu percebi uma* **diferença neles, de comportamento,** *no ônibus, da primavera paro o verão. À medida que ia tendo mais sol, que ia se aproximando o verão,* **as pessoas ficavam mais abertas,** *mais sorridentes! Então eu consegui entender um pouco mais esse aspecto humano de lidar com as pessoas e de entender por que elas reagem como reagem e como o clima influencia na forma das pessoas agirem. Então isso foi bem importante perceber, essa questão do comportamento humano* (Participante 13, grifos nossos).

É importante trazermos neste momento a repercussão que uma experiência pode trazer para a vida do professor. O Participante 11, por exemplo, relatou que a imersão cultural provocou o interesse nele em pesquisar e propor pesquisas sobre cogumelos para seus alunos ao regressar para o Brasil. As informações não verbais mostraram o entusiasmo do professor-pesquisador que o levou a propor para o ano letivo de 2015. No ano seguinte, os alunos pediram que dessem continuidade ao projeto, que culminou, inclusive, na produção de cogumelos comestíveis e em publicação de capítulo de *e-book*[41].

Alguns participantes narraram suas experiências "fora" do cronograma planejado pela universidade para realização das visitas em instituições de ensino durante a imersão cultural na Finlândia.

> *[...] eu pedi para uma professora que me levasse para assistir a aula todinha, para eu passar a manhã inteira na escola. Eu acho que eu fui talvez uma das únicas que teve esse privilégio de assistir uma aula, duas aulas de inglês, como a professora fazia os planejamentos, como era a sala de aula. Então quando eu cheguei nessa escola, que não era vitrine, que não foi preparada para que eu chegasse, que já estava tudo preparado, a sala era bem Instituto Federal, era um atrás do outro e a professora era bem do Instituto Federal do Brasil também. Aí eu fiquei dizendo "Poxa, é igualzinho!" Então assim, o que a escola [universidade] levou era uma coisa, o dia que eu cheguei naquela escola que não estava preparada, que não esconderam aquela sala de aula bem parecida com a nossa, com uma carteirinha atrás da outra. Daí eu tirei fotografia. Eu achei que a gente perdeu esse lado da Finlândia que é bem parecido com o nosso [...].* (Participante 01, grifos nossos).

> *[...] Desde que eu cheguei na Finlândia, o meu foco não foi fazer o que alguns colegas fizeram, de observar aulas em educação profissional, de estudar PBL, de estudar a metodologia ativa em si. Eu fui conhecer as escolas de educação básica. Eu fui em três escolas, por conta própria, sem contar as de visitas que o pessoal organizou mesmo. Então eu fui conhecer as escolas, ver o que que a Finlândia tinha de tão diferente na educação. E eu vi aulas expositivas, eu vi professores totalmente autoritários em sala de aula, então eu vi os mesmos problemas que a gente tem no Brasil. Só que dando certo, porque não era sempre. Era bem mesclado. Metade dos professores trabalhavam assim, metade de outro jeito. E aí eu acho que foi como eu comecei a conhecer o processo de educação finlandês e internalizar para mim o que que eu poderia fazer diferente no Brasil.*

---

[41] Para resguardarmos a identidade do participante, não pudemos compartilhar o link da publicação.

[...] Eu também queria saber a legislação educacional deles.

Como funcionava. Então eu pesquisei muito sobre isso enquanto estava lá. Queria ver as crianças tendo aula, que nem eu falei, visitar as escolas, fui em escola especial, escola para alunos com necessidades educacionais específicas. E está acabando, eles estão promovendo cada vez mais educação inclusiva. E para mim foram experiências muito boas (Participante 04, grifos nossos).

Nas narrativas dos professores é possível observar a busca por aspectos em comum, o *commom ground*, como ponto de partida para compreender as diferenças. A etapa de elaboração da experiência leva-os a se perguntarem: o que se passa? É o início da análise interior do que se passa, do que foi observado e sentido. A comparação dos sistemas e a busca por identificação das dificuldades e performances docentes semelhantes em sala de aula apoiam as análises interiores e são produtoras de sentido pessoal.

As narrativas, de modo geral, focaram na imersão cultural, além do curso de formação continuada enquanto atividade integrante da imersão, como formadora de sentidos e compreensões sobre si, sobre o outro, sobre a sociedade como um todo e os sistemas que a compõem. Encontramos, dessa maneira, relação com as demais categorias elencadas e fundamentais para uma construção identitária, para a formação internacional, para a transferência de conhecimento ao regressarem ao Brasil e para compreender o processo de internacionalização.

A seguir, analisaremos os efeitos que eram esperados pelos professores participantes da pesquisa e os efeitos provocados na percepção deles.

6.2 EFEITOS: "A TRANSFORMAÇÃO É GRANDE!"[42]

Nas narrativas analisadas também observamos, assim como nos questionários, que os professores relatam mudanças nas concepções e práticas pedagógicas ou melhoria da abordagem didática por meio do uso de Metodologias Ativas e ferramentas digitais nas aulas. As mudanças apontadas refletem especialmente na concepção de estudante, passando a "aceitar" sua voz e escolha durante as aulas e propostas de projetos de ensino, pesquisa e extensão.

Também observamos em algumas narrativas a visão reformista em relação aos Projetos Pedagógicos de Cursos (PPC), além de efeito de multipli-

---

[42] Participante 06.

cação de conhecimentos, da postura mais colaborativa, da aproximação com o setor produtivo, da vontade dos participantes em atuarem como agentes de mudanças na instituição – ensinando o que aprenderam para os colegas e participando de comissões de reformulação de PPCs, da compreensão do conceito de internacionalização, da autopercepção profissional e da ampliação da rede de relacionamentos. Dessa forma, assim como apresentamos na análise dos questionários, os efeitos se relacionam com as demais categorias de identidade, formação, transferência de conhecimentos e internacionalização. Por se aprofundarem nas outras categorias, abordaremos essas falas na análise específica de cada uma.

Na análise das entrevistas encontramos, além desses efeitos, outros dados que não havíamos acessado nos questionários, devido à natureza do instrumento. Observamos que os professores abordaram tanto suas expectativas iniciais em relação ao curso de formação continuada na Finlândia, denominado por eles como "capacitação", conforme o termo utilizado na Chamada Pública, quanto os efeitos em seu retorno, durante a transferência de conhecimentos em sua instituição para colegas de profissão ou para os estudantes.

De maneira geral, observamos que muitos professores submeteram suas propostas à Chamada Pública assumindo que desenvolveriam uma pesquisa na área de formação inicial ou outras áreas relacionadas. As expectativas dos professores, ou seja, os efeitos esperados, podem ser resumidas em:

- ter mais experiência como pesquisador – desenvolvimento de Pesquisa & Inovação;
- ter mais formação pedagógica para melhoria da atuação como professor, por meio da aplicação do "modelo finlandês" de educação no Brasil.

Os professores entrevistados que foram no primeiro grupo e que se basearam somente no texto da chamada pública para estabelecer suas expectativas assumiram que o curso estaria mais voltado para a pesquisa e inovação. Ao chegarem, perceberam que o foco estava na formação pedagógica para o ensino, e narram a frustração inicial.

> [...] Quando eu submeti o meu projeto à chamada pública para ir a Finlândia, eu submeti na área de Química de Alimentos. E digo que a SETEC foi muito sagaz no processo seletivo. Porque se tivesse explícito lá que eu ia participar de um programa na área

> *de educação, eu não iria nem ler. Então quando eu cheguei lá, eu fiquei muito aborrecida. "Que que eu estou fazendo aqui?" E ainda do outro lado do mundo. **"Eu não quero aprender isso. Eu não vim aqui pra isso! Eu fui enganada!"** Nesse caso, a participação de outros brasileiros foi essencial. Porque o meu colega que era mais próximo [...] foi quem me convenceu de que valia a pena eu tá ali. Então eu só comecei a aceitar que eu estava ali depois de mais de um mês (Participante 11, grifo nosso).*

> *[...] Uma coisa que eu achei muito interessante no começo é, meio que a gente, é, a informação passada pra nós foi uma, a informação passada pra Universidade lá foi outra. E quando nos encontramos a gente percebeu que realmente havia um choque de informações, né. Eles acharam que iam chegar engenheiros recém-formados, pra fazer curso de pedagogia, e nós achamos que íamos desenvolver projeto de pesquisa em laboratório. Chegou lá, não, era curso de formação de professores, e eu falei "[...] **como assim? Eu fui enganado.**" Mas a organicidade... um processo muito dinâmico foi sendo alterado, foi sendo modificado, foi sendo construído com a gente, então muita coisa era colocado pra gente está dando feedback. E a gente foi construído o processo (Participante 12, grifo nosso).*

Mesmo sendo do segundo ou terceiro grupo, os professores narram que suas expectativas iniciais estavam mais ligadas à área técnica, voltada para pesquisa e inovação.

> *[...] minha visão inicial era "Ah, **é uma capacitação no exterior."** Acho muito interessante. Li pouco o edital, vi o edital no penúltimo dia inscrição. Eu já tinha um **projeto de pesquisa** pronto para outro edital, aí eu só dei uma reformulada [...], era pesquisa na área de Química, **de inovação** [...]. Só que depois que eu submeti, eu li totalmente o edital. Aí eu vi no FAC, onde tem aquelas perguntas do MEC [...], que **na verdade seria capacitação pedagógica** (Participante 04, grifos nossos).*

> *[...] inicialmente eu **fiquei muito receosa de me inscrever no programa porque eu entendia que era muito voltado mais para área técnica,** e não para área de propedêutica, o que é a minha área. [...] Eu tive a impressão pelo edital, pelas pessoas que já tinham ido anteriormente, que eram em essência, muitos da área técnica. E aí, mas ainda assim eu resolvi me inscrever [...].*

> *[...] uma grande preocupação da minha turma, de modo geral, e no início talvez eu tivesse também essa preocupação, era como **aplicar o modelo finlandês no Brasil** (Participante 07, grifos nossos).*

> *[...] o projeto que eu **enviei era pra eu conhecer os laboratórios,** de química lá, e entender como que eles faziam, se eles tinham um*

> *laboratório sustentável, porque a gente iria criar um laboratório lá no nosso IF. A proposta era essa, e eu não gostaria que a gente tivesse geração de muitos resíduos, ou que os alunos tivessem contato com muitas substâncias químicas que são tóxicas. Então eu queria tentar fazer uma prática mais sustentável, e eu imaginei que lá eu pudesse observar isso. Só que acaba que eu visitei uns três laboratórios, e aí olhando, eu não tive muito acesso, porque era tudo em finlandês, a gente teve pouco tempo e as professoras com as quais eu conversei não tinham tanto domínio do inglês. Então eu acabei, mas pela observação. Eu vi que eles trabalham basicamente com que se usa no tradicional mesmo* (Participante 13, grifo nosso).

Os professores que foram na segunda ou na terceira edições, e que puderam conversar com colegas do mesmo campus ou do mesmo IF que já tinham ido antes, foram com suas expectativas voltadas à formação continuada do professor, com foco na área de ensino.

> *[...] quando eu cheguei pensei que todo aquele viver, a Finlândia, a educação finlandesa, e ver a possibilidade de integrar alguma metodologia que está dando certo no meu local [...]. Então nós começamos a viver uma experiência fechada. Eu já comecei a ficar agoniada, porque a perspectiva [expectativa] era que a gente fosse **viver mais a educação*** (Participante 01, grifo nosso).

> *[...] esse programa, o VET, foi meio que a fome com a vontade de comer – a **oportunidade de ter essa formação**, essa complementação, e ainda ter isso em um lugar diferente, fora do meu contexto* (Participante 02, grifo nosso).

> *[...] talvez pelo fato de eu ter contato direto, essa ligação muito direta com a [nome da colega de profissão], que foi VET 1, eu já cheguei com a visão até diferente em relação ao projeto de pesquisa. A [...] já tinha deixado um pouco claro que o projeto de pesquisa que eu estava construindo era simplesmente uma forma de seleção, que lá a gente iria viver muito a questão, o enfoque não era a pesquisa que eu estava levando individualmente, mas sim **a formação pedagógica** que eles colocariam no centro* (Participante 05, grifo nosso).

> *[...] eu não fui pro VET teachers ignorando o programa. Eu tive uma colega que me introduziu o programa e o que eu [poderia] esperar de lá. E por trabalharmos muito próximos, ela falou que eu tinha o perfil que o programa precisava, porque na cabeça dela eu estaria pronto para fazer esse curso de formação. E eu acho que isso foi extremamente importante para mim, comparando com a experiência de outros colegas que chegaram lá sem ter noção do que que era exatamente o programa VET teachers* (Participante 06).

É interessante notar a influência de colegas de profissão que já tinham participado na formação na Finlândia, como é o caso das duas últimas falas, o que se constitui como um efeito.

As expectativas iniciais foram redirecionadas ao longo do processo de formação dos professores e o que observamos nas narrativas é que muitos se sentiram motivados a transferirem seus conhecimentos aplicando as novidades na sala de aula para seus alunos ou compartilhando com seus colegas de profissão.

Em relação aos efeitos de ordem psicossomática percebidos durante o período de formação no país estrangeiro, notamos nas narrativas além do sentimento de "motivação" e de valorização pessoal – devido à formação recebida – o sofrimento diante do novo, com novas configurações de rotina, dos desafios com o idioma (inglês) e com o uso de tecnologias digitais, o que Cushner (2018) explica ser o choque cultural.

> *[...] Então foram mais dois meses de sofrimento. Eu sofria, eu chorava. E eu tenho dificuldades com o idioma, eu tenho dificuldades com ferramentas digitais, e eu não tinha o meu companheiro ao meu lado pra gritar, para pedir socorro, para chorar, para me ouvir. Eu chorei muito. [...]* (Participante 11).

No retorno ao Brasil, durante a transferência de conhecimentos, os participantes narram repercussões de ordem psicossomática, social e das condições concretas, as quais retomaremos na análise da categoria "transferência de conhecimentos."

6.3 IDENTIDADE: "EXISTEM DOIS PROFESSORES: UM ANTES DO VET E OUTRO APÓS VET"[43]

A **construção identitária do ser educador** é um processo que ocorre ao longo do tempo, geralmente se inicia com a formação inicial, ou com a experiência enquanto estudante, e se constrói na prática docente, ao longo dos anos. Como Nóvoa (2000, p. 16) explica, é um processo complexo e conflituoso, "[...] é um espaço de construção de maneiras de ser e de estar na profissão. Por isso, é mais adequado falar em processo identitário, realçando a mescla dinâmica que caracteriza a maneira como cada um se sente e se diz professor." No caso daqueles que se tornaram professores ao ingressarem no Instituto Federal, essa construção identitária

---

[43] Participante 05.

parece seguir um caminho sinuoso, carecendo de bases para autoafirmação do próprio indivíduo na "nova" profissão, pois a docência exige conhecimentos pedagógicos.

> *[...] eu sentia uma angústia, eu precisava me instrumentalizar e eu não sabia o que fazer, nem como fazer. Eu entendia que havia uma necessidade de mudar a maneira de lecionar, as minhas aulas precisavam ser transformadas e eu não sabia exatamente o que fazer. Eu tinha essa necessidade de formação, mas eu não sabia aonde recorrê-la [...]*
>
> *[...] eu entendi que o professor precisa ter eficiência em pessoas e não somente em coisas [...]. E esse olhar eu ganhei lá. Então quando eu voltei, eu fiz um curso especial de formação de professores aqui do Brasil. Foi até interessante, porque eu praticamente revi todo o conteúdo lá da Finlândia, um pouquinho menos ainda, que foi o conteúdo de um ano, que é equivalente à Licenciatura Plena pelo Centro Paula Souza, e depois, no ano passado, em 2017, no segundo semestre eu ingressei no programa de pós-graduação em educação escolar, no mestrado. [...] eu creio que dificilmente eu faria essas duas formações sem ter passado pelo VET. Então o VET foi uma matriz que me moveu para a área educação* (Participante 02, grifos nossos).

A formação pedagógica como elemento essencial na construção identitária do ser educador ficou mais evidente em especial nas narrativas dos professores não licenciados. Um deles chegou a atribuir a formação como um "divisor de águas".

> *[...] eu não tenho licenciatura, eu acho que a parte de sala de aula, de interação com o aluno, de percepção de "N" coisas dentro da sala de aula, que foi muito mais marcante na capacitação que a gente fez no exterior e que ficou, pra mim, como um legado que eu vou utilizando durante as minhas aulas, durante a minha vivência do dia a dia* (Participante 03, grifos nossos).
>
> *[...] primeiramente a experiência lá do ponto de vista pedagógico foi realmente um divisor de águas pra mim, porque o contato que eu tive com pedagogia foi voltado na verdade para formação de adultos produtores e trabalhadores rurais, por meio do SENAR, que faz parte do Sistema S. Então uma abordagem muito mais na execução de tarefas do que em outras partes. E lá eu percebi que a educação é vista como outra forma, também centrada no estudante [...].*
>
> *A minha graduação é em Agronomia e toda pós em área agrícola, engenharia hidráulica, a parte de saneamento ambiental, Recursos*

*Hídricos. Então eu não tive essa parte pedagógica, a parte da formação ela foi muito fraca. E além disso, a parte que teve, ela foi totalmente centrada no professor, no conhecimento que ele detém. Então isso já foi uma **quebra de paradigma e uma mudança total da minha abordagem** quando eu voltei* (Participante 12, grifos nossos).

No caso de alguns professores licenciados, também notamos em suas narrativas o reconhecimento ou autorreconhecimento de uma "mudança" como professor, "uma transformação" em sua concepção, especialmente do papel do professor e do papel do estudante, além da aprendizagem de métodos para conduzir a aula.

*[...] a minha **visão pra educação era muito** no feeling. Nem um pouco técnica, vamos dizer assim, nem um pouco embasada, acadêmica. Ao chegar lá, eu já sabia que seria algo interessante para minha formação. Seria muito positivo. E aí foram começando as práticas, as atividades, sempre com metodologias ativas, que eu também não tinha a mínima ideia do que era metodologia ativa, usava algumas sem saber, antes de ir. E para mim foi um **reconhecimento** muito grande pra **mudar** realmente a minha postura em sala. **E eu me considerava um bom professor** porque eu era legal com os meus alunos. Minha aula era um saco! Mas eu era legal com os meus alunos, então eu me achava um bom professor por causa disso; que saía da sala de aula, brincava, e aí eu percebi que é muito mais do que apenas o contato com o aluno. Que é muito importante, mas é muito mais que isso. E foi quando eu abri o olho realmente para os **métodos*** (Participante 04, grifos nossos).

*[...] Existem duas pessoas, **existem dois professores**, [nome] **antes do VET** e [nome] **após VET**. Eu acredito nisso. Em que sentido? [Nome] que não percebia enquanto professor o impacto que ela estava causando junto àqueles estudantes do ensino médio, que ela era diretamente responsável, e estava formando um sujeito para transformar ou reproduzir uma sociedade, e a [nome] hoje com o mesmo estudante é outra. [...] para mim o que **mudou** foi a questão de ouvir o estudante e abrir paro diálogo* (Participante 05, grifos nossos).

*[...] eu acredito que eu **era** um bom professor, mas o programa acrescentou muita coisa para mim. Muita coisa. [Sou] **outra pessoa**, a forma de conduzir um processo de aprendizagem, tanto da turma como um todo, como a capacidade. Hoje eu realmente posso dizer que hoje **eu tenho a capacidade de entender** a tal da fenomenologia, de olhar cada estudante e entender as nuances e as necessidades e desenvolver o processo de aprendizagem para atender a expectativa de A, de B e de C. **A transformação é grande*** (Participante 06, grifos nossos).

As narrativas supra trazem em comum a ideia de uma transformação, "eu me considerava...", "existem dois professores... um antes... e após", "outra pessoa", "era", indicando que se veem diferentemente após o processo. Essa concepção de transformação, ou melhor, a tomada de consciência sobre si e seu trabalho, é aspecto essencial no processo de construção identitária. Ela demanda conteúdo para sua elaboração, daí a importância de uma formação sistemática pautada em conhecimentos teóricos e práticos. Os saberes adquiridos na experiência são importantes, mas por si só não auxiliam o professor a tomar consciência sobre si e seu trabalho.

A formação, que fornece conteúdo para a tomada de consciência, pode ocorrer tanto para "transformar" quanto para "validar" as ações do professor.

> [...] eu gosto sempre de falar do principal deles, que foi pra mim, ir pra um país considerado top em educação [...] e quando cheguei lá e vi o que eles usam, **descobrir que você faz a mesma coisa aqui** (Participante 09, grifo nosso).

> [...] Eu já me via um pouco mais como uma facilitadora do conhecimento do que aquela pessoa que detém o conhecimento e tá ali pra passar a informação. E ao mesmo tempo eu queria que eles [os alunos] tentassem pensar por si e conseguissem ser críticos em analisar as coisas. **Então quando eu fui para lá, eu vi que eles trabalham nessa linha. Então eu fiquei bem feliz, porque eu vi que eu estava indo no caminho certo** [...] (Participante 13, grifo nosso).

Como explica Ciampa (1984), a identidade é construída na relação com outros – somos diferentes e somos iguais e esses aspectos são importantes para nossa identificação, eles balizam quem somos. Assim, ensejamos a subcategoria de análise que é a **construção identitária na relação com o outro,** sendo o "outro" nesse contexto o diferente, o estranho, o estrangeiro, a outra cultura.

> E pelo menos no curso a gente foi treinado a ter uma **conversa honesta. E isso foi para mim transformador,** porque aqui hoje, de várias vezes, eu vou conversar com as pessoas e eu tenho que relembrar as pessoas, "Eu não estou aqui para ter uma conversa de segundas intenções, eu estou aqui pra resolver o problema. Eu preciso de uma conversa honesta [...].

> [...] **a questão cultural, de ficar em silêncio e escutar** [...]. Então algumas pessoas, por exemplo nas reuniões, falaram que eu sou pouco participativo. Eu falei "Por quê?", "Porque você ficou em silêncio". Eu falei "É que eu estava escutando o que os outros estavam

> *dizendo para eu entender. Não quer dizer que eu não estava participando". Que para mim foi chocante assim, foi no FiTT, o [nome do formador] falando assim "Às vezes ficar em silêncio é a melhor participação que você pode ter numa reunião". Você não precisa falar. E aqui a gente é expansivo demais, fala demais, atrapalha tudo. Então para mim isso foi uma coisa muito transformadora.* **E também o "sisu", é muito legal trazer isso dentro da gente. [...] de ter a persistência, a resistência, de querer fazer a coisa acontecer, apesar das adversidades.** *E também o não evitar o conflito. Isso não quer dizer que você tenha que ir para o embate, não é chegar em vias de fato, mas falar assim "Existe o problema? Existe. A gente não vai esconder. A gente vai criar a solução que precisa". [...] e toda vez que na hora que o povo chega bravo, eu falo "Eu não vou evitar o conflito! A gente vai resolver! A gente vai achar uma solução!"* (Participante 06, grifos nossos).

A imersão cultural em um contexto estrangeiro promove o contato com o diferente, torna possível viver a alteridade, compreender as diferenças e por meio delas se reconhecer, reconhecer o outro, refletir e aprender novos valores e comportamentos. Em alguns casos, pode acontecer a integração das aprendizagens em novas formas de comunicação, conforme vimos em Cushner (2018), e que é possível perceber na narrativa do Participante 06, que aponta três aspectos comunicacionais incorporados em suas práticas sociais: conversa honesta, escuta participativa e persistência para resolver o problema.

Os professores brasileiros, em suas falas, relatam algumas características do comportamento do finlandês e, por meio desse reconhecimento, veem-se inseridos em uma cultura cuja representação simbólica é o oposto ou, simplesmente, diferente. Esse reconhecimento, no caso do Participante 11, levou à valorização da própria cultura e de características identitárias enquanto nação.

> *[...] eu acho que o fator do brasileiro exatamente ter uma maior dificuldade financeira, o aluno ter que trabalhar, coisa que não acontece na Finlândia, que eu achei isso maravilhoso lá, mas esse aspecto influencia muito na maneira de ser e de se virar do brasileiro. [...] eu notava que o finlandês, se saísse um pouquinho do alinhamento que ele planejou, não sei o que, ele se perdia, ele não sabe o que fazer.* **O brasileiro se vira.** *[...]* **passei a valorizar muito mais o brasileiro** *[...]* (Participante 11, grifo nosso).

Questões como o cumprimento de horário e a preocupação com a saúde do trabalhador levaram alguns participantes a reconhecer a própria nação nesses quesitos.

O rigor em relação ao horário não me assustou, aliás eu achava ótimo. Tanto que eu dizia que eu acho que eu iria viver melhor na Finlândia do que no Brasil, no sentido desses rigores que o brasileiro não aceita, não respeita e não cumpre (Participante 11).

*[...] as coisas funcionam no horário, começam e terminam no horário, as pessoas são pontuais. Se o trem sai 8h03, ele sai 8h03, não é 8h02 nem 8h04, é 8h03, você chegou 8h03 e cinco a porta fecha, aí você perdeu o trem. E aqui no Brasil tem aquela coisa que vai atrasando, vai atrasando, vai atrasando. E isso foi uma situação que **deixou muito claro como a gente às vezes é desrespeitoso com descumprimento de horário** (Participante 12, grifo nosso).*

*Porque se você olha a ficha de tudo que a gente usa, praticamente tudo, tem algum risco à saúde. E normalmente assim, carcinogênico, mutagênico. Então esses cuidados, **o brasileiro parece que não tem muito essa cultura desse cuidado**. E isso se reflete não só no físico, mas também mentalmente, em todos os aspectos. Parece que a gente não tem essa preocupação muito grande com a questão da segurança e da saúde [...]* (Participante 13, grifo nosso).

Outro registro que é notável dessa imersão cultural dos participantes refere-se ao traço menos consumista dos habitantes da Finlândia em relação ao Brasil.

*[...] **Uma coisa que me impactou muito foi a simplicidade deles.** Essa questão de não ter uma preocupação. Por exemplo, a bolsa do nosso orientador era a mesma lá e a mesma com que veio para cá [Brasil]. Era uma bolsa vermelha de bolinha branca. Então parece que eles não têm essa preocupação que o brasileiro tem tanto com estética. Não sei se é assim que eu digo. Mas eu percebi que dá para ser mais leve, dá para valorizar menos algumas coisas materiais. E que isso não faz tanto sentido na qualidade de vida* (Participante 13, grifo nosso).

*[...] o que me impactou demais foi a questão do **abandono de uma cultura consumista,** que você, por exemplo, vê nos países como Estados Unidos, em que a pessoa arranhou um móvel, ela vai lá, joga fora e compra um outro. E na Finlândia não, a pessoa tem dois casacos, quando ela compra um terceiro, ela pega um dos casacos e vende ou doa pra alguém. Ela não precisa de três, dois são suficientes, ou um apenas. Então **uma cultura de não acumular muitas coisas,** uma cultura talvez mais simples, em um país tão desenvolvido, com uma renda tão elevada, mas que as pessoas não ligam muito para, **eu mesmo comprei várias roupas pra mim num brechó,** a preços muito baratos, roupas muito boas. E no Brasil, se*

> *você falar que vai comprar roupa no brechó, você vai falar que vai comprar roupa furada, rasgada, manchada, velha. Aí as pessoas têm vergonha de falar isso* (Participante 12, grifos nossos).

O processo de elaboração da experiência formativa ocorre ao longo do tempo e é potencialmente formadora e transformadora da subjetividade do professor (JOSSO, 2004). Em alguns casos, a terceira etapa de elaboração da experiência – que é a própria interpretação do que ocorreu, do que passou – acontece em concomitância com a quarta etapa – quando o professor pensa "como posso aplicar o que aprendi?". Essa elaboração pode ocorrer na própria aplicação, como é o caso do Participante 02, que relata ter se dado conta de que não conhecia a realidade brasileira.

> *[...] outra coisa que me causou bastante descontentamento foi notar agora, mas é algo residual que agora, três anos e meio depois de ter voltado do programa, que eu consigo enxergar, que **eu estava conhecendo o sistema educacional finlandês sem conhecer o sistema educacional brasileiro**. Então eu percebi, e eu ainda percebo, que eu não conheço a realidade brasileira. [...] E eu acho que isso se tornou ainda mais evidente quando eu comecei a dar palestras explicando a espinha dorsal do sistema educacional finlandês. Aí ao receber algumas perguntas, tentando fazer comparações com o sistema educacional brasileiro, eu percebi que eu não sabia responder. Foi que eu percebi que eu conhecia muito pouco inclusive da legislação da educação brasileira* (Participante 02, grifo nosso).

> *No primeiro dia jogaram uma imagem de Paulo Freire, com uma frase, se não me engano era de Pedagogia da Autonomia. Aí eu pensei assim: "Gente, eu dou aula tem 8 anos. Eu nunca li Paulo Freire. Eu nunca li nada. E eu vim pra Finlândia pra ler a primeira frase de Paulo Freire?" **A primeira frase de Paulo Freire que eu vi na minha vida foi na Finlândia*** (Participante 04, grifo nosso).

Ambos os professores, Participante 02 e Participante 04, relatam o fato de conhecer mais sobre o sistema educacional do país estrangeiro do que o do seu próprio país ou ter conhecido um autor brasileiro de referência internacional na área da Educação por meio dos estrangeiros. Tal situação impulsionou ambos a buscarem mais formação ou informação. No caso do Participante 02, com formação inicial da área técnica, buscou curso de complementação pedagógica e pós-graduação (mestrado) na área de educação. No caso do Participante 04, sentiu-se interessado em buscar mais conhecimentos sobre Paulo Freire.

Essa situação constitui-se em exemplo do que Giddens (2007) afirma sobre o processo contraditório e antagônico da globalização. Ele cita o fato de a imagem de Nelson Mandela ser mais familiar do que o rosto de um vizinho. Na perspectiva positiva da globalização, apresentada por Giddens (2007), vemos aqui um processo de "colonização inversa", em que um país menos desenvolvido influencia outro mais desenvolvido.

Por outro lado, presenciamos a fragilidade da formação do professor da EBTT, a falta de sistematização, e a necessidade de formar professores para a compreensão das políticas públicas de educação no Brasil, conforme defende Moura (2008). Uma formação continuada por meio da mobilidade internacional, sem uma formação no contexto brasileiro, pode fragilizar a luta política pela educação pública de qualidade para todos no Brasil, pois distancia o professor das questões tipicamente brasileiras, o que, inclusive, pode causar sentimento de tristeza e/ou frustração por não o levar a compreender por que determinadas ações dão certo em um país e não dão certo no Brasil, considerando todas as dimensões políticas, históricas, sociais e econômicas. Sem formação mínima sobre as condições sociais, políticas, econômicas e culturais que produzem a educação no Brasil, antecedendo à formação internacional, o fortalecimento da EPT respeitando as condições históricas e sociais do Brasil pode ficar em um estado vulnerável, de adesão aos modismos e pouca compreensão das construções teóricas (NÓVOA, 2000) que auxiliam a compreensão dos processos de controle, lógica capitalista, desigualdades sociais etc., o que pode dificultar ao professor auxiliar o estudante a superar a condição de inclusão excludente (KUENZER, 2008).

Observamos que **as influências das novas representações/aprendizagens nas concepções pedagógicas dos professores**, de maneira geral, referem-se às mudanças percebidas na relação professor e aluno, bem como na prática de ensino – com uso de Metodologia Ativa, o que se alinha aos dados encontrados nos questionários.

Em relação ao papel do estudante, alguns professores participantes relatam que mudaram suas perspectivas, compreendendo-os como agentes ativos no processo de aprendizagem.

> *[...] Ficou marcado essa questão do aluno, de como a gente se comportar, de a gente tentar **ouvir o aluno**, não que isso não estivesse na minha prática docente antes de eu ir pra Finlândia em 2015. Mas isso ficou muito mais latente pra mim, ficou muito mais marcado [...]. A sensibilidade minha foi aguçada. [...] as questões do aluno, de como se portar, de como ver ele individual dentro daquele*

*espaço, que é um espaço coletivo, de como as percepções devem ser individuais, enquanto sujeitos, de quanto eles devem se movimentar e ser **ativos** dentro do processo* (Participante 03, grifos nossos).

*Então eu nunca tinha passado por uma experiência intensa de formação de professores. [...] participar do programa VET **mudou completamente a minha concepção do fazer docente**, da postura do docente, da relação professor aluno, da relação professor-professor, professor-gestão, mudou completamente isso tudo dentro de mim. [...] isso para mim foi uma das grandes mudanças na Finlândia, eu comecei a entender eles [alunos] como indivíduos, que eu não tenho que tratar eles de forma, todos de forma igual, tenho que considerar as particularidades de cada estudante, que os tempos de aprendizagem são diferentes [...]. E uma outra coisa que mudou bastante foi a possibilidade de, vamos dizer assim, incluir os estudantes no processo de ensino e aprendizagem, com eles propondo o que eles querem aprender, como eles querem demonstrar o aprendizado deles, eu acho que isso é uma mudança bem drástica* (Participante 10, grifo nosso).

Também identificamos novas representações nas narrativas em relação ao papel da escola, às orientações conceituais, voltadas para a Pedagogia das Competências, Aprendizagem Baseada em Projetos (ABP) e Metodologia Ativa.

*[...] **eu não enxergava** a escola como um agente social de transformação. Para mim **a escola era a instrução** (Participante 06, grifos nossos).*

*Eu comecei a valorizar demais as competências, principalmente as **competências do século 21**: a colaboração, a criatividade, a resolução de problemas, o pensamento crítico, após o meu retorno. E aí, isso, na verdade isso hoje é o que baliza a minha prática docente e os conteúdos são a base onde essas competências vão se construir* (Participante 10, grifo nosso).

*[...] não gostava mais de ser professora. Entendeu? Então agora eu tenho uma outra motivação. É muito mais dinâmico. Então, a aplicação da ABP, da **aprendizagem baseada em projetos**, ela me obriga a me preparar melhor para minha aula. Então não tem aquela história de dar daquela mesma aula. [...] não me permite essa comodidade, já ter aula pronta, é muito mais dinâmico e eu sou muito mais feliz dentro da sala de aula. [...] Então nesse aspecto, **eu acho que mudou tudo** (Participante 11, grifos nossos).*

*[...] eu mudei muito essa abordagem [..]. Principalmente, uma aula mais dinâmica, mais **centrada nos alunos** e **muitas aulas práticas**.*

> *Eu tirei muito a parte de conteúdo, eu executo as práticas. E a partir dos resultados, eu começo a trabalhar alguns conteúdos com eles. Eu inverti essa dinâmica* (Participante 12, grifos nossos).

Nesta última fala, apesar de o professor Participante 12 advogar pela prática prioritariamente e afirmar que tirou muito a parte do conteúdo, em outros momentos ele coloca as novas configurações de suas representações, em que busca "mesclar" suas aulas práticas com aulas expositivas.

> *[...] a minha percepção foi que **a gente não deve demonizar a aula expositiva**, como muitos querem, até porque ela tem a sua função, tem sua aplicação, e em alguns momentos ela é fundamental. A gente só precisa trabalhar determinados pontos, mas tem que ter uma aula expositiva. Mas os alunos gostam também de algo alternativo ao expositivo. Somente aula expositiva não é algo que os satisfaz. Até porque é uma geração hoje conectada, tem acesso à internet, mas a gente observa que é um acesso raso. Então cabe a nós orientar esse acesso a eles, trabalhar por exemplo [...]. Então, eu **hoje trabalho de uma forma bem mesclada*** (Participante 12, grifos nossos).

Como podemos perceber, há um campo conflituoso nesse processo de construção identitária do professor, em que os professores apresentam algumas inquietações, contradições ou dilemas no tocante às orientações conceituais da formação e suas novas representações. Como afirma Nóvoa (2000, p. 16), "A identidade é um lugar de lutas e de conflitos, é um espaço de construção de maneiras de ser e de estar na profissão."

Resumidamente, identificamos o campo conflituoso nas seguintes elaborações textualizadas:

→ *Ou você volta valorizando o que tem no Brasil ou fica achando que aqui não é bom* (Participante 01).

→ *O que é o sucesso ou fracasso na aplicação do PLB? Atingir tudo ou atingir parte dos objetivos?* (Participante 02).

→ *O professor deve ser facilitador ou conteudista? Suprimir o conteúdo é praticamente um crime* (Participante 03).

→ *Vou abraçando tudo. Mas daí tem a pergunta: "E quem vai me abraçar?"* (Participante 04).

→ *Teoria ou prática?* (Participante 05).

→ *Nossos recursos financeiros, investimento, pessoal de apoio* são insuficientes. Mas a barreira está *somente na cabeça* (Participante 06).

→ *Não sei se a estrutura da sala de aula é cultural ou se há um impedimento [concreto]* (Participante 07).

→ *Por que mandar a gente para um país que é o oposto?* (Participante 09).

→ *O aluno pede coisas diferentes, mas se revolta quando você faz [aplicação de PBL]* (Participante 11).

→ *Os colegas criticam servir o mundo corporativo para sobreviver, mas a outra opção é deixar faltar dinheiro na instituição* (Participante 12).

→ *Como inovar cumprindo tantas demandas e preservar sua saúde?* (Participante 13).

6.4 FORMAÇÃO: "EU ME SENTI MAIS PREPARADO, OBVIAMENTE ME SENTI MAIS VALORIZADO[44]"

Ao iniciarem suas narrativas, a maior parte dos participantes relatou sua trajetória de formação antes da participação no programa Professores para o Futuro. Atribuímos isso a dois aspectos: para "localizar" a formação em seu *continuum* da carreira de professor e para marcar o momento da mudança em sua prática. Nesse sentido, percebemos em três narrativas que os professores Participante 05, Participante 06 e Participante 11 deixaram isso bem marcado, referindo-se como uma pessoa/profissional antes e uma depois da formação continuada na Finlândia – revelando os efeitos da formação em sua identidade –, construindo novas maneiras de "ser e estar na profissão" (NÓVOA, 2000).

Conforme apontamos anteriormente, dos professores entrevistados, sete não são licenciados. Muitos apontam para uma formação voltada mais para a técnica ou para o conhecimento específico da área de atuação, carecendo de formação pedagógica para a atuação como professor.

> *A minha formação, até 2015, até a gente começar a falar sobre o projeto da Finlândia, **era uma formação extremamente técnica**, toda a minha formação profissional, ela foi muito focada paro o mercado de trabalho, e nada para academia. Então eu fiz o curso técnico, depois eu fiz o curso tecnólogo, a minha especialização na área técnica. [...] e trabalhei em empresas de computação, e entrei no Instituto para dar aula na área de Informática. Então da parte pedagógica ou então até mesmo a minha experiência na universidade sempre foi muito técnica (Participante 02, grifos nossos).*

---

[44] Participante 08.

[...] sou bacharel, mas sempre tive um olhar muito carinhoso para a educação, porque eu sempre dei aula. Entrei na graduação em setembro e comecei a dar aula em novembro. Então eu dei aula a minha graduação inteira. Aí depois também. Então eu já fui pensando nisso e sempre tive também um olhar

*diferente para os alunos. Sempre fui contra provas, ter consulta, então alguns aspectos nem um pouco embasados. **Era totalmente achismo**, no feeling, vamos dizer assim* (Participante 04, grifo nosso).

*[...] **eu não tive essa parte pedagógica**, a parte da formação ela foi muito fraca. E além disso, a parte que teve, foi totalmente centrada no professor, no conhecimento que ele detém. Então isso já foi uma quebra de paradigma e uma mudança total da minha abordagem quando eu voltei* (Participante 12, grifo nosso).

Alguns professores licenciados também apontaram para a necessidade de mais formação pedagógica ou uma formação em outros moldes da que tinham recebido anteriormente, tanto por motivos de atualização quanto de consolidação ou aprimoramento do conhecimento e da prática pedagógica.

*Então **eu consolidei muita coisa que eu fazia e que eu não sabia o que era**. Eu acabei aprimorando muitas técnicas e métodos que eu também estava acostumado a usar. Então foi muito positivo em curto prazo para minha atuação docente na sala de aula, foi muito bacana. **Eu me senti mais preparado, obviamente me senti mais valorizado** e quando eu retornei eu comecei a aplicar isso na sala de aula, obviamente melhorou muito, no meu ponto de vista, a minha atuação docente. Mesmo após mais de 20 anos de docência* (Participante 08, grifos nossos).

*[...] apesar de ser licenciado, **não fiz pesquisa em educação**. Só cursei a formação de professores* (Participante 10, grifo nosso).

***Tenho licenciatura, mas era naquele modelo do "3 mais 1".** Fiz a licenciatura, eu confesso, eu não tinha a intenção de ser professora [...]. E ainda a aula era aos sábados. Aí que eu não queria mesmo. Então, eu não queria ser professora. E a minha mãe, como uma pessoa mais experiente, insistiu e praticamente me obrigou, de forma a garantir que eu tivesse uma outra opção de emprego, caso fosse necessário [...]. E aí que eu fui dar aula. E caí na paixão pela aula, apesar dessa forma radical que eu atuava, porque era a concepção que eu tinha. E a minha formação pessoal também, minha família também sempre foi muito rígida com a minha criação, com a minha formação [...]* (Participante 11, grifo nosso).

Conforme as narrativas dos professores, pudemos confirmar as **orientações conceituais** que conduziram a formação continuada "Professores para o Futuro", na Finlândia, com foco na prática pedagógica.

> *[...] porque a questão da teoria eu construí ao longo da academia, no mestrado, doutorado, pós- doutorado, então isso para mim não era um problema, **a prática** continuava o problema. **E na Finlândia, a gente viveu isso. Essa, como que eu posso falar, essa habilidade que eles têm de lidar com a prática,** mas nunca desconsiderar a teoria!* (Participante 05, grifos nossos).

> *[...] eles ficaram muito focados em **ferramentas**, ferramentas ativas, Kahoot [...], Canvas. E eu sempre questionava os formadores na Finlândia: "**Qual é a base teórica** que vocês estão fazendo isso?", "O que tem por trás de avaliação?", "Tá, mas de onde vocês tiraram isso?" E eles não me respondiam [...]. Eu quero saber de onde as coisas vieram. [...] Aí eu questionava. Aí um dia encontrei um professor na Finlândia, eu não me lembro o nome dele agora, ele me chamou, falou "Vamos lá na minha sala". Aí ele pegou e abriu, porque nós pedimos, não só eu, mas várias pessoas pediram, bibliografias, para gente estudar mais. E nada. Daí ele me chamou na sala dele e falou "Está aqui. Essa é a bibliografia que a gente usa da parte pedagógica, de didática, e essa é a que a gente usa de avaliação." Aí ele me dá Paulo Freire. Base da Educação da Finlândia. Paulo Freire. E avaliação é taxonomia de Bloom* (Participante 09, grifos nossos).

As falas dos professores mostram que a formação continuada priorizou a utilização de técnicas, ferramentas e estratégias baseadas na Metodologia Ativa, privilegiando a prática e experimentação. Daí a necessidade, apontada pelo Participante 09, de compreender a base teórica. Apesar de mencionarem Paulo Freire como autor em suas referências, o que também pudemos observar na fala do Participante 04, não notamos em nenhuma narrativa, nos documentos ou questionários, a questão política no ato de ensinar proposta por Freire (1996) no curso de formação, o que caracteriza os escritos do autor em defesa de uma educação de combate à desigualdade. Por outro lado, as ideias sobre protagonismo do estudante e da concepção freiriana, com princípios do construtivismo e humanismo, de como ocorre a aprendizagem, são aspectos que se alinham a algumas orientações conceituais do curso de formação.

> *Eu acho que eu era [...] um bom professor [...], que usava as técnicas de ensino que a minha universidade me ensinou. [...] eu tinha estudado a teoria de individualizar o processo, só que eu*

não sabia como fazer. O programa VET teachers me deu muitas **estratégias de ensino, muitas ferramentas e me mostrou como orientar um estudante de forma personalizada.** *[...] dentro da prática pedagógica em sala de aula, é marcante isso* (Participante 06, grifo nosso).

[...] a imersão que eu fiz na Finlândia me fez verificar que existe um mundo diferente, um mundo de **ferramentas digitais, um mundo em que aprendizagem centrada no estudante,** *como eu sei que é hoje, ela é possível, é viável. Ela pode dar certo* (Participante 08, grifo nosso).

Eu queria fazer uma coisa diferente, mas não conseguia encontrar a melhor maneira de fazer aquela coisa diferente. E às vezes dava certo, às vezes dava errado. E aí dentro do meu período na Finlândia, nos três meses que eu fiquei lá, **eu me instrumentalizei de uma forma muito intensa pra mim.** *Me instrumentalizei muito. Então assim, a forma mudou completamente, a* **forma como lido** *com os meus alunos, a* **forma como eu avalio** *os meus alunos, a* **forma como eu entendo os objetivos da minha disciplina,** *com os meus alunos* (Participante 10, grifos nossos).

Sobre a **avaliação do processo de aprendizagem** na formação continuada no exterior, os professores relatam diferentes perspectivas. Dois professores, por exemplo, apontam para a necessidade que tiveram de vivenciar mais práticas para compreender melhor, ou a metodologia (PBL) ou os espaços de aprendizagem (laboratórios). O Participante 02 ficou por um período de cinco meses e o Participante 13 por um período de três meses.

[...] um dos pontos é esse, a questão do **gerenciamento de expectativas,** *eu acho que deveria ser um pouquinho mais forte em relação a isso. Apesar que foi falado, talvez eu que não tenha absorvido, mas acho que deveria ter muito mais gerenciamento de expectativas.* **Nos ajudar a gerenciar os nossas expectativas no regresso** *e, mais do que isso, a nos ajudar a ajudar os nossos alunos a gerenciar as expectativas deles. E segundo, coisas mais práticas, uns mais práticas, eu sinto que eu fui entender PBL* **acho que uns dois anos e meio depois que eu voltei.** *[...] eu acho que seria muito interessante* **a possibilidade de entrar em uma sala de aula e ver isso acontecendo na prática lá ou fazer isso na prática lá,** *ao invés de olhar 20 metodologias, sabe, olhar cinco. Mas praticar elas, eu acho seria um ponto de partida muito bom* (Participante 02, grifos nossos).

[...] acabou que eu fiquei naquela turma de três meses, eram quase três meses, **a gente teve mais aulas teóricas na universidade e**

> *depois a gente observou um pouco da prática. E eu gostaria de ter vindo já com um conhecimento a respeito. E que eu pudesse ter presenciado mais a prática. Porque o projeto que eu enviei era pra eu conhecer os laboratórios [...]* (Participante 13, grifo nosso).

Um ponto de destaque das entrevistas está na **aprendizagem com os pares** e a importância dos pares durante o processo formativo imersivo na formação de rede de expertise distribuída e de uma comunidade de aprendizagem.

> *[...] três meses com **pessoas críticas** do meu lado, **contribuindo** comigo. Talvez se eu tivesse sozinho, três meses talvez não seriam suficientes. [...] a questão é que as pessoas, os brasileiros ao meu lado lá me influenciaram também e me ajudaram a enxergar isso* (Participante 02, grifos nossos).

> *[...] a gente viu que a aprendizagem ela pode ocorrer, acho que a [nome da professora cursista] lembrava muito bem disso aí, em ambientes formais, informais e não-formais.*

> *[...] a experiência pra mim foi marcante, esse aspecto de ter ido um **grupo de pessoas que moravam juntas,** no mesmo ambiente, que tinham uma **diversidade em termos de formação,** mas que tinha também os **objetivos em comuns** na Finlândia, estavam todos fazendo o mesmo curso, querendo aprender mais sobre sua prática docente, mais sobre n questões relativas aquele país, àquela cultura, e como que eles conseguiram avançar na educação. Então foi um momento muito bom, foi um momento muito rico* (Participante 03, grifos nossos).

> *[...] a gente criou um grupo de desenvolvimento que foi até interessante, um **grupo muito unido,** muito **coeso*** (Participante 04, grifos nossos).

> *[...] eu **aprendi muita coisa com os próprios brasileiros.** Não foi só o incentivo, que eu já havia citado de um dos colegas, mas também sobre as ferramentas digitais. Praticamente tudo o que eu aprendi foi com brasileiros. A aula da professora [nome da formadora] foi maravilhosa, inclusive ela é muito fofa, mas desde ferramentas básicas, até ferramentas muito úteis para apresentação e tudo mais, foi com brasileiros que eu aprendi. Realmente eu acho que isso é bastante importante. E não só pra ferramentas digitais, mas o próprio desenvolvimento da proposta. Eu realmente sempre pude contar com os colegas* (Participante 11, grifo nosso).

Os dados aqui apresentados corroboram o importante papel da rede de relacionamentos durante o processo formativo na Finlândia para fortalecer a aprendizagem profissional e as mudanças pedagógicas nas concepções e práticas dos professores (RYYMIN *et al.*, 2016). Essa perspectiva alinha-se com o que Edward (2011) apresenta sobre a agência relacional, que é a capacidade de trabalhar com os pares para encontrar respostas para problemas complexos. Nesse caso em tela, os professores vivem, convivem, estudam e desenvolvem projetos juntos em busca de soluções para a EPT.

Além da importância da rede de relacionamento para o fortalecimento da expertise distribuída e agência relacional, também compreendemos que os pares auxiliam na cointerpretação da experiência (JOSSO, 2004).

6.5 TRANSFERÊNCIA DE CONHECIMENTOS: "NÃO É A EDUCAÇÃO BRASILEIRA QUE ESTÁ EM PENÚLTIMO NO PISA, É O PAÍS"

De maneira geral, as transferências de conhecimento tornam-se novas experiências e, muitas vezes, auxiliam na elaboração da experiência anterior, a da formação continuada no exterior, consolidam alguns conhecimentos e conectam-se a outros. Também chamada de "pós-experiência" (*postexperience*) por Cushner (2018), ela se constitui como o foco principal da mobilidade internacional e a fase mais crítica – pois refere-se aos efeitos de mudanças no indivíduo, à compreensão e à integração das aprendizagens da experiência internacional nas práticas sociais diárias no âmbito pessoal e profissional, ou seja, o que o indivíduo é capaz de fazer com o que aprendeu no exterior.

A maneira como os conhecimentos foram transferidos desde a experiência na Finlândia é tratada nesta pesquisa como **tipo de transferências e conhecimento**. Dentre elas, os entrevistados apontaram:

- reestruturação das aulas – aplicação de Metodologia Ativa, *Project-based learning ou Problem-based learning* (10 entrevistados);
- curso de curta duração para professores sobre ferramentas digitais, metodologia ativa etc. – alguns presenciais, outros híbridos e em rede (04 entrevistados);
- oficinas como utilizar ferramentas digitais (03 entrevistados);
- palestras: Educação na Finlândia, sistema educacional finlandês etc. (07 entrevistados);
- participação em coordenações de outros programas de mobilidade internacional e professores para a Rede Estadual de Ensino[45] (02 entrevistados);

---

[45] Disponível em: http://fapesq.rpp.br/programas/gira-mundo. Acesso em: 12 mar. 2020.

- coordenação de Projetos de Ensino e Extensão para Redes Públicas Municipais e Estaduais da Educação Básica (02 entrevistados). Em um dos casos também envolve pesquisa aplicada a educação e mobilidade internacional de professores como uma iniciativa própria;
- participação em comissões de reformulação de Projeto Pedagógico de Curso Técnico – propondo a inserção do componente curricular chamado Projeto Integrador ou outras ideias pedagógicas aprendidas no curso de formação continuada, tais como currículo baseado em competências, pedagogia de projetos ou metodologia ativa (02 entrevistados);
- projeto em Empresa Júnior – Ciência e Tecnologia de Alimentos – em interação com arranjos produtivos locais e captação de recursos externos (01 entrevistado);
- projeto de criação e desenvolvimento de jogos com alunos ou outros professores (01 entrevistado);
- publicações de artigos científicos em periódicos indexados ou não indexados, capítulos ou organização de livros (07 entrevistados).

Alguns professores entrevistados disponibilizaram *links* com publicações, divulgação dos cursos, sites de hospedagem de *podcast* ou descrição de cursos. É possível notar que os efeitos se estendem ao longo dos anos. Como exemplo, analisamos alguns materiais de um participante da primeira edição, de 2014, como projetos de pesquisa, ensino e extensão, bem como publicações, e notamos que as produções se estendem desde 2014 até o período atual (início de 2020) e possuem relação com a experiência formativa no exterior.

Vale salientar que um total de 20 professores, participantes de diferentes edições – 2014, 2015 e 2016 –, retornaram para outra formação com duração de um mês em agosto de 2017[46], a partir de seleção realizada pelas universidades finlandesas, com novo projeto da Setec/MEC, cujo objetivo era formar formadores – professores multiplicadores que ensinaram outros professores da Rede. Dos professores entrevistados, 09 retornaram em 2017.

Alguns professores entrevistados relataram que focaram em desenvolver suas transferências apenas em sua sala de aula por vivenciarem alguns impedimentos institucionais, os quais trataremos a seguir, na análise da subcategoria "viabilidade de transferências".

---

[46] Curso de formação para formadores – *Finnish Train the Trainers (FiTT)*.

> *[...] uma das coisas que eu trouxe da Finlândia, que foi legal, foi a questão do desenvolvimento de projeto. [...] Então eu falei "Opa, então eu não consigo aqui? Mas eu quero melhorar aqui, então eu **vou começar a fazer projeto com aluno** (Participante 09, grifo nosso).*

> *[...] a gente tinha que retornar ao Brasil com um projeto. E as pessoas estavam querendo mudar resoluções, regulamentos de campus e etc., e **eu resolvi pensar pequeno, mas algo que eu poderia realmente ter acesso, que foi modificar a minha prática**. Então eu mudei, eu resolvi, o jeito era mudar a minha aula (Participante 12, grifo nosso).*

Conforme vimos, o programa exigia um projeto de desenvolvimento, para a realização da transferência de conhecimentos, o qual deveria ser aplicado no Brasil por um período de cinco meses após o regresso, no caso da primeira e segunda edição, e sete meses após o regresso, no caso da terceira edição. Observamos que todos fizeram o projeto exigido e a maioria propôs outras ações ao longo dos anos. Diante das dificuldades para realização de projetos diversos em seu campus, a Participante 12 relata ter encontrado nos projetos com alunos uma forma de transferir seus conhecimentos, sem muitos impedimentos. No entanto, percebemos que há uma tendência a voltar ao trabalho isolado e solitário, como professor, sem interação com outros professores.

Outros declararam que, com algum apoio institucional, foi possível realizar diferentes tipos de transferências e atender diferentes públicos.

O Participante 04 relata que antes de ser redistribuído para outro campus, nos seis meses em que ficou aguardando, pôde realizar muitas ações de transferência de conhecimento. Ao ser questionado sobre a quantidade de participantes do próprio campus, revelou que a maioria era de professores da rede pública estadual e municipal.

> *[...] eu cheguei em 2016 no campus. Em março. **Então, desde março de 2016, eu fui falar em quase março de 2019**. Já em [campus que trabalhava anteriormente], eu fiz muita coisa, quando eu estava em 2015, final de 2015. Em seis meses, eu lembro que eu tinha falado sobre algum aspecto da Finlândia, ou de metodologia, em 6 meses, para 2600 pessoas, mais ou menos. **Concurso, palestra, oficina**. Isso foi muito legal, porque lá eles me davam autonomia pra fazer tudo. Então por exemplo, eu fiz um curso de extensão para passar metodologias ativas, que eu chamei de "Metodologias centradas nos estudantes", foram 90 cursistas, 105 inscritos, 90 selecionados, terminou com 65, mais ou menos (Participante 04, grifos nossos).*

Outro projeto que nos chamou a atenção por seu alcance, duração e desdobramentos foi um projeto de ensino, pesquisa e extensão realizado pelo Participante 05, que teve como público-alvo professores da rede pública e contou com inscrições somente de professores estaduais e municipais. Assim como o Participante 04, o Participante 05 diz ter tido mais alcance em sua transferência de conhecimento fora de seu próprio campus.

> [...] a forma como [o projeto] hoje é estruturado, ele pensa assim "Vamos refletir sobre isso? É um mundo distante? É um mundo, País das Maravilhas, tudo muito lindo. Então vamos, vamos ver o que que esse país tem que a gente consegue viver, e que isso é bom para o nosso contexto. Vamos tentar aproveitar o que há de melhor nisso daqui." Porém é importante você ir lá e viver, **uma coisa é quando eu falo, outra coisa é quando você vive**. [...] 2017 foi o grupo de 10 professores, todos por conta própria, não teve recurso do governo. [...] eles foram com uma visão do que era essa educação e depois lá eles viverem [...] **nós ficamos 20 dias de imersão**. De imersão discutindo o Brasil, aquilo que a gente havia experienciado no Brasil a partir dos daqui, e olhando aquele lá. Não sei se é porque eu já tinha vivido e estava voltando com um grupo de professor, eu percebia neles um olhar muito crítico, daquilo que eles estavam vendo bem maior de quando eu cheguei. Quando eu cheguei, nossa, era muito lindo. E esse grupo de professores, foi com um olhar assim "Tá, mas até que ponto isso a gente consegue, pensando na realidade brasileira (Participante 05, grifos nossos).

O curso de Metodologias Ativas para professores ofertado pelo Professor 05 em sua transferência de conhecimentos culminou em outra viagem para a Finlândia com os professores cursistas, com imersão de 20 dias, custeada com recursos próprios dos professores. O projeto teve um desdobramento em outra edição para formar os cursistas em novos formadores e também resultou em diversas publicações em periódicos científicos.

Uma das transferências, realizada pelo Participante 07, referiu-se a um curso de formação continuada de professores em rede, com outros professores também participantes da formação continuada na Finlândia.

> Eu abri inicialmente para 30 cursistas, sabendo que ia ter evasão, porque sempre tem. [...] a coordenação de extensão ofereceu certificá-los, porque tinha um horário e eles tinham, como era o curso híbrido, blended learning, atividade também online. A gente tinha uma plataforma online de atividades, eles também faziam e trocavam informações com mais quatro campi, no Brasil todo.

> *Então assim, o conceito de rede ficou bem estruturado e foi bem aplicado, porque tinha professor conversando com São Paulo, Alagoas, Norte de Minas* (Participante 07).

O projeto de extensão em rede ocorreu nos cinco meses subsequentes à formação no exterior, como parte do projeto de desenvolvimento. Após isso, o Participante 07 se dedicou a um projeto de extensão com professores da Rede Estadual.

Sobre a **viabilidade de transferência de conhecimento, considerando questões culturais, políticas e institucionais**, os entrevistados apontaram suas percepções a partir da experiência de regresso aos seus locais de trabalho e esforços para ensinarem o que aprenderam aos seus pares ou aplicarem as técnicas, ferramentas e metodologias em suas aulas para seus alunos. Os impedimentos ou dificuldades encontrados pelos participantes são muito similares e pudemos resumi-los da seguinte forma:

a. **Questões culturais:**

- a cultura da confiança na Finlândia *versus* a cultura da desconfiança e corrupção no Brasil;
- escola pública na Finlândia *versus* escola pública no Brasil;
- as políticas "moldam" a cultura da "infraestrutura da escola" e a cultura "molda" as políticas;
- não tem como importar cultura, portanto não tem como importar o modelo de educação.

b. **Questões políticas:**

- as políticas públicas para a educação:
- o a Educação na agenda nacional: uma questão de prioridade;
- o o ensino público de qualidade para todos;
- o número de alunos por turma;
- o revisão curricular;
- o políticas de internacionalização;
- o modelo de gestão escolar.
- políticas públicas para o desenvolvimento da nação: políticas de assistência social, políticas para combate às desigualdades sociais, políticas para a saúde; políticas para a formação de professores etc.;

- o maior desafio é político;
- o cenário político atual (2019).

c. **Questões institucionais:**

- falta de apoio institucional para viabilização da transferência de conhecimentos;
- apoio institucional concedido, mas encontram dificuldades;
- apoio institucional para a viabilização da transferência de conhecimentos: concessão de carga horária, disponibilização de veículos e apoio pedagógico;
- apoio institucional, mas sem tempo para a continuação dos trabalhos;
- a questão do recurso financeiro;
- questões políticas internas: eleições, greve, jogo de poderes;
- saúde do professor: o limite entre a demanda pela inovação e as possibilidades do professor.

As **questões culturais** percebidas pelos professores entrevistados, a partir da experiência de imersão cultural na Finlândia, estão interligadas às questões políticas e institucionais, tendo em vista que a cultura projeta o modelo de políticas e instituições. Desse modo, nosso agrupamento é para fins de análise, tendo em vista que compreendemos que a cultura, construída historicamente, permeia todas as outras questões.

A confiança como traço cultural da Finlândia foi apontada por seis participantes entrevistados na relação com a educação, em comparação com aspectos de desconfiança ou corrupção no cenário brasileiro e suas influências nas instituições educacionais, seja na relação com os pais, com os professores, seja na gestão de professores, gestão de recursos financeiros etc.

> Eu acho que várias coisas influenciam bastante na nossa educação aqui. E que lá é bem diferente. Um exemplo, a cultura da confiança. O professor confia no aluno, o aluno confia no professor, os pais confiam no trabalho da escola, a escola confia no trabalho dos pais, cada um sabe a sua função na educação das crianças, jovens. Eu acho que a confiança é algo que faria uma grande diferença aqui. Aqui a gente testa tudo. É teste o tempo inteiro, já tem escola com câmera dentro de sala de aula. Não sei se é pra filmar os alunos ou para filmar o trabalho do professor, mas já tem câmera dentro

> *da sala de aula. Então eu acho que isso é tudo falta de confiança. E talvez eu até entenda essa falta de confiança, porque o professor é uma profissão tão desvalorizada no Brasil, que quem vira professor, na maioria das vezes, é a pessoa que não consegue entrar em outro curso. E ela não quer ser professora. Mas ela entra, também sabe que tem emprego, tem campo. E aí vai dar aula. Às vezes faz um curso que já não é um curso, vamos dizer assim, não é um curso bom, é um curso que eles fizeram para ganhar dinheiro, que algumas empresas fazem, algumas instituições fazem para ganhar dinheiro (Participante 04).*

Nesta fala, o Participante 04 destaca a falta de confiança presente nos relacionamentos no contexto escolar, a falta de confiança no trabalho do professor atribuída ora à formação inicial precarizada, advinda de uma mercantilização dos cursos de formação de professores com baixa qualidade e foco no lucro, ora à desvalorização do profissão docente. A marca cultural da confiança é apontada por Sahlberg (2018) como um dos motivos pelos quais a Finlândia é fonte de inspiração para outros países que desejam melhorar a educação – "Cultivar confiança, aumentar a autonomia e tolerar a diversidade são apenas alguns dos exemplos das ideias reformistas encontradas hoje nas escolas da Finlândia" (SAHLBERG, 2018, p. 43).

A confiança também é apontada por Pike e Selby (2001) como um elemento presente no perfil do professor global que possibilita aos seus alunos o desenvolvimento da autonomia que, por sua vez, requer confiança nesse aluno. Confiar, dessa forma, significa acreditar no aluno e na educação escolar.

O processo histórico de desenvolvimento do Estado-nação tem suas particularidades. Atualmente o Brasil atravessa uma crise, na qual a cultura da desconfiança, resultante da corrupção na história política, tem sido exposta no cenário nacional e internacional, especialmente após a repercussão da operação Lava-Jato.

Entendemos que a cultura delineia as políticas, da mesma maneira que o movimento contrário ocorre, retroalimentando a perpetuação de uma cultura da desconfiança. Na fala do Participante 08, por exemplo, a questão do acesso à infraestrutura básica é mencionada, no caso a segurança nas ruas e transporte público, e sua relação com a confiança e o desenvolvimento da autonomia em crianças e jovens e a maneira como os pais educam seus filhos.

> *Então a Finlândia para mim foi muito mais do que ver castelo, foi muito mais do que ver lago, andar de bicicleta, ver neve, embora tenha sido isso também, que é importante, o crescimento pessoal,*

> *o respeito pelo próximo, também quebrar a impressão de que o brasileiro é menor, ou menos preparado do que o estrangeiro. Porque não é. Não é menos inteligente, muito antes, pelo contrário, na minha opinião, não é menos inteligente, não é menos preparado, mas as condições que nós temos aqui, essas sim são muito inferiores. Então a gente retira leite de pedra, como a gente fala. Condições de infraestrutura, de modo geral. Eu não estou falando de ar-condicionado, de projetor, de sala, mas de condições de ir e vir, por exemplo, essa liberdade que você tem no outro país. Que imagina, você está num país em que você pode, a qualquer hora do dia ou da noite, descer do ônibus e caminhar durante 40 minutos no meio de uma floresta, que nada acontece. E você está num país em que você, às cinco horas da tarde, você tem que se preocupar se alguém vai roubar a sua bolsa. Que tipo de confiança você vai ter no seu colega cidadão da mesma nacionalidade? **Naquele país, com segurança você tem total confiança nas pessoas.** A pessoa fala uma coisa, você acredita que vai acontecer, você esquece um telefone na mesa, no dia seguinte o telefone provavelmente vai estar lá, enquanto que no país que não tem segurança, você desconfia de todo mundo. E **esse fato de você desconfiar atrapalha o seu relacionamento por completo, você vira uma concha.** Você não consegue se desenvolver enquanto pessoa. Então você passa a esconder, a se proteger, a não falar. E aí o país que é baseado na desconfiança não pode ir para frente. Isso se reflete na família, na escola, nas relações de trabalho e tudo mais (Participante 08, grifos nossos).*

A falta de confiança também foi percebida pelo Participante 02 como uma dificuldade na aplicação da metodologia sala de aula invertida, ou *flipped classroom*, e seus resultados. A metodologia exige que o aluno leia o material da aula antecipadamente àquela aula.

> *[...] na sala de aula invertida, existe uma maneira de abordar na Finlândia e de abordar no Brasil. [...] você entende que existem outros pré-requisitos que são ou não mais desenvolvidos de uma sociedade do que a outra. Por exemplo a questão da **cultura da confiança**, que é tão falada como mantra: trust in the process/ confie no processo, são coisas do tipo. Então por exemplo, eu vejo que um professor finlandês quando pede pra que um aluno faça algo, muito provavelmente o aluno vai fazer. Ou então quando o aluno se compromete a entregar algo, para alguma disciplina, eu não sei se é uma visão romantizada da Finlândia, mas eu creio que não, é quando o aluno precisa ler um texto antes da disciplina, provavelmente a grande maioria leia. E se não leu é porque acon-*

> *teceu alguma coisa. E as minhas experiências como da minha sala de aula, quando peço para que um aluno leia algo, é justamente o contrário. Então quando o aluno ele faz tudo que pediu, tudo o que recomendei, é porque alguma coisa aconteceu. Provavelmente porque a mãe dele é professora, a mãe ou o pai são professores* (Participante 02, grifo nosso).

Essa percepção de dificuldade na aplicação do *flipped classroom* foi atribuída não somente à questão da confiança, mas à "comodidade" do aluno em não ter que buscar conteúdo ou se preparar para a aula, por ser mais trabalhoso.

> *Porque ao mesmo tempo que a gente ouve tempo todo do aluno que ele tá cansado daquela aula, na hora que você propõe alguma coisa diferente, principalmente envolvendo aquilo que ele tem que pensar, ele se revolta, porque ele percebe que era cômodo. Ele não queria aquilo, mas ele também, não ele não quer ter trabalho, ele não quer ter que pensar. Então é mais trabalhoso para quem está do lado de cá, mas é mais trabalhoso para quem está do lado de lá. Então quando você pede pra ele buscar um determinado conteúdo sozinho antes, isso é um exemplo, uma etapa, antes de ele ir para sala de aula, ele primeiro vai contestar que você não quer dar aula. [...]. E isso gera um conflito também entre eles* (Participante 11).

A "resistência dos alunos" é destacada por alguns professores entrevistados como uma dificuldade em aplicar a Metodologia Ativa. Dois dos entrevistados alegaram que os alunos reclamaram que eles não davam aulas.

> *Outra dificuldade, que é talvez a mais engraçada de todas, que você não imagina, é a **resistência dos alunos aos movimentos das metodologias ativas de ensino**. Aí eu volto lá ao que eu estava falando no início. A gente é o professor que a gente foi o aluno. Então os alunos estão acostumados a métodos muito tradicionais de ensino. Quando eu voltei da Finlândia eu dei aula e aí, no fim do bimestre, os alunos começaram a protestar, porque eles **diziam que eu não dava aula**. Porque eu sei lá, não escrevia no quadro ou eu não dizia "Hoje vai ser o Capítulo 2 do livro". Então eu não soube me adequar a eles. Eu estava querendo já começar o nível mais alto de complexidade das metodologias ativas e eles não tinham conhecimento de nada de metodologias ativas. Aí a gente foi adequando. Então tem essa dificuldade com os alunos, que querem, muitas vezes, métodos tradicionais e a gente tem que meio que brigar um pouco pela nossa nova perspectiva de vida. Eu não consigo imaginar mais o tradicional. Dar uma aula expositiva sem diálogo não consigo* (Participante 10, grifos nossos).

A maneira como a sala de aula convencional é organizada no Brasil foi apontada como uma dificuldade, compreendida por alguns participantes como uma questão cultural, uma impossibilidade que ocorre não devido à falta de recurso, mas à dificuldade de enxergar possibilidades diferentes.

> [...] quando você tá em outro lugar e você vê essas práticas sendo adotadas, elas funcionam dentro daquele contexto. Se eu simplesmente der um control c e um control v e tentar usá-las daquela mesma fórmula, daquele mesmo jeito na minha sala de aula, certamente eu vou me frustrar. Por várias questões. Primeira, **a questão de infraestrutura** (Participante 02, grifo nosso).

> [...] Minha questão é assim: "Qual a diferença entre comprar uma tinta branca ou comprar uma tinta amarela, verde, para dar um pouco mais de cor? **Qual a diferença de investir em várias carteiras ou investir em uma mesa com quatro cadeiras?** Então financeiramente, eu estou falando de uma forma muito leiga, o que está travando é a forma como eu enxergo a escola e não necessariamente o recurso. É claro que eles com certeza têm mais recursos que a gente, mas a forma como a gente traduz a escola, o modelo de escola, que eu acho que é complexo. Eu falo isso porque eu passei por uma experiência que foi uma luta, eu queria uma sala com mesa redonda, eu falava: "Pelo amor de Deus, eu não consigo fazer os trabalhos com flip chart naquelas carteiras universitárias. Não tem como, o papel cai, me dê quatro mesas com algumas cadeiras, não precisa ser bonito não, mas eu preciso, porque a colaboração fica totalmente comprometida." (Participante 05, grifo nosso).

O professor Participante 05 narra suas tentativas de organizar uma sala de aula diferente da disposição convencional com carteiras universitárias em filas. Sua intenção era organizá-la com um mesa grande que pudesse comportar quatro cadeiras ao redor, pois assim facilitaria a aplicação de técnicas envolvendo a Metodologia Ativa para elaboração de trabalhos colaborativos em grupo. Por ser uma longa narrativa, abordaremos apenas os principais pontos dessa jornada. Sua primeira dificuldade foi organizar uma sala para ministrar aulas de pós-graduação *Lato Sensu* na área de formação de professores, por acreditar que deveria ministrar as aulas promovendo modelos de aplicação da Metodologia Ativa. Após convencer a gestão escolar de seu campus e finalmente ouvir que viabilizariam a sala para a turma, foi informada que devido às reivindicações de outros colegas de profissão, por acreditarem que a sala não poderia ser exclusiva para turma da pós-graduação, a sala seria utilizada para outros propósitos. Após alguns meses, novamente a gestão tentou ajudar e, no entanto, novas dificuldades foram encontradas.

> *[...] a última discussão que eu tive falei assim: ""Eu não quero me irritar mais sobre isso, não vou mudar isso e tudo bem". Chegando aqui eu vejo que eu faço com os meninos, a gente consegue fazer do nosso jeito. Aí eu separei todas as carteiras universitárias numa sala. Ela falou: "Você pode pegar essa mesa e pode fazer". Eu falei "Tá, então eu preciso de quatro, seis grupos, que a turma é de 36". Organizamos tudo, ela, a diretora, ajudou, montamos. Quando foi no outro dia, que a professora ia começar a aula, as carteiras que a gente tinha colocado lá estavam todas de volta, uma atrás da outra, e aquilo eu choquei. A pessoa que tinha feito isso: "Mas estava muito bagunçada essa sala". Aí depois disso eu não falei mais, e aí a gente brinca agora na formação de professor que assim, toda vez que a gente chega na sala, tanto na pós-graduação, quanto no curso, é impressionante. Acho que tem umas 10 mesas [...], uma ao lado da outra, com as cadeiras todas viradas para lousa. Aí a gente chega e eu falo assim "Gente vamos, vamos organizar a sala". Aí eles mexem as mesas já, "Agora vamos bagunçar a sala" e volta, e a gente sai da sala, e deixam todas as mesas com as cadeiras todas viradas porque não é o certo (Participante 05).*

Entendemos que a questão cultural, delineada ao longo da história, pode ser um fator da perpetuação desse modelo de sala de aula. No entanto, entendemos também que muitos impedimentos ocorrem pela ausência de formação ou a falta de articulação desta dentro das instituições. São raros ou inexistentes espaços para fomentar uma visão compartilhada de educação, de escola, de sala de aula etc.

> *[...] Eu acredito que viabilizar essa possibilidade de uma estrutura mais inclusiva, mais colaborativa, mais integrada e que permita certa mobilidade, ainda é um sonho de consumo. Eu acho que a gente poderia sair do sistema de bancadas, robótico, de linha de produção e fazer essa formação estrutural mais orgânica, mais fluída, que é uma das questões que eu não sei até que ponto ela é só cultural. Eu acho que ela é visualmente agradável para o espaço, o ambiente de produção de conhecimento (Participante 07).*

Desse modo, as falas dos participantes nos levam a pensar que a questão cultural permeia o planejamento dos modelos dos ambientes de aprendizagem nas instituições e a ausência de uma formação sistematizada direciona para a perpetuação desses modelos.

Alguns entrevistados destacaram a impossibilidade de reproduzir aspectos da educação finlandesa no Brasil, considerando que a educação é parte da cultura. Dessa maneira, ficou evidenciado na experiência de transferência de conhecimentos que não é possível importar a cultura, portanto não é possível importar o sistema de educação ou mudar a instituição de ensino sem nenhuma articulação, planejamento ou esforço coletivo para reproduzir o modelo finlandês, mas é possível aplicar técnicas, estratégias e métodos adaptados para o contexto dos IFs.

> *Ao retornar, eu percebi que **não tem como importar cultura**, não tem como importar segurança, não tem como importar nada. **Não tem como importar educação**. **Mas tem como importar método**. O método é uma coisa que, dentro da minha sala eu controlo. Por exemplo, tem coisas que para mudar a educação a gente precisa mudar o MEC. Têm coisas que para mudar a educação, tem que mudar a cultura brasileira, mas têm coisas que dependem só de mim (Participante 04, grifos nossos).*

> *[...] não dá para ser uma transposição. **Não tem como deslocar a Finlândia para o Brasil**.*

> *[...] Então tudo isso a gente sempre teve muito claro. Mas é uma preocupação. Eles têm uma cultura diferente, eles têm um modelo educacional diferente [...].*

> *[...] Não é fácil, não é tão complicado, mas você tem que ter muita atenção aos detalhes daquela cultura, daquela região que você está inserido (Participante 07, grifo nosso).*

> *[...] **a aplicação de técnicas e métodos é uma coisa relativamente simples de fazer**, a gente vai escolhendo aquelas que são até mais adequadas para o contexto do curso. Agora para uma **mudança institucional**, a coisa é um pouquinho mais diferente, mais difícil. É uma coisa orgânica e eu acredito que não seja tão simples um Instituto Federal funcionar como uma universidade de ciências aplicadas. Com abertura para empresas, um monte de coisa aqui e depois eu vou verificar o que que eu posso fazer, aonde eu posso ser útil. Então o nosso jovem ele é ansioso por tirar uma nota alta no ENEM para ir para uma boa faculdade. O jovem finlandês quer aprender alguma coisa. Desde cedo ele aprende a construir casa, a bordar, a se virar, de certa maneira, nas operações e atividades mais básicas e elementares (Participante 08, grifos nossos).*

As **questões políticas** levantadas referem-se em especial às políticas públicas para o desenvolvimento da nação e como elas refletem na Educação, o que tem sido uma prioridade em todos os governos.

> *[...] outra coisa interessante da política é que não interessa se é direita ou esquerda, se é centro, em cima, embaixo, **todo mundo valoriza a educação**. Aqui no Brasil, pelo menos historicamente,*

> *os governos de esquerda valorizaram um pouco mais [...]. Qualquer governo que entra traz, pega **a educação como meta prioritária**. E isso entra também, por exemplo, na política de saúde deles. Eles fazem o diagnóstico, percebem que começou a ter muitas pessoas com glicose alta em determinado ano. "Opa, nós então temos que dar um jeito". Como? Colocam leis para diminuir a quantidade de açúcar em alimentos, propaganda na televisão falando disso. Vão para as ruas, fazem todos os tipos de campanha de prevenção possível. Aqui, as nossas campanhas de prevenção são aleatórias. Tem época, por exemplo, que nem é época de chuva e a gente está tendo campanha de prevenção contra a dengue. Por exemplo. Mas é porque "Ah, tá ali mesmo, vamos colocar". E sendo que muitas doenças, como as, as doenças crônicas não transmissíveis, por exemplo, é prevenção. Prevenir contra infarto, contra pressão alta, contra colesterol alto, isso a gente nunca vê uma, uma política dessa.*
>
> *[...] o que eu acho mais interessante é que eles entenderam que **todas as políticas, econômicas, de transferência de renda, por exemplo, políticas de assistência social no geral, elas estão voltadas para o desenvolvimento da nação.** É muito melhor eu ter uma pessoa recebendo um auxílio e ela comprova que ela está procurando emprego e se capacitando, do que uma pessoa não receber nada, e ser alguém que não vai ser produtivo nem hoje, nem no futuro* (Participante 04, grifos nossos).

Tal percepção alinha-se com o que Sahlberg (2018) assevera sobre a equidade na educação como uma prioridade na agenda nacional ao longo dos anos, o que "[...] tornou-se tão profundamente enraizado na política e nos serviços públicos na Finlândia que sobreviveu ileso e intacto aos governos e aos ministérios políticos opostos." (SAHLBERG, 2018, p. 43).

Dentre outras questões apontadas na narrativa do Participante 04, que contou ter visitado escolas diversas da Educação Básica fora da programação de agendamentos da universidade que promoveu o curso de formação continuada aos professores brasileiros, estão:

- a frequência maior de reformas curriculares na Finlândia, em comparação às reformas educacionais no Brasil;
- provimento de recursos financeiros das universidades baseado em indicadores diversos na Finlândia, em comparação ao indicador por número de alunos no Brasil – o que muitas vezes leva a colocar mais alunos sem garantir a permanência e êxito dos estudantes;

- efetividade no processo de ensino e aprendizagem de língua inglesa como língua estrangeira nas escolas finlandesas, o que leva os jovens a dominar as habilidades linguísticas e comunicar-se em inglês;
- modelo de gestão escolar desburocratizado na Finlândia, em comparação ao modelo burocrático de gestão nos IFs, que muitas vezes impõe barreiras para a interação com o setor produtivo. Tal percepção encontra suporte na pesquisa teórica, em que Araújo e Castro (2011) afirmam que, apesar do modelo gerencialista na educação do cenário brasileiro, não deixamos de incorporar o modelo burocrático de gestão escolar;
- realidade do trabalhador-estudante brasileiro e as dificuldades na aplicação de metodologia ativa:

> *[...] você vai fazer chegar à noite, num curso de licenciatura, os alunos trabalham na indústria, de manhã e à tarde, trabalham no sábado, chega à noite, eu vou propor metodologia ativa. Como que eu quero que aquele aluno fique realmente acordado? Realmente fique ativo? Então, esse aspecto não tem como a gente comparar. A nossa realidade social, principalmente social financeira, é muito diferente da realidade de lá* (Participante 04).

Essa percepção mostra como as políticas de distribuição de renda e as desigualdades sociais podem interferir nas escolhas metodológicas no contexto escolar.

Apesar de todos esses fatores impeditivos, observamos que a comparação entre os países e suas diferenças econômicas e políticas também podem promover um efeito positivo e de esperança nos professores, como podemos verificar nas seguintes falas:

> *Então eu verifiquei que muito do que não acontece de bom no nosso país faz parte também. É **reflexo também da falta de infraestrutura, de modo geral, nossa**. Se a gente corrigir algumas coisas gerais básicas, eu acho que **a tendência do nosso país é melhorar**, a educação é uma delas, mas não é única! Então a gente tem que corrigir outras coisas também. E para mim a **segurança** é uma das principais* (Participante 08, grifos nossos).
>
> *[...] a Finlândia culturalmente é muito diferente do Brasil. Muito diferente em aspectos políticos, econômicos, de ter uma marca da Finlândia na distribuição de renda, na igualdade social. No acesso aos bens públicos, é diferente da gente de uma forma gritante. **E eu acho que isso não impede que a gente aplique as mudanças aqui.***

EXPERIÊNCIA PEDAGÓGICA ALÉM DAS FRONTEIRAS

> *Isso não impede que a gente queira também buscar essas coisas. Eu acho que na verdade, o que a gente vê lá é a possibilidade. Se eles conseguiram fazer isso, se eles conseguiram chegar a esse nível de igualdade social, de acesso à educação de qualidade, é uma prova de que a gente consegue também. A gente tem uma realidade muito diferente, nós temos um país gigante, fragmentado, e eles são um país pequeno e unificado. Mas eu acho que é isso que nos motiva a fazer, a gente tem muito a fazer* (Participante 10, grifos nossos).

O ensino público de qualidade, gratuito, para todos, a inexistência de escolas privadas e o número de alunos por turma foram fatores observados pelos participantes que, em alguma medida, podem gerar frustração na comparação com o cenário que vivenciam no dia a dia em seu trabalho.

> *[...] ir para um sistema educativo em que o país tem ensino básico gratuito. É proibido escola particular naquele ensino básico. **A minha realidade é diferente**, totalmente diferente. Quando eu cheguei lá foi que eu vim a saber sobre isso. É um **pouco esquisito**, por mais que eu veja. Como é que eu vou chegar e ver tudo isso? É público, não tem o pobre, o "pobre, pobre de marré marré" estuda com o rico, rico, rico. Aquilo é salutar, porém, **no meu país nunca vai existir o que eu vi ali.***
>
> *[...] temos número de alunos totalmente diferente deles, que tem 25 alunos no máximo em cada turma! Eu tenho uma turma aqui de 55 alunos! Alunos em cima um do outro, calor...* (Participante 01, grifos nossos).

O Participante 01 fala sobre as questões políticas divergentes entre Brasil e Finlândia, ao mesmo tempo que pensa sobre a experiência e produz novas significações. No interior dessa elaboração, é possível observar a dialética da experiência, na qual o participante descreve o que ocorre nas escolas finlandesas, o que ocorre nas escolas brasileiras e se questiona: "Como é que eu vou fazer a mesma coisa quando eu chegar no Brasil"? Desse modo, a experiência formativa na Finlândia, para esse participante, gerou frustração ao colocar o professor em uma realidade que ele percebe como não tangível em seu país e, ao mesmo tempo, demanda dele as aplicações do que aprendeu em um país cujas políticas são divergentes.

Elementos antagônicos foram encontrados nas narrativas de diferentes professores. Observamos casos em que a experiência gerou esperança: "a tendência do país é melhorar"; "é prova de que a gente consegue". E caso em que gerou desânimo e frustração: "no meu país nunca vai existir o que eu vi ali". Atribuímos esses efeitos diferentes aos diferentes *backgrounds* dos participantes, tanto em termos de primeira experiência de mobilidade internacional para fins de formação (o que se aplica aos participantes que tiveram uma visão mais esperançosa) quanto em duração do tempo de imersão (os que ficaram um período menor apresentaram, nesse caso, uma visão mais esperançosa).

A experiência formativa de mobilidade internacional se mostra com grande potencial de aprendizagem pela imersão e comparação, viver outra cultura baseada em políticas divergentes pode ajudar a compreender a própria cultura e os problemas enfrentados, bem como a produção da perpetuação desses problemas.

> *O problema não é econômico. É mais uma questão de visão de Educação, de concepção de Educação.*
>
> *[...] eu acho que de todos os nossos desafios, e eu acho que o maior, sem dúvida, é o político. Não é cultura, não é econômico, mas político* (Participante 02).

Dois professores participantes apontaram a falta de formação ou o modelo de formação de professores como a barreira que dificulta a implementação de práticas pedagógicas que viram durante o período de formação continuada na Finlândia.

> *A viabilidade que você me perguntou, **está na cabeça!** Eu acho que na cabeça, **está na formação do professor.** O problema, o gargalo, na minha concepção, está na formação do professor. Enquanto a Universidade não mudar, não há mudança na prática. Vou falar enquanto formação continuada, que é o que a gente trabalha. Formação continuada dos professores tanto da pós-graduação, como na extensão. Enquanto a gente não mudar **a forma como a gente forma esse professor,** pouco impacto tem na sala de aula, eles podem fazer cursos e cursos, eles vão reproduzir o modelo que eles estão vivendo, que eu acho que é muito natural. Tanto é que eu fiquei 12 anos, por isso que eu fiz esse retrospecto aí para você entender, eu fiquei 12 anos com muita teoria, muita teoria, muita angústia, muita angústia, mas eu não conseguia enxergar isso na prática.* (Participante 05, grifos nossos).
>
> *O problema é que **a gente não consegue dar a mesma prática pedagógica que a Finlândia tem pela falta de capacitação dos professores.***
>
> *[...] a gente tem orientação pedagógica, a gente tem o trabalho de suporte da psicóloga e do enfermeiro, parecido com o que tem na Finlândia. A diferença só é que aqui a gente tem 1.500 alunos e a*

> *gente consegue atender 50. Faltam profissionais. Aí precisaria de dois psicólogos, mais dois enfermeiros, dois assistentes sociais, tudo dobrado. E a gente não tem. Mas, o pouco que tem está funcionando. Os alunos que mais precisam de cuidado estão sendo atendidos. **O problema está agora do outro lado, a prática pedagógica** (Participante 06, grifos nossos).*

A primeira fala, do Participante 05, destaca que após a experiência formativa na Finlândia, conseguiu aplicar na prática muitas teorias que havia aprendido. Antes disso, não concebia como utilizar metodologias que levassem os alunos à prática. Por esse motivo, atribui ao modelo de formação no Brasil a barreira para utilização de Metodologia Ativa. Apesar de enxergarmos um distanciamento entre teoria e prática na narrativa, também observamos que, conforme o Participante afirma, a trajetória de formação (em que narra cursos de licenciatura, mestrado, doutorado e pós-doutorado), mais centrada em teorias científicas ao longo dos anos, criou repertório para a elaboração de uma formação continuada mais voltada para a prática.

O Participante 06 atribuiu à formação o impedimento da utilização de práticas pedagógicas pautadas na Metodologia Ativa, que vivenciou na Finlândia. Por outro lado, acusa a restrição e escassez de recursos materiais e humanos que apoiam o ensino, muito aquém do que observou no país estrangeiro. Embora compreenda tamanha diferença, apresentando elementos sistêmicos que compõem a instituição escolar, restringe o impedimento à formação e à prática pedagógica do professor. Embora as questões se apresentem de determinada maneira, há uma esperança de que o professor possa resolver os problemas da educação, se tiver a formação pedagógica adequada.

Dois professores Participantes destacaram o cenário político atual (2019) como uma barreira para a viabilização de transferência de conhecimentos adquiridos na formação internacional.

> *[...] Ele [o governo atual] tem demonizado o **sócio construtivismo**, demonizado o pensamento crítico. E isso é feito em prol de uma educação industrial, uma educação focada nas exatas em detrimento das humanas (Participante 02, grifo nosso).*
>
> *[...] o pessoal tá descrente de como está a educação. Acha que está tudo dando errado. **Então eles acham que isso aconteceu porque implementaram ideologias**, mais humanas, vamos dizer, e isso que acabou com a educação. Porque o aluno não é mesmo (Participante 04, grifo nosso).*

Os professores declaram que o cenário do governo (2019-2022) tem estado na contramão do que aprenderam na Finlândia e isso tem gerado um clima de desesperança em seus contextos, descrédito popular na educação, em especial na área de ciências humanas.

Notamos a semelhança entre a queixa do Participante, que destaca a descrença popular, produzida na atualidade com o novo governo, por "implementarem ideologias" na educação com a crítica do Banco Mundial em relação à formação dos professores nas universidades (WORLD BANK, 2010), destacada no capítulo teórico, que trata das abordagens "ideológicas" e associação da pobreza à baixa qualidade dos professores no Brasil. É possível notar formações discursivas semelhantes em relação às "questões ideológicas" na educação.

As questões culturais e políticas atravessam as instituições, que são parte do modelo social e lugares que refletem as questões macro da sociedade. As instituições a que nos referimos nesta pesquisa são os campi dos IFs onde cada professor participante atua.

Ao regressarem aos seus locais de trabalho, alguns professores se frustraram com a resposta institucional, pois estabeleceram expectativas prévias de que conseguiriam transferir seus conhecimentos para os pares.

> *[...] no meu contexto, eu não tive nem no dia de início de ano, que tem uma semana pedagógica, eu não fui escolhida nem para dizer qual foi a minha experiência, o que eu vi lá de novo que nós podemos integrar aqui. Então assim, para mim é um projeto que no final não tem um feedback [retorno] que deveria ter. É muito dinheiro. E eu achei que ficou comigo, vai morrer só comigo* (Participante 01).

Tal declaração está associada às afirmações de Pereira (2009) sobre o fato de as iniciativas de formação continuada do professor na Educação Profissional serem fragmentadas e desarticuladas, gerando um gasto sem sustentabilidade.

> *E agora que eu falo [após 3 anos que participou do curso],* enquanto única mesmo, que eu fiz uma oficina na semana pedagógica do campus. *A gente fez metodologia ativa de avaliação dentro da semana pedagógica do campus. É que eu considero **a primeira vez que eu falei** com o meu campus* (Participante 04, grifos nossos).

O tempo institucional é outro fator apontado pelo Participante 04, o qual conseguiu desenvolver projetos de extensão de formação continuada com professores da rede pública estadual e municipal, mas obteve pouca resposta na própria instituição. O Participante 09 também destaca o tempo institucional, nesse caso articulado pela Setec/MEC.

> *Só que **a gente não tem apoio**. Eu fui em 2016, teve gente que foi em 2014, quer dizer, só em 2018 é que alguém falou assim "Queremos ouvir vocês". E aí como é que eles querem nos ouvir?* (Participante 09, grifo nosso).

O Participante 09 refere-se nesse caso à Setec/MEC, pois, na ocasião, o curso "Brasileiro Formando Formadores – BraFF" estava em desenvolvimento na semana presencial, reunindo os formadores (cursistas do *FiTT* na Finlândia) e os cursistas (egressos de mobilidade internacional no Canadá, Reino Unido e Finlândia ocorridas entre os anos de 2013 e 2017). Esses apresentaram o desenho do currículo BraFF aos gestores do órgão.

O Participante 10 indica dois tipos de entraves na experiência de transferência de conhecimentos: um de ordem material e outro institucional, alegando que os impasses relacionados às restrições materiais são contornáveis e que os institucionais são mais difíceis de serem contornados.

> *Entraves fáceis de contornar, eu acho que são os entraves por exemplo, do aspecto material [...]. Institucionalmente, e isso eu acho que é uma dificuldade de vários que participaram dos programas internacionais, às vezes você volta, você quer implementar as mudanças, **você não vê um eco da sua voz na Instituição, dos gestores, e isso desanima bastante**. Isso desanima bastante. Quando eu voltei da Finlândia, que eu estava hiper empolgado, eu não vi eco nem institucional, no que eu fazia e eu desanimei* (Participante 10, grifo nosso).

É possível notar os sentimentos despertados pela experiência de transferência de conhecimentos pelas narrativas a seguir: desânimo, solidão, frustração.

> *E eu já voltei meio direcionado pra isso, não querendo criar muito alarde, tanto foi curioso que quando eu voltei eu mandei o e-mail para coordenação pedagógica falando "Ah, eu estou voltando da Finlândia, tem muita informação legal para compartilhar", e eles me responderam assim "Ah, a semana pedagógica já está fechada, numa próxima oportunidade então a gente vê". **Não me deram oportunidade** [...].*
>
> *E aí foi curioso porque **a primeira palestra que eu dei foi fora do meu campus*** (Participante 12, grifos nossos).
>
> ***A aceitação institucional foi zero**. Tive, a princípio, foi assim "Ah, você quer fazer? **Faça, mas faça você**". E, como se não bastasse, quando eu apliquei a primeira proposta em 2015 com o projeto [nome do projeto e indicação da turma], eu tive uma maior facilidade,*

> *entre aspas, porque eu era coordenadora do curso. [...] Quando eu fui aplicar numa turma que eu não era coordenadora do curso, eles alegavam que eu não queria dar aula. E ainda diziam que, como tinha a presença de licenciandos, eu levava estagiários pra testá-los. Na época, a **direção ao invés de me ouvir, ouvia diretamente os pais e a firmava que eu não dava aula mesmo. Então isso foi horrível**. [...] essa infeliz postura da direção de dizer que eu não dou aula, isso não aconteceu mais. Eles até valorizam. Ainda mais que eu publiquei resultado. Mudou um pouco de figura* (Participante 11, grifos nossos).

O tempo institucional está relacionado ao modelo de gestão que, como vimos, embora gerencialista, ainda preserva traços burocráticos que tendem a temporizar algumas ações institucionais. Ainda há fatores mais relacionados aos aspectos culturais, aos quais a comunidade escolar está acostumada e, portanto, aceita melhor o que não é estranho. Há também a falta de articulação, pois o professor que geralmente retorna entusiasmado pode não encontrar o apoio institucional para implementar suas ideias de maneira gradativa, sistemática, articulada, restando a ele um esforço individual e solitário, gerando frustração.

> *[...] **dentro do IF eu não consigo**. Eu acho que um colega falou hoje lá no Braff, "o santo de casa não faz milagres". E é típico. Uma vez um colega foi em [nome do campus]. Aí ele falou assim "É, eu apresentei, falei que fui pra Finlândia fazer um projeto". Aí [falaram] "Mas foi até para Finlândia?!" Os alunos falaram. Eles não compreendem que nós temos a mesma formação de colegas que são de outro Instituto. Às vezes "Ah, porque ele é de Brasília, porque é de Rondônia, porque é de tal lugar, porque veio de longe", "Porque foi para Finlândia", "Nossa!" E a formação é muito similar. Até as competências são muito próximas, no âmbito educacional. Meus colegas não valorizam quem é da casa. Normalmente* (Participante 04, grifo nosso).

Assim como o Participante 12, o Participante 04 também destaca que suas atividades de palestras e formação de professores se deram, em primeira instância, fora do campus de atuação. Acreditamos que essa situação ocorre por diversos fatores, tais como: o tempo das instituições públicas cujo modelo de gestão está atravessado pelo modelo burocrático, falta de articulação das ações institucionais entre campus, IF e Setec/MEC, fragmentação das ações de formação etc., situações discutidas anteriormente. Um outro fator que não podemos ignorar é o fato de que nos IFs ocorrem eleições de reitores, diretores de campus e às vezes demais cargos como chefes de departamentos e coordenações, o que pode ocasionar um clima de competição e concorrência política. Trazer uma pessoa "de fora" geralmente preserva a dinâmica local e a distribuição do poder. Já autorizar o discurso de alguns agentes do campus, legitimando seu "poder", poderia "mexer" na dinâmica política interna da instituição.

> [...] eu vejo que quem pensa no aluno é só o professor. O resto é uma **briga de egos**, é uma **feira de cargos, política** e etc. Eu trabalho para o aluno. [...] culturalmente no Brasil, uma instituição pública é o que? É um **jogo de poderes. Só que eu sou professor, a gente está no meio**. Você ter um jogo de poder aqui e alunos de inclusão querendo ser alguém na vida. Que que eu posso fazer? Eu negocio. Que que eu tenho? Que que você pode me dar? Que recursos que eu tenho? E dentro do que eles me dão... Então não adianta eu brigar com eles. Eu não posso, não tenho poder para isso. O que que você me dá? Dá isso aqui? Então com isso aqui eu vou ajudar a educação (Participante 09, grifos nossos).

O cenário político nacional e suas repercussões nas instituições, bem como o período de eleições e troca de gestores dentro dos IFs, também se mostram como uma dificuldade, constituindo um período turbulento para implantar novas ações e comprometendo a continuidade de ações que estavam em curso.

> [...] Nós fomos pra lá em 2016, eu fui para lá, e eu era diretora de ensino. Aí, quando nós estávamos lá na Finlândia, teve a queda do **Governo da Dilma**. E politicamente, infelizmente, principalmente a gente que é da área de educação, não há uma separação entre você ter um cargo porque você é bom, entre você ter um cargo porque você foi indicado politicamente. Eu tinha um cargo porque eu fui implantar no campus e ficou um bom trabalho. **Quando a Dilma caiu, eu voltei para o Brasil sem aula, sem cargo, nada, literalmente na geladeira**. Por quê? Porque não houve essa separação "Ah, você era da gestão anterior". Entendeu? Tá, mas eu era da gestão anterior porque fui eu que fiz o projeto político pedagógico do campus novo, tudo isso. E quando os novos assumiram é que nem prefeitura. Onde o prefeito pôs quebra-molas no ano passado? Aqui? Então tira, porque eu vou pôr aqui.
>
> **Meu instituto não quer me ouvir**. Eu fui para Finlândia com uma programação de workshops nos campi. Como caiu o reitor, e tudo que o reitor anterior fez não prestava, meu workshop foi para o saco, e eu não tive oportunidade de falar para ninguém. Eu fui

> *a Tocantins, eu fui a Maceió, eu fui em Espírito Santo, eu fui a Santa Catarina, eu fui a São Paulo. Foram sete Estados que eu fui fazer palestras, fazer cursos, menos [no próprio Estado]. Política institucional. **Estrutura a gente tinha. Tinha o plano que foi posto em gaveta** (Participante 09, grifos nossos).*

Embora o Participante 05 tenha recebido o apoio do gestor máximo do campus, isso não foi o suficiente para implantar ações pelos desafios da dinâmica institucional: disputa de poderes, por espaços etc.

> *Em 2017 eu estava mais madura, a minha crise foi mais em 2016, porque eu não esperava que ela [Direção do campus] tivesse esse ato[47]. E quando ela teve, eu senti o sofrimento dela com as minhas angústias. E ela também **ficou decepcionada** porque, é claro que não foi só ela mas, houve um movimento de que não tem sentido isso aqui ser uma sala só pra pós-graduação ou só para isso. Então isso daqui foi uma situação. A outra foi, em 2018, no início do ano, que a gente também ficou sem sala. Aí ela falou "Olha, lá no campus tem uma mesa, porque tem várias mesas esparramadas pelo campus, que não são usadas." Algo assim. "Eu acho que em cinco meses eu consigo as cadeiras também. É fácil". Eu vou conseguir e a gente vai colocar numa sala aqui, vai ser a sua". Porque a minha briga era para pós-graduação, para a gente trabalhar isso na formação de professor. O meu **incômodo** era assim: como que eu quero que um professor faça dessa forma, se ele vai pra um banco de formação de professor e ninguém está fazendo dessa forma com ele? Ele reproduz o que ele vive. Então ele tem que fazer diferente! Essa era a minha **angústia**. **Nós estamos com um discurso totalmente desvinculado da nossa prática** (Participante 05, grifos nossos).*

> *Eu acho que a gente contou com o apoio interno, e eu acredito que quando a gente recebeu esse apoio, **as pessoas não tinham muita noção do que que ia acontecer depois**. Só achavam que era bonito falar que tinha algum servidor participando nesse negócio lá. **Era mais um exercício político** para mostrar que o IF [local] participa, funciona e acontece. Nesse esforço de se comparar com os outros, "O meu IF tem, o seu não tem!" [...]. E depois, quando eu voltei, eu acho que tinha já a formação e fui mostrando, conversando, viajando. Eu acho que **isso gerou um certo desconforto dentro do IF** [local]. E aí depois, agora no novo cenário, eu acho que ele, as pessoas percebem que é importante fazer o uso do que eu posso fazer e do que eu sei (Participante 06, grifos nossos).*

---

[47]   O ato aludido pelo Participante refere-se ao fato de ter recebido o espaço da Direção Geral para realização da transferência de conhecimentos e, posteriormente, cedido às pressões de outros grupos da instituição para não direcionar o ambiente para aquela finalidade.

EXPERIÊNCIA PEDAGÓGICA ALÉM DAS FRONTEIRAS

Esses são casos em que os participantes receberam o "apoio institucional", mais voltados para uma questão de recursos e logística, ainda incidindo no esforço individual, e enfrentaram forças institucionais adversas, por terem interferido na dinâmica da instituição. Isso fica evidenciado nos sentimentos produzidos no Participante 05: decepção, incômodo, angústia, e no Participante 06, que alega ter causado um "desconforto" na instituição.

As restrições financeiras são abordadas por alguns participantes, porém não são colocadas como obstáculos que inviabilizem a transferência de conhecimentos, mas como desafios em se tratando de falta de investimento em equipamentos, recursos financeiros para deslocamento ou fomento para desenvolvimento de pesquisas.

> [...] é preciso capacitação de pessoas e usar o dinheiro do jeito que tem que ser usado. Mas a gente ainda precisa de mais dinheiro. Porque a rede não está pronta, não está consolidada. Se eu for pegar hoje, igual eu falei para você antes, a gente tem um déficit de investimento muito grande, principalmente em equipamentos (Participante 06).

> Do ponto de vista econômico isso tem se tornado muito difícil com a nova ordem política e econômica que a gente está vivendo. Está dificultando demais. Como às vezes tem que haver um deslocamento, não pode ser um deslocamento no nosso carro, tem que ser em carro oficial, então não tem recurso paro carro oficial. Às vezes a gente tem que abrir mão das diárias, contanto que eles deem o carro para levar a gente. Então isso dificulta um pouco. Mas quando pode, quando é pertinho, eu sempre me voluntario, "Então eu vou, no meu carro, vai levar 10, 15 minutos, não tem problema" (Participante 07).

> Em relação ao aspecto financeiro, como em qualquer pesquisa brasileira, ainda mais no meu caso, que envolve um objeto de estudo que dificilmente você consegue comprar com três notas, com o não sei o que para comprovar, é o objeto direto mel, cogumelo, isso aqui sai do meu bolso. Mas assim era desde o mestrado (Participante 11).

Com os desafios postos, os professores Participante 07 e Participante 11 encontraram solução custeando despesas de viagens ou despesas de pesquisas, o que notamos, novamente, como um esforço individual não articulado institucionalmente.

Três entrevistados destacaram o apoio logístico e pedagógico que receberam de suas instituições. No primeiro caso, do Participante 03, o apoio é logístico e pedagógico, já o Participante 07 explica que houve um direcionamento de sua carga horária para dedicação às atividades de transferência de conhecimento, as quais referem-se a um projeto de extensão fora do campus, de formação de professores, com a rede estadual de ensino.

> *[...] a instituição sempre apoiou em protocolar esses projetos, em **fornecer veículos, em fornecer apoio pedagógico** para levar os meninos para participar de atividades ou outras questões. Essas questões financeiras relativas mais ao externo, a gente busca sempre viabilizar a partir da escrita de projetos* (Participante 03, grifo nosso).

> *[...] eu tenho uma determinada carga horária alocada para o [nome do projeto] como um programa extensão.*

> *[...] é bem possível que você já tenha entrevistado pessoas com mais dificuldades, que quando voltaram da Finlândia não tiveram nem oportunidade de fazer uma pequena palestra, de meia hora que fosse. Eu ouvi os meus colegas falando isso. Então o meu caso é um caso bem atípico. Eu fui muito aceita, entendeu, eu fui muito bem recebida pelo meu campus e sou até hoje. E a minha relação ela é muito estreita. Eu tenho um apoio muito grande não só do meu campus, mas também do campus com o qual eu colaboro na educação à distância, que eu sou professora do ensino à distância [...]* (Participante 07).

Há casos em que há apoio institucional, mas não há espaço e tempo para ações mais sistêmicas. As propostas de formação continuada de professores se esbarram na falta de articulação e sistematização e se tornam fragmentadas.

> *Eu sinto que eles valorizam o fato de eu ter estado na Finlândia. No meu campus, o diretor na época, ele me apoiou, o diretor atual também me apoia muito, eles sempre estão me pedindo para falar sobre a Finlândia e fazer alguma coisa integrada. Os meus colegas que já trabalhavam comigo também conhecem, a grosso modo, o que eu fiz. Mas a gente não aprofunda muito no campus, em termos de formação dentro do campus. Não tem um programa de formação interno. Na reitoria eles também valorizam muito [...]. Mas eu ainda acho que existiria necessidade, apesar de eu participar de workshops e ministrar palestras, [nomes dos campi], **eu acho que a gente poderia fazer um pouco mais lá dentro**. Mas eu **não tenho tido tempo para poder fazer isso e não tem espaço no momento** para isso também. No máximo são alguns workshops que são muito interessantes, mas são muito pontuais* (Participante 08, grifos nossos).

A destinação de carga horária para a transferência de conhecimento torna-se um aspecto essencial para assegurar o desenvolvimento do trabalho e a saúde do professor. O Participante 13 contou que, embora não tenha tido a destinação da carga horária para a realização das atividades de transferência de conhecimentos, realizou e isso gerou uma sobrecarga de trabalho, somando-se a todas as tarefas do trabalho do professor da EBTT, o que culminou em problema de saúde atribuído, pelo professor, a essa sobrecarga.

> *Então às vezes a gente fala assim "Ai, o professor é preguiçoso porque ele não faz nada novo". É porque o quanto que a gente vai alocar da nossa vida pessoal para o nosso trabalho. É claro, a gente ama o que a gente faz, a gente gosta muito, realmente. Mas* **isso tem um gasto energético mental.** *E que a gente precisa de um saldo para que a gente possa manejar outras atividades. E a gente às vezes acaba se passando nesse ponto, e* **tendo outros prejuízos em relação à nossa saúde,** *nossa vida.*
>
> *[...]*
>
> *Quando eu voltei, só tinha eu no Estado que tinha feito o curso. Então,* **eu estava com uma carga horária alta de aulas** *[...]. Então tinha várias coisas que* **eu tinha que dar conta** *ao mesmo tempo, na Engenharia inclusive, noturno. Então, foi complicado eu colocar esse projeto. Mas aí eu fiz um projeto [...].*
>
> *[...] eu tive uma dificuldade, na verdade, com relação ao tempo de dedicação pra fazer todo o projeto, aplicar todas as coisas* (Participante 13, grifos nossos).

Há na narrativa um desabafo sobre a tensão entre as demandas por inovação (por meio da transferência de conhecimento) somada às demandas do trabalho do professor da EBTT e às possibilidades humanas. Há, ainda, um senso de autorresponsabilização e tendência a ultrapassar essas possibilidades.

Em outra narrativa, do Participante 04, notamos também uma tendência em acumular as tarefas, em um esforço individual de fazer as coisas acontecerem mesmo sem as condições necessárias, o que se torna um risco para a saúde do professor a longo prazo. *"[...] é a sensação que às vezes eu tenho como professor, a gente abraça todo mundo, mas quem que abraça a gente? Às vezes eu tenho essa sensação. Mas eu vou abraçando"* (Participante 04).

Conforme vimos, Esteve (1999) afirma que há uma sobrecarga de tarefas e expectativas em relação à formação e à prática do professor. Essas demandas e expectativas geram uma sobrecarga que leva ao mal-estar docente.

Em relação à **viabilidade de transferência de conhecimento, considerando a atitude dos pares,** compreendemos que é um desdobramento das questões institucionais, da maneira como a transferência está articulada entre o indivíduo e a instituição, podendo resultar em uma abertura ou resistência do pares.

De maneira geral, foi possível observar nas narrativas os sentimentos despertados pelas tentativas de transferência de conhecimento. Por um lado, destacam a satisfação em trocar conhecimentos com os pares, em aplicar metodologias e reconfigurar a prática pedagógica, reconhecendo novas perspectivas em relação ao papel do estudante e, por outro lado, destacam o sentimento de rejeição dos colegas e da falta de confiança e colaboração entre pares.

O trabalho colaborativo é percebido pelo Participante 07 como uma vantagem para "facilitar" o trabalho do professor. É possível notar uma conformação com a sobrecarga do trabalho docente que se estende além de sua jornada diária obrigatória, ou seja, uma normalização do excesso de tarefas. O trabalho colaborativo teria um papel não de "facilitar", mas de auxiliar na redução, de alguma maneira, dessa sobrecarga. Isso a longo prazo, pois exigiria formação para tal, tempo de preparação e prática do trabalho. Há o reconhecimento da complexidade na preparação para o trabalho colaborativo, pois não há uma cultura institucional ou um trabalho na formação inicial dos professores para a implantação dessa cultura.

> *[...] o trabalho do professor infelizmente não se encerra quando você sai da sala de aula. Então a gente leva, o professor sempre tem trabalho de casa. Mas **o trabalho de casa pode ser facilitado quando você trabalha em grupo,** quando você tem outras pessoas colaborando. No início ele é até um pouco, mais assim complexo para ser administrado, mas depois que você pega a prática, ele **facilita demais a vida.** Não só daquele professor, mas de todos os outros, do conjunto todo da obra, de todos os agentes da educação [...]* (Participante 07, grifos nossos).

A abertura dos pares para troca de experiência é geradora de sentimentos positivos, como narrado pelo Participante 10.

> *[...] quando eu retornei, eu tentei implementar no meu campus oficinas, onde a gente fazia o compartilhamento da experiência. Foi uma experiência muito acanhada, com poucos participantes, bem menos do que eu gostaria talvez. Mas foi efetiva, surtiu efeito assim. Alguns colegas mudaram bastante as suas práticas. Inclusive teve*

EXPERIÊNCIA PEDAGÓGICA ALÉM DAS FRONTEIRAS

> um colega que é um professor muito tradicional, de alta qualidade, mas com métodos muito tradicionais. E ele veio particularmente falar comigo, pedir minha opinião sobre como fazer diferente. *É muito gratificante ter esse retorno dos colegas* (Participante 10, grifo nosso).

Outro fator positivo abordado pelo Participante 11 está na reconfiguração da prática pedagógica – com a aplicação da metodologia ABP – e as novas descobertas decorrentes disso, especialmente em relação à concepção do papel do estudante no processo de aprendizagem, destacando os prós e contras da aplicação dessa metodologia.

> *[...] cheguei dizendo que seria essa a proposta. Eu não convidei. O fato de eu não convidar já provocou uma rebelião. Hoje eu vejo que foi um erro meu. Eu aprendi com essa etapa. Então o que que aconteceu? Até no meio do ano, se eu plantasse bananeira lá, eles estavam contra. Porque eu quis impor a metodologia ABP e enviei o projeto dos cogumelos. Tanto que, no final do primeiro bimestre, e agora os alunos licenciandos participam comigo na sala de aula do Ensino Médio, do Técnico Integrado ao Ensino Médio, eles estão na proposta do projeto e atuam comigo em sala de aula, todas as aulas, com raras exceções. É muito legal porque eles têm ideias ótimas, e isso é outra mudança enorme na minha cabeça de profissional, porque eu subestimava os meus alunos.*
>
> *[...]*
>
> *[...] não consigo aplicar em todas as minhas turmas e em todos os níveis de ensino. Mas nos casos em que eu consigo aplicar, é muito mais dinâmico, e eu saio da sala de aula muito mais feliz. Com exceções, porque surgem os entraves, as discórdias da própria metodologia, tem dias que eu saio desgastada, cansada, achando que eu não quero mais brincar disso (risos)* (Participante 11, grifos nossos).

O Participante 03 relata procurar aplicar alguns princípios, como o de confiança e colaboração, na sala de aula com seus alunos e procurar pessoas que estejam dispostas a trabalhar da mesma forma.

> *[...] a gente via isso na Finlândia enquanto uma riqueza, uma cultura, uma educação mais difundida entre a comunidade inteira. Com muitos aspectos de confiança e de colaboração, que você poderia expandir para comunidade escolar. Mas aí eu trago, para dentro da minha sala e para meus estudantes, "Se eu não puder, se eu não puder confiar em vocês, e vocês, se vocês não puderem trabalhar colaborativamente, isso aqui pra mim não é uma sala de*

> aula". Então, esses dois princípios que a gente via muito na Finlândia enquanto sociedade inteira, para mim dentro da comunidade eles são imprescindíveis. E você consegue achar pessoas dentro não só da comunidade escolar, mas pessoas dentro da cidade e dentro do meio rural, que vocês conseguem confiar e trabalhar com essas pessoas colaborativamente. A gente tem um trabalho aqui maior, aqui no Brasil, porque não são todas as pessoas que se portam dessa forma (Participante 03, grifos nossos).

Em nossa compreensão, a colaboração é algo que se aprende e deve ser cultivada, ensinada e mediada nas instituições. Os espaços físicos e temporais precisam ser criados, com atenção à arquitetura, ao planejamento das atividades, aos objetivos educacionais etc. Na fala do Participante 04, a seguir, temos um exemplo de como a arquitetura pode ser uma dificuldade para que a colaboração ocorra.

> Eu tenho a família, eu tenho tudo fora do campus. A gente chega lá dentro, todas as outras pessoas também têm essa rotina fora. Eu acho que **dificulta um pouco o trabalho colaborativo**. Em um **campus muito grande**, um campus de fazenda, onde a gente não tem salas de professores direito. **Tem uma sala de professores coletiva e é totalmente rotativa**, o pessoal entra e sai e a gente **nunca sabe o horário que vai encontrar o colega**. Então eu tenho um pouco de dificuldade de colaboração nesse ponto aqui. Eu acho que isso dificulta um pouco. E o fato de eu querer fazer muito pelos alunos. E eu não vejo alguns colegas querendo a mesma coisa. Os colegas me dizem que querem fazer muito por eles ou pela disciplina deles. Então talvez não tenham o mesmo olhar, a gente pensa em fazer alguma coisa extra, a pessoa não quer fazer, às vezes. Então eu tenho dificuldade com isso. E eu não consigo delegar tarefa. Então "Gente, vamos fazer isso?". Se a pessoa não fez, eu faço. Ou seja, o colega você tenta motivar, criar um ambiente para que ela fizesse, eu não consigo. E lá na Finlândia não precisou disso. O nosso grupo trabalhava de forma muito conectada, mesmo (Participante 04, grifos nossos).

Em um outro momento de sua narrativa, o Participante 04 se define como um *lonely rider*, indicando a solidão do trabalho docente na instituição, mesmo após a experiência de formação continuada pautada nesse elemento. A formação de um ou outro docente na instituição não garante que a colaboração se torne um elemento da cultura institucional. Além da formação continuada disponível a todos, as condições precisam ser viabilizadas. Como dito anteriormente, espaços físicos e temporais precisam ser criados para que a colaboração ocorra. Sem isso, recai sobre um esforço individual, com desentendimentos e frustrações daqueles que dedicam sua carga horária além do regulamento prescrito e aqueles que se sentem, de alguma maneira, pressionados a fazer o mesmo.

> [...] quando chegamos na realidade e falamos para os nossos amigos, eles falam **"A minha carga horária é maior, isso aqui eu não consigo"**. Então começa o embargo total. Mas que se formos elencar teremos uns 30% de integração. A outra coisa também, que é muito difícil e diferente são os três turnos [...]. Eles [professores finlandeses] não têm o turno noturno! [...] eu tenho aula nos três turnos! Então é uma grande diferença! (Participante 01, grifo nosso).

> Eu vejo resistência, é lógico que eu vejo resistência de alguns pares, eu acho que isso tem realmente. Outros professores que às vezes falam assim "Ah não, você está fazendo atividades às vezes fora da escola mas isso, isso está pedindo **horários de outros professores para poder levar os meninos para fora da escola**" e às vezes eles **se sentem prejudicados** (Participante 03, grifos nossos).

Os professores egressos do curso de formação continuada no exterior retornam ao Brasil entusiasmados para operar mudanças em suas práticas pedagógicas e em suas instituições. Formados para serem professores globais, com perfil de "agentes de mudanças" e "multiplicadores do conhecimento", ao regressarem se deparam com entraves de ordem cultural, política, material e humana. Muitas vezes, além das frustrações por não conseguirem atingir determinados objetivos de mudanças institucionais, ainda provocam sentimentos adversos.

> Eu comecei a analisar os PPCs dos cursos. E eu comecei a identificar algumas, para não falar diversas, inconsistências, algumas coisas que não faziam sentido estarem lá, ou estarem daquela maneira. **E acho que aquilo foi causando uma certa inimizade**. Porque quando a gente se dispõe alterar o status quo, isso cria resistência. A mudança é algo difícil, a mudança é trabalhosa. E eu acho que acabei ganhando algumas inimizades em relação a isso, pessoas que não estavam muito dispostas. Só demorou para eu entender que eu deveria, no meu regresso, ter encontrado duas, três, quatro pessoas que quisessem trabalhar e trabalhar com elas. Acho que demorou para eu entender isso (Participante 02, grifo nosso).

> **Eu, eu me senti muito rejeitada, muito excluída** todo momento que eu falava a palavra competência. Extremamente excluída. Não com o pessoal que eu estava formando, mas **dentro da instituição**,

com os colegas. E quando eu organizava os grupos por família, eu estava desprofissionalizando a profissão. Trazendo a ideia de família para dentro da escola. "Família é família. Isso daqui não é família". E na verdade a intenção era dar esse sentimento de pertencimento (Participante 05, grifos nossos).

A resistência dos colegas – termo usado por vários participantes – como resultado das tentativas de mudanças propostas é o que Nóvoa (2000) trata como rigidez em relação à mudança. Ao mesmo tempo o autor destaca que há também a plasticidade. Ambos podem ser perigosos. Se por um lado a rigidez impede mudar, a plasticidade leva a adesão a modismos sem muita compreensão dos fenômenos embutidos nas metodologias. A falta de adesão a determinada metodologia pode ocorrer devido à rigidez do professor ou por discordância em relação às orientações conceituais que a norteiam. Dessa maneira, não se pode tratar a "resistência à mudança" como necessariamente falta de formação.

Ademais, é preciso pensar também que a falta de um programa de formação continuada nos IFs que objetive a criação de uma identidade da instituição e de seus professores dificulta a implantação de novas ideias. Por serem fragmentadas e desarticuladas, podem contribuir para a rigidez do professor. Não se pode "culpabilizar" ou responsabilizar os "resistentes à mudança", nem os "agentes de mudança", pois entendemos que qualquer mudança deve ser fruto de desenvolvimento, formação e aprendizagem na instituição. As mudanças ocorrem quando há condições de implantação.

É também importante retomar a argumentação de Cushner (2018) sobre a administração das expectativas de transformações, a compreensão entre a transformação individual e coletiva e a linha que deve ser constantemente traçada entre o que se deve aplicar para si e ser integrado nas próprias práticas e o que se deve tentar mudar no outro ou na instituição. Como vimos, a experiência internacional traz efeitos de mudanças, que são justamente o foco da mobilidade. No entanto, a administração das expectativas de mudanças nos outros e mudanças institucionais deve ser cuidadosamente planejada e realizada para que isso não afete ainda mais o professor que regressa da viagem pedagógica.

Ryymin *et al.* (2016) destacam o papel do suporte e apoio institucional, bem como a necessidade de gerenciamento das mudanças para que essas se tornem sustentáveis.

Nas narrativas das experiências de transferências de conhecimento, há situações distintas relatadas, de satisfação ou frustração, sendo a última situação a mais frequente nas narrativas. Uma das explicações dos participantes está no fato de a comunidade escolar estar acostumada ao modelo de ensino "centrado no professor".

> [...] mas tem a hora que você volta, ninguém está disposto a te ouvir. Por quê? Porque você volta pra um país onde as pessoas ainda estão **repetindo um modelo** que está óbvio que não está dando certo, porque a gente tem uma geração que não aprende mais desse jeito (Participante 09, grifo nosso).

> [...] eu atribuiria talvez a duas situações. Primeiro o medo, em si, **o medo do novo**, porque é algo que você está **acostumado** a fazer há muito tempo, é **algo confortável**, você já tem os seus slides prontos, já tem suas aulas prontas, você dá aula daquilo há 20 anos, há 10 anos. Então por que mudar? Se está tudo bem, se está tudo certo? Você modificar sua atividade para ela ser centrada no estudante, com objetivos definidos, atividades diferenciadas, metodologia diferenciadas, dá trabalho. **Você precisa de tempo para planejar**. Você precisa controlar a execução, controlar o tempo. Então você precisa de um planejamento muito grande.

> [...] hoje eu tenho o entendimento que é curioso, acho que os alunos também, de certo modo, eles são formatados pra isso. [...] Então para o aluno também é ruim. E como eu percebi isso? Eu já fazia, antes de ir para Finlândia, uma avaliação da minha disciplina. Sempre mandava um questionário. E agora eu faço isso no Google Docs, porque eu tabulo os dados, justamente para ter material para escrever depois. **E aí eu percebi que a maior parte dos alunos gosta de aulas expositivas** (Participante 12, grifos nossos).

Nas narrativas, de modo geral, é possível perceber os conflitos metodológicos, do ser ou não ser "conteudista", do usar ou não usar as "aulas expositivas", pois que essas podem colocar o professor "no centro" e são adversas às metodologias ativas. Esses conflitos são mais perceptíveis nas narrativas sobre as experiências de transferência de conhecimento, quando também ocorre o choque cultural reverso, ou seja, ao regressarem do país estrangeiro se deparam com uma "velha instituição", a partir do seu "novo ser e estar na profissão docente" (NÓVOA, 2000), diferente das observadas no período de imersão, mas com expectativas construídas a partir da mobilidade internacional.

6.6 INTERNACIONALIZAÇÃO: "[...] OLHAR PARA O OUTRO"[48]

No processo de análise das entrevistas, notamos uma nova subcategoria, a do **choque cultural reverso**. Muitos professores narraram suas experiências, os sentimentos e percepções, ao regressarem para seus locais de trabalho.

> *[...] Eu acho que **eu só senti o choque na verdade quando eu voltei**, mas a experiência lá é uma das coisas que ficou muito, muito marcada.*
>
> *[...] hoje eu percebo que o fato de você tirar do contexto real e colocar em um contexto que para nós brasileiros não é o nosso real, **isso impacta demais na hora que você volta!** Porque **você vive em um mundo totalmente ideal**, porque é isso o que eles nos mostram, uma educação que funciona, uma educação que não tem problemas, uma educação que os professores trabalham mais dialogicamente, trabalham mais integrados. Então você fica meio que deslumbrado por isso, durante esse período. Quando você volta, que foi o que eu senti, eu posso dizer que **eu passei no mínimo uns seis meses em crise**. Crise mesmo de querer destruir a escola. "Que escola é essa, que aluno nós estamos formando, por que que essa estrutura se mantém assim, que modelo de escola nós estamos reproduzindo, o que que eu posso fazer para mudar isso?" (Participante 05, grifos nossos).*

Conforme discutimos, Cushner (2018) elucida que o regresso apresenta uma mistura de emoções e sentimentos. Ao mesmo tempo que voltar para casa, para a própria cultura, rever a família e amigos e compartilhar a experiência da viagem pedagógica, pode ser uma alegria, o indivíduo pode estar passando por sentimento de perda: das pessoas que conheceu, das aprendizagens intensas em um local diferente do seu e inclusive do acesso aos bens públicos, e a sensação, conforme relatada por alguns entrevistados, de segurança no país. Como vimos também nas experiências de transferência de conhecimentos, os participantes narram diversas situações em que se sentem frustrados, desanimados, rejeitados, excluídos, solitários, tristes e até mesmo adoecidos.

O choque cultural reverso é sentido de diferentes maneiras e varia de indivíduo para indivíduo. Notamos que além dos fatores mencionados por Cushner (2018), tais como faixa-etária adulta e a convivência com compatriotas – que tendem a minimizá-lo –, o fato de ser a primeira mobilidade

---

[48] Participante 05.

internacional para fins de formação continuada no exterior, já que essa se difere de uma mobilidade com um período curto, também pode ser um fator que contribui para uma crise mais intensa. Vale lembrar que, para Cushner (2018), o choque cultural reverso pode ocorrer independentemente da duração da mobilidade.

No caso do Participante 05, a reestruturação – ou, nas palavras de Cushner (2018), compreensão e "integração" das aprendizagens, nessa fase discernindo para si o que é para si e o que ele deve ou não tentar mudar nos outros/na instituição – ocorre após seis meses, período que leva para adequar-se e se reinserir.

> *Então assim, **o choque foi gigantesco**, eu entrei em crise, e demorou, acredito que começa a equilibrar em 2018, que eu voltei ao equilíbrio e tentando assim. "Eu não consigo mudar essa realidade, porém eu consigo mudar a minha realidade, aquilo que eu tenho alcance, e é esse o processo, que eu comecei a viver com maior tranquilidade* (Participante 05, grifo nosso).

Também encontramos na narrativa do Participante 05 a mistura de sentimentos elucidada por Cushner (2018), na qual pode haver conflitos inclusive com a própria família, devido aos novos valores introjetados a partir da experiência da imersão cultural.

> *[...] depois da imersão, isso me irrita de uma forma e que eu entro às vezes em embate com eles, porque são irmãos eu consigo, a gente consegue manter um diálogo, que é assim: a gente combina algo, combinou, por exemplo, domingo nós vamos todo almoçar na casa da minha mãe. E quando chega domingo na casa da minha mãe, não aparece ninguém [...].*
>
> *Então olhar para o outro. E a questão do chegar atrasado, porque para mim é falta de educação e a gente acha que é normal. Então isso foi algo que eu vi na Finlândia, que eles são muito rigorosos. Se é 7 horas, é 7 horas, não é 8, não é 7h30, se é para terminar às 10 h, é pra terminar às 10, não é para terminar 10h30* (Participante 05, grifos nossos).

Cushner (2018) também explica que antes do regresso, o viajante pode se sentir ansioso para a volta por idealizar muitas coisas sobre seu país. Nessa idealização, observamos que muitos retornam entusiasmados para operar mudanças, concebendo esse momento com altas expectativas, no entanto a experiência se passou com os indivíduos que participaram do programa e não com os outros.

> *E isso eu tenho falado tanto com os meus subordinados, com os estudantes, com os pais dos estudantes e com os meus superiores. Eu tive que falar isso com meu superior maior, falar assim "**Eu estou tendo uma conversa honesta contigo**. Não tem nada além disso aqui". **A crise de con fiança no Brasil**, de toda vez achar que alguém tem alguma coisa além do que ele está falando ou que ele está sempre tentando enganar você, contamina tudo* (Participante 06, grifos nossos).

No caso do Participante 06, notamos a integração de valores de confiança e honestidade em sua comunicação, bem como a expectativa frustrada em relação aos outros de conceberem tal comunicação da mesma forma.

O Participante 09 alinha-se ao Participante 05 ao abordar as diferenças dos países – entre o ideal e o real – concebendo como um paradoxo a ação do governo em fomentar a mobilidade internacional dos professores, mas não criar as condições para que possam efetivar mudanças no cenário em que atuam.

> *[...] para mim é um **paradoxo**. Você ter um governo, um país de uma cultura, que a escola é conservadora, o professor fala, o aluno escuta e aí ele manda você para um país que é **o oposto**. Para quê? **Se na hora que eu volto nada muda, parece que nada quer mudar.***
>
> *[...] a gente está sentindo que eles [SETEC/MEC] querem nos ouvir, por quê? Para mudar a educação? Não. Para atender um novo modelo de educação que esse governo quer implementar. E a gente pode ser uma saída barata, e isso deixa a gente triste. **Eu estou muito triste**. Essa é a minha visão* (Participante 09, grifos nossos).

Conforme apontado por Cushner (2018), o choque cultural reverso pode desencadear sentimentos de desânimo. Muda a pessoa, muda o cenário.

As expectativas levantadas em relação à aplicação das metodologias e seu resultado também podem gerar sentimento de frustração, conforme pudemos observar na narrativa do Participante 02.

> *E uma das coisas que eu fiz quando eu voltei, que se imagina que vai ser aqui um sucesso, eu levantei, eu peguei todos os meus planos de aula e mudei 100% deles. Em todas as minhas aulas eu tentei analisar qual seria uma metodologia priorizando as metodologias ativas, não em detrimento a metodologia de aulas expositivas, mas eu tentei priorizar as metodologias práticas. E foi muito interessante que após um semestre utilizando essas metodologias, **o meu resultado foi um desastre. Foi um caos.** Caos em que sentido? **Eu não sabia exatamente como lidar com as situações,** eu não*

> *sabia o que fazer, ou como conduzir isso, não manipular, mas como conduzir essas atividades, com os meus alunos. **[Eles] não estavam acostumados com isso, então eles se sentiram extremamente perdidos,** não sabiam exatamente o que estava acontecendo, **não conseguiram enxergar um progresso,** apesar de saber que ele desistiu, mas não conseguiram enxergar o progresso, eles também não sabiam para onde eles estavam indo. **Eu acho que ao final do semestre, isso foi refletido em um grande sentimento de frustração,** porque nós queríamos chegar em um ponto, que eu acho que ele foi superestimado e nós não conseguimos chegar* (Participante 02, grifos nossos).

Assim como o Participante 05, o Participante 02 reestruturou suas expectativas, adequando-as ao contexto local e nacional, ao público-alvo, a partir da compreensão da experiência e integração das aprendizagens às práticas de ensino após algum tempo.

> *Então a partir daí eu parei, fiz o downgrade, eu voltei o rollback, e eu mudei duas aulas. Três aulas. **E fomos em pequenas doses.** Então **depois de dois anos e meio, eu acho que nós conseguimos** voltar e ter aí acho que uns 85%, 90% das aulas usando essas metodologias ditas inovadoras, que não são novas, mas são inovadoras. E bastante com sucesso e com mais do que isso, com satisfação* (Participante 02, grifos nossos).

A experiência formativa no exterior é promotora do desenvolvimento intercultural, empreende esforços cognitivos e afetivos. O choque acontece duas vezes – a primeira na imersão cultural no outro país e a segunda no regresso ao país natal, momento da integração das aprendizagens e adequação do elementos. A integração e adequação, como vimos, não ocorre imediatamente. Leva tempo. E esse tempo varia de indivíduo a indivíduo, situação a situação. Além do indivíduo, a instituição desempenha um papel importante nas possibilidades de integração e adequação, conforme vimos na análise da transferência de conhecimentos.

A interculturalidade tem relação direta com **o viés culturalista** da mobilidade internacional, outra subcategoria que elencamos para análise. A interculturalidade preserva elementos de interação igualitária, possibilidades de gerar expressões culturais compartilhadas – interculturais, respeito mútuo e diálogo (ORGANISATION FOR ECONOMIC COOPERATION AND DEVELOPMENT, 2005). Como as narrativas são muito abertas, observamos que a maior parte dos entrevistados, diferentemente dos dados provenientes dos questionários, não abordara com frequência o viés culturalista propriamente, mas encontramos a relação dessa subcategoria com a subcategoria de identidade – a construção identitária na relação com o outro, uma vez que há possibilidades de trocas igualitárias.

Sob o viés culturalista, encontramos algumas percepções sobre a integração de ideias pedagógicas e sobre a formação intercultural do professor, com um olhar para a internacionalização, mais especificamente para a mobilidade internacional, sob a perspectiva integradora e inclusiva.

A proposta de integração de ideias pedagógicas é defendida pelo Participante 02 com respeito às questões culturais particulares do Brasil, com valorização das características locais e possibilidades de gerar expressões compartilhadas globalmente.

> [...] tenho a convicção que é viável aplicar essa pedagogia global, que também é aplicada na Finlândia com traços finlandeses, no Brasil, **com traços brasileiros**. Então nós vamos ter que criar no Brasil a pedagogia brasileira, a educação brasileira, que ela não é a educação finlandesa e que terá traços diferentes. **Talvez não tenhamos a educação da con fiança, mas talvez nós tenhamos a educação da criatividade**. E eles venham fazer o VET aqui no Brasil para aprender a ser criativos com a gente (Participante 02, grifos nossos).

O Participante 03 se mostra envolvido com as ações de mobilidade do tipo *in*, promovendo suporte e diálogo por meio de uma interação igualitária.

> E depois que eu vim da Finlândia, eu tive a oportunidade de receber já um estudante francês, o pessoal que veio da África fazer um curso na nossa instituição, um outro menino que também veio da França. O que a gente percebeu foi o seguinte, que quando a gente tenta, por exemplo, eu já fiz a experiência de **dar uma aula falando em inglês**, aí os meninos já começam a se acostumar e ficar à vontade. Aí vem **um estudante da França para cá, que se comunica em inglês, o estudante ficou lá em casa e eu levava ele para aula de agroecologia**, porque era o tema que o estudante francês queria se aprofundar. Então **ele também ia vencendo um pouco dessas barreiras da comunicação**. Aí vem as experiências de mobilidade acadêmica internacional, como na nossa instituição tem um edital anual, que manda gente para Portugal (Participante 03, grifos nossos).

Também apresenta um olhar importante quanto à promoção do desenvolvimento da língua inglesa por seus alunos, compreendendo este como um importante meio de inclusão global e acesso às oportunidades de ampliação de conhecimentos, buscando formar cidadãos globais. Vale lembrar que o Participante 03 teve sua segunda experiência de mobilidade na Finlândia e explicou que a primeira experiência não o colocou diante de tantas oportunidades de aprendizagem quanto a segunda, já que na primeira estava ligada à pesquisa e, dessa forma, ficou mais isolado com trabalhos em laboratórios.

> *Quando eu faço a minha aula, por exemplo, em inglês, o meu inglês não é bom, você conhece, mas a gente tenta pelo menos desafiar os meninos com relação a algumas pessoas. E aí eles, algumas questões de língua, começam a procurar mais, a entender mais, a pesquisar também. Quando você pesquisa no Google, "**Vamos pesquisar também coisas em inglês**", **não só no Brasil, que é uma pesquisa restrita**, mas uma pesquisa em nível de mundo, para vocês terem uma ideia do que que está acontecendo no mundo. Quando você pega os meninos da iniciação científica que eles têm que pesquisar sobre o desenvolvimento científico, eles já estão fazendo isso com muito mais facilidade. "Eu vi aqui, eu achei um artigo em inglês que fala sobre, aquela questão de solos que você tinha comentado com a gente". Então eu acho que isso tudo está vindo para dentro da região do Baixo Jequitinhonha, para dentro do Instituto Federal, coisas que não tinham há alguns anos atrás, e que hoje **os meninos estão tendo a oportunidade**, os professores também estão tendo oportunidades, de interagir mais com diferentes culturas, com diferentes países* (Participante 03, grifos nossos).

O **viés mercadológico** da mobilidade internacional pôde ser observado em algumas narrativas sob uma relação de desigualdade, em que a condição do Brasil é vista como inferior e passiva e a dos países estrangeiros como superior/ativa.

Na narrativa do Participante 01 há o reconhecimento da relação comercial entre os países e uma crítica na condição passiva e consumista do Brasil.

> *[...] esse nosso processo inteiro foi aberto na Finlândia por **questões econômicas**. Eu não sou muito de utopia. **Lá sempre foi um país muito fechado. Ele abriu quando começou a crise.***
>
> *[...] nós aqui **no Brasil compramos** e ainda continuamos comprando projetos americanos, projeto finlandês, projeto holandês, tudo o que é de fora, **como se fosse um salva pátria*** (Participante 01, grifos nossos).

O Participante 01 ainda narra algumas percepções sobre a experiência cultural como "preparada", o que o fez procurar programações de visitas técnicas em escolas além da programação da universidade formadora. Sua narrativa mostra certa frustração devido ao distanciamento das realidades de cada país e uma busca por semelhanças que possibilitem estabelecer um "diálogo". É possível observar em sua narrativa o descontentamento diante da supervalorização das ideias pedagógicas da Finlândia, o que ocorre, em sua percepção, a partir do deslumbramento do país estrangeiro, e da desvalorização das boas práticas pedagógicas presentes no cenário brasileiro. Esses sentimentos o levam a esboçar algumas críticas de maneira emotiva, com linguagem verbal e não verbal expressando indignação.

Já a narrativa do Participante 06 reforça o que Vieira, Finardi e Piccin (2018) afirmam sobre o papel passivo do Brasil, mais especificamente dos IFs, no cenário global. Assim, a visão intercultural de integração igualitária e capacidade de gerar expressões genuinamente compartilhadas não está evidenciada no momento em que o narrador produz as elaborações da experiência.

> *[...] eu acho que antes de fazer a expansão que foi feita na rede, eu* **acho que eles deviam ter pegado um grupo de pessoas, mandado para Finlândia, para Alemanha para aprender** *e falar "Agora volta e agora vocês vão repetir o que vocês viram lá".* **Aí a gente já ia criar a instituição com essas bases.** *Porque as bases estão nos documentos, só que as pessoas que criaram a expansão da rede não sabiam o que elas estavam fazendo. Talvez tinha 1 ou 2 com experiência, que tivesse vivido e visto essa forma de pensar a escola [...]*
>
> *Mas hoje o que eu vejo:* é possível repetir tudinho no Brasil. *É claro que* **não vai ser nos moldes finlandeses, porque nós não somos finlandeses, somos brasileiros.** *Mas é preciso capacitação de pessoas, e usar o dinheiro do jeito que tem que ser usado* (Participante 06, grifos nossos).

Observamos que ambas as narrativas apresentam o Brasil no cenário de internacionalização em uma posição de inferioridade, embora uma apresente críticas em relação ao fato de o Brasil "comprar" modelos estrangeiros.

Sobre os **desdobramentos** da experiência da mobilidade internacional dos professores entrevistados em outras ações de internacionalização, observamos que, de maneira geral, ocorrem, principalmente, por meio da ampliação da rede de relacionamentos e cooperação entre professores dos IFs e das Universidades Finlandesas para publicação de artigos científicos, especialmente envolvendo temas de pesquisas aplicadas ao ensino. Apesar de nem todos os entrevistados terem mencionado em suas narrativas, foi possível verificarmos as produções no currículo acadêmico hospedado na Plataforma Lattes[49].

---

[49] Disponível em: www.lattes.cnpq.br. Acesso em: 10 maio 2019.

EXPERIÊNCIA PEDAGÓGICA ALÉM DAS FRONTEIRAS

Em um dos casos narrados, a cooperação técnica se dá no âmbito da formação de professores da Rede Estadual de Ensino no exterior (Finlândia, Israel, Espanha e Reino Unido) coordenada por um dos participantes entrevistados.

> [...] eu pude ampliar essa **rede de relacionamentos** e houve uma **cooperação** mútua muito grande entre o Estado [nome do Estado] e as universidades da Finlândia. Nós ampliamos o programa para [nome da universidade finlandesa], passamos a mandar mais professores, de tal maneira que nós fechamos o ano passado **mandando 151 professores em três anos de programa pra Finlândia**, somente para Finlândia. O programa cresceu para Israel. [...] o [nome do programa] foi um dobramento muito interessante. Ele é um desafio porque eu tenho uma equipe que trabalha comigo, eu tenho gestão de pessoas na minha equipe, eu tenho que estabelecer metas, eu tenho que estabelecer prazos, eu sou o responsável por um programa que teve um impacto na educação do estado muito grande [...] (Participante 08, grifos nossos).

A formação do perfil de alunos e instituição internacionalizados, considerando o compartilhamento de experiências de mobilidade internacional, também foi abordada na narrativa do Participante 03.

> [...] depois que eu voltei da Finlândia, **um dos alunos meus da iniciação científica rompeu a barreira de ter sido o primeiro aluno do Instituto Federal [local] a ir para um programa de mobilidade acadêmica no exterior.** Então foram [resultados das] ações [sobre] as experiências, quando cada um vem narrando a sua experiência, quando se faz um encontro dessas pessoas que participaram da mobilidade acadêmica. A gente fez um colóquio durante o seminário de iniciação científica, você precisa ver o tanto de aluno que a gente escuta "Ah, eu quero ir no **colóquio de internacionalização**, porque eu quero participar mais e saber mais sobre as pessoas que nós vamos receber de fora e eu quero saber sobre as oportunidades que a gente vai ter de ir para fora". Então isso se fortaleceu sim (Participante 03, grifos nossos).

Em nossa observação, compreendemos que os desdobramentos da experiência da mobilidade internacional, mesmo concebida sob um viés mercadológico, podem desenvolver a interculturalidade da comunidade escolar e da instituição, por meio da ampliação dos relacionamentos e das potencialidades de cooperação mútua, possibilidades de criação de diálogo, respeito mútuo e expressões compartilhadas globalmente. Isso pôde ser evidenciado nos resultados publicados em artigos científicos[50].

6.7 ARTICULAÇÃO: "PRECISAMOS DE ALGUÉM QUE OLHE PARA NOSSAS AÇÕES DE FORMA SISTÊMICA"[51]

A categoria "articulação" trata da conexão entre as instituições para promover o suporte necessário na viabilização das ações de transferência de conhecimento e mudanças institucionais, ou seja, trata-se do apoio e suporte imediato para utilização dos conhecimentos dos professores obtidos na formação continuada no exterior, no regresso deles às instituições de origem. Como explicamos anteriormente, esta análise busca compreender como se deu a articulação entre a política da Setec/MEC e a instituição educacional ou, ainda, a articulação entre as ações dos professores participantes da mobilidade internacional e seu local de trabalho.

As narrativas dos participantes confirmam nossas hipóteses sobre a ausência de articulação entre as esferas institucionais para prestar o suporte ao professor na concretização imediata de suas ações enquanto "agentes de mudança" e "multiplicadores do conhecimento", deixando as iniciativas, na maioria dos casos, no âmbito do indivíduo.

De maneira geral, a ausência de articulação ficou evidenciada na análise das outras categorias e subcategorias, especialmente sobre a transferência de conhecimentos, momento em que os professores encontraram entraves de diversas naturezas que talvez pudessem ter sido minimizados se houvesse planejamento articulado entre as instâncias institucionais: Setec/MEC – Reitoria do IF de origem do/a professor/a – Campus ao qual o/a professor/a está vinculado/a.

> [...] O meu reitor, o meu diretor não perguntou "[...] o que nós vamos fazer com o seu conhecimento de cinco meses na Finlândia, o que que vamos fazer?" Os meus professores, os meus amigos, eles não perguntaram nem qual é a tecnologia que a Finlândia estava trabalhando! Eu passei cinco meses, o governo pagou 10.000 euros por cinco meses, o governo me deu uma bolsa de 1.300 euros e eu cheguei na escola não me deram "Bom dia". O reitor até hoje não perguntou "O que você fez na Finlândia? (Participante 01).

---

[50] Exemplo: *Dossiê Brasil-Finlândia*: tendências, perspectivas e desafios para a educação do Século XXI, publicado em 2018. Disponível em: https://periodicos.fclar.unesp.br/iberoamericana/article/download/11385/7317. Acesso em: 10 fev. 2020.

[51] Participante 13.

EXPERIÊNCIA PEDAGÓGICA ALÉM DAS FRONTEIRAS

Nessa narrativa o Participante 01 trata da questão do custo-benefício do investimento na formação continuada dos professores e da ausência de articulação das instâncias institucionais na recepção de um professor com novas aprendizagens e, obviamente, do aproveitamento sustentável dessas aprendizagens, ou seja, o regressante minimamente esperava que a instituição que investiu nele apresentasse condições de desenvolvimento e permanência das ações de transferência de conhecimentos.

A falta de articulação, somada ao choque cultural reverso, ao trabalho docente do professor da EBTT e às novas demandas de implementação de ações, com a transferência de conhecimentos, provocou sofrimento docente.

> [...] [precisamos de] alguém que olhe para as nossas ações de forma sistêmica e proponha alternativas. A gente no dia a dia acaba tentando fazer isso, mas nosso alcance é pequeno. [...] a gente sabe que a gente tem um limite, físico, energético, a gente também tem os fatores pessoais. Então que a gente possa ter mais delineado essas coisas, na vida do professor no nosso país (Participante 13, grifos nossos).

No entanto, a ausência de articulação imediata não se colocou como um impedimento para a implantação de ações. Embora isoladas, como notamos na análise da transferência de conhecimentos, houve tentativas de articulação pelo próprio professor, dentro e fora da instituição em que atua, configurando-se da seguinte forma:

- O próprio professor buscou apoio dos departamentos/setores – ensino, pesquisa e/ou extensão, Direção Geral ou Reitoria – e a articulação ocorreu entre o professor e a instituição por meio de projetos ou ações pontuais, sendo assim o professor:
- recebeu apoio para concretizar algumas ações isoladas e pontuais;
- recebeu apoio institucional, mas não teve tempo/condição hábil para promover ações permanentes.
- O próprio professor buscou apoio e a articulação não ocorreu, resultando em:
- um esforço individual: aplicação das ideias pedagógicas na própria sala de aula, com os alunos e sem outros colegas envolvidos;
- o professor se ofereceu para ministrar palestras e não obteve suporte para concretizar as ações propostas;

SHEYLLA CHEDIAK

○ o professor buscou parcerias fora dos IFs para concretizar suas ações – Rede Estadual e/ou Municipal de Educação – ou em outros IFs e conseguiu concretizá-las.

Com base em nossas análises, compreendemos que a articulação previamente estabelecida em programas de mobilidade internacional de professores para fins de formação continuada no exterior auxiliaria em diversos aspectos, tais como:

- otimização da transferência de conhecimentos nos IFs;
- permanência de ações de ensino, pesquisa e extensão a partir das aprendizagens da experiência internacional;
- redução do choque cultural reverso sentido pelos professores;
- possibilidades de desenvolvimento de programas contínuos de formação de professores no interior dos IFs;
- estabelecimento de parcerias e redes de relacionamento permanentes;
- estabelecimento de acordos de cooperação bilaterais etc.

A articulação previamente estabelecida firmaria um compromisso institucional no aproveitamento do investimento com a mobilidade internacional dos professores, garantindo continuidade de ações e promovendo meios para o estabelecimento de políticas de internacionalização dos IFs.

CAPÍTULO 7

TECENDO UM PANORAMA GERAL

Neste capítulo relaciono todos os dados – entrevistas, questionários e documentos – para uma discussão geral e retomo alguns pontos da análise, reforço outros e busco tecer um diálogo entre as categorias estabelecidas na tentativa de tecer algumas conclusões acerca da mobilidade internacional de professores para fins de formação continuada.

7.1 EXPERIÊNCIA

Em nossa pesquisa, utilizamos a concepção de experiência de Larrosa (1998; 2002) e Josso (2004). Dessa maneira, compreendemos a experiência como algo que acontece com o indivíduo e pelo qual ele é tocado (LARROSA, 2002). Como vimos, a experiência é um conjunto de vivências que podem se tornar experiência formadora (JOSSO, 2004). Nem toda vivência se transforma em experiência. Os participantes de nossa pesquisa, viajantes pedagógicos, passaram por muitas vivências. Essas vivências se tornaram experiência formativa ou formação experiencial quando assegurados alguns elementos, os quais foram revelados principalmente nas entrevistas narrativas.

Buscamos investigar a experiência a partir da perspectiva do professor e, por esse motivo, as chamadas públicas não se constituíram como fonte de dados para a análise dessa categoria.

A partir de nossa análise, podemos concluir que os principais elementos que transformam as vivências **durante** o período de mobilidade internacional, para fins de formação continuada, em experiência formativa são:

- surpresa e espanto – novos elementos se passam exteriormente/interiormente;
- suspensão dos automatismos (o que aumenta a atenção ao que se passa – interior/exterior);
- alteridade – olhar para o outro, viver o diferente, o outro/a outra sociedade/a outra cultura;

- autoconhecimento/autorreflexão – olhar para si – ser individual/sua sociedade/sua cultura;
- imersão cultural (observação e vivência do todo e das partes – a sociedade e todas as esferas que a compõem – para compreender a educação);
- observação atenta a detalhes, pessoas, comportamentos, situações, contextos, ambientes etc.;
- intensidade nas vivências – espírito explorador;
- profundidade nas vivências, aprendizagens e interações com pessoas e com o conhecimento e autoconhecimento, impulsionando a geração do sistema de expertise distribuída e agência relacional.

Figura 8 – Elementos da experiência formativa no exterior

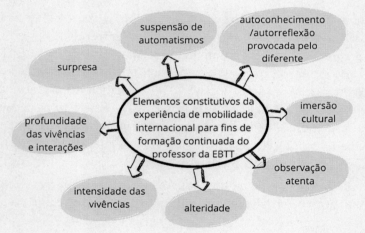

Fonte: elaborada pela autora Chediak (2020)

Não temos a pretensão de encerrar os elementos que tornam as vivências uma experiência formativa, tendo em vista que eles variam de acordo com o contexto, as implicações, as etapas e as modalidades da experiência, aspectos discutidos por Josso (2004) e trazidos para nossa pesquisa, com uma situação e público específico: professores da EBTT participantes do Programa Professores para o Futuro na Finlândia, um programa de formação continuada.

A partir da nossa análise dos dados, podemos afirmar que as modalidades, contexto, dimensões, características da experiência dos professores, podem ser condensadas conforme os parágrafos a seguir.

Por um lado, os professores da EBTT, que participaram da formação continuada na Finlândia por meio do Programa Professores para o Futuro, buscaram a experiência, criaram as condições para vivê-la, ou seja, **fizeram a experiência** – a partir do momento em que submeteram seus projetos de pesquisa aplicada para a seleção. No entanto, não controlaram e não procuraram todas as vivências que tiveram no país estrangeiro. Dessa maneira, eles **tiveram a experiência**, vivendo o elemento surpresa que a compõe. Essas modalidades do fazer e ter a experiências foram vividas em **contextos de interação** com os pares, com os formadores, com as coisas, com os lugares localizados e situações concretas, com intensidade, profundidade e observação atenta, o que propicia também a criação de sistemas de expertise distribuída.

O **pensar** a experiência ocorre continuamente e se caracteriza como um momento crítico ao retornar e tentar transferir os conhecimentos adquiridos na formação. Esse **contexto do "pensar"** a experiência ocorre em campos menos localizados, na interação entre as novas aprendizagens e outros conhecimentos e saberes adquiridos ao longo da vida e todos desempenham importante papel na interpretação da experiência.

Essas modalidades e contextos nos levam a considerar as **dimensões que caracterizam** a experiência. Enquanto indivíduos socioculturais e psicossomático, as vivências na interação com os outros nos auxiliam na cointerpretação, ao mesmo tempo que precisamos pensar no impacto da experiência em nós mesmos, enquanto indivíduo único, com vivências anteriores singulares e diferentes dos pares. Assim, a elaboração/interpretação da experiência é individual e é coletiva. Os esquemas relacionais são construídos nas vivências com os outros e podem ser modificados por meio do sistema de expertise distribuída.

Essas dimensões coletivo/individual, interioridade/exterioridade formam os **pares dialéticos** que constituem uma experiência da qual tratamos nesta pesquisa – formativa, com aprendizagem profunda e transformadora do indivíduo.

As **dimensões sensível, afetiva e consciencial** são reveladas nas respostas dos questionários e nas entrevistas narrativas, mais evidenciadas nessas últimas por sua natureza aberta e fluída. As percepções e os sentidos atribuídos à experiência mostram perspectivas que se assemelham, possibilitando-nos agrupá-las, embora compreendamos a heterogeneidade fenomenológica da experiência, da seguinte forma:

- experiência potencialmente transformadora, divisora de águas, mudança de rumo, *turning point* – em relação às concepções e às práticas pedagógicas do professor, bem como às práticas do professor-pesquisador, mais adepto da pesquisa aplicada, especialmente ao ensino;
- experiência com potencial de auxiliar o professor a se reconhecer como agente de transformação de si, do seu entorno, das pessoas e cenário – educação e sociedade e como multiplicador de conhecimentos. Embora nem todos atribuam esses termos a si, em suas narrativas aparecem elementos que conduzem suas práticas para a transformação/multiplicação;
- experiência com potencial de provocar novas perspectivas e consequente entusiasmo em relação à mudança no próprio cenário, contribuindo para provocar sentimentos e emoções diversos no regresso, com o choque cultural reverso, tais como frustração, tristeza e solidão. Para alguns, a experiência se mostrou com potencial de provocar desânimo devido ao distanciamento da realidade entre o cenário do país estrangeiro e o cenário nacional.

7.2 EFEITO

Como vimos na análise dos documentos, os efeitos esperados pela Setec/MEC com a mobilidade internacional compreenderam a formação de um professor com perfil inovador, multiplicador, solucionador de problemas em seu entorno, pesquisador e articulador com o setor produtivo.

Os efeitos esperados pelos professores alternaram entre o foco na formação pedagógica e o foco no desenvolvimento de pesquisa. A última expectativa foi lançada a partir das chamadas públicas. Enquanto os que lançaram expectativas quanto à formação pedagógica foram incentivados ou receberam informações sobre o programa por meio de outros participantes egressos.

Os efeitos provocados pela experiência relacionam-se com as categorias identidade, formação, transferência e internacionalização. Esses efeitos estão ligados ao potencial de mudanças internas do sujeito e à sua atuação para provocar transformações em seu entorno. De maneira geral, considerando dados na perspectiva do professor (questionário e entrevista), podemos resumir os efeitos em **a) ampliação da rede de relacionamentos (nacional e internacional) e b) efeito transformador nas concepções e práticas pedagógicas e de pesquisa.** Em relação ao "efeito transformador", podemos resumi-lo da seguinte forma:

- mudanças nas práticas pedagógicas, com o uso de Metodologia Ativa – ferramentas digitais, técnicas e estratégias colaborativas/em grupo, o que levou à reconfiguração do relacionamento com os estudantes e, consequentemente, à percepção de maior envolvimento deles no processo de aprendizagem;
- mudanças em práticas de pesquisa (com foco na pesquisa aplicada);
- o realização de pesquisa aplicada integrando ensino, pesquisa e extensão por meio de aplicação da Aprendizagem Baseada em Projetos ou Aprendizagem baseada em Problemas;
- o publicação de resultados de pesquisa – com outros egressos do curso, com os formadores finlandeses, com orientandos e graduação ou pós-graduação ou com outros colegas da rede;
- mudanças nas concepções sobre os documentos regulatórios (especialmente Proposta Pedagógica de Cursos):
- o propostas de inclusão de projetos integradores;
- o reformulação/atualização considerando o currículo baseado em competências e o protagonismo do estudante.

Tanto o efeito esperado pelo MEC/Setec quanto o efeito provocado, na perspectiva do professor, demonstram que prevalecem as demandas por esforços individuais do professor. De um lado é esperado do "professor global" que ele, enquanto indivíduo articulado com seus pares, inove, multiplique seus conhecimentos, proponha soluções para os problemas em seu entorno e, muitas vezes, solucione-os, e pesquise de maneira articulada com o setor produtivo – propondo também soluções para essa esfera. De outro, o próprio professor, transformado após uma experiência formativa intensa, sente-se determinado a realizar todas as tarefas para as quais foi preparado. Esse cenário gera novos efeitos na transferência de conhecimentos.

7.3 IDENTIDADE

Os efeitos da experiência na identidade do professor, como vimos, estão relacionados principalmente às mudanças percebidas por ele e ao modo como essas mudanças interagem com os elementos de sua subjetividade, provocando novas formas de conceber sua prática, a relação com os estudantes e outros professores, o ato de ensinar e aprender, o papel da educação formal, o papel do professor etc., bem como novas representações no âmbito pessoal e no âmbito profissional.

Em nossa pesquisa foram estabelecidas três subcategorias de análise dos questionários e entrevistas: a construção identitária do ser educador, a construção identitária na relação com o outro (outro país/povo/cultura) e as influências das novas representações nas concepções pedagógicas.

O processo de **construção identitária do ser educador**, assim como Nóvoa (2000) afirma, é um campo conflituoso e ocorre ao longo da vida, na formação, na carreira, nas práticas e nas relações. Nossa pesquisa revelou um fragmento desse processo, no âmbito da mobilidade internacional, e seus efeitos após a experiência no exterior. Dos 61 participantes, 39 professores são da área técnica, ou seja, têm bacharelado como formação inicial. Dois desses 39 buscaram formação em nível de pós-graduação na área de educação. Dessa forma, a maioria dos sujeitos de nossa pesquisa se tornaram professores no exercício da docência.

Observamos que as repercussões no processo identitário se mostraram mais intensas para aqueles professores que não tinham uma formação pedagógica anterior, mas se tornaram professores ao ingressarem por meio de concurso público na RFEPCT.

A formação continuada no exterior, para muitos, foi a primeira formação e, por esse motivo, ela foi um "divisor de águas", validando para si a identidade do ser educador. Na análise do questionário, vimos, por exemplo, termos como "solidificando em mim o espírito de professor", "minha identidade profissional foi estabelecida", "entender meu papel", "primeira formação... para exercer a docência". Isso também ficou evidente nas entrevistas narrativas, atestado pelo termo "divisor de águas" e o reconhecimento das expressões "mudança" e "transformação" nas concepções e práticas que constituem o ser e o estar na profissão docente.

No caso dos professores licenciados, para a maioria, também notamos essa autopercepção da "transformação", especialmente em expressões denotando um ponto de separação entre a autoimagem do ser educador antes e do ser educador após a formação continuada no exterior: "eu me considerava...", "existem dois professores... um antes... e após", "outra pessoa", "era" etc. Desse modo, os dados analisados à luz de nosso referencial teórico nos possibilitaram concluir que o conteúdo da formação promoveu condições para a tomada de consciência sobre essa transformação ou validação do ser professor.

A intensidade da imersão cultural associada ao curso de formação continuada no exterior também é um fator importante para que a experiência tenha o potencial de "tocar" o indivíduo e ser capaz de trazer transformações em sua identidade.

O processo de **construção identitária na relação com o outro** – outro povo, outra cultura, outra sociedade, o diferente, o estrangeiro – é a busca da alteridade (CHAMON; FARIA FILHO, 2007). A viagem proporciona o viver a alteridade e essa experiência também interage na subjetividade do professor em mobilidade, conforme vimos nos dados analisados do questionário e entrevista. Viver a alteridade permite ao professor compreender melhor a si mesmo, a sua cultura, seus sistemas simbólicos e, consequentemente, a educação, que é seu foco na formação. Novos padrões são delineados a partir da exposição a diferenças e elaboração da experiência, processos que viabilizam a integração do que é possível nas concepções e práticas pedagógicas, no "novo ser educador".

A exposição às diferenças levou os professores brasileiros a analisar os sistemas simbólicos construídos em seu país de origem e no país estrangeiro e se reconhecerem como educador global. Em alguns casos há demonstração de indignação ao perceber características que consideram negativas em sua própria cultura (corrupção, desconfiança) e, em outros casos, a valorizar as características que compõem a identidade nacional (criatividade, versatilidade). Também há nas narrativas indícios de integração de novas habilidades de comunicação, com características mais dialógicas de abertura, assertividade e clareza. Cushner (2018) aponta para esse traço que geralmente professores em mobilidade internacional desenvolvem e agregam em suas práticas profissionais.

Esses elementos interagem na subjetividade do professor e como consequência trazem transformações e **influências das novas representações em suas concepções pedagógicas**. De todos os 61 participantes, apenas um relatou no questionário que a experiência não trouxe transformações.

Nas narrativas, a maioria manifestou essas transformações, mais precisamente dez participantes, e embora não estivesse claro em três entrevistas tal questão ficou latente.

Os efeitos da experiência trouxeram **novas representações nas concepções pedagógicas dos professores**. De maneira geral, essas representações referem-se às mudanças nas concepções de educação, da prática pedagógica (uso de ferramentas digitais, técnicas e estratégias pautadas na Metodologia Ativa), relação professor e aluno, avaliação da aprendizagem, o papel do professor e o papel do aluno (protagonismo).

Nas entrevistas, essas novas representações não se mostram, na maioria das vezes, como algo "resolvido" e "consolidado", mas em um campo conflituoso, que ainda se encontra em processo de elaboração, adequação e integração.

Tais conflitos, contradições ou inquietações referem-se ao regresso, na integração de novas práticas pedagógicas, e foram narrados nas entrevistas pelos participantes enquanto algo que atribuem a si ou a outros. No entanto, entendemos que se há uma consideração das críticas/questionamentos para si, configura-se então um campo conflituoso. Nesse campo encontram-se questões relacionadas a: a) diferenças no projeto de nação, incluindo a Educação, entre Brasil e Finlândia; b) questões metodológicas; c) contradições sobre os impedimentos reais e os imaginados; e d) o limite da sobrecarga do trabalho docente.

O primeiro conflito está entre as condições ideais vividas no país estrangeiro, comparadas à realidade brasileira em que as condições são precárias, sem o suporte necessário para a aplicação de suas transferências. Tal conflito ficou mais evidente na fala de dois participantes da entrevista.

O segundo conflito refere-se às questões metodológicas. Esse campo ficou evidenciado tanto no questionário quanto na entrevista. Destacam-se questões como: o que é sucesso e o que é fracasso no alcance dos resultados de aplicação da metodologia de Aprendizagem Baseada em Projetos ou Aprendizagem Baseada em Problemas? O professor deve ser mais facilitador ou conteudista? Ser mais facilitador implica reduzir o conteúdo? Posso suprimir o conteúdo e trabalhar outros aspectos do currículo? A prática deve prevalecer sobre a teoria? Esses conflitos geram outros com os alunos, pois há, em algumas falas dos professores, indícios de que o aluno entende que o professor "não está dando aula", por considerar somente a aula expositiva como "aula".

O terceiro conflito refere-se a contradições sobre os impedimentos na concretização da transferência de conhecimentos. Nas narrativas dos professores que alegam que o impedimento está somente "na cabeça do professor", há também a enumeração de diversos outros impedimentos relacionados a restrição orçamentária, falta de investimento, falta de pessoal, infraestrutura da sala de aula etc.

O quarto conflito revelado nas entrevistas refere-se ao limite da sobrecarga de trabalho docente. Ao retornarem, sem condições viabiliza-das, a tendência do professor é permanecer "determinado" a compensar o investimento e, mesmo com carga horária excedida, busca "inovar", enga-jar-se em novos projetos e trabalhar além de seus limites, o que pode levar ao adoecimento – como é o caso de um professor entrevistado.

Todos esses conflitos são tratados de maneira diluída na análise das categorias de transferência de conhecimentos – na qual abordamos os impedimentos percebidos pelos professores – e na categoria de inter-nacionalização – na qual abordamos o choque cultural reverso. Nesse ponto, interessa-nos expor como ocorre o campo conflituoso na processo de construção identitária dos professores que participaram da formação continuada no exterior, considerando nesse contexto a sua percepção sobre o ser e estar na profissão, a partir da relação de alteridade, e as influências em suas concepções pedagógicas.

7.4 FORMAÇÃO

Observamos nas entrevistas narrativas que muitos professores, 12 de 13 entrevistados, fizeram uma retomada da **trajetória de formação antes da mobilidade internacional** para Finlândia para localizar essa última em seu *continuum* da formação docente. Também atribuímos essa narrativa para explicar as mudanças ocorridas em sua subjetividade e em suas práticas e como essas interagiram com as aprendizagens e conceitos anteriores. Essa ênfase no antes/depois se deu para explicar o momento da mudança, revelando as novas construções nas maneiras de ser e estar na profissão.

A **formação continuada** na Finlândia pautou-se no modelo cen-trado no professor, conforme Davis, Nunes e Almeida (2011), com foco no desenvolvimento de competências como meio de desenvolver características específicas para a prática profissional.

Embora a concepção de formação continuada apresentada nos documentos e em algumas falas dos questionários e entrevistas esteja ligada à "capacitação", denotando uma natureza puramente instrumental, em nosso ponto de vista, a experiência internacional dos professores foi formativa por abranger um conjunto de vivências além do especificado no currículo do curso de formação, devido ao sistema de expertise distribuído e por apresentar outros elementos que compõem uma experiência formativa (os quais elucidamos acima). O conceito de formação continuada aqui defendido é **de formação continuada de professores como um conjunto de ações educativas intencionais, planejadas e estruturadas para promover mudança nos indivíduos, no processo educativo, nas organizações educacionais e no sistema educacional**.

As orientações conceituais delimitaram o modelo de currículo. Os dados analisados nos documentos, questionário e entrevistas, convergiram para um modelo pautado na "Educação Global", conforme explicam Pike e Selby (2001). Esse modelo incorpora orientações com elementos do escolanovismo, construtivismo e humanismo, considerando elementos da Pedagogia das competências, Pedagogia de Projetos, Taxonomia de Bloom e Metodologia Ativa. Conforme os dados do questionário e entrevista, a ênfase do curso de formação continuada ocorreu principalmente no uso de ferramentas digitais, estratégias e técnicas pautadas nessas pedagogias. Dessa maneira, entende-se que careceu maior aprofundamento na fundamentação teórica que pudesse auxiliar o professor em suas elaborações da experiência e na superação do processo conflituoso em que ocorre sua construção do ser e estar na educação.

Tal afirmação pauta-se nos dados do questionário e entrevista, nos quais encontramos questionamentos sobre a fundamentação teórica da formação, fala sobre o sentimento de rejeição ao mencionar a palavra competência, inquietações no momento em que não conseguia responder aos questionamentos dos pares etc.

Em consonância com as orientações conceituais e modelo de currículo, de maneira geral, a **avaliação do processo de formação continuada** na Finlândia pelos participantes aponta para a melhoria no uso de ferramentas digitais na sala de aula, técnicas e estratégias de ensino. Também há no questionário menção sobre a aquisição de conhecimentos teóricos, embora, de maneira geral, a ênfase se coloque na prática de ensino e na compreensão do papel do aluno como protagonista e do professor como facilitador.

A **aprendizagem com os pares** no processo de formação do professor se mostrou como um elemento agregador essencial para a ampliação dos conhecimentos além da sala de aula e para a transformação das vivências em formação experiencial. Por sua diversidade, com formações em várias áreas do conhecimento e de diferentes regiões do Brasil, os grupos das diferentes edições possuíam expertise variada, com experiências e práticas diferentes. Nas palavras de Edwards (2011) um sistema de expertise distribuído foi construído entre os professores e, com isso, há um desenvolvimento da capacidade de trabalhar colaborativamente para encontrar respostas para problemas complexos, ou seja, a agência relacional. A convivência com os pares em diversos ambientes – formais e não formais – e a mediação dos formadores somada às demandas de trabalhos colaborativos levaram à construção da comunidade de aprendizagem. Na maior parte dos casos, essa comunidade foi formada por grupos menores que levaram para o Brasil o hábito do trabalho colaborativo após o curso de formação continuada na Finlândia, com realização de cursos de extensão e parcerias em pesquisas e publicações.

A interação com os pares é mencionada como um elemento importante em vários aspectos: no auxílio à adaptação cultural, compreensão de conceitos teóricos embutidos nas práticas pedagógicas, aprofundamento das aprendizagens abordadas no curso de formação, superação de desafios de aprendizagem da língua e de ferramentas digitais, distribuição da carga de tarefas, cointerpretação da experiência formativa no exterior, compreensão sobre os objetivos e papel da Educação Profissional e compreensão sobre o trabalho docente do professor da EBTT – envolvendo o ensino, a pesquisa e a extensão, consolidando, dessa maneira, a identidade do grupo profissional de professores da EBTT.

Nesse campo da aprendizagem com os pares está a relação sociocultural necessária para a elaboração da experiência, que além de individual é necessariamente coletiva (JOSSO, 2004). Outro aspecto levantado por nós que se alinha com a cointerpretação da experiência é o fato de os pares serem "testemunhas das memórias de viagem" – auxiliando na reconstituição dos acontecimentos e na elaboração desses. Nossos dados corroboram a pesquisa realizada por Ryymin *et al.* (2016), na qual afirmam o papel crucial do relacionamento entre os professores brasileiros durante o processo formativo na Finlândia como elemento fortalecedor da aprendizagem.

O perfil da **formação internacional do professor da EBTT**, ocorrida na Finlândia, mostrou-se alinhado às demandas dos organismos internacionais, preservando características apontadas por Pike e Selby (2001) do professor globalcêntrico, facilitador, interessado na cultura, aplicador de estratégias, métodos e ferramentas diversificados.

A experiência de aprendizagem fora do ambiente formal, envolta da aprendizagem com os pares e da imersão cultural, revelou-se extremamente importante para que as vivências se tornassem experiência formativa, cheia de contradições e contrapontos, compreendendo a experiência nos conceitos de Josso (2004) e Larrosa (1998, 2002), em nosso entendimento ilustrada conforme figura a seguir.

Figura 9 – Experiência formativa no exterior

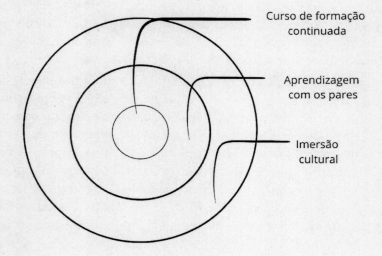

Fonte: elaborada pela autora Chediak (2020)

7.5 TRANSFERÊNCIA DE CONHECIMENTOS

A transferência de conhecimentos mostrou-se como o momento mais crítico do processo formativo da experiência de formação continuada no exterior. Embora ocorra no regresso, é o momento em que a terceira e a quarta etapas da elaboração da experiência ocorrem, nas quais o professor interpreta a experiência e transfere para outros contextos. Essas etapas são definidas por Josso (2004). Nas palavras de Cushner (2018) é a pós-

-experiência, momento da integração dos novos conhecimentos às novas concepções e às novas práticas. A transferência é o que se faz com a experiência, considerando os efeitos da mudança no sujeito e a sua capacidade de transpor seus conhecimentos para outros contextos, por esse motivo, é o momento mais relevante, em que a experiência é pensada, interpretada, integrada e transferida. É também o momento em que os conflitos ocorrem.

Observamos que a transferência de conhecimento de nossos sujeitos de pesquisa ocorreu como segunda etapa da formação continuada no Brasil, nos cinco meses subsequentes à imersão cultural na Finlândia, denominado projeto de desenvolvimento, e também continuou ocorrendo ao longo dos anos, de diferentes maneiras, voluntariamente, com muitos trabalhos em parceria entre os participantes, preservando, na maioria das vezes, a rede de relacionamento construída no decorrer da experiência imersiva no exterior.

Nosso levantamento dos tipos de transferência foi realizado por meio dos relatórios finais de duas edições do programa "Professores para o Futuro", do questionário e entrevistas. Além disso, nesses últimos instrumentos de coleta de dados, os participantes disponibilizaram *links* de trabalhos e publicações, os quais foram analisados para constatar as produções (tipo de pesquisa/trabalho, ano de publicação – tempo após a participação no programa, área do conhecimento etc.) e observar se algumas parcerias – nacionais ou internacionais – construídas durante o programa foram preservadas.

Considerando todos os dados, os principais tipos de transferência de conhecimentos realizada pelos participantes da pesquisa foram:

a. Ensino, pesquisa e extensão:

- desenvolvimento de projetos de ensino, pesquisa e extensão locais/intercampi ou multicampi (com foco na formação continuada de professores);
- coordenação de Projetos de Ensino e Extensão para Redes Públicas Municipais e Estaduais da Educação Básica, envolvendo em alguns casos pesquisa aplicada e, em um dos casos, mobilidade internacional de professores com recursos próprios desses.

b. Ensino

- reestruturação das aulas – aplicação de Metodologia Ativa, *Project-based learning ou Problem-based learning*, uso de ferramentas digitais.

c. Pesquisa

- publicações de artigos científicos em periódicos indexados ou não indexados, capítulos de livros, *e-books* ou organização de livros;
- orientação acadêmica de alunos (com foco em pesquisa aplicada).

d. Extensão

- curso de curta duração para professores sobre ferramentas digitais, metodologia ativa etc. – alguns presenciais, outros híbridos e/ou em rede;
- palestras, oficinas ou conferências sobre: Educação na Finlândia, sistema educacional finlandês, Metodologias Ativas, Aprendizagem Centrada no Estudante, Aprendizagem Baseada em Projetos/Problemas ou outros assuntos abordados no Programa Professores para o Futuro;
- participação em coordenações de outros programas de mobilidade internacional e professores para a Rede Estadual de Ensino;
- projeto em Empresa Júnior – Ciência e Tecnologia de Alimentos – em interação com arranjos produtivos locais e captação de recursos externos.

e. Apoio à Administração

- participação em comissões de reformulação/atualização de Projeto Pedagógico de Curso Técnico – propondo a inserção do componente curricular chamado Projeto Integrador ou outras ideias pedagógicas envolvendo Metodologia Ativa, currículo baseado em competências, aprendizagem baseada em projetos/problemas;
- implementação de processos ou projetos permanentes por meio da gestão escolar ou em laboratórios/grupos de pesquisa.

f. Produtos/Materiais

- criação de produtos como jogos (com alunos ou em parceria com outros professores), *podcast,* aplicativos, materiais didáticos, sites etc.

Sobre a viabilidade da transferência de conhecimentos analisamos nas falas dos professores as questões culturais, políticas e institucionais e, por outro lado, a atitude dos pares, buscando investigar as relações interpessoais no processo. Observamos que no decorrer da transferência, muitos entraves são percebidos pelos participantes. Outros, no entanto, encontraram apoio institucional de alguma maneira, seja na disponibilização de espaço ou recurso para realização das ações.

Sobre as questões culturais, políticas e institucionais, considerando todos os dados, podemos elencar:

Quadro 21 – Questões culturais, políticas e institucionais

Questões culturais	• A cultura da desconfiança no Brasil, em contraposição à cultura da confiança na Finlândia;
	• modelo de escola pública no Brasil (desigualdade, qualidade de ensino, formação precarizada dos professores, necessidade de políticas de superação de um sistema desigual), em contraposição ao modelo de escola pública na Finlândia (de alta qualidade para todos, independentemente da classe social);
	• a cultura dita as políticas educacionais que preservam um modelo de escola com infraestrutura que se coloca como uma dificuldade para implantar ações de transferência de conhecimentos;
	• não é possível importar a cultura finlandesa com todos os seus elementos e, por esse motivo, não é possível "importar" a educação.
Questões políticas	Disparidades nas políticas entre Brasil e Finlândia em relação à/ao:
	• educação na agenda nacional – como política de Estado – a educação como prioridade na agenda nacional na Finlândia, independentemente das trocas de governo, em contraposição ao Brasil em que as políticas e o orçamento dependem das políticas de governo – quebrando continuidade de ações e deixando a educação em estado incerto;
	• ensino público – igualitário de alta qualidade para todos na Finlândia, em contraposição ao Brasil em que as escolas públicas possuem menor recurso, menor investimento e menor qualidade devido às condições e às possibilidades;
	• revisão curricular com maior frequência na Finlândia, em contraposição ao Brasil com espaços temporais muito longos;
	• o modelo de gestão escolar no Brasil, embora gerencialista, preserva fortes traços do modelo burocrático, em contraposição ao modelo de gestão prevalente nas escolas finlandesas que é o gerencialista;

	• a divergência entre políticas mais igualitárias na Finlândia (políticas para o desenvolvimento da nação: políticas de assistência social, combate às desigualdades sociais, saúde, formação de professores), em contraposição às políticas mais frágeis no Brasil para combater às desigualdades; • o cenário político atual – governo atual – do Brasil contrário à pedagogia global.
Questões institucionais	• Infraestrutura inadequada; • a falta de apoio institucional para viabilização da transferência de conhecimentos; • quando o apoio institucional (dos gestores) é concedido, há dificuldades de ordem material/financeira ou indisponibilidade de tempo dos professores para dedicação em projetos a longo prazo; • o apoio institucional relatado refere-se à/ao: concessão de carga horária, disponibilização de veículos, apoio pedagógico, registro de projetos para concessão de fomento; • as questões políticas internas – greve, eleições, jogo de poder se apresentam como dificuldades na viabilização da transferência de conhecimentos; • falta de formação para os gestores acolherem as inovações e falta de programas de formação continuada nas instituições; • a demanda de inovação educacional – que ocorre na transferência – se apresenta como mais um elemento que aumenta a carga de trabalho do professor e pode afetar sua saúde.

Fonte: elaborado pela autora Chediak (2020)

Há uma retroalimentação entre as questões culturais, políticas e institucionais que leva a cristalização de comportamentos, atitudes e processos e dificulta a transferência de conhecimentos adquiridos em cenário internacional distinto, mas não impede que ocorram ações isoladas que, muitas vezes, recaem sobre um esforço individual – um trabalho solitário do professor.

As representações dos professores sobre a questão cultural da confiança na Finlândia apontam para um elemento essencial na autonomia dos alunos e dos professores, na valorização dos professores, nos relacionamentos interpessoais da comunidade escolar nas instituições. A confiança é uma marca das ideias reformistas na educação finlandesa, apontada por Sahlberg (2018). A falta de confiança impregnada na cultura brasileira – e consequentemente nas instituições de ensino – é percebida como uma grande dificuldade para construir redes de relacionamentos para o trabalho colaborativo entre os professores, construir relacionamentos de confiança entre professores e alunos, aplicar metodologias sem a desconfiança dos pais, alunos, dos gestores e dos pares, conferir autonomia aos professores e alunos.

A maior parte dos participantes de pesquisa apontou a infraestrutura da sala de aula em suas instituições de trabalho como uma dificuldade, não uma impossibilidade, para a transferência de conhecimentos, compreendendo o modelo em que há uma carteira atrás da outra mais como uma questão cultural do que de restrição orçamentária.

Em relação à viabilidade considerando a questão política, os dados apontam para a percepção das disparidades entre as políticas públicas para educação, bem como aquelas que garantem o êxito da educação, no entorno desta, como exemplo, as de combate às desigualdades sociais, percebidas pela maior parte dos respondentes do questionário e entrevistados. O ponto central levantado pela maioria está associado ao projeto de nação e ao lugar que a educação ocupa na agenda nacional de cada país. Em sua história, a Finlândia apostou na educação como um meio de superação econômica e a manutenção dessa prioridade na agenda nacional tem sido verificada de governo a governo, como um consenso nacional, preservando características de igualdade e qualidade. Dessa maneira, não há escolas privadas na Finlândia, pois a educação pública é de qualidade para todos, independentemente da classe social. Tais percepções são corroboradas por Sahlberg (2018).

Esse contexto de disparidade no tocante às políticas entre os países é colocado como desafio para a transferência de conhecimento, por motivos que compreendem a questão de investimento em equipamentos e infraestrutura de rede e orçamento, a aplicação de metodologias que exigem do estudante movimento ou mais tempo para dedicação, especialmente aqueles que são trabalhadores e estudam no período noturno, a colaboração entre professores que, muitas vezes, trabalham três turnos alternados e não se encontram, a sobrecarga de trabalho docente que, muitas vezes, não considera todo o trabalho que envolve inovar, colaborar, ampliar a rede de relacionamentos, dar o suporte aos estudantes, realizar projetos na comunidade, preparar material em plataformas, o número excessivo de alunos em sala de aula, a falta de pessoal para suporte e apoio ao ensino de modo que todos os alunos possam ser atendidos (orientação escolar, psicólogo, assistente social) etc.

Os dados mostram que, na percepção dos professores, o modelo de gestão descentralizada na Finlândia facilita a aproximação das instituições educacionais com o setor produtivo, combinado à autonomia dos professores que possuem mais abertura para explorar a rede de relacionamentos fora do setor público. Em contrapartida, o conhecimento adquirido na Finlândia sobre o perfil do professor – com autonomia e gestão descentralizada – não se alinha ao modelo predominantemente burocrático na gestão escolar das instituições de ensino do Brasil que, embora tenha forte influência do modelo gerencialista, preserva características do modelo burocrático, dado apresentado anteriormente por Araújo e Castro (2011). As questões burocráticas se colocam como um impedimento na transferência de conhecimentos. Os dados abordam principalmente a falta de autonomia do professor e os processos e procedimentos operacionais como impeditivos para a aproximação com o setor produtivo.

O cenário político atual foi abordado por dois entrevistados e por um respondente do questionário, o que atribuímos ao período de coleta de dados, entre outubro de 2018 a abril de 2019, ou seja, período em que um novo governo foi eleito e início de seu mandato. Dentre os dados estão: risco de descontinuidade das ações do programa de formação continuada no exterior, apontado no questionário e ataques ao construtivismo, ao humanismo e à Pedagogia global – aprendida na formação que receberam na Finlândia. Por entendermos que as narrativas pertencem a um contexto sócio-histórico (JOVCHELOVITCH; BAUER, 2007), achamos importante localizar o contexto histórico tanto da experiência vivida quanto do momento de sua elaboração, pois, dessa maneira, é possível compreender melhor a fenomenologia da experiência.

As questões institucionais percebidas pelos participantes da pesquisa referem-se à falta de apoio, às dificuldades de ordem financeira, à indisponibilidade de tempo para dedicação às atividades de transferência, demandas excessivas de trabalho além da carga horária – somadas à demanda de inovação, falta de formação para os gestores acolherem as inovações, indisponibilidade de espaço, greve, período anterior e pós eleições, jogo de poder (resultado de eleições presidenciais e nas instituições). Por outro lado, os participantes que declararam ter recebido apoio institucional explicam que foi por meio de concessão de carga horária para dedicação às atividades de transferência, apoio pedagógico, disponibilização de veículos e registro de projetos para captação de fomento.

EXPERIÊNCIA PEDAGÓGICA ALÉM DAS FRONTEIRAS

A falta de apoio mencionada pelos participantes refere-se principalmente à percepção acerca do desinteresse da instituição em fazer uso dos conhecimentos adquiridos por esses na formação internacional, conforme vimos nas narrativas apresentadas, o que, em nossa compreensão, é resultado da interação de diversos elementos envolvendo questões culturais, políticas e institucionais, bem como a ausência de articulação do próprio programa de formação continuada no exterior – entre Setec/MEC e as Reitorias/Campi.

No caso em que há apoio institucional, os participantes apontam algumas dificuldades de ordem financeira ou material ou, ainda, o tempo insuficiente para dedicação a projeto com maior duração. Observamos que há esforço do professor em atender às demandas de inovação, além das já previstas em seu trabalho, o que, em um dos casos (entrevista narrativa), gerou em adoecimento atribuído pelo próprio professor à sobrecarga de trabalho.

Greve, eleições de reitores e diretores gerais e o jogo de poder nas instituições, o que entendemos como resultado do clima de competição das eleições, são fatores apontados como dificuldades para a realização das transferências.

A **viabilidade da transferência: atitude dos pares** foi uma subcategoria analisada em nossa pesquisa, emergida dos dados em que os professores narram suas relações interpessoais e seus efeitos nas intuições. Compreendemos que os relacionamentos interpessoais no local de trabalho são resultado das questões institucionais, tendo em vista que nas instituições há uma cultura que produz suas características e é nelas que se refletem as questões culturais, políticas e sociais.

Os dados oriundos dos questionários e entrevistas mostram relatos em que predominam a produção de sentimentos adversos no regresso do professor ao realizarem a transferência de conhecimentos. Por um lado, há relatos da percepção de resistência às mudanças, considerando os pares e os estudantes, atitude de indiferença ou desconfiança dos pares e a produção de sentimentos a partir disso: frustração, desentendimentos, rejeição, limitação da confiança, solidão. Por outro lado, há aqueles que perceberam curiosidade dos pares em saber sobre as novidades que foram aprendidas no país estrangeiro, demonstrando abertura para ouvir e aprender novas metodologias.

Relatos sobre a percepção de "resistência a mudanças" referem-se à compreensão entre a transformação individual e coletiva e a capacidade de discernimento entre o que se deve aplicar para si e o que se deve tentar mudar no outro – outro esse que não viveu a mesma experiência. O regresso do professor em mobilidade internacional deve ser gerido para que a mudança coletiva possa ocorrer, ou seja, as ações de mudança precisam de suporte da gestão escolar. Isso minimizaria os impactos no docente e a ideia de "grupos opostos" entre os "agentes de mudança" e os ditos "resistentes a mudanças". Em nossa compreensão esse termo "resistentes à mudança" estaria mais ligado aos professores de diferentes perspectivas teóricas e práticas, com representações divergentes sobre o ato de ensinar e aprender. Considera-mos em nossa pesquisa o que Nóvoa (2000) afirma sobre a plasticidade ou rigidez do professor. A plasticidade refere-se à utilização dos modismos e a rigidez refere-se à dificuldade de adesão. Ambos são perigosos.

A riqueza das diferentes linhas teóricas possibilita debates constru-tivos e formulação de um política de formação própria para o professor da EBTT – para além das técnicas, estratégias e ferramentas digitais (que são extremamente importantes) e do globocentrismo, considerando tam-bém as particularidades nacionais. A compreensão de como as dimensões econômica e política interferem na educação nacional, a compreensão das políticas para a EPT, a compreensão das formas de controle e da lógica capitalista nacional e global, a superação da dicotomização histórica entre teoria e prática (trabalho manual e trabalho intelectual) etc. são elementos que enriqueceriam a formação do professor e possibilitariam o estabele-cimento de uma formação que atenderia ao mesmo tempo a busca pela superação da condição de província do globalismo e da inclusão excludente dos nossos estudantes.

A construção legítima e autêntica ocorreria se institucionalizada com a mediação da gestão no aproveitamento de novas aprendizagens para a elaboração de uma pedagogia nova que atendesse às necessidades do campus, a partir do desenvolvimento de uma comunidade de aprendizagem profis-sional com uma visão compartilhada de educação e minimamente coesa nas concepções de educar, ensinar, aprender, de sociedade, de ser humano, do papel do estudante, o papel do professor e o papel das instituições de ensino e da EPT. No entanto, sem o suporte da gestão, as tentativas de mudanças recaem sobre um esforço individual, produzindo o sentimento de solidão e isolamento nos professores que viveram a experiência internacional, tendendo, muitas vezes, a aumentar a distância entre grupos na instituição. Tal suporte se daria a partir de um planejamento sistemático para gerir a mudança, para formar os professores, para criar espaços de interação e compartilhamento de experiências e aprendizagens.

EXPERIÊNCIA PEDAGÓGICA ALÉM DAS FRONTEIRAS

Relatos concernentes à percepção de indiferença ou desconfiança dos pares da instituição de origem, consideramos, da mesma maneira, como a ausência de uma gestão dos processos de acolhimento de novas aprendizagens e possíveis mudanças. Além disso, associamos também com a dinâmica interna da instituição, em que há poder distribuído e concorrência política, grupo gestor eleito e interesses de futuros grupos pelo poder, gerando um clima de competição. Criar espaço para que um "multiplicador de conhecimentos" divulgue suas aprendizagens e percepções pode legitimar o "poder" deste e alterar a dinâmica estabelecida. Essa análise baseia-se em falas dos participantes que narram terem tido mais abertura em outros IFs, campi ou em outras instituições externas à RFEPCT do que em seu próprio campus ou, ainda, sobre o "jogo de poder" e a descontinuidade das ações com a mudança de gestão interna nas instituições da RFEPCT ou de governo.

Conforme vimos, a busca pelo trabalho colaborativo no regresso se coloca como um elemento importante nas narrativas dos professores, pois entendem que auxilia a manter o otimismo e foco no propósito e suaviza, com o tempo, a sobrecarga de trabalho do docente. Em nossa compreensão a colaboração é um elemento central de comunidades de aprendizagem profissional e tem potencial de fortalecer a comunidade e gerar novos conhecimentos, a partir de sua ampliação para além da prática, com a pesquisa.

As percepções de alguns participantes colocam a colaboração como algo que pode surgir com a disposição dos pares, enquanto um dos entrevistados apontou a questão da arquitetura das instituições como um impedimento. Entendemos que a dificuldade em implantar o trabalho colaborativo entre docentes – compreendendo este também como uma característica do modelo gerencial, considerado sua possibilidade de gerar mais sustentabilidade das aprendizagens e projetos nas instituições – é decorrente da formação inicial, da fragmentação das ações de formação continuada, da gestão escolar dos processos, relacionamentos, cultura e clima institucional influenciados pelo modelo econômico vigente, além de ser uma contradição do próprio modelo gerencial, no qual a competição é uma forte característica. Defendemos que além da formação, os espaços físicos – a arquitetura dos ambientes – e os espaços temporais – espaços para diálogo, aprendizagens e planejamento colaborativo – precisam ser criados e geridos.

Embora a maioria dos participantes de pesquisa relate alguns sentimentos contraproducentes em sua experiência de transferência de conhecimentos, há relatos daqueles que encontraram satisfação ao perceberem a curiosidade e abertura dos colegas de trabalho para ouvir, aprender novas metodologias e colaborar, bem como de gestores que abriram espaço para compartilhamento das aprendizagens adquiridas.

7.6 INTERNACIONALIZAÇÃO

A partir da categoria "internacionalização" buscamos analisar dados dos documentos, questionário e entrevistas que tratassem dos desdobramentos da internacionalização, da mobilidade internacional sob o viés culturalista, da mobilidade internacional sob o viés mercadológico e, nas entrevistas narrativas, o choque cultural reverso.

O elemento central do desdobramento da mobilidade internacional, enquanto ação da internacionalização, foi a ampliação da rede de relacionamentos nacional e internacional e cooperação entre professores da RFEPCT e professores das universidades finlandesas, envolvendo ações de ensino, extensão e pesquisa aplicada com publicações em periódicos.

Outro desdobramento encontrado foi a cooperação técnica para a formação de professores da Rede Estadual de Ensino em um estado do Brasil, que foi coordenado por professores egressos do curso de formação na Finlândia.

Os conceitos de internacionalização como união, viés culturalista, e internacionalização como intersecção, viés mercadológico, são apresentados por Azevedo (2015), nos quais inspiramos para estabelecer as subcategorias que nos auxiliassem a analisar os dados.

A mobilidade internacional dos brasileiros, compreendida como mobilidade do tipo *out*, é considerada como uma ação passiva de internacionalização, uma vez que a posição nesse caso é consumidora. No entanto, cumpre seu propósito de integrar culturas e países, o que possibilita o desenvolvimento do aspecto intercultural na formação dos professores, bem como dos formadores estrangeiros. Nos documentos notamos o foco no setor produtivo e nenhuma menção sobre a interculturalidade, prevalecendo a ideia da internacionalização como intersecção, ou seja, um viés mercadológico. Por outro lado, a formação de professores para solucionar problemas da comunidade local alinha-se mais com a ideia de internacionalização como união – com um viés culturalista.

Em nossa análise, observamos que apesar do foco no viés mercadológico, há predominantemente um viés culturalista como resultado nas respostas das narrativas dos professores devido à ênfase dada por eles no potencial de desenvolvimento da interculturalidade, por meio da cooperação e respeito mútuo, diálogo e relação igualitária e possibilidades de geração de experiências compartilhadas globalmente, o que contatamos nos artigos científicos publicados em parceria dos professores do Brasil e da Finlândia. Também atestam essa relação de cooperação e diálogo os projetos de visita técnica de alunos finlandeses em IF brasileiro. Ainda nesse viés culturalista estão as práticas pedagógicas relatadas, numa perspectiva integradora e inclusiva, por meio do uso de abordagens como *Content and Language Integrated Learning (CLIL)*, na qual esses professores ministram suas aulas de diversas áreas do conhecimento por meio da língua inglesa, incentivam pesquisas na língua global, bem como a interação com estudantes de outras nacionalidades no campus (mobilidade tipo *in*).

Notamos a relação da interculturalidade com outra subcategoria de análise relacionada à identidade, que trata do processo de construção identitária na relação com o outro – com a alteridade, visto que a imersão cultural proporciona ao professor viajante compreender melhor a sua própria cultura por meio da cultura do outro.

O viés mercadológico aparece nos documentos e em algumas respostas ao questionário e narrativas, compreendendo consensos e dissensos quanto à condição passiva do Brasil no processo de internacionalização. Por um lado, algumas falas afirmam a relação de inferioridade do Brasil x superioridade da Finlândia, considerando o resultado do *PISA* nas últimas avaliações como uma justificativa ou afirmando a necessidade do Brasil ampliar a todos os professores da RFEPCT o alcance da formação no exterior para melhorar a educação no Brasil, ou seja, ampliar o consumo. Os professores que apresentam perspectivas contrárias à condição de inferioridade do Brasil no âmbito da internacionalização da educação do cenário global, afirmam que há muitos casos exitosos no contexto brasileiro que precisam ser investigados e que se aproximam mais do que é possível fazer.

As respostas ao questionário e as entrevistas narrativas que apresentam certa conformação no que tange à condição de submissão do Brasil no cenário de internacionalização da Educação nos levam a pensar que a formação "nacional" do professor deve preceder à formação internacional, de maneira crítica e de combate ao imperialismo global, buscando compreender como essa condição do Brasil de "colônia do imperialismo global" é produzida, bem como de entendimento de legislação e de produções de pesquisas no contexto da educação e da EPT. Além das perspectivas apresentadas, também consideramos nesse entendimento o fato de dois professores, nas entrevistas, apontarem situações que demonstram desconhecimento sobre sua própria realidade no Brasil ou sobre produções de pesquisas nacionais no contexto brasileiro. Esse foi o caso do professor que conheceu Paulo Freire na Finlândia ou o caso do professor que se deu conta de que não conhecia o suficiente a legislação do sistema de educação ao fazer uma exposição sobre a legislação do sistema de educação da Finlândia em seu regresso, fato que associamos ao "colonialismo reverso" e ao que Moura (2008) defende sobre a compreensão de políticas públicas para a educação, no âmbito nacional, na formação do professor da EBT.

Essa proposta de formação pedagógica consistente deveria ocorrer no âmbito da formação continuada, a partir de programas sistematizados e coesos, buscando solucionar o problema atual existente em que profissionais de diversas áreas do conhecimento se tornam professores sumariamente, sem formação pedagógica.

Também foi possível notar que a experiência de mobilidade internacional pode produzir nas representações dos professores a legitimação de condição do Brasil de "província do globalismo", uma vez que o retrato do provinciano global é precedido pelo retrato do imperialista global.

Muitas vezes, a ausência de uma formação em combate ao imperialismo global ou a incompreensão de como os problemas no contexto da educação nacional são produzidos pode levar ao aprofundamento do **choque cultural reverso**, outra subcategoria emergida nas entrevistas, o que atribuímos à sua natureza aberta e fluida.

O choque cultural reverso, explica Cushner (2018), ocorre no regresso do indivíduo e mistura sentimento de perda, desânimo, solidão e ansiedade, o que vai ao encontro de nossos dados em que participantes narram situações de frustração, sentimento de rejeição, desânimo, solidão e tristeza. Em um dos casos, há uma professora que atribui seu adoecimento à sobrecarga e à autocobrança para transferir seus conhecimentos e inovar. Dessa maneira, os dados apresentam que quanto mais distante as realidades forem, maior é o choque cultural.

Cushner (2018) afirma que o choque cultural reverso pode ocorrer de diferentes maneiras, diferenciando-se de indivíduo para indivíduo, e pode acontecer independentemente da duração da imersão em um país estrangeiro. Alguns podem nem mesmo chegar a sentir, pois conseguem integrar suas aprendizagens no trabalho e traçar a linha entre o que vai incorporar em suas concepções e práticas e o que é possível transferir para os pares, administrando melhor as expectativas e emoções.

A interculturalidade é uma característica no perfil do professor egresso da mobilidade internacional. Esse desenvolvimento intercultural, como vimos, envolve esforços cognitivos e afetivos em dois momentos – no início da imersão cultural no país estrangeiro, em que pode ocorrer o choque cultural, e no regresso ao país, momento em que ocorre a integração das novas aprendizagens nas práticas e concepções pedagógicas, em que pode ocorrer o choque cultural reverso.

Em nossos achados, observamos narrativas em que o participante afirma ter levado seis meses vivenciando a crise com o choque cultural reverso, conseguindo integrar as novas aprendizagens adequando-as ao contexto e às expectativas após esse período. Outro caso citou dois anos e meio para integrar suas aprendizagens no modo de conduzir metodologias de forma mais segura. Também encontramos caso em que o professor participante reestruturou seu modo de comunicação, integrando novos elementos aprendidos no contexto estrangeiro, demonstrando frustração ao se comunicar com pessoas que não adotam esses elementos de confiança, honestidade, escuta participativa e perseverança na comunicação.

Observamos que as condições idealizadas para a transferência de conhecimento, semelhantes ao que se vivenciou na experiência internacional, tanto de infraestrutura do ambiente de aprendizagem e de carga horária quanto de relações interpessoais com os pares e com os estudantes, são geradoras do choque cultural reverso.

7.7 ARTICULAÇÃO

Articulação é uma categoria de análise definida neste trabalho como a coordenação conjunta das instituições que formulam os projetos e programas de mobilidade internacional de professores para fins de formação continuada para as ações de suporte, acolhimento, avaliação e aproveitamento das aprendizagens adquiridas pelos docentes no país estrangeiro.

Na análise documental constatamos que o único indício de articulação entre Setec/MEC, Reitoria e campus nas chamadas públicas se deu por meio da carta de anuência, um anexo dos editais. No entanto, nesse modelo de carta a única solicitação se deu com o pedido de liberação do professor para participar do curso de formação continuada no exterior, com o compromisso de conceder o afastamento remunerado de acordo com a duração do curso. Ou seja, não encontramos nos documentos nenhuma solicitação de firmar compromisso da instituição no acolhimento das propostas de transferência de conhecimento adquirido no país estrangeiro. Nos relatórios finais das edições de 2014 e 2015 do programa, elaborados pela Setec/MEC, observamos que há uma relação das ações de transferência de conhecimento do professor, porém não há verificação sobre o acolhimento das ações pela instituição. Dessa maneira, ficou evidente que a experiência de transferência ficaria sob a decisão e responsabilidade individuais do docente.

Da mesma forma, nas respostas dos questionários e nas entrevistas narrativas, nossos dados apontaram para a falta de articulação e sistematização das ações, embora fosse demandado do professor que aplicasse seu projeto de desenvolvimento por um período de cinco meses após a imersão cultural na Finlândia, no caso do primeiro e segundo grupo (2014 e 2015), ou pelo menos por um período de sete meses após o curso (2016), apesar de todos os professores estenderem suas ações até o período em que gravamos as entrevistas (2018-2019), ou seja, entre cinco a três anos após curso *VET Teachers for the Future.*

Na categoria de análise intitulada transferência de conhecimentos, analisamos as questões decorrentes da ausência de articulação e como ela é geradora de sentimentos adversos no professor que regressa e não se sente ou não é acolhido pela instituição.

A necessidade de gestão do regresso, apontada por Cushner (2018), bem como a necessidade de suporte para a mudança pedagógica sustentável apontada por Ryymin *et al.* (2016) não foram evidenciadas na pesquisa.

Conforme vimos em nossa análise das entrevistas, apesar da ausência de articulação, a transferência de conhecimentos ocorreu e se estendeu, na maioria das vezes, por uma decisão pessoal do professor egresso. No entanto, entendemos que ela não foi aproveitada em sua máxima potencialidade, principalmente em casos em que o professor não fazia parte do grupo gestor da instituição.

Com base nos dados analisados, podemos afirmar que a articulação auxiliaria na otimização das ações de transferência de conhecimento, na permanência de ações a partir das aprendizagens no exterior, na redução do choque cultural reverso, nas possibilidades de implantar programas mais sistematizados, sustentáveis e coordenados de ações de formação dos professores, possibilidades de construção de comunidades de aprendizagem, fortalecimento da rede de relacionamentos e colaboração entre os professores de diferentes IFs egressos do curso de formação, bem como estabelecimento de outras ações de internacionalização.

CONSIDERAÇÕES FINAIS

> *[...] a tese pode ser vivida como um jogo, como uma aposta, como uma caça*
> *ao tesouro [...]. Viva a tese como um desafio. O desafiante é você: foi-lhe*
> *feita no início uma pergunta a que você ainda não sabia responder. Trata-*
> *se de encontrar a solução em um número finito de lances.*
> *(ECO, 2006, p. 206)*

E assim a pesquisa, que resultou nesta obra, foi vivida como um jogo desafiante, como uma caça ao tesouro, em busca de resposta. Enquanto professora viajante, sujeita da experiência – derrubada por ela –, precisei ir muito além do cotidiano e de pesquisas corriqueiras, para investigar o que se passou e o que se passa, aprofundando-me nos conhecimentos de múltiplas áreas para compreender o ser humano, o ser professor, o ser vulnerável ao projeto transnacional da educação e da formação do professor. Tomada pela experiência, assim como explica Larrosa (2002), perdi, sofri, padeci, recebi, aceitei, interpelei, submeti-me, integrei, critiquei e encontrei uma parte que compõe o ser professor nesse cenário, por meio do exercício interpretativo e cointerpretativo – na interação com textos, livros, autores e pessoas que foram também tomadas pela experiência.

O desafio central foi lançado: investigar os efeitos nas concepções pedagógicas de professores da Educação Básica, Técnica e Tecnológica (EBTT) dos Institutos Federais de Educação, Ciência e Tecnologia do Brasil, que participaram de curso de formação continuada por meio da mobilidade internacional na Finlândia. Enquanto desafios periféricos buscamos investigar como se deu a aplicação desse curso de curta duração junto aos professores participantes desse programa; verificar suas percepções no que tange aos efeitos do curso em suas práticas pedagógicas; analisar a maneira como o professor concebe sua experiência pedagógica intercultural e a relaciona com sua formação. Assumimos o risco de conduzir nossos olhares para os efeitos da formação internacional na subjetividade do professor, a partir do ponto de vista do sujeito, de suas representações, e o lugar que a experiência internacional ocupa, sua dialética, contexto e implicações, pois ela é formadora e transformadora da subjetividade do professor.

O jogo iniciado, com derrubadas e erguidas, chegamos aos resultados. Representações contextualizadas historicamente, documentos, respostas e narrativas de experiência formativa dizem respeito, portanto, ao modo como os elementos – o programa de formação, o contexto histórico, os acontecimentos sociais – interagiram na subjetividade do professor para produzir tais representações que, embora se difiram em alguns aspectos se assemelham em outros.

Nossas "apostas" produziram as hipóteses. A primeira e a segunda hipóteses, a de que a formação continuada no exterior não considera a questão cultural, econômica e estrutural na transferência de conhecimentos e a de que não há articulação entre os formuladores da formação (Setec/MEC) e local onde as transferências ocorrem (Reitoria/Campus), foram confirmadas, resultando na seguinte afirmação: a formação continuada no exterior, por meio da mobilidade internacional enquanto uma ação da internacionalização da educação, ocorre de maneira desarticulada, sem considerar as condições de transferência de conhecimentos – momento em que, de fato, efetiva-se o resultado da ação, na integração das aprendizagens e mudanças pedagógicas.

O modelo de formação segue recomendações de organismos internacionais como o Banco Mundial e OECD (2016), em busca de soluções mais sustentáveis para a educação, a partir da intenção em fomentar ambientes colaborativos de aprendizagem e mentoria. No entanto, não se sustentou pela desarticulação com a gestão das instituições.

A quarta e a quinta hipóteses, a de que a experiência de formação internacional é fragmentadora da identidade do professor e geradora de conflitos e a de que a experiência é potencialmente transformadora da concepção de ensinar e relacionar-se com o estudante, foram parcialmente confirmadas, pois a formação internacional em nosso estudo mostrou que não se refere somente ao curso de formação, mas abrange outras "camadas" que auxiliam o professor no processo de construção identitária – sendo elas a de aprendizagem com os pares e a imersão cultural. A experiência em si não se apresenta como fragmentadora, mas o momento crítico de fragmentação ocorre no regresso, na transferência de conhecimentos, geradora de conflitos internos e externos. Considerando o conjunto da experiência formativa: curso de formação continuada, aprendizagem com os pares e imersão cultural – a experiência se apresenta como potencialmente transformadora das concepções pedagógicas.

Nossa sexta hipótese, a de que o processo de internacionalização dos Institutos Federais ocorre predominantemente sob a ótica mercadológica, também foi parcialmente confirmada, pois apesar de a mobilidade ocorrer inicialmente sob o viés mercadológico ela produz a interculturalidade e resulta em um viés predominantemente culturalista, por parte do professor.

Dentre as problematizações iniciais da pesquisa, abordamos questões sobre a internacionalização da formação continuada dos professores no tocante ao estabelecimento de critérios pelos países parceiros face às diferenças culturais, políticas e econômicas; a relação econômica entre os países; as políticas públicas educacionais brasileiras para o desenvolvimento de novas estratégias educacionais globais; os critérios para o estabelecimento da agenda de internacionalização da educação nos IFs; os interesses e objetivos envolvidos na transferência de conhecimentos; o modo como essa transferência é realizada e os impasses percebidos pelos participantes.

Essas problematizações foram parcialmente respondidas nos capítulos teóricos. Os dados também apontaram respostas relativas à agenda da internacionalização nos IFs e sobre os critérios para a mobilidade internacional para fins de formação dos professores da EBTT.

Sobre a agenda da internacionalização nos IFs, constatamos que ela ocorre especialmente por meio da mobilidade internacional, tanto do tipo *in* quanto do tipo *out*, sendo a última mais frequente, denotando a relação passiva de consumo da Educação brasileira. Nossos estudos teóricos explicam que essa condição se dá devido à posição do Brasil no cenário mundial, que se resume à colônia do imperialismo global (IANNI, 2000). Isso está presente em alguns discursos dos participantes da pesquisa, que aceitam a condição subalterna dos professores brasileiros de aprender com os estrangeiros, consumir a formação e a reproduzir no cenário brasileiro. Tal situação nos leva a afirmar a importância de sistematizar a formação continuada dos professores da EPT, pois muitos não possuem formação pedagógica e mesmo os que possuem, muitas vezes, ficam à mercê do que prega a indústria cultural, legitimando a condição da internacionalização da educação de permanente consumo.

Assim como Pacheco (2010) acreditamos que os Institutos Federais possam abrir caminhos para que o Brasil passe de consumidor a produtor da tecnologia e seja capaz de inovar e criar seus próprios modelos, superando a sua condição passiva e estabelecendo relações mais igualitárias no cenário de internacionalização. No entanto, entendemos que determinadas situações podem levar a perpetuação do Brasil a essa condição, caso não seja estabelecido um programa de formação continuada para os docentes da EBTT, de maneira sistemática, abordando os problemas da educação nacional e articulado com o programa de internacionalização da formação do professor. Com um repertório consciente e consistente, é possível olhar o outro, além do que está aparente, em busca de soluções para si.

Sobre os critérios levados em consideração para a internacionalização da EPT, por meio da mobilidade internacional para fins de formação dos professores da EBTT, observamos em nossa investigação que eles se apresentam em consonância com as políticas dos organismos internacionais, especialmente em se tratando da construção do perfil do educador global e da pedagogia global, uma vez que o objetivo central foi "capacitar" professores para desenvolver projetos de pesquisa aplicada que visasse a integração com o setor produtivo. Além disso, o efeito esperado era de formar um professor com perfil inovador, multiplicador e solucionador de problemas, características gerais que atendem ao perfil do professor global. Contraditoriamente, esse perfil choca com o modelo de gestão escolar que, embora gerencialista, preserva fortes características do modelo burocrático, limitando a autonomia do professor para inovar, multiplicar, resolver problemas ou aproximar-se do setor produtivo.

Nosso percurso metodológico mostrou que era necessário "jogar o jogo", deixando a pesquisa tomar seu próprio movimento – dos dados para as categorias – das categorias para os dados – finalmente cada fonte de dados revela o modo como opera. No movimento em que as categorias foram pré-estabelecidas para analisar os dados, consideramos nossos objetivos, problemas, hipóteses e levantamento teórico. No movimento em que os dados revelaram as categorias/subcategorias, nosso referencial teórico conduziu o olhar interpretativo.

No decorrer do desenvolvimento desta pesquisa, atravessamos diversas questões políticas e sociais no cenário nacional e internacional. Tais questões influenciaram a maneira como buscamos interpretar a realidade, que se colocou também de maneira volátil, tal qual a perspectiva que se coloca no contexto da pesquisa e da pesquisadora. No Brasil de 2016 a 2020, um cenário político instável, permeado pelo golpe parlamentar de 2016, mudanças de governo, eleição presidencial com período pré e pós-eleitoral atravessado por forte polarização. Da mesma maneira, o cenário global se colocou instável e obscuro. E em março de 2020, fomos surpreendidos com a pandemia da Covid-19, que nos levou a ponderar os antagonismos e contradições presentes na complexificação dos modos produtivos no cenário global e internacionalizado e os impactos na vida e particularidade dos indivíduos.

Enquanto indivíduos genéricos e singulares reproduzimos indiretamente a sociedade e somos reproduzidos por ela de maneira direta (HELLER, 2004). A produção do efeito polarizador do globalismo é gestada na coletividade, a partir de seus modos produtivos, e coloca a individualidade em tensão com suas próprias possibilidades humanas. O sonho, a esperança de mudar a educação e de construir uma sociedade melhor, mais justa, mais equitativa, levam muitos professores a percorrerem caminhos espinhosos para além de suas próprias possibilidades.

Os efeitos da experiência de mobilidade internacional para fins de formação continuada dos professores são atravessados por esse cenário e, por esse motivo, produzem tensões, muitas das quais foram reveladas na interface com as categorias de análise desta pesquisa, sendo elas: **experiência, efeitos, identidade, formação, transferência de conhecimentos, internacionalização e articulação**.

A tese que foi se desvelando ao longo do processo de desenvolvimento da pesquisa que originou este livro é a de que **a experiência de formação continuada no exterior tem um forte poder formativo nos sujeitos enquanto indivíduos, no entanto** não é capaz de inserir mudanças **que tenham impacto perene nas instituições da rede, de forma coletiva,** devido a vários fatores culturais, políticos e institucionais, os quais podem ser delineados em um projeto educacional nacional amplo que assegure a perenidade de novas ideias pedagógicas.

Inspiramo-nos principalmente nos conceitos de Larrosa (1998, 2002) e Josso (2004) para analisar as representações dos professores sobre a **experiência**. Nossos dados revelaram os elementos presentes nesse tipo de experiência internacional, a partir da investigação das percepções e sentidos atribuídos pelos participantes da pesquisa, os quais são: suspensão de automatismos, surpresa, autoconhecimento, imersão cultural, observação atenta, intensidade e profundidade das vivências e interações. Esses elementos tornam o conjunto de vivências uma experiência formativa. Considerando a dialética da experiência – interioridade/exterioridade, saberes/conhecimento, individual/coletivo – acrescentamos os pares dialéticos materialismo/humanismo e nacionalismo/globalismo. Ao mesmo tempo que o professor é reproduzido por essa experiência, ele produz a experiência e seus sentidos pessoais. Como a experiência é individual e coletiva, psicossomática e social, o papel dos pares torna-se importante na cointerpretação da experiência.

Dentre os principais **efeitos** da formação continuada no exterior, percebidos pelos professores, estão o efeito transformador – mudanças nas concepções e práticas pedagógicas – e o efeito de ampliação da rede de relacionamentos nacionais e internacionais. As mudanças nas práticas pedagógicas estão voltadas para o uso da pedagogia global, desenvolvimento de pesquisas aplicadas e visão reformista dos documentos regulamentadores das instituições, especialmente os Projetos Pedagógicos de Curso.

Em relação à **identidade** notamos que a formação continuada na Finlândia foi percebida como "um divisor de águas" majoritariamente para os professores bacharéis que receberam sua primeira formação pedagógica. Também observamos nas narrativas de alguns professores licenciados a ideia da formação no exterior como uma epifania, que marcou o ser professor antes e o ser professor após a experiência formativa no país estrangeiro, levando-o a compreender mais a essência da educação. A exposição à alteridade – viver outra cultura, outro sistema simbólico, um contexto diferente – mostrou-se como um elemento importante no processo de construção identitária do professor na relação com o outro. As comparações e novas elaborações a partir da exposição à diferença auxiliam os professores a reconfigurarem suas concepções e práticas. No caso da relação Brasil e Finlândia, as reflexões voltaram-se especialmente para o projeto de nação, as políticas de combate às desigualdades, bem como para as políticas de bem-estar social, a valorização do professor e a cultura da confiança. Essa integração das novas aprendizagens e a reconfiguração da nova forma de comunicação ocorrem no regresso do professor quando há a transferência de conhecimentos.

Identificamos diversos conflitos que permeiam o processo de construção identitária do professor, todos eles atravessados pelas contradições da internacionalização e por "falsas dicotomias". Dentre eles: 1) condições ideal/real – viver condições ideais no país estrangeiro e regressar para viver a realidade do trabalho em que as condições não são ideais; 2) inquietações metodológicas: ser conteudista ou facilitador; o que é sucesso ou fracasso na aplicação da Aprendizagem baseada em projetos/problemas; prevalência de teoria ou prática; 3) contradições sobre o que é possível ser realizado pelo professor na transferência de conhecimentos – restringindo as possibilidades de mudanças na educação à reconfiguração do pensamento para uma perspectiva mais otimista, embora aponte entraves de ordem pessoal/material/política etc.; e 4) entre o limite da carga de trabalho docente e as demandas de transferência e inovação. Esses conflitos muitas vezes geram a reestruturação do ser e estar na educação, como vimos em algumas narrativas, e também podem ocasionar uma experiência fragmentadora da identidade do ser professor em seu regresso ao país de origem.

Conforme mostramos, nossa compreensão de formação continuada de professores é a de **um conjunto de ações educativas intencionais, planejadas e estruturadas para promover mudança nos indivíduos e no processo educativo.** Apesar de muitas formações almejarem mudanças nas organizações educacionais e no sistema educacional, elas ocorrem unicamente no indivíduo e no processo educativo com menor alcance e dependem de políticas públicas e condições estruturais para serem desenvolvidas processualmente no coletivo. Entendemos que a mudança ocorreu nos indivíduos e, majoritariamente, em suas concepções e práticas, na perspectiva desses. A mudança individual pode não ter grandes alcances devido à ausência de políticas públicas que permitam a implantação de novas ideias, a ausência de planos de gestão da mudança, de acolhimento das mudanças e da articulação entre aqueles que planejaram o programa de formação e os gestores/instituições que receberam os professores. Para que os efeitos de mudanças nos indivíduos tivessem um impacto nas instituições seria necessário que a formação internacional estivesse articulada com um projeto nacional da Rede Federal de Educação Profissional, Técnica e Tecnológica, o que, por sua vez, deveria estar articulado com políticas públicas e com o projeto educacional para o país.

Observamos que as orientações conceituais da **formação** internacional do professor foram inspiradas especialmente no escolanovismo, no humanismo e no construtivismo. O modelo do currículo foi orientado por elementos presentes na Pedagogia das Competências, Metodologia Ativa, Pedagogia de Projetos e Taxonomia de Bloom. O programa de formação continuada na Finlândia, em suas três edições, manteve foco no ensino de ferramentas digitais, técnicas, estratégias e metodologias, ou seja, voltado para a prática, embora haja menção de conhecimento teórico de diversas fontes, a ênfase se coloca na prática e na compreensão do papel do professor como facilitador e do aluno como protagonista da sua aprendizagem.

A formação produziu conflitos entre teoria e prática, o que leva à perpetuação da dicotomização histórica que existe entre trabalho manual e intelectual e colabora para o posicionamento da educação profissional entre a racionalidade técnica e as demandas de mercado.

O modelo de currículo combinou elementos de orientações prática, pessoal e tecnológica (GARCIA, 1999), ou seja, combinaram-se elementos das abordagens comportamentalista, humanista e cognitivista, com foco na experiência e observação, com influências da psicologia humanista, baseado em conhecimentos ligados à prática do professor e no domínio de competências.

Compreendemos que o modelo de formação ofertado na Finlândia atende à EPT e se mostra eficaz no que tange à instrumentalização do uso de estratégias e ferramentas digitais. Por outro lado, distancia-se da questão política no ato de ensinar e das políticas no entorno da educação nacional. Apesar de esse modelo de formação internacional não atender plenamente a uma formação do professor da EBTT no Brasil, ele pode ser associado a uma formação que busque superar a dicotomização entre teoria e prática, e combater a inclusão excludente, predominante na educação escolar.

As orientações conceituais vão ao encontro da pedagogia global e do perfil demandado do educador global, o que também se alinha às políticas de organismos internacionais para a educação. No entanto, na experiência formativa reside a contradição, uma vez que o curso em si é o núcleo, que além de ser revestido primeiramente das experiências e conhecimentos anteriores, tem em seu entorno a imersão cultural e aprendizagem com os pares.

A aprendizagem com os pares mostrou-se um elemento essencial na ampliação dos conhecimentos além dos espaços formais de aprendizagem. A interação com os colegas de rede em diversos locais no processo imersivo – morar junto, viajar juntos, visitar lugares, conviver diariamente, realizar projetos e trabalhos – impulsionou a criação de um sistema de expertise distribuído, por serem de diversas regiões, diversas áreas do conhecimento, com especialidades e experiências distintas, o que possibilitou a construção de uma comunidade de aprendizagem no contexto internacional, em que uma rede de relacionamentos foi estabelecida, perdurando anos após o curso e gerando diversas parcerias em ensino, pesquisa e extensão, muitas com publicações em periódicos.

A interação com os pares também promoveu o fortalecimento da identidade do professor da EBTT, devido à convivência com professores da rede, levando muitos a compreender melhor os objetivos e papel da

EPT, o trabalho docente e suas dimensões no ensino, pesquisa e extensão. Além disso, promoveu também auxílio à adaptação cultural, superação de desafios, tais como a língua e o uso de ferramentas digitais, compreensão de conceitos teóricos das práticas pedagógicas e aprofundamento de algumas aprendizagens abordadas no curso, o que reafirma os estudos realizados por Ryymin *et al.* (2016), nos quais destacam o relacionamento como elemento fortalecedor da aprendizagem.

A **transferência de conhecimentos** é a pós-experiência, o momento em que ocorre a integração das aprendizagens e a antiexperiência, o momento de retorno à rotina de trabalho e inserção nos automatismos. Essa integração das aprendizagens ocorre em um campo conflituoso, muitas vezes com choque cultural reverso, o segundo momento mais crítico, sendo o primeiro o choque cultural, no qual o professor, ao regressar, experimenta desânimo, solidão e tristeza, devido ao sentimento de perda – ter dado adeus às aprendizagens intensas, ao ambiente ideal, às novidades, às pessoas que conheceu – e retorno à realidade com suas diferenças e desafios. Enquanto antiexperiência, a transferência de conhecimentos é um momento permeado pela competição, solidão e frustração, enquanto a experiência formativa no exterior (suspensão dos automatismos) é permeada pela colaboração, coletividade e entusiasmo.

Em nossa análise, encontramos ações de diferentes tipos, no ensino, pesquisa, extensão e gestão. As transferências ocorreram, mesmo com as dificuldades encontradas pelos professores. Nossos dados mostraram que no período de coleta de dados (outubro de 2018 a abril de 2019), entre três e cinco anos após a formação continuada na Finlândia, a maior parte dos participantes continua realizando ações de transferência de conhecimentos.

Sobre a viabilidade da transferência de conhecimento nossos dados apontaram para questões culturais, políticas, institucionais e de atitude dos pares. Compreendemos que as questões culturais regulam as demais que, por sua vez, conservam a cultura e levam a rigidez de comportamentos, atitudes e processos, dificultando a transferência de conhecimento adquirido em contexto distinto. Dessa maneira, tanto a rigidez cultural quanto a falta de articulação entre os que elaboram o programa de formação e os que recebem os professores que intencionam implementar mudanças acarretam um esforço individual e solitário do professor.

O principal elemento apontado pelos professores é a cultura da confiança, pois a falta dela gera perda de autonomia, falta de segurança, desconfiança nos processos e aplicações de metodologias, desvalorização dos saberes dos professores e relacionamentos frágeis entre os profissionais. A desconfiança no cenário escolar brasileiro foi associada a um processo histórico do Brasil, de corrupção, desvalorização da profissão docente e precarização da formação inicial do professor.

O modelo de gestão escolar dos IFs, embora seja gerencialista, está fortemente atravessado pelo modelo pouco flexível e burocrático e, assim, conflita-se ao perfil que se quer do professor – inovador, solucionador de problemas, autônomo, com rede de relacionamentos ampla e próxima do setor produtivo. Embora a formação continuada no exterior, pautada em uma pedagogia global, também capitalista e alinhada às demandas neoliberais, busque desenvolver características como essas, a cultura, política e instituições não estão preparadas para receber professores com esse perfil ou para receber as ações provenientes dessas características. Ou seja, há uma contradição entre as demandas e as condições.

A formação de um perfil incompatível com a infraestrutura, modelo de gestão, acolhimento das propostas de mudanças, somada ao choque cultural reverso, e a crise do que é possível ou não integrar, são elementos geradores de mal-estar e sofrimento docente, de conflitos em relacionamentos, podendo culminar, inclusive, em adoecimento. Os professores são formados para serem agentes de mudanças e não recebem condições para implementá-las, sentem-se responsáveis pelas mudanças no interior de suas salas de aulas, no âmbito das instituições e para além delas. Nessa responsabilização há um discurso que atribui unicamente à formação docente a responsabilidade de mudar a realidade.

Sobre a questão das políticas observamos as disparidades apontadas pelos professores, especialmente em relação à educação pública de qualidade para todos, sem distinção de classe social, como a observada na Finlândia, ao contrário do Brasil em que há escolas públicas e privadas para ricos e pobres. A educação é prioridade no projeto de nação da Finlândia, independentemente das trocas de governo, há continuidade por serem políticas de estado. Além disso, as políticas de combate às desigualdades sociais, de assistência social e distribuição de renda encontram maior equilíbrio na Finlândia do que no Brasil. A falta de continuidade e garantia do financiamento para a Educação no Brasil cria um clima de incerteza e dificulta a transferência. O receio da troca de governo e alterações nas políticas ficou evidente em nossos dados.

EXPERIÊNCIA PEDAGÓGICA ALÉM DAS FRONTEIRAS

As questões institucionais se apresentam como reflexo da cultura e das políticas. A maioria dos participantes alega falta de apoio institucional, sendo este considerado o suporte para viabilizar a realização da transferência de conhecimentos – promovendo espaço e condições para a execução. Além disso, outras dificuldades de ordem material, de sobrecarga do trabalho docente, de falta de formação dos gestores para acolher as inovações, de indisponibilidade e espaços, greve, período de eleições e clima de competição são aspectos percebidos como impasses para a transferência.

Desde o final do século XX, com a reestruturação dos modos produtivos, vivenciamos processos de intensificação do trabalho do professor. A formação continuada no exterior carrega em si uma demanda por inovação. Sem um plano de acolhimento desse novo perfil de professor há intensificação e aprofundamento do isolamento do trabalho docente. Os efeitos da relação entre as demandas do sistema neoliberal, com o modelo gerencialista de gestão da educação e a necessidade constante de inovar, e os efeitos na subjetividade do professor da EBTT geram uma tensão que pode levar ao adoecimento e/ou ao mal-estar. Tal situação foi evidenciada em nossos dados, em que o professor acumula trabalhos além de sua carga horária mandatória e justifica tal situação como uma "questão moral". Também encontramos caso em que o professor atribuiu o adoecimento à sobrecarga de trabalho já preexistente e às novas demandas de inovação após a formação continuada no exterior.

Como consequência das questões institucionais, a atitude dos pares, na percepção dos participantes da pesquisa, é, na maioria das vezes, de rigidez em relação às mudanças. Em muitos casos a mesma rigidez é observada nos alunos. Além disso, alegam que percebem atitudes de indiferença e desconfiança, o que produz sentimentos como frustração, rejeição, limitação da confiança e solidão. Assim como em todos os dados encontramos contradições, há professores que relatam terem encontrado satisfação na curiosidade e abertura dos pares para ouvir e aprender sobre o que eles se sentem preparados para falar e ensinar. Com a internacionalização da formação docente, as contradições no interior do processo de globalização são refletidas no ambiente institucional, dividindo campos de ideias entre aqueles que se fixam e aqueles que se movimentam, ou seja, entre os chamados "agentes de mudança" e os "resistentes à mudança".

Os sentimentos produzidos no regresso atribuímos também ao choque cultural reverso, às condições encontradas pelo professor que, metaforicamente ponderando, foi equipado com um par de esquis e bastões de neve e volta com eles para deslizar no asfalto, ou em via não asfaltada, ou seja, foi formado em um perfil que não consegue explorar toda sua potencialidade.

Embora o documento do Forinter (2009) para a internacionalização da RFEPCT apresente elementos que se aproximam mais do viés culturalista, constatamos que a mobilidade internacional, como uma ação da **internacionalização**, ocorreu inicialmente pelo viés mercadológico e produziu o viés intercultural na formação dos professores, que demonstraram em suas representações uma visão voltada para a inclusão global e integração, além de cooperação e respeito mútuo, diálogo e capacidade de gerar expressões culturalmente compartilhadas. Esse efeito ocorre muito além dos limites estabelecidos no período do curso de desenvolvimento dos projetos mandatórios e observamos em seus desdobramentos, com ampliação da rede de colaboração nacional e internacional e desenvolvimento de trabalhos colaborativos, muitos com publicações em periódicos.

No entanto, vale destacar que essa visão intercultural não foi uma unanimidade. Em alguns casos, observamos que a experiência aprofundou a percepção do Brasil como inferior/incapaz de produzir sua própria pedagogia, reafirmando sua condição de colônia do globalismo. Atribuímos tal situação aos aspectos culturais, que são decorrentes do projeto do capitalismo transnacionalizado, o qual coloca a sociedade em busca da redefinição, com o declínio do Estado-nação (IANNI, 2000). Sem um projeto de nação consistente e permanente, atuando no cenário internacional como fornecedor de commodities baratas, os setores sociais brasileiros tornam-se fragilizados e a educação escolar é um deles. Da mesma maneira, isso impacta nos sistemas simbólicos da sociedade e suas representações sobre sua própria identidade.

O efeito desse projeto transnacionalizado ocorre em todos os espaços sociais, o que na ponta pode resultar na fragmentação das ações, como, por exemplo, a formação do professor da EPT que, como vimos, é desarticulada, fragmentada, não sistematizada. Muitos tornam-se professores ao ingressar em concursos públicos, sendo recrutados com base apenas em atributos técnicos de sua área específica de conhecimento, sem formação pedagógica alguma e, com isso, tendo poucos instrumentos de análise para a compreensão das crises estruturais da educação brasileira. Desse modo, a formação internacional, na possibilidade de ocorrer antes mesmo de uma formação nacional, pode produzir no professor um pensamento global hegemônico distante das questões particularmente nacionais, com uma visão distorcida do ser global e local.

Nossa compreensão é a de que a ausência de um programa de formação continuada nos IFs, considerando a apresentação do cenário educacional brasileiro diante do global, as boas práticas pedagógicas, as teorias pedagógicas que abordam os problemas no contexto nacional, pode levar o sujeito ao desconhecimento da própria realidade enquanto nação. Em alguns casos, como vimos, professores brasileiros puderam conhecer melhor a sua realidade concreta quando perceberam que não a conheciam de fato, ao serem questionados na transferência de conhecimentos (ao ministrarem palestras, cursos etc.) sobre uma possível comparação entre legislação, sistema educacional, organização da estrutura e funcionamento do ensino, teorias etc. entre os países. Isso se configura como um importante indício de que é necessário solidificar uma formação científica-pedagógica para o professor brasileiro da EBTT para que ele possa participar do processo de internacionalização mais instrumentalizado politicamente, que conheça teorias que abordem os problemas sociais nacionais, boas práticas pedagógicas no âmbito nacional e que nacionalize sua formação antes de internacionalizá-la. Tal iniciativa pode trazer modificações no cenário de internacionalização da educação que, como foi realizado, configura-se numa relação de interação desigual, em que o Brasil ocupa uma posição passiva.

Estamos imersos no processo de internacionalização da educação e não conseguimos enxergá-lo plenamente. No entanto, é preciso buscar a compreensão além do que está aparente, pois isso pode nos auxiliar a explorar os aspectos positivos, mais humanizados, e talvez evitar os aspectos que podem se tornar tão trágicos quanto a pandemia da Covid-19 em 2020, resultante da ordem global perversa e que se configura como a globalização.

A falta de **articulação** da formação do professor da EPT ficou evidenciada em nossos dados se estendendo para a formação internacional. Em todos os dados, observamos que os esforços são isolados, carecendo uma gestão sistêmica em toda a cadeia da elaboração ao acolhimento e execução das ações de transferência do conhecimento, considerando um diálogo entre as necessidades formativas para o professor da EBTT, a inovação e a internacionalização. Para tanto, carecemos de uma política nacional ampla que assegure a continuidade dos programas de formação de professores da EBTT e que tenha uma articulação com o projeto educacional nacional. Sem isso, esforços isolados perdem a força na coletividade. Dessa maneira, a articulação precisa ocorrer prioritariamente no sentido de uma política educacional nacional ampla.

Neste estudo evidenciamos os elementos que interagem na formação continuada do docente no exterior. Esses elementos foram apresentados em categorias, subcategorias e geraram dados em cada uma. Nossa pretensão é fornecer subsídios para elaboração de políticas de internacionalização, especialmente às voltadas para a mobilidade internacional de professores, para fins de formação continuada. Além disso, acreditamos que esta pesquisa pode dar suporte aos planos de gestão da mudança, voltada para o acolhimento de professores que regressam das viagens pedagógicas.

Procuramos compreender os processos formativos no âmbito internacional e suas implicações para a formação profissional, construção de saberes, influências na formação de alunos e constituição da cultura escolar. Nossa pesquisa nos possibilita constatar que só é possível reverter a formação individual do professor em um ganho coletivo se houver articulação entre as dimensões formação, inovação, internacionalização e gestão desse processo dentro dos campi, bem como articulação com políticas e projetos nacionais.

Há uma preocupação do Forinter, expressa em documento, em acompanhar as tendências do contexto global na formação de profissionais, em consonância com a globalização e práticas de internacionalização, por meio da mobilidade de estudantes, professores e técnicos administrativos e estabelecer mais cooperação internacional, desenvolvimento de tecnologias, criação de sistemas de ensino e formação pedagógica e gerar maior visibilidade aos IFs no exterior. No entanto, só pode haver uma exploração de todo esse potencial se houver gestão dos processos de mobilidade e articulação com as necessidades formativas dos professores da EBTT no âmbito nacional, ou seja, a mobilidade não é simplesmente enviar pessoas para um país estrangeiro, pois isso se caracteriza apenas como a relação de consumo. A exploração das aprendizagens deve ocorrer no regresso dos indivíduos e, se bem gerida, tem o potencial de impactar na inovação e mudança de processos e relações na instituição.

REFERÊNCIAS

ABRAHÃO, M. H. M. B. Memória, narrativas e pesquisa autobiográfica. **História da Educação**, ASPHE/FaE/UFPel, Pelotas, n. 14. p. 79-95, set. 2003. Disponível em: https://seer.ufrgs.br/asphe/article/download/30223/pdf. Acesso em: 7 maio 2019.

ALTBACH, P. G.; KNIGHT, J. The Internationalization of Higher Education: Motivations and Realities. **Journal of Studies in International Education**, v. 11, n. 3/4, p. 290-305, Fall/Winter 2007. Disponível em: https://journals.sagepub.com/doi/abs/10.1177/1028315307303542. Acesso em: 10 maio 2019.

AMORIM JR, J. W. de; SCHLINDWEIN, V. de L. D. C.; MATOS, L. A. L. de. O Trabalho do Professor EBTT: entre a exigência do capital e a possibilidade humana. **Revista online de Política e Gestão Educacional**, Araraquara, v. 22, n. 3, p. 1.217-1.232, set./dez. 2018. Disponível em: https://periodicos.fclar.unesp.br/rpge/article/view/11894#:~:text=Os%20dados%20apontam%20para%20a,ensino%20que%20podem%2C%20sobremaneira%2C%20intensificar. Acesso em: 10 maio 2019.

ARAÚJO, R. M. de L. Formação de professores para a educação Profissional e tecnológica e a necessária atitude docente integradora. *In:* DALBEN, Â. I. L. de F. *et al.* (org.). **Convergências e tensões no campo da formação e do trabalho docente:** Avaliação Educacional, Educação a Distância e Tecnologias da Informação e Comunicação, Educação Profissional e Tecnológica, Ensino Superior, Políticas Educacionais. Belo Horizonte: Autêntica, 2010. p. 479-496.

ARAÚJO, S. de; CASTRO, A. M. D. A. Gestão educativa gerencial: superação do modelo burocrático? **Ensaio:** Aval. pol. públ. Educ., Rio de Janeiro, v. 19, n. 70, p. 81-106, jan./mar. 2011. Disponível em: https://doi.org/10.1590/S0104-40362011000100006. Acesso em: 7 maio 2018.

AZEVEDO, M. L. N. de. Internacionalização e Transnacionalização da Educação Superior: trata-se de formação de um campo social global ou de um mercado mundial em construção? *In:* PEREIRA, E. M. de A.; HEINZLE, M. R. S. **Internacionalização na Educação Superior:** Políticas, Integração e Mobilidade acadêmica. Blumenau: Edifurb, 2015. p. 25-50.

BARTHES, R.; DUISIT, L. An Introduction to the Structural Analysis of Narrative. **New Literary History**, v. 6, n. 2, p. 237-272, 1975. On Narrative and Narratives. Winter. Disponível em: https://www.uv.es/fores/Barthes_Structural_Narrative.pdf. Acesso em: 15 jun. 2019.

BAUER, M. W. Análise de conteúdo clássica: uma revisão. *In:* BAUER, M. W.; GASKELL, G. **Pesquisa Qualitativa com texto, imagem e som:** um manual prático. 6. ed. Petrópolis, RJ: Vozes, 2007. p. 189-217.

BAUMAN, Z. **Globalização:** As consequências humanas. Tradução de Marcus Penchel. Rio de Janeiro: Jorge Zahar Editor, 1999.

BAUMAN, Z. **Identidade:** entrevista a Benedetto Vecchi. Tradução de Carlos Alberto Medeiros. Rio de Janeiro: Jorge Zahar, 2005.

BENJAMIN, W. O narrador. Observações sobre a obra de Nicolau Leskov. Tradução de Sérgio Paulo Rouanet. *In:* BENJAMIN, W. **Magia e técnica, arte e política:** ensaios sobre literatura e história da cultura. 4. ed. São Paulo: Brasiliense, 1987.

BOGDAN, R.; BIKLEN, S. Características da investigação qualitativa. *In:* BOG-DAN, R.; BIKLEN, S. **Investigação qualitativa em educação:** uma introdução à teoria e aos métodos. Porto: Porto Editora, 1994. p. 47-51.

BOSI, E. **Memórias e Sociedade:** lembranças de velhos. 3. ed. São Paulo: Companhia das Letras, 1994.

BRASIL. Conselho Nacional de Educação. Câmara de Educação Básica. **Parecer n.º 11/2012.** Diretrizes Curriculares Nacionais para a Educação Profissional Técnica de Nível Médio. Disponível em: http://portal.mec.gov.br/index.php?option=-com_docman&view=download&alias=10804-pceb011-12-pdf&category_slu-g=maio-2012-pdf&Itemid=30192. Acesso em: 12 jan. 2019.

BRASIL. Conselho Nacional de Educação. Conselho Pleno. **Parecer n.º 5/2006.** Diretrizes Curriculares Nacionais para Cursos de Formação de Professores para a Educação Básica. 4 jun. 2006. Disponível em: portal.mec.gov.br/cne/arquivos/pdf/pcp005_06.pdf. Acesso em: 12 jan. 2019.

BRASIL. Conselho Nacional de Educação. Conselho Pleno. **Resolução n.º 2, de 01 de julho de 2015.** Diretrizes Curriculares Nacionais para a formação inicial em nível superior (cursos de licenciatura, cursos de formação pedagógica para graduados e cursos de segunda licenciatura) e para a formação continuada. Disponível em: http://portal.mec.gov.br/docman/agosto-2017-pdf/70431-res-cne-cp-002-03072015-pdf/file. Acesso em: 22 fev. 2019.

BRASIL. Conselho Nacional de Educação. **Resolução n.º 02/1997.** Brasília, 1997a. Disponível em: portal.mec.gov.br/setec/arquivos/pdf/RCNE_CEB02_97.pdf. Acesso em: 10 jan. 2019.

BRASIL. Decreto n.º 2.208, de 17 de abril de 1997b. Regulamenta o § 2 .º do art. 36 e os arts. 39 a 42 da Lei n.º 9.394, de 20 de dezembro de 1996, que estabelece as diretrizes e bases da educação nacional. **Diário Oficial:** República Federativa do Brasil: seção 1, Brasília, DF, p. 7.760, 18 abr. 1997.

BRASIL. Decreto n.º 5.154 de 23 de julho de 2004. Regulamenta o § 2.º do art. 36 e os arts. 39 a 41 da Lei n.º 9.394, de 20 de dezembro de 1996, que estabelece as diretrizes e bases da educação nacional, e dá outras providências. **Diário Oficial:** República Federativa do Brasil: seção 1, Brasília, DF, p. 18, 26 jul. 2004.

BRASIL. Decreto n.º 6.755 de 29 de janeiro de 2009. Institui a Política Nacional de Formação de Profissionais do Magistério da Educação Básica, disciplina a atuação da Coordenação de Aperfeiçoamento de Pessoal de Nível Superior (CAPES) no fomento a programas de formação inicial e continuada, e dá outras providências. **Diário Oficial:** República Federativa do Brasil: seção 1, Brasília, DF, ano CXLVI, n. 21, p. 1, 30 jan. 2009.

BRASIL. Decreto n.º 7.566, de 16 de setembro de 1909. Criação das Escolas de Aprendizes e Artífices. **Diário Oficial:** Republica dos Estados Unidos do Brazil, p. 6975, 26 set. 1909.

BRASIL. Decreto n.º 8.752, de 09 de maio de 2016a. Dispõe sobre a Política Nacional de Formação dos Profissionais da Educação Básica. **Diário Oficial:** República Federativa do Brasil: seção 1, Brasília, DF, n. 88, p. 5, 10 maio. 2016.

BRASIL. Lei n.º 11.502 de 11 de julho de 2007. Modifica as competências e a estrutura organizacional da fundação Coordenação de Aperfeiçoamento de Pessoal de Nível Superior (CAPES). **Diário Oficial:** República Federativa do Brasil: seção 1, Brasília, DF, p. 5, 12 jul. 2007.

BRASIL. Lei n.º 11.741, de 16 de julho de 2008x. Altera dispositivos da Lei n.º 9.394, de 20 de dezembro de 1996, que estabelece as diretrizes e bases da educação nacional, para redimensionar, institucionalizar e integrar as ações da educação profissional técnica de nível médio, da educação de jovens e adultos e da educação profissional e tecnológica. **Diário Oficial:** República Federativa do Brasil: seção 1, Brasília, DF, n. 136, p. 5, 17 jul. 2008.

BRASIL. Lei n.º 11.784, de 22 de setembro de 2008a. Reestruturação do Plano Geral de Cargos do Poder Executivo (PGPE). **Diário Oficial:** República Federativa do Brasil: seção 1, Brasília, DF, p. 1, 23 set. 2008.

BRASIL. Lei n.º 11.892, de 29 de dezembro de 2008b. Institui a Rede Federal de Educação Profissional, Científica e Tecnológica, cria os Institutos Federais de Educação, Ciência e Tecnologia, e dá outras providências. **Diário Oficial:** República Federativa do Brasil: seção 1, Brasília, DF, p. 1, 30 dez. 2008.

BRASIL. Lei n.º 12.772, de 28 de dezembro de 2012a. Estruturação do Plano de Carreiras e Cargos de Magistério Federal. **Diário Oficial:** República Federativa do Brasil: seção 1, Brasília, DF, p. 1, 28 dez. 2012.

BRASIL. Lei n.º 12.863, de 24 de setembro de 2013. Altera a Lei n.º 12.772, de 28 de dezembro de 2012, que dispõe sobre a estruturação do Plano de Carreiras e Cargos de Magistério Federal. **Diário Oficial:** República Federativa do Brasil: seção 1, Brasília, DF, ano CL, n. 186, p. 1, 25 set. 2013.

BRASIL. Lei n.º 13.005, de 25 de junho de 2014. Aprova o Plano Nacional de Educação (PNE e dá outras providências. **Diário Oficial:** República Federativa do Brasil: seção 1, Brasília, DF, edição extra, ano CLI, n. 120-A, p. 1, 26 jun. 2014.

BRASIL. Lei n.º 13.325, de 29 de julho de 2016a. Altera a remuneração, as regras de promoção, as regras de incorporação de gratificação de desempenho a aposentadorias e pensões de servidores públicos da área da educação, e dá outras providências. **Diário Oficial:** República Federativa do Brasil: seção 1, Brasília, DF, edição extra, n. 145-A, p. 59, 29 jul. 2016.

BRASIL. Lei n.º 13.415, de 16 de fevereiro de 2017. **Diário Oficial:** República Federativa do Brasil: seção 1, Brasília, DF, ano CLIV n. 35, p. 1, 17 fev. 2017.

BRASIL. Lei n.º 6.545, de 30 de junho de 1978. Dispõe sobre a transformação das Escolas Técnicas Federais de Minas Gerais, do Paraná e Celso Suckow da Fonseca em Centros Federais de Educação Tecnológica e dá outras providências. **Diário Oficial:** República Federativa do Brasil: seção 1, Brasília, DF, p. 10.233, 4 jul. 1978.

BRASIL. Lei n.º 8.948, de 9 de dezembro de 1994. Dispõe sobre a instituição do Sistema Nacional de Educação Tecnológica e dá outras providências. **Diário Oficial:** República Federativa do Brasil: seção 1, Brasília, DF, p. 18882, 9 dez. 1994.

BRASIL. Lei n.º 9.394, de 20 de dezembro de 1996. Estabelece as diretrizes e bases da educação nacional. **Diário Oficial:** República Federativa do Brasil: seção 1, Brasília, DF, p. 27833, 23 dez. 1996.

BRASIL. Medida provisória n.º 1.549-35, de 9 de outubro de 1997. Dispõe sobre a organização da Presidência da República e dos Ministérios, e dá outras providências. **Diário Oficial:** República Federativa do Brasil: seção 1, Brasília, DF, p. 22822, 10 out. 1997.

BRASIL. Ministério da Educação. Conselho Nacional de Educação. **Resolução n.º 6, de 20 de setembro de 2012b**. Define Diretrizes Curriculares Nacionais para a Educação Profissional Técnica de Nível Médio. Disponível em: http://portal.mec.gov.br/index.php?option=com_docman&view=download&alias=-10804-pceb011-12-pdf&category_slug=maio-2012-pdf&Itemid=30192. Acesso em: 10 mar. 2019.

BRASIL. Ministério da Educação. Secretaria da Educação Profissional e Tecnológica. **Portaria n.º 17, de 11 de maio de 2016b**. Regulamentação das Atividades Docentes. **Diário Oficial:** República Federativa do Brasil: seção 1, n. 91, Brasília, DF, p. 50, 13 maio 2016.

BRASIL. **Proposta em discussão**: políticas públicas para a educação profissional e tecnológica. Brasília, 2004. Disponível em: http://portal.mec.gov.br/setec/arquivos/pdf/p_publicas.pdf. Acesso em: 15 fev. 2019.

BRITO, D. S.; CALDAS, F. S. A evolução da carreira de magistério de ensino básico, técnico e tecnológico (EBTT) nos Institutos Federais. **Revista Brasileira da Educação Profissional e Tecnológica – RBEPT**, v. 1, n. 10, p. 85-96, 2016. Disponível em: 10.15628/rbept.2016.4024. Acesso em: 15 fev. 2019.

CASTELLS, M. **A Sociedade em Rede**. São Paulo: Paz e Terra, 1999.

CHAMON, C. S.; FARIA FILHO, L. M. de. A educação como problema, a América como destino: a experiência de Maria Guilhermina. *In:* MIGNOT, A. C. V.; GONDRA, J. G. (org.). **Viagens Pedagógicas.** São Paulo: Cortez, 2007.

CHEDIAK, S. *et al.* Comunidades de Aprendizagem Profissional como estratégia de liderança na gestão escolar do século XXI. **Revista Ibero-Americana de Estudos em Educação**, Araraquara, v. 13, n. esp. 1, p. 304-323, maio 2018. Disponível em: https://periodicos.fclar.unesp.br/iberoamericana/article/view/11408. Acesso em: 20 jun. 2018.

CIAMPA, A. da C. Identidade. *In:* CODO, W.; LANE, S. T. M. (org.). **Psicologia social:** o homem em movimento. São Paulo: Brasiliense, 1984. p. 58-75.

CLANDININ, D. J.; CONNELLY, F. M. **Pesquisa Narrativa:** experiência e história em pesquisa qualitativa. 2. ed. Tradução de Grupo de pesquisa Narrativa e Educação de Professores ILEEL/UFO. Uberlândia: EDUFU, 2015.

COSTA, M. A. da. **Políticas de formação de professores para a educação profissional e tecnológica:** cenários contemporâneos. 2012. 231 f. Tese (Doutorado em Educação) – Universidade Federal de Uberlândia, Minas Gerais, 2012.

COUTO, M. **Raiz de Orvalho e Outros Poemas.** Lisboa: Caminho, 1999.

CUSHNER, K. **Teacher as traveler**: Enhancing the intercultural development of teachers and students. 2. ed. EUA: Rowman & Littlefield Publishing Group, 2018. p. 57-72.

CUSHNER, K. The Role of Experience in the Making of Internationally-Minded Teachers. **Teacher Education Quarterly**, p. 27-39, Winter 2007. Disponível em: https://files.eric.ed.gov/fulltext/EJ795140.pdf. Acesso em: 22 jun. 2018.

DALE, R. Globalização e educação: demonstrando a Existência de uma "cultura educacional Mundial comum" ou localizando uma "agenda Globalmente estruturada para a educação"? **Educ. Soc.**, Campinas, v. 25, n. 87, p. 423-460, maio/ago. 2004. Disponível em: http://www.cedes.unicamp.br. Acesso em: 17 abr. 2019.

DAVIS, C. L. F.; NUNES, M. M. R.; ALMEIDA, P. C. A. de. **Formação continuada de professores:** uma análise das modalidades e das práticas em estados e municípios brasileiros. Relatório Final. São Paulo: Fundação Victor Civita: Fundação Carlos Chagas, jun. 2011.

DAY, C. **Desenvolvimento Profissional de Professores:** os desafios da aprendizagem permanente. Portugal: Porto Editora, 2001.

DOMINIK, É. **A Carreira docente EBTT**: aspectos específicos e legislação. Bambuí: Érik Campos Dominik, 2017.

ECO, U. **Como se faz uma tese**. 26. ed. São Paulo: Perpectiva, 2016.

EDWARDS, A. Building commom knowledge at the boundaries between professional practices: Relational agency and relational expertise in systems of distributed expertise. **International Journal of Education Research,** n. 50, p. 33-39, 2011. Disponível em: https://www.sciencedirect.com/science/article/pii/S0883035511000255. Acesso em: 12 set. 2019.

ESTEVE, J. M. **O mal-estar docente:** a sala de aula e a saúde dos professores. São Paulo: EDUSC, 1999.

FERENCZ, I. Balanced Mobility across the Board – A Sensible Objective? *In:* CURAJ, A. *et al.* (ed.). **The European Higher Education Area**: Between Critical

Reflections and Future Policies. *[S. l.]*: Springer, 2015. p. 27-41. Disponível em: http://oapen.org/search?identifier=1001901;keyword=Curaj. Acesso em: 15 maio 2019.

FÓRUM DE RELAÇÕES INTERNACIONAIS DOS INSTITUTOS FEDERAIS. **Política de relações internacionais dos Institutos Federais de Educação, Ciência e Tecnologia**, 2009. Disponível em: https://portal.ifba.edu.br/institucional/documento/documentos-institucionais/poltica-de-relaes-internacionais-dos-institutos-federais.pdf. Acesso em: 15 mar. 2019.

FRANCO, M. C. Formação de professores para a educação profissional e tecnológica: perspectivas históricas e desafios contemporâneos. *In:* **Formação de Professores para Educação Profissional e Tecnológica**: Brasília, 26, 27 e 28 de setembro de 2006. Brasília: Instituto Nacional de Estudos e Pesquisas Educacionais Anísio Teixeira, 2008. p. 42-65.

FREIRE, P. **Pedagogia da autonomia:** saberes necessários à prática educativa. São Paulo: Paz e terra, 1996.

GARCIA, C. M. **Formação de Professores:** para uma mudança educativa. Portugal: Porto Editora, 1999.

GATTI, B. A. Os professores e suas identidades: o desvelamento da heterogeneidade. **Cad. Pesq.**, São Paulo, n. 98, p. 85-90, ago. 1996.

GIDDENS, A. **Mundo em descontrole**: o que a globalização está fazendo de nós. Tradução de Maria Luiza X. de A. Borges. 6. ed. Rio de Janeiro: Record, 2007.

GIROUX, H. A. Qual o papel da pedagogia crítica nos estudos de língua e de cultura? [Entrevista cedida a] Manuela Guilherme. **Revista Crítica de Ciências Sociais**, n. 73, p. 131-143, dez. 2005. Disponível em: https://journals.openedition.org/rccs/962#:~:text=Em%20outras%20palavras%2C%20a%20pedagogia,e%20pela%20sociedade%20em%20geral. Acesso em: 10 mar. 2018.

GONDRA, J. G. Exercício de Comparação: um normalista da Corte na Europa. *In:* MIGNOT, A. C. V.; GONDRA, J. G. (org.). **Viagens Pedagógicas**. São Paulo: Cortez, 2007.

HALL, S. **A Identidade Cultural na Pós-Modernidade**. 11. ed. Rio de Janeiro: DP&A, 2011.

HE, Y.; LUNDGREN, K.; PYNES, P. Impact of short-term study abroad program: In-service teachers' development of intercultural competence and pedagogical beliefs. **Teaching and Teacher Education,** n. 66, p. 147-157, 2017.

HELLER, A. **O cotidiano e a história.** Tradução de Carlos Nelson Coutinho e Leandro Konder. São Paulo: Paz e Terra, 2004.

IANNI, O. O declínio do Brasil-nação. **Estudos Avançados**, São Paulo, v. 14, n. 40, p. 51-58, set./dez. 2000. Disponível em: https://doi.org/10.1590/S0103-40142000000300006. Acesso em: 20 mar. 2019.

JOSSO, M. C. **Experiências de vida e formação**. São Paulo: Cortez, 2004.

JOVCHELOVITCH, S.; BAUER, M. W. Entrevista narrativa. *In:* BAUER, M. W.; GASKELL, G. **Pesquisa Qualitativa com texto, imagem e som:** um manual prático. 6. ed. Petrópolis, RJ: Vozes, 2007. p. 90-113.

KNIGHT, J. International Universities: Misunderstandings and Emerging Models? **Journal of Studies in International Education,** v. 19, n. 2, p. 107-121, 2015. Disponível em: https://journals.sagepub.com/doi/abs/10.1177/1028315315572899?-journalCode=jsia. Acesso em: 5 abr. 2019.

KNIGHT, J. Internationalization Remodeled Definition, Approaches, and Rationales. **Journal of Studies in International Education**, v. 8, n. 1, p. 5-31, Spring 2004. Disponível em: https://eric.ed.gov/?id=EJ805455. Acesso em: 5 abr. 2019.

KNIGHT, J. Student Mobility and Internationalization: trends and tribulations. **Research in Comparative and International Education,** v. 7, n. 1, p. 21-33, 2012. Disponível em: www.wwwords.uk/RCIE. Acesso em: 5 abr. 2019.

KNIGHT, J. Transnational Education Remodeled: toward a common TNE Framework and definitions. **Journal of Studies in International Education,** v. 20, n. I, p. 34-47, 2016. Disponível em: https://journals.sagepub.com/doi/abs/10.1177/1028315315602927?journalCode=jsia. Acesso em: 5 abr. 2019.

KUENZER, A. Z. (org.). **Ensino Médio**: construindo uma proposta para os que vivem do trabalho. São Paulo: Cortez, 2007a.

KUENZER, A. Z. Da dualidade assumida à dualidade negada: o discurso da flexibilização justifica a inclusão excludente. **Educ. Soc.**, Campinas, v. 28, n. 100 – Especial, p. 1.153-1.178, out. 2007b. Disponível em: https://doi.org/10.1590/S0101-73302007000300024. Acesso em: 10 mar. 2019.

KUENZER, A. Z. Formação de professores para a Educação Profissional e Tecnológica. *In:* DALBEN, Â. I. L. de F. *et al.* (org.). **Convergências e tensões no campo da formação e do trabalho docente:** Avaliação Educacional, Educação a Distância e Tecnologias da Informação e Comunicação, Educação Profissional e

Tecnológica, Ensino Superior, Políticas Educacionais. Belo Horizonte: Autêntica, 2010. p. 497-518.

KUENZER, A. Z. Formação de professores para a educação profissional e tecnológica: perspectivas históricas e desafios contemporâneos. *In:* **Formação de Professores para Educação Profissional e Tecnológica: Brasília**, 26, 27 e 28 de setembro de 2006. Brasília: Instituto Nacional de Estudos e Pesquisas Educacionais Anísio Teixeira, 2008. p. 19-40.

LARROSA, J. Narrativa, identidade y desindentificación. *In:* LARROSA, J. **La experiência de la lectura**: estúdios sobre Literatura y Formación. Barcelona: Editorial Laertes, 1998. p. 461-482.

LARROSA, J. Notas sobre a experiência e o saber de experiência. Tradução de João Wanderley Giraldi. **Revista Brasileira de Educação**, n. 19, p. 20-28, jan./fev./mar./abr. 2002. Disponível em: https://www.scielo.br/pdf/rbedu/n19/n19a02.pdf. Acesso em: 10 abr. 2019.

LÉVY, P. **O que é Virtual?** Tradução de Paulo Neves. São Paulo: 34, 1996.

MACHADO, L. R. de S. Diferenciais inovadores na formação de educadores para a educação profissional. **Revista Brasileira da Educação Profissional e Tecnológica**, v. 1, n. 1, p. 8-22, 2008. Disponível em: https://doi.org/10.15628/rbept.2008.2862. Acesso em: 10 abr. 2019.

MAUÉS, O. C.; BASTOS, R. dos S. As políticas de educação superior na esteira dos organismos internacionais. **RBPAE**, v. 32. n. 3, p. 699-717. set./dez. 2016. Disponível em: https://doi.org/10.21573/vol32n32016.68570. Acesso em: 10 abr. 2019.

MAZZO. D. Intercâmbios Acadêmicos internacionais: Bolsas CAPES, CNPq e FAPESP. **Cadernos de Pesquisa**, v. 39, n. 137, p. 521-547, maio/ago. 2009. Disponível em: http://dx.doi.org/10.1590/S0100-15742009000200010. Acesso em: 10 abr. 2019.

MEMMI, A. **Retrato do Colonizado precedido pelo retrato do colonizador**. 2. ed. Tradução de Roland Corbisier e Mariza Pinto Coelho. Rio de Janeiro: Paz e Terra, 1977.

MIGNOT, A. C. V.; GONDRA, J. G. Viagens de educadores e circulação de modelos pedagógicos. *In:* MIGNOT, A. C. V.; GONDRA, J. G. (org.). **Viagens Pedagógicas.** São Paulo: Cortez, 2007. p. 7-14.

MINISTÉRIO DA EDUCAÇÃO E CULTURA (MEC). **Expansão da Rede Federal**, [2019]. Disponível em: http://redefederal.mec.gov.br/expansao-da-rede-federal. Acesso em: 12 mar. 2019.

MIZUKAMI, M. da G. N. **Ensino**: as abordagens do processo. São Paulo: EPU, 1992.

MORAES, R. Análise de conteúdo. **Revista Educação**, Porto Alegre, v. 22, n. 37, p. 7-32, 1999. Disponível em: http://cliente.argo.com.br/~mgos/analise_de_conteudo_moraes.html. Acesso em: 10 abr. 2018.

MORIN, E.; ALMEIDA, M. da C. de.; CARVALHO, E. de A. (org.). **Educação e complexidade:** os sete saberes e outros ensaios. 6. ed. São Paulo: Cortez, 2013.

MOROSINI, M. C. Estado do conhecimento sobre Internacionalização da educação superior: Conceitos e práticas. **Educar,** UFPR, Curitiba, n. 28, p. 107-124, 2006. Disponível em: https://www.scielo.br/pdf/er/n28/a08n28.pdf. Acesso em: 10 maio 2019.

MOURA, D. H. A formação de docentes para a educação profissional e tecnológica. **Revista Brasileira da Educação Profissional e Tecnológica**, v. 1, n. 1, p. 23-38, 2008. Disponível em: https://doi.org/10.15628/rbept.2008.2863. Acesso em: 10 maio 2019.

NÓVOA, A. (org.). **Vidas de Professores**. 2. ed. Porto: Porto Editora, 2000.

OLESEN, H. S. Exploração do sujeito problemático: história de vida, subjetividade, experiência de vida. **Educação**, Porto Alegre, v. 34, n. 2, p. 137-146, maio/ago. 2011. Disponível em: http://revistaseletronicas.pucrs.br/ojs/index.php/faced/article/download/8698/6350. Acesso em: 10 jan. 2019.

OLIVEIRA, D. A. A reestruturação do trabalho docente: precarização e flexibilização. **Educ. Soc.**, Campinas, v. 25, n. 89, p. 1.127-1.144, set./dez. 2004. Disponível em: https://www.scielo.br/pdf/es/v25n89/22614. Acesso em: 5 jun. 2018.

OLIVEIRA, M. R. N. S; NOGUEIRA, C. G. A formação de professores para a Educação Profissional e o Plano Nacional de Educação (PNE): quais as perspectivas? **HOLOS**, ano 32, v. 6. 2016. Disponível em: http://www2.ifrn.edu.br/ojs/index.php/HOLOS/article/view/4987. Acesso em: 5 jan. 2019.

ORGANISATION FOR ECONOMIC COOPERATION AND DEVELOPMENT. **Higher Education to 2030**: Demography. v. 1. OECD publishing, 2008. Disponível em: https://read.oecd-ilibrary.org/education/higher-education-to-2030-volume-1-demography_9789264040663-en#page1. Acesso em: 6 jan. 2019.

ORGANISATION FOR ECONOMIC COOPERATION AND DEVELOPMENT. **Higher Education to 2030**: Globalisation. v. 2. OECD publishing, 2009. Disponível em: https://read.oecd-ilibrary.org/education/higher-education-to-2030-volume-2-globalisation_9789264075375-en#page4. Acesso em: 6 jan. 2019.

ORGANISATION FOR ECONOMIC COOPERATION AND DEVELOPMENT. **Teacher Matter**: attracting, developing and retaining effective teachers. OECD publishing, 2005.

PACHECO, E. M. **Os Institutos Federais**: uma revolução na Educação Profissional e Tecnológica. Natal: IFRN, 2010.

PACHECO, E. M.; PEREIRA, L. A. C; SOBRINHO, M. D. Institutos Federais de Educação, Ciência e Tecnologia: limites e possibilidades. **Linhas Críticas**, v. 16, n. 30, 71-88, jan./jun. 2010. Disponível em: https://doi.org/10.26512/lc.v16i30.3568. Acesso em: 10 fev. 2018.

PENNYCOOK, A. **The cultural politics of English as an Internacional Language**. London: Routledge, 1994.

PEREIRA, E. M. de A.; PASSOS, R. D. F. dos. A internacionalização do Ensino Superior e os programas de mobilidade educacional. *In:* PEREIRA, E. M. de A.; HEINZLE, M. R. S. **Internacionalização na Educação Superior:** Políticas, Integração e Mobilidade acadêmica. Blumenau: Edifurb, 2015. p. 51-68.

PEREIRA, L. A. C. **A formação de professores e a capacitação de trabalhadores da Educação Profissional e Tecnológica**. Curitiba, 2009. Disponível em: portal. mec.gov.br/setec/arquivos/pdf/tema5a.pdf. Acesso em: 10 fev. 2018.

PIKE, G.; SELBY, D. **Educação Global**: o professor global e o currículo global. Tradução de Paulo Pompeu. São Paulo: Textonovo, 2001.

RAMOS, R. K. Internacionalização e formação continuada em diálogo com a interculturalidade. **XIII Educere** – Congresso Nacional de Educação, 2015.

ROSENTHAL, G. **Pesquisa social interpretativa**: uma introdução. 5. ed. Tradução de Tomás da Costa. Porto Alegre: EDIPUCRS, 2014.

RYYMIN, E. *et al.* Networked Expertise Empowering Brazilian Teachers' Professional Development and Pedagogical Change. **International Journal for Cross-Disciplinary Subjects in Education (IJCDSE)**, v. 7, n. 2, p. 2755-2760, jun. 2016. Disponível em: https://pdfs.semanticscholar.org/0b93/9fc0a0c84fb-c6aa6cb7b2e5a4a700d026252.pdf. Acesso em: 12 set. 2019.

SAHLBERG, P. **Lições Finlandesas 2.0**: o que a mudança educacional na Finlândia pode ensinar o mundo? São Paulo: Sesi-SP Editora, 2018.

SANTOS, B. de S. S. **Pela mão de Alice**: o social e o político na pós-modernidade. 7. ed. Porto: Edições Afrontamento, 1999.

SANTOS, F. M. T dos. Teacher training in Brazil: the challenges of international partnerships. **RBPG**, Brasília, v. 11, n. 26, p. 1.001-1.025, dez. 2014. Disponível em: ojs.rbpg.capes.gov.br/index.php/rbpg/article/download/477/pdf. Acesso em: 7 abr. 2019.

SANTOS, M. **Por uma outra globalização**: do pensamento único à consciência universal. Rio de Janeiro: Record, 2001.

SECRETARIA DE EDUCAÇÃO PROFISSIONAL E TECNOLÓGICA. Ministério da Educação e Cultura. **Levantamento das ações de internacionalização da Rede Federal de Educação Profissional e Tecnológica e Resultados do GT de políticas de internacionalização**. Brasília, 2017. Disponível em: http://portal. mec.gov.br/docman/maio-2018-pdf/87481-acoes-de-internacionalizacao/file. Acesso em: 20 maio. 2019.

SHIROMA, E. O.; LIMA FILHO, D. L. Trabalho docente na Educação Profissional e Tecnológica e no PROEJA. **Educ. Soc.**, Campinas, v. 32, n. 116, p. 725-743, jul./ set. 2011. Disponível em: http://www.scielo.br/pdf/es/v32n116/a07v32n116. pdf. Acesso em: 7 abr. 2019.

SILVA, T. T. da. As pedagogias psi e o governo do eu nos regimes neoliberais. *In:* SILVA, T. T. da. (org.). **Liberdades Reguladas:** a pedagogia construtivista e outras formas de governo do eu. 2. ed. Petrópolis, RJ: Vozes, 1998. p. 7-13.

SIMOLA, H. The Finnish miracle of PISA: historical and sociological remarks on teaching and teacher education. **Comparative Education,** v. 41, n. 4, p. 455-470, nov. 2005. Disponível em: https://www.researchgate.net/publication/44836567_ The_Finnish_miracle_of_PISA_Historical_and_sociological_remarks_on_tea-ching_and_teacher_education. Acesso em: 20 mar. 2019.

UNITED NATIONS EDUCATIONAL, SCIENTIFIC AND CULTURAL ORGA-NIZATION. **Convention on the Protection and Promotion of the Diversity of Cultural Expressions**. Paris, 2005. Disponível em: https://en.unesco.org/ creativity/sites/creativity/files/article_18en.pdf. Acesso em: 7 abr. 2019.

VIEIRA, G. V.; FINARDI, K. R.; PICCIN, G. F. O. Internacionalizando-se: os desafios para os Institutos Federais de Educação, Ciência e Tecnologia do Brasil. **Revista Ibero-Americana de Estudos em Educação**, Araraquara, v. 13, n. esp. 1, p. 394-410, maio 2018. Disponível em: https://periodicos.fclar.unesp.br/iberoamericana/article/view/11428/7292. Acesso em: 7 abr. 2019.

WOODWARD, K. Identidade e diferença: uma introdução teórica e conceitual. *In:* SILVA, T. T. da. **Identidade e diferença:** a perspectiva dos estudos culturais. Petrópolis, RJ: Vozes, 2000. p. 7-72.

WORLD BANK. **Achieving World Class Education in Brazil**: The Next Agenda, 2010. Disponível em: http://portal.mec.gov.br/index.php?option=com_docman&view=download&alias=7290-achieving-world-pdf&category_slug=dezembro-2010-pdf&Itemid=30192. Acesso em: 20 maio 2019.